Karl Uhr, Christoph Aerni, Bernhard Roten, Bernhard Scheidegger

# Gesellschaft

Lehrmittel für den Lernbereich «Gesellschaft» im ABU | Ausgabe A

Mit 75 handlungs- und kompetenzorientierten Lernaufträgen von Alex Bieli

Karl Uhr, Christoph Aerni, Bernhard Roten, Bernhard Scheidegger
**Gesellschaft**
Lehrmittel für den Lernbereich «Gesellschaft» im ABU | Ausgabe A
ISBN Print inkl. eLehrmittel: 978-3-0355-2046-0
ISBN eLehrmittel: 978-3-0355-2047-7

Unter Mitarbeit von: Alex Bieli

Bibliografische Information der Deutschen Nationalbibliothek:
Die Deutsche Nationalbibliothek verzeichnet diese Publikation
in der Deutschen Nationalbibliografie; detaillierte bibliografische
Daten sind im Internet über http://dnb.dnb.de abrufbar.

11. Auflage 2022
Alle Rechte vorbehalten
© 2022 hep Verlag AG, Bern

hep-verlag.ch

+

**Weiterführende Produkte**
Arbeitsheft (inkl. eLehrmittel)
Arbeitsheft eLehrmittel
Handbuch für Lehrpersonen
hepPLUS-App Ausgabe A

**Weitere Materialien**
hep-verlag.ch/gesellschaft-a
Grafiken aus dem Lehrmittel (PDF)
Grafiken aus dem Lehrmittel (PPT)

**ABU-Unterrichtsmaterialien**
hep-verlag.ch/abu-unterrichtsmaterialien

 **hep PLUS**
Laden Sie die App zum Lehrmittel
im App Store herunter

# Vorwort

Liebe Lernende

Achtung! Dieses Buch kann Ihr Leben verändern. Sie erfahren nämlich sehr viel Wichtiges sowohl für Ihr berufliches als auch für Ihr privates Leben. Was für Rechte habe ich in der Lehrzeit? Was muss ich beim Internetkauf beachten? Wie erstelle ich ein Budget? Wie kann ich mich politisch betätigen? Was muss ich beim Heiraten alles beachten? Was kann ich zu einer gesunden Umwelt beitragen? – Auf diese und viele weitere Fragen rund ums gesellschaftliche Leben erhalten Sie in diesem Lehrmittel Antworten. Sie werden Aufgaben zum Grundlagenwissen lösen, spannende Diskussionen mit Kolleginnen und Kollegen führen und interessante Lernaufträge ausführen.

Das Lehrmittel «Gesellschaft | Ausgabe A» ist in 12 Kapitel gegliedert und in einer einfach verständlichen Sprache verfasst. Auf der Einleitungsseite werden Sie jeweils mit einem kurzen Text zum Thema hingeführt. Zudem sind dort die wichtigsten Lernziele aufgelistet. Innerhalb der Kapitel finden Sie zahlreiche kurze Verständnisfragen, mit denen Sie Ihr Wissen testen können. Die Lernaufträge dienen der Vertiefung und Erweiterung des Gelernten. Sie sind etwas anspruchsvoller und umfangreicher und sollen Ihre Kompetenzen fördern.

Sie werden sehen, wir haben nicht zu viel versprochen: Am Schluss Ihrer Lehrzeit wird sich Ihr Leben verändert haben. Auch dank dieses Buches, das Sie dabei unterstützt, die zahlreichen Herausforderungen des Erwachsenenlebens gut zu bewältigen.

Wir wünschen Ihnen viel Freude, Erfolg und auch Spass beim Lernen und Entdecken.

*Juni 2022*
*Autorenteam und Verlag*

Das Lehrmittel und die App sind mit Augmented-Reality-Funktion erweitert. Aktivieren Sie die App und halten Sie Ihr Smartphone oder Tablet über die gekennzeichneten Stellen. Auf Ihrem Bildschirm erscheinen weiterführende Videos, Links zu nützlichen Webseiten, Grafiken und Erklärungen zum jeweiligen Thema.

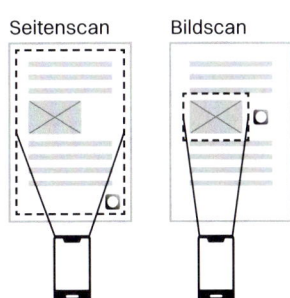

# Inhaltsverzeichnis

## 1 Berufliche Grundbildung

| | | |
|---|---|---|
| 1.1 | **Organisation der Berufsbildung** | 9 |
| 1.2 | **Gesetzliche Grundlagen und Zuständigkeiten** | 10 |
| 1.3 | **Der Lehrvertrag** | 11 |
| | Probezeit | 12 |
| | Beendigung des Lehrverhältnisses | 12 |
| | Pflichten und Rechte der Lernenden | 13 |
| | Pflichten und Rechte der Berufsbildenden | 15 |
| 1.4 | **Besser lernen: Lerntipps** | 16 |
| 1.5 | **Miteinander reden** | 17 |
| | **Lernaufträge** | 20 |

## 2 Geld und Kauf

| | | |
|---|---|---|
| 2.1 | **Geld** | 27 |
| | Aufgaben und Formen von Geld | 27 |
| | Geldinstitute | 28 |
| | Geldanlagen | 31 |
| | Lohn und Budget | 34 |
| | Bargeldlose Zahlungsmöglichkeiten | 36 |
| 2.2 | **Kauf** | 39 |
| | Kaufvertrag und Vertragsverletzungen | 39 |
| | Barkauf und Kreditkauf | 43 |
| | Leasing | 45 |
| | Internetkauf | 47 |
| 2.3 | **Konsum und Verantwortung** | 48 |
| | Konsum und seine Folgen | 48 |
| | Die Ökobilanz | 50 |
| | **Lernaufträge** | 51 |

## 3 Risiken, Sicherheit und Vorsorge

| | | |
|---|---|---|
| 3.1 | **Risiken** | 59 |
| | Risikomanagement | 59 |
| | Einschätzung von Risiken | 60 |
| | Persönliche Risiken | 61 |
| | Gesellschaftliche Risiken | 63 |
| 3.2 | **Versicherungen** | 64 |
| | Übersicht | 64 |
| | Begriffserklärungen | 65 |
| | Haftpflichtversicherungen | 65 |
| | Sachversicherungen | 68 |
| | Personenversicherungen | 69 |
| 3.3 | **Vorsorge** | 73 |
| | 1. Säule – staatliche Vorsorge | 73 |
| | 2. Säule – berufliche Vorsorge | 76 |
| | 3. Säule – private Vorsorge | 76 |
| | **Lernaufträge** | 77 |

## 4 Demokratie und Mitgestaltung

| | | |
|---|---|---|
| 4.1 | **Staat** | 85 |
| | Zweck und Aufgabe des Staates | 85 |
| | Regierungsformen | 86 |
| | Staatsformen | 88 |
| | Föderalismus in der Schweiz | 88 |
| | Rechtsstaat und Gewaltenteilung | 89 |
| 4.2 | **Gewaltenteilung in der Schweiz** | 91 |
| | Parlament (Legislative) | 92 |
| | Bundesrat (Exekutive) | 93 |
| | Bundesgericht (Judikative) | 95 |
| 4.3 | **Mitwirkungsrechte und Pflichten** | 96 |
| | Rechte und Pflichten | 96 |
| | Menschenrechte | 97 |
| | Staatsbürgerliche Rechte | 97 |
| | Politische Rechte | 98 |
| | Staatsbürgerliche Pflichten | 99 |
| 4.4 | **Stimmen und Wählen** | 100 |
| | Stimmrecht | 100 |
| | Wahlrecht | 101 |
| | Majorzwahl | 102 |
| | Proporzwahl | 102 |
| 4.5 | **Referendum und Initiative** | 104 |
| | Referendum | 104 |
| | Initiative | 105 |
| 4.6 | **Interessengruppen** | 106 |
| | Parteien | 106 |
| | Verbände | 111 |
| 4.7 | **Wie ein Gesetz entsteht** | 113 |
| 4.8 | **Weg zur modernen Schweiz** | 114 |
| | **Lernaufträge** | 116 |

## 5 Kultur und Kunst

- **5.1 Kultur** ... 123
- **5.2 Kunst als Teil der Kultur** ... 125
- **5.3 Bildende Kunst** ... 126
  - Malerei ... 126
  - Malerei des 19. und 20. Jahrhunderts ... 127
  - Grafik ... 130
  - Fotografie ... 131
  - Architektur ... 132
  - Bildhauerkunst ... 133
- **5.4 Darstellende Kunst** ... 134
  - Schauspielkunst ... 134
  - Tanzkunst ... 137
  - Medienkunst ... 138
- **5.5 Literatur** ... 140
  - Epik (erzählende Dichtung) ... 141
  - Dramatik (dramatische Dichtung) ... 142
  - Lyrik (lyrische Dichtung) ... 143
- **5.6 Musik** ... 144
  - Epochen der klassischen Musik ... 144
  - Musik im 20. Jahrhundert ... 145
- **5.7 Kulturgeschichte im Überblick** ... 148
  - **Lernaufträge** ... 152

## 6 Die Schweiz in Europa und der Welt

- **6.1 Globalisierung** ... 159
  - Wirtschaftliche Globalisierung ... 159
  - Folgen der wirtschaftlichen Globalisierung ... 160
  - Die Schweiz in der globalisierten Wirtschaft ... 162
- **6.2 Die Europäische Union** ... 164
  - Historischer Hintergrund ... 164
  - Entwicklung zur heutigen EU ... 165
  - Aufbau und Funktionsweise der EU ... 167
  - Herausforderungen der EU ... 170
- **6.3 Europarat** ... 171
- **6.4 Die Schweiz und Europa** ... 172
  - Historische Entwicklung ... 172
  - Bilaterale Verträge ... 173
  - **Lernaufträge** ... 175

## 7 Markt und Konsum

- **7.1 Markt, Nachfrage, Angebot** ... 181
  - Markt ... 181
  - Nachfrage ... 181
  - Angebot ... 184
- **7.2 Wirtschaftskreislauf** ... 187
  - Einfacher Wirtschaftskreislauf ... 187
  - Erweiterter Wirtschaftskreislauf ... 188
  - Produktionsfaktoren ... 190
  - Wirtschaftssektoren ... 191
- **7.3 Messung des wirtschaftlichen Wohlstands** ... 192
  - Wohlstand und Wohlfahrt ... 192
  - Bruttoinlandprodukt (BIP) ... 192
  - Einkommensverteilung ... 194
- **7.4 Rolle des Staates** ... 195
  - Wirtschaftsformen ... 195
  - Soziale Marktwirtschaft ... 195
  - Wirtschaftspolitik ... 197
- **7.5 Finanzierung der Staatstätigkeit** ... 201
  - Einnahmen und Ausgaben des Bundes ... 201
  - Formen und Arten der Besteuerung ... 202
  - Verrechnungssteuer und Mehrwertsteuer ... 205
  - Steuererklärung ... 207
  - **Lernaufträge** ... 209

## 8 Globale Herausforderungen

- **8.1 Wohlstand und Armut** ... 217
  - Kluft zwischen Arm und Reich ... 217
  - Ursachen und Folgen ... 218
  - Massnahmen ... 219
  - Entwicklungspolitik der Schweiz ... 220
- **8.2 Menschen in Bewegung** ... 221
  - Bevölkerungsentwicklung ... 221
  - Migration ... 223
  - Bevölkerung in der Schweiz ... 224
  - Die Schweiz als Einwanderungsland ... 225
  - Die Schweiz als Auswanderungsland ... 228
- **8.3 Ökonomie und Ökologie** ... 229
  - Unterschied zwischen Ökonomie und Ökologie ... 229
  - Ökologischer Fussabdruck ... 229
  - Energiebedarf ... 231
  - Ressourcenverbrauch am Beispiel Wasser ... 232
  - Klimawandel ... 234
  - Energiequellen ... 236
  - Politische Instrumente ... 237
  - Nachhaltige Wirtschaftsentwicklung ... 238
- **8.4 Internationale Organisationen** ... 239
  - Regierungsorganisationen ... 239
  - Nichtregierungsorganisationen (NGO) ... 241
  - Internationalen Konferenzen ... 243
  - **Lernaufträge** ... 244

## 9 Wohnen und Zusammenleben

**9.1 Wohnen** ... 251
    Wohnformen ... 251
    Wohnungssuche ... 252
    Umzug ... 252
    Mietvertrag und Mietantritt ... 253
    Pflichten und Rechte der Mieterinnen und Mieter ... 254
    Kündigung und Auszug ... 256
    Mieterschutz ... 257

**9.2 Zusammenleben** ... 260
    Formen des Zusammenlebens ... 260
    Konkubinat ... 261
    Ehe ... 262
    Kindesverhältnis ... 265
    Scheidung ... 267
    Trennung statt Scheidung ... 268
    Errungenschaftsbeteiligung ... 268
    Erbrecht ... 270
    **Lernaufträge** ... 272

## 10 Arbeit und Zukunft

**10.1 Berufliche Zukunft** ... 279
    Grund- und Weiterbildung ... 279
    Laufbahnplanung ... 280
    Stellenbewerbung ... 281

**10.2 Arbeitsverträge** ... 288
    Rechtliche Grundlagen und Formen ... 288
    Einzelarbeitsvertrag (EAV) ... 289
    Beendigung des Arbeitsverhältnisses ... 295
    Gesamtarbeitsvertrag (GAV) ... 298
    **Lernaufträge** ... 299

## 11 Grundlagen des Rechts

**11.1 Rechtsgrundlagen** ... 307
    Aufgaben des Rechts ... 307
    Öffentliches Recht und privates Recht ... 308
    Rechtsgrundsätze ... 310

**11.2 Personenrecht** ... 311
    Natürliche und juristische Personen ... 311

**11.3 Vertragsrecht** ... 313
    Entstehung ... 313
    Vertragsformen ... 313
    Vertragsinhalt ... 314
    Verjährung ... 315

**11.4 Strafrecht** ... 316
    Grundsätze des Strafrechts ... 316
    Deliktarten ... 317
    Strafen ... 317
    Massnahmen ... 318
    Jugendstrafrecht ... 318
    **Lernaufträge** ... 320

## 12 Politische Karten

**Schweiz** ... 324
**Europa** ... 325
**Welt** ... 326

Stichwortverzeichnis ... 329
Bildnachweis ... 334

# Kapitel 1
# Berufliche Grundbildung

Sie haben die obligatorische Schule abgeschlossen und eine Lehre begonnen. So wie Sie entscheiden sich in der Schweiz rund zwei Drittel der Jugendlichen für eine solche berufliche Grundbildung, wie die offizielle Bezeichnung lautet. Sie arbeiten jetzt in einem Lehrbetrieb, besuchen überbetriebliche Kurse und die Berufsfachschule. Sie lernen die Arbeitswelt kennen, übernehmen Verantwortung und können Ihr Selbstbewusstsein entwickeln. Man verlangt von Ihnen, dass Sie flexibel sind und sich Mitmenschen gegenüber korrekt verhalten. Wenn Sie Ihre Ausbildung motiviert und mit einer positiven Einstellung durchlaufen, werden Sie diese erfolgreich abschliessen.

**Sie lernen in diesem Kapitel,**

- wie das schweizerische Berufsbildungssystem aufgebaut ist,
- welche gesetzlichen Grundlagen für die Berufsbildung wichtig sind,
- was in Ihrem Lehrvertrag alles geregelt ist,
- welche Rechte und Pflichten Sie als Lernende haben,
- mit welchen Lerntechniken und Lernmethoden Sie einfacher und besser lernen,
- worauf es in der Kommunikation ankommt und worauf Sie achten sollten.

*«Sage es mir,
und ich vergesse es;
zeige es mir,
und ich erinnere mich;
lass es mich tun,
und ich behalte es!»*

Konfuzius

Kapitel 1 | Berufliche Grundbildung

## 1.1 Organisation der Berufsbildung

Unsere Berufsbildung ist für die Wirtschaft sehr wichtig und hat weltweit ein hohes Ansehen. Sie wird von den Lehrbetrieben, den Berufsverbänden und den Berufsfachschulen getragen. Diese Zusammenarbeit ermöglicht eine solide theoretische und praktische Ausbildung. Man nennt dieses System auch duale Berufsbildung, da die schulische und berufliche Ausbildung koordiniert werden. In den meisten anderen Ländern werden zukünftige Berufsleute fast ausschliesslich schulisch ausgebildet, sodass diese relativ spät in die reale Berufswelt kommen.

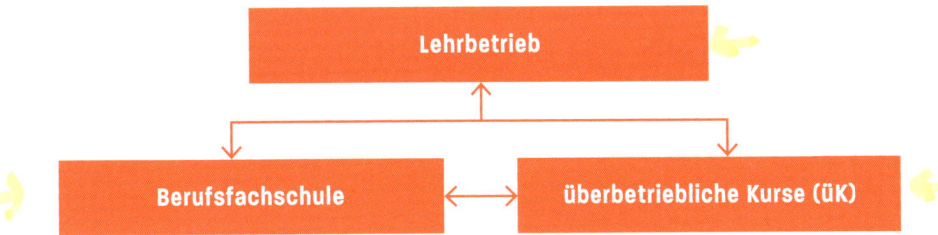

Im Lehrbetrieb findet die praktische Ausbildung statt. Die Ausbildung richtet sich nach den verschiedenen berufsspezifischen Bildungsverordnungen, kurz BiVo.

**Lehrbetrieb BiVO 19**

Die überbetrieblichen Kurse ergänzen die betriebliche Ausbildung. Sie vermitteln grundlegende branchenspezifische Kompetenzen, Fertigkeiten und Kenntnisse. Die üKs finden an schulfreien Tagen statt und werden von den Berufsverbänden organisiert.

**Überbetriebliche Kurse BBG 23**

Die Berufsfachschulen vermitteln die theoretischen Kenntnisse. Der Unterricht ist aufgeteilt in Allgemeinbildung und Berufskunde. Zu den allgemeinbildenden Fächern gehören Sprache und Kommunikation, Recht und Gesellschaft sowie Sport. Die Berufskundefächer haben einen engen Praxisbezug. Fächer sind Berufskunde, Fachrechnen, Material- und Warenkunde, Werkstofftechnik usw.

**Berufsfachschule BBG 21 f.**

*Im Unterschied zu den meisten anderen Ländern werden Berufsleute in der Schweiz früh in die reale Berufswelt eingeführt.*

## 1.2 Gesetzliche Grundlagen und Zuständigkeiten

| | | |
|---|---|---|
| **Bund** | Der Bund ist für die grundsätzliche Regelung der Berufsbildung zuständig. Er steuert mit Gesetzen und Verordnungen die berufliche Grundbildung und sorgt für deren Weiterentwicklung. | – Bundesverfassung BV 63<br>– Bundesgesetz über die Berufsbildung BBG<br>– Bildungsverordnung BiVo<br>– Obligationenrecht OR (Arbeitsvertrag / Lehrvertrag)<br>– Arbeitsgesetz ArG (Arbeitnehmerschutz)<br>– Rahmenlehrplan ABU |
| **Kantone** | Mit dem Erlass von Ausführungsbestimmungen sorgen die Kantone für die Umsetzung der eidgenössischen Vorgaben und sind für die Aufsicht verantwortlich. | – Kantonales BBG<br>– Vollzugsverordnung<br>– Reglement (z. B. Absenzen- und Disziplinarreglement) |
| **Berufsverbände** | Die Berufsverbände erstellen die Bildungspläne und regeln die überbetrieblichen Kurse (üK). | – Bildungsplan<br>– Reglement zu üK |
| **Lehrbetrieb** | Der Lehrbetrieb schliesst mit der oder dem Lernenden innerhalb der gesetzlichen Schranken den Lehrvertrag ab. Mit der Betriebsordnung sorgt der Lehrbetrieb unter anderem für den nötigen Schutz der Lernenden. | – Lehrvertrag<br>– Betriebsordnung |
| **Berufsfachschule** | Mit Schullehrplänen sichert die Berufsfachschule zielgerichtetes Unterrichten und sorgt mit speziellen Massnahmen für deren Qualität. Stundenplan, Hausordnung und weitere Weisungen sollen erfolgreiches Lernen fördern. | – Schullehrplan<br>– Stundenplan<br>– Schul- und Hausordnung mit verschiedenen Weisungen |

▶ **Lernauftrag 1:** Genau zuhören und verstehen (siehe Seite 20).

**Das weiss ich jetzt!**

1.1 Weshalb spricht man vom dualen Bildungssystem?
1.2 Wer organisiert die üKs?
1.3 Wer ist für die Grundlagen der Berufsbildung zuständig?
1.4 Wer erstellt die Bildungspläne?
1.5 Mit wem schliessen die Lernenden den Lehrvertrag ab?

## 1.3 Der Lehrvertrag

Der Lehrvertrag ist ein besonderer Arbeitsvertrag, denn nicht Arbeitsleistung und Lohn stehen im Vordergrund, sondern die Ausbildung. Durch den Lehrvertrag verpflichten sich die Arbeitgebenden, die lernenden Personen fachgemäss auszubilden. Die Lernenden verpflichten sich, für ihre Lehrfirma im Rahmen der Ausbildung Arbeit zu leisten.

**OR 334**

Der Lehrvertrag ist die Grundlage für das Lehrverhältnis und muss in schriftlicher Form abgefasst sein. Der Vertrag wird zwischen der Berufsbildungsperson und dem Lernenden bzw. der Lernenden geschlossen. Bei unter 18-Jährigen braucht es zusätzlich die Unterschrift des gesetzlichen Vertreters, in der Regel der Eltern. Die Lehrverträge müssen von den kantonalen Behörden (in der Regel vom Amt für Berufsbildung) geprüft und genehmigt werden.

**Form, Vertragspartner, Kontrolle**
**OR 344 a / BBG 14 / BBV 8**

Die meisten Elemente sind durch das Recht vorgegeben und können nicht frei vereinbart werden. Dazu gehören folgende Punkte: Art und Dauer der beruflichen Ausbildung, Dauer der Probezeit, Arbeitszeit, Lohn und Ferien.

**Inhalt**
**OR 344 a**

In den meisten Betrieben gelten zudem interne Regelungen, zum Beispiel ein Personalreglement. Solche Reglemente sind Bestandteil der Anstellungsverträge und gelten auch für Lernende.

**Reglemente**

*Ausschnitt aus einem Lehrvertrag.*

## Probezeit

**Funktion**  In der Probezeit lernt man sich gegenseitig besser kennen und kann so überprüfen, ob die Berufswahl für beide Vertragsparteien stimmt. Die Lernenden erhalten einen ersten Einblick in die Berufswelt. Die Berufsbildner und Berufsbildnerinnen können feststellen, ob die Lehre den Interessen und Fähigkeiten der Lernenden entspricht.

**Dauer OR 344 a**  Die Probezeit muss mindestens einen Monat betragen und darf nicht länger als drei Monate dauern. Ausnahmsweise kann sie bis auf sechs Monate verlängert werden. Dafür braucht es aber die Zustimmung der kantonalen Behörden.

**Kündigung OR 346**  In der Probezeit kann das Lehrverhältnis jederzeit aufgelöst werden. Die Kündigungsfrist beträgt sieben Tage.

## Beendigung des Lehrverhältnisses

**Auflösung OR 334 a**  Der Lehrvertrag ist ein befristeter Vertrag. Er endet automatisch mit dem Termin, der im Lehrvertrag festgehalten ist. Es braucht also keine Kündigung.

**Auflösung nach der Probezeit**  Nach der Probezeit ist eine vorzeitige Beendigung des Lehrverhältnisses nur möglich, wenn beide Vertragsparteien damit einverstanden sind oder wenn wichtige Gründe vorliegen.

> **Wichtige Gründe für eine Auflösung**
> - Der Lernende oder die Lernende ist körperlich oder geistig überfordert.
> - Der Lernende oder die Lernende ist gesundheitlich oder sittlich gefährdet (OR 346).
> - Die zuständigen Personen des Lehrbetriebs sind fachlich und persönlich nicht fähig, die Lernenden auszubilden.
> - Andere Gründe können sein: Diebstahl, Mobbing, sexuelle Belästigung, Arbeitsverweigerung, körperliche Gewalt u. a.

**Wirtschaftliche Gründe**  Muss das Lehrverhältnis aus wirtschaftlichen Gründen (z. B. bei einem Konkurs) aufgelöst werden, kümmern sich die kantonalen Behörden nach Möglichkeit um eine neue Lehrstelle. So können die Lernenden die Ausbildung ordnungsgemäss abschliessen.

**Verlängerung**  Die Lehrzeit kann unter bestimmten Umständen verlängert werden. Dazu braucht es jedoch die Bewilligung der kantonalen Behörden (Amt für Berufsbildung). Ein Grund für eine Verlängerung kann sein: Es wird schon früh klar, dass das Ausbildungsziel, also das Bestehen des Qualifikationsverfahrens (QV), nicht erreicht wird.

---

**Das weiss ich jetzt!**

1.6 Was steht bei einem Lehrverhältnis im Vordergrund?
1.7 Wer kontrolliert die Lehrverträge?
1.8 Wie lange dauert die Probezeit?
1.9 Wann endet das Lehrverhältnis?
1.10 Wer hilft bei einer Kündigung aus wirtschaftlichen Gründen?

## Pflichten und Rechte der Lernenden

Wie in anderen Lebensbereichen auch gibt es in der beruflichen Ausbildung Rechte und Pflichten. Pflichten haben heisst: Ich muss …, Rechte haben heisst: Ich darf …

| | | |
|---|---|---|
| **Hauptpflicht**<br>OR 345 | Die Lernenden müssen alles tun, um das Lehrziel zu erreichen. Sie müssen die Anordnungen der Berufsbildner und Berufsbildnerinnen befolgen und ihre Arbeiten gewissenhaft ausführen. | Pflichten Lernende |
| **Schule und Kurse besuchen**<br>BBG 21, 23 | Die Lernenden müssen den Pflichtunterricht und die überbetrieblichen Kurse (üKs) besuchen. Sie müssen sich an die Anordnungen der Schule und der Kursleitung halten. | |
| **Sorgfaltspflicht**<br>OR 321 a | Die Lernenden müssen mit Arbeitsgeräten, Materialien und Einrichtungen sorgfältig umgehen. | |
| **Treuepflicht**<br>OR 321 a | Die Lernenden müssen die Interessen des Lehrbetriebs «in guten Treuen wahren». Dazu gehört, dass keine Schwarzarbeit verrichtet wird und Geschäftsgeheimnisse vertraulich behandelt werden. | |
| **Haftung bei Schäden**<br>OR 321 e | Die Lernenden müssen Schäden vermeiden. Sie haften für Schäden, die sie absichtlich oder fahrlässig zufügen. Die Sorgfalt gilt jedoch nicht absolut. Bei einem Schaden werden nämlich das Berufsrisiko, der Bildungsrad sowie die Fähigkeiten und Erfahrungen der Lernenden berücksichtigt. Bei einem Schaden kann der Gegenwert vom Lohn abgezogen werden. | |
| **Überstunden leisten**<br>OR 321 c | Die Lernenden müssen Überstunden leisten, wenn die Berufsbildnerin oder der Berufsbildner dies verlangt. Die Überstunden müssen aber betrieblich notwendig und für die Lernenden zumutbar sein. | |

*Die Lernenden müssen Anordnungen befolgen, ihre Arbeiten gewissenhaft ausführen und mit Arbeitsgeräten sorgfältig umgehen.*

| | | |
|---|---|---|
| **Rechte Lernende** | **Arbeit**<br>OR 345 a | Die Lernenden haben Anspruch auf Arbeiten, die mit dem Beruf etwas zu tun haben und die die Ausbildung fördern. Berufsfremde Arbeiten sind nicht erlaubt. |
| | **Lohn**<br>OR 322 | Die Lernenden haben Anspruch auf Lohn. Dessen Höhe wird für die gesamte Ausbildungsdauer im Lehrvertrag festgelegt. Die Lohnhöhe ist gesetzlich nicht geregelt. Sie richtet sich nach den Empfehlungen der Berufsverbände. Ein 13. Monatslohn oder eine Gratifikation kann, muss aber nicht bezahlt werden. |
| | **Lohnfortzahlung**<br>OR 324 a | Die Lernenden haben Anrecht auf Lohn, wenn sie wegen Krankheit, Unfall oder Militärdienst nicht arbeiten können. Der Lohn wird aber nur für eine beschränkte Zeit bezahlt. Im ersten Lehrjahr beispielsweise besteht eine Lohnfortzahlungspflicht von drei Wochen pro Jahr. |
| | **Unterrichtsbesuch**<br>OR 345 a | Die Lernenden dürfen den obligatorischen Unterricht an den Berufsfachschulen ohne Lohnabzug besuchen. |
| | **Kursbesuch**<br>BBG 22, 25/BBV 20 | Die Lernenden dürfen den Berufsmatura-Unterricht, Freikurse und Stützkurse ohne Lohnabzug besuchen. |
| | **Arbeitszeit**<br>ArG 31 | Bei Jugendlichen bis 18 Jahren darf die Höchstarbeitszeit inklusive Überstunden nicht mehr als 9 Stunden pro Tag und nicht mehr als 45 Stunden pro Woche betragen. Der obligatorische Unterricht an den Berufsfachschulen gehört zur Arbeitszeit. |
| | **Kompensation von Überstunden**<br>OR 321 a | Die Lernenden dürfen Überstunden durch Freizeit von gleicher Dauer kompensieren. Sie können Überstunden aber auch durch einen Lohnzuschlag von 25 Prozent abgelten lassen. |
| | **Ferien**<br>OR 345 a<br>OR 329 c | Lernende bis zum vollendeten 20. Altersjahr haben ein Anrecht auf mindestens fünf Wochen bezahlte Ferien pro Jahr. Die Berufsbildungspersonen bestimmen den Zeitpunkt der Ferien. Sie berücksichtigen dabei die Interessen des Betriebs und die Wünsche der Lernenden. Mindestens zwei Wochen müssen zusammenhängen. Ferien dürfen nicht mit Geldleistungen abgegolten und sollten während der schulfreien Zeit bezogen werden. |
| | **Urlaub für ausserschulische Jugendarbeit**<br>OR 329 e | Die Lernenden dürfen für ausserschulische Jugendarbeit zusätzlich eine Woche Ferien beziehen, allerdings ohne Lohn. Zu ausserschulischer Jugendarbeit gehören Leitertätigkeiten im Rahmen von Jugend+Sport, Lagerbetreuungen sowie kulturelle und soziale Einsätze. |
| | **Qualifikationsverfahren (QV)**<br>BBV 30 ff. | Die Berufsbildungspersonen müssen die Lernenden zum QV anmelden. Die Lernenden bekommen für die Prüfungszeit ohne Lohnabzug frei. Sie können das QV wiederholen, doch höchstens zweimal. Bei einer Wiederholung werden nur die Fächer geprüft, die ungenügend waren. |
| | **Lerndokumentation** | Falls eine Lerndokumentation erstellt werden muss, soll den Lernenden dafür genügend Arbeitszeit zur Verfügung gestellt werden. Die Dokumentation sollte von den Berufsbildnerinnen und Berufsbildnern regelmässig kontrolliert und unterschrieben werden. |

## Pflichten und Rechte der Berufsbildenden

Die meisten Rechte und Pflichten der Berufsbildungspersonen lassen sich aus den Pflichten und Rechten der Lernenden ableiten. Nachfolgend sind einige zusätzliche, für die Lehrzeit wichtige Pflichten beschrieben.

| | | |
|---|---|---|
| **Ausbildungspflicht**<br>OR 345 a | Die Berufsbildungspersonen müssen die Lernenden fachgemäss, systematisch und verständnisvoll ausbilden. Der Betriebsinhaber oder die Betriebsinhaberin kann die Verantwortung für die Ausbildung an eine andere Person übertragen. Diese muss aber zur Ausbildung fachlich und persönlich qualifiziert sein. | **Pflichten Berufsbildende** |
| **Fürsorgepflicht**<br>OR 328<br>OR 328 b | Der Lehrbetrieb muss die Persönlichkeit der Lernenden respektieren und schützen und auf deren Gesundheit achten. Dazu gehören: Massnahmen zur Vermeidung von Unfällen, Schutz vor sexueller Belästigung sowie der Datenschutz. | |
| **Lohnzahlungs- und Versicherungspflicht** | Der Lehrbetrieb muss den im Lehrvertrag abgemachten Lohn bezahlen. Die Lernenden müssen gegen Unfall versichert werden. Die Betriebsunfallversicherung bezahlt der Lehrbetrieb. Die Bezahlung der Nichtbetriebsunfallversicherung wird im Lehrvertrag geregelt. Ab dem 1. Januar des Jahres, in dem die Lernenden 18 Jahre alt werden, muss der Lehrbetrieb die Beiträge für AHV, IV, EO und ALV in Rechnung stellen. | |
| **Lehrzeugnis**<br>OR 346 a | Der Lehrbetrieb muss den Lernenden am Ende der Ausbildung ein Zeugnis ausstellen. Das Zeugnis gibt Auskunft über den erlernten Beruf und die Dauer der Lehre. Wenn die lernende Person dies verlangt, muss das Zeugnis auch Hinweise zu Kompetenzen, Leistungen und Verhalten enthalten. | |

Die Lehrbetriebe sind nicht verpflichtet, Lernende nach dem Lehrabschluss weiter zu beschäftigen. Aber spätestens drei Monate vor Abschluss des Lehrverhältnisses müssen die Lehrbetriebe ihnen mitteilen, ob sie weiterbeschäftigt werden. Wird die Anstellung fortgesetzt, wird die Lehrzeit an das neue Arbeitsverhältnis angerechnet. Dies hat Auswirkungen auf die Kündigung- und Lohnfortzahlungspflicht.

**Weiterbeschäftigung**

▶ **Lernauftrag 2:** Ausbildungssituationen analysieren (siehe Seite 20).

▶ **Lernauftrag 3:** Ein Gesuch verfassen (siehe Seite 22).

---

**Das weiss ich jetzt!**

1.11 Welche beiden OR-Artikel legen die meisten Rechte und Pflichten fest?
1.12 Wann haften Lernende für Schäden?
1.13 Können Schäden vom Lohn abgezogen werden?
1.14 Haben Lernende Anrecht auf einen 13. Monatslohn?
1.15 Wie viele Wochen Ferien haben Lernende bis zum 20. Geburtstag zugute?
1.16 Wer bestimmt den Zeitpunkt der Ferien?
1.17 Wie oft kann das QV wiederholt werden?
1.18 Wie müssen Lernende ausgebildet werden?
1.19 Wovor müssen Lernende im Rahmen der Fürsorgepflicht geschützt werden?
1.20 Was muss in einem Lehrzeugnis stehen?
1.21 Wann müssen die Lehrbetriebe die Lernenden spätestens informieren, ob sie weiterbeschäftigt werden?

## 1.4 Besser lernen: Lerntipps

Lernen kann mühsam und anstrengend sein. Doch Lernen ist das A und O für den beruflichen Erfolg. Dabei ist Lernen sehr individuell: Einige lernen lieber alleine, andere lieber in der Gruppe; einige lernen am besten am Morgen, andere am Abend. Folgende Lernstrategien sind allerdings für alle Lerntypen hilfreich.

| Lerntipps | | |
|---|---|---|
| | **Lernstoff strukturieren** | Sich einen Überblick verschaffen – übersichtliche Zusammenfassungen sind sehr gut geeignet, Zusammenhänge aufzeigen (z. B. Mindmap, Schema). |
| | | *Der Prüfungsstoff wird in unserem Hirn strukturiert abgelegt und kann so einfacher wieder abgerufen werden.* |
| | **Lernstoff portionieren und verteilt lernen** | «Verdaubare» Portionen bilden – Lernplan mit fixen Lernzeiten erstellen – verteilt lernen. |
| | | *Mehrmaliges Lernen erhöht die Behaltensquote massiv – Neuronenmuster werden «eingebrannt».* |
| | **Verschiedene Eingangskanäle (Sinne) gebrauchen** | Lesen, anstreichen, herausschreiben – Lernstoff mit eigenen Worten wiederholen – Lernstoff jemandem mit eigenen Worten erklären. |
| | | *Je mehr Eingangskanäle benutzt werden, desto vielfältiger wird der Lernstoff im Hirn gespeichert und kann auf verschiedenen Wegen wieder abgerufen werden.* |
| | **Neuen Lernstoff mit Bekanntem verknüpfen** | Zusammenhänge zum Vorwissen herstellen – was kenne ich schon? |
| | | *Wenn Neues im Gehirn an schon Bekanntes, gut Gespeichertes angehängt wird, kann über das Bekannte auch das Neue gefunden werden.* |
| | **Nur Verstandenes lernen** | Mit Einsicht lernen (Zusammenhänge, Abläufe). |
| | | *Unverstandenes, auswendig gelernt, ist schwierig wiederzufinden.* |
| | **Aktive Teilnahme am Unterricht** | Zuhören – mitdenken – mitreden – Fragen stellen – sich selbst motivieren – Lernen im Vorgriff (sich im Voraus mit neuen Unterrichtsthemen befassen). |
| | **Motivation** | Erreichbare, nahe Ziele setzen – Belohnungen bei Erreichen der Ziele. Desinteresse abbauen – Motivation und neugierige Haltung aufbauen – Antipathien zu Einzelpersonen abbauen. |
| | **Arbeitsplatz** | Aufgeräumter Arbeitsplatz – Störungen vermeiden. |

▶ **Lernauftrag 4:** Einen Lernplan erstellen (siehe Seite 22).

## 1.5 Miteinander reden

Eine Szene aus dem Alltag: A sagt zu B: «Du machst das falsch! Komm, ich zeige dir, wie das geht.» B schaut A beleidigt an und geht weg. Was ist passiert? A hat eine Du-Botschaft in einem belehrenden Ton gesendet. B ist frustriert.
Gleiche Szene, anderer Ton: A: «Ich sehe, das Problem ist nicht ganz einfach zu lösen. Kann ich dich unterstützen?» A: «Ja, gerne. Danke!» Ein ganz anderer Kommunikationsstil. A sendet eine Ich-Botschaft und stellt eine Frage. B fühlt sich unterstützt und ernst genommen.

**Kommunikationsstil**

Wie das Beispiel zeigt, hat man mit Ich-Botschaften mehr Erfolg – vor allem, wenn man Kritik anbringen will. Dies gilt sowohl für die mündliche als auch für die schriftliche Kommunikation. Die Regel lautet: Beginne deine Aussagen mit «Ich». Doch nicht jeder Satz, der mit einem «Ich» anfängt, ist auch tatsächlich eine Ich-Botschaft. Beispiele von unechten Ich-Botschaften: «Ich denke, du solltest mehr arbeiten.» / «Ich finde, du hast davon keine Ahnung.» / «Ich weiss, dass du nicht auf mich hörst.» Es kommt eben auch darauf an, wie der Satz weitergeht und mit welcher Haltung er ausgesprochen wird.

**Ich-Botschaften**

Nach dem Verhaltens- und Kommunikationsforscher Paul Watzlawick hat jede Kommunikation zwei Ebenen: eine Inhaltsebene und eine Beziehungsebene. Ein Beispiel aus dem Arbeitsumfeld: Die Ausbildnerin sagt zum Lernenden: *«Mit diesen Noten ist dein Lehrabschluss gefährdet.»*

**Inhalt und Beziehung**

| | **Inhalt**<br>schlechte Noten,<br>Lehrabschluss ist gefährdet | |
|---|---|---|
| **Senderin**<br>Berufsbildnerin | **Nachricht**<br>*«Mit diesen Noten ist dein Lehrabschluss gefährdet.»* | **Empfänger**<br>Lernender |
| | **Beziehung**<br>Als deine Berufsbildnerin<br>erwarte ich bessere Noten. | |

Der Kommunikationspsychologe Friedemann Schulz von Thun hat aus zwei Ebenen vier gemacht und das sogenannte Kommunikationsquadrat entwickelt. Das Modell geht davon aus, dass bei jeder Nachricht vier verschiedene Seiten im Spiel sind.

**Die vier Seiten einer Nachricht**

| | |
|---|---|
| **Sachebene**<br>Worüber informiere ich? | Auf dieser Ebene informieren wir über den Sachverhalt (Daten, Fakten). |
| **Beziehungsebene**<br>Wie stehe ich zu dir? | Auf dieser Ebene sagt der Sender oder die Senderin etwas aus über die Beziehung zur angesprochenen Person aus: Respekt, Wertschätzung, Achtung, Verachtung, Macht, Position u. a. |
| **Appellebene**<br>Was will ich von dir? | Diese Seite umfasst die Absicht der Senderin oder des Senders: Was solltest du tun? Wozu will ich dich bewegen? |
| **Selbstkundgabe**<br>Was zeige ich von mir? | Diese Seite enthält alles, was die Senderin oder der Sender von sich zeigt: Haltung, Gefühle, Einstellung u. a. |

Übertragen auf das bereits erwähnte Beispiel sehen die vier Seiten einer Nachricht wie folgt aus:

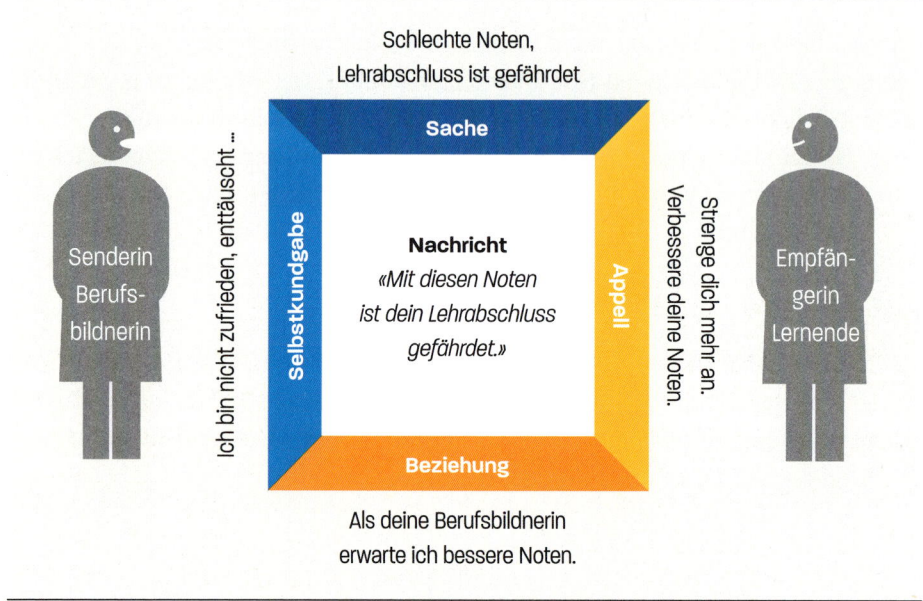

▶ **Lernauftrag 5:** Das Kommunikationsquadrat anwenden (siehe Seite 23).

**Vier Schnäbel und vier Ohren**

Die vier Ebenen sind bei jedem kommunikativen Vorgang im Spiel, und zwar sowohl auf der Seite des Senders als auch auf der Seite des Empfängers. Aus der Sicht des Senders spricht man vom Vier-Schnäbel-Modell, aus der Sicht des Empfängers vom Vier-Ohren-Modell. Das Vier-Ohren-Modell geht davon aus, dass eine Nachricht je nach Ohrentyp auf vier verschiedene Arten verstanden werden kann.

**Ohrentypen**

Je nachdem, welches Ohr «auf Empfang gestellt ist», kommt eine Botschaft ganz verschieden an und löst unterschiedliche Reaktionen aus. Bei Gesprächen sollte man darauf achten, mit welchem Ohr man zuhört. Der Sachohr-Typ konzentriert sich auf den Sachinhalt. Er fragt sich: Worum geht es? Was ist der Sachverhalt? Der Beziehungsohr-Typ achtet vor allem darauf, in welcher Beziehung er mit dem Sender steht. Er fragt sich: Wie ist unsere Beziehung? Was hält der bzw. die von mir? Der Appellohr-Typ hört oftmals eine Aufforderung oder Erwartung an ihn heraus. Er fragt sich: Was will man von mir? Was wird von mir erwartet? Der

Selbstkundgabeohr-Typ achtet stark darauf, was der Sender oder die Senderin von sich zeigt. Er fragt sich: Was sagt die Senderin, der Sender über sich? Was ist das für eine? Was ist das für einer?

---

**Beispiel Vier-Ohren-Modell**
**Die Frau sitzt am Steuer. Ihr Mann sagt zu ihr:** «*Das Benzin reicht nicht mehr weit.*»
**Je nachdem, welches Ohr «auf Empfang ist», hört die Frau:**

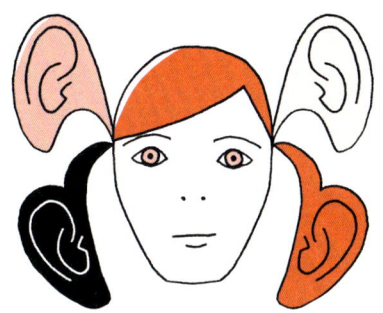

Sachohr:
«*Das Benzin ist knapp.*»

Appellohr:
«*Ich sollte bald an eine Tankstelle fahren.*»

Beziehungsohr:
«*Er meint, ohne ihn sähe ich das nicht.*»

Selbstkundgabeohr:
«*Er vertraut mir nicht.*»

© Zeichnung Mascha Greune, München

---

▶ **Lernauftrag 6:** Das Vier-Ohren-Modell anwenden (siehe Seite 23).

*Gerade in Konfliktsituationen ist es hilfreich, die verschiedenen Kommunikationsebenen auseinanderzuhalten.*

# Lernaufträge

**L1  Genau zuhören und verstehen**

- Suchen Sie sich zu zweit einen ruhigen Platz und setzen Sie sich einander gegenüber.
- A berichtet über die erste Woche im Lehrbetrieb. B hört zu und unterbricht nicht.
- Wenn A nichts mehr sagt, fragt B: «Und weiter?» B hört wieder zu.
- A hat drei Minuten Redezeit; B kontrolliert die Zeit.
- B macht sich während des Gesprächs Notizen, stellt aber keine weiteren Fragen.
- B fasst nun möglichst genau zusammen, was A gesagt hat.
- Nun hört A genau zu und meldet sich nur, wenn etwas nicht stimmt.
- In der zweiten Runde werden die Rollen getauscht: B berichtet jetzt über die erste Woche im Lehrbetrieb.

**Kompetenzen: Sie können ...**

- Erlebtes anschaulich und verständlich erzählen,
- anderen aufmerksam zuhören,
- Gehörtes möglichst genau wiedergeben.

**L2  Ausbildungssituationen analysieren**

- Arbeiten Sie zu zweit oder zu dritt.
- Lesen Sie folgende zehn Situationen genau durch.
- Beantworten Sie stichwortartig die Fragen. Sie können die zehn Situationen auch aufteilen.
- Vergleichen Sie am Schluss Ihre Antworten mit den Lösungen.

| Nr. | Situation |
|---|---|
| 1 | Dennis nimmt es mit der Lehre eher locker. Im Unterricht verhält er sich sehr passiv, Hausaufgaben macht er selten. Im Betrieb arbeitet er oft unmotiviert und wenig gewissenhaft.<br>**Auf welche Pflicht muss Dennis hingewiesen werden?** |
| 2 | Im Lehrbetrieb von Samira herrscht Hochbetrieb. Die Berufsbildnerin verlangt von Samira, dass sie den Unterricht an der Berufsfachschule diese Woche ausnahmsweise nicht besucht.<br>**Kann die Berufsbildnerin das verlangen? Falls ja, weshalb? Falls nein, weshalb nicht?** |

| Nr. | Situation |
|---|---|
| 3 | Andrea ist im zweiten Lehrjahr als Automobilfachfrau. Nun hat ihr der Chef mitgeteilt, dass er den Lehrvertrag auf den Beginn des dritten Lehrjahres auflösen muss. Grund: Die Firma wird aus wirtschaftlichen Gründen geschlossen.<br>**Was bedeutet das für Andrea?** |
| 4 | Sven ist eher der praktische Typ. Im Lehrbetrieb geht es ganz gut, doch in der Berufsfachschule hat er grosse Mühe. Sein Zeugnis ist ungenügend. Es ist fraglich, ob er das QV bestehen kann.<br>**Welche Möglichkeit steht Sven offen?** |
| 5 | Kaya schlägt ihrer Berufsbildnerin vor, dass sie auf zwei Ferienwochen verzichtet. Dafür möchte sie lieber mehr Lohn erhalten.<br>**Was wird die Berufsbildnerin antworten?** |
| 6 | Luca ist begeisterter Snowboarder und hat schon eine Leiterausbildung gemacht. Nun möchte er als Kursleiter mit einer Schulklasse in ein Jugend+Sport-Lager fahren.<br>**Kann er dafür Ferien beziehen?** |
| 7 | Der Lehrbetrieb von Barbara (18, 3. Lehrjahr) möchte, dass sie das nächste Jahr im September, Oktober, November, Januar und März je eine Woche Ferien bezieht.<br>**Was meinen Sie zu diesem Vorschlag?** |
| 8 | Pascal weigert sich schon zum zweiten Mal, die Werkstatt aufzuräumen. Zudem wurde er schon beim Diebstahl eines Werkzeugs ertappt. Der Berufsbildner will ihn fristlos entlassen.<br>**Ist eine fristlose Entlassung von Pascal überhaupt möglich?** |
| 9 | Petra ist verzweifelt. Sie hat das QV nicht bestanden. Sie weiss nicht, ob sie eine zweite Chance bekommt.<br>**Wie beraten Sie Petra?** |
| 10 | Anna berichtet ihrer Berufsbildnerin, dass sie vom Chef ab und zu anzügliche Komplimente bekommt. Sie fühle sich unsicher und sexuell belästigt. Die Berufsbildnerin meint, sie solle das nicht so ernst nehmen, der Chef sei halt so.<br>**Wie beurteilen Sie die Reaktion der Berufsbildnerin?** |

## Kompetenzen: Sie können …

– Alltagssituationen genau analysieren,
– Fragen zu den Pflichten und Rechten korrekt beantworten.

### L3 Ein Gesuch verfassen

- Sie sind Jugend+Sport-Leiter/Leiterin und möchten mit einer Schule in ein Sportlager fahren. Richten Sie ein Gesuch an Ihre Lehrfirma mit den nötigen Angaben: Ort, Datum, Bitte um Urlaub.
- Verfassen Sie das Gesuch in Briefform mit folgenden Elementen: Absender, Adresse, Datum, Anrede, Grussformel.
- Entwerfen Sie die Rohfassung und besprechen Sie den Text mit einer Kollegin bzw. mit einem Kollegen.
- Schreiben Sie anschliessend die finale Fassung.

**Kompetenzen: Sie können ...**

- einen geschäftlichen Brief korrekt strukturieren,
- ein Gesuch sprachlich fehlerfrei und inhaltlich vollständig verfassen,
- einen Textentwurf in Zusammenarbeit mit anderen überarbeiten.

### L4 Einen Lernplan erstellen

- Erstellen Sie einen Wochenlernplan mit fixen Zeiten:
- Füllen Sie den vorgegebenen leeren Wochenplan wie folgt aus:
  a) Färben Sie mit Rot diejenigen Zeiten an, an denen Sie nicht lernen können (Arbeitszeit, Schulzeit, Kurse, Training ...).
  b) Färben Sie mit Violett diejenigen Zeiten an, an denen Sie nicht lernen wollen (zu spät am Abend, ausschlafen am Wochenende ...).
  c) Färben Sie im Bereich der noch weissen Stellen mit Grün vier einstündige Lernzeiten an unterschiedlichen Tagen an.
- Verteilen Sie jeweils am Ende des (letzten) Schultages den Lernstoff auf die vier Lernzeiten.
- Berichten Sie in der Klasse über Ihre Erfahrungen.

**Kompetenzen: Sie können ...**

- mögliche Lernzeiten in einem Wochenplan festhalten,
- den Lernplan prüfen und Anpassungen vornehmen,
- verschiedene Lernstrategien anwenden.

### L5 Das Kommunikationsquadrat anwenden

- Arbeiten Sie zu zweit oder in einer Gruppe.
- Fertigen Sie zuerst eine eigene Skizze des Kommunikationsquadrats an, jedoch ohne Text (siehe Seite 18).
- Schreiben Sie in die Mitte des Quadrats folgende Nachricht: «*In unserer Firma achten wir auf gute Umgangsformen.*»
- Beschriften Sie nun die Skizze mit folgenden Begriffen: Sender (Berufsbildnerin); Empfänger (Marc, 1. Lehrjahr); Selbstkundgabe, Sache, Appell, Beziehung.
- Schreiben Sie bei den vier Seiten hin, was die Botschaft auslösen kann.
- Vergleichen Sie Ihre Skizze mit den Skizzen Ihrer Kolleginnen und Kollegen.

**Kompetenzen: Sie können ...**

- eine Botschaft mithilfe des Kommunikationsquadrats analysieren,
- das Modell von Schulz von Thun in Alltagssituationen anwenden.

### L6 Das Vier-Ohren-Modell anwenden

- Arbeiten Sie zu zweit oder in einer Gruppe.
- Analysieren Sie die Aussage der ABU-Lehrerin mithilfe des Vier-Ohren-Modells.
- Versetzen Sie sich dabei in die Situation der vier verschiedenen Ohrentypen und halten Sie fest, wie die Botschaft vermutlich aufgenommen wird.
- Vergleichen Sie Ihre Lösungen mit den Ergebnissen Ihrer Kolleginnen und Kollegen. Wo gibt es Übereinstimmungen? Wo Unterschiede?

Aussage der ABU-Lehrerin: «*Bei mir im Unterricht gibt es keine unwichtigen Fragen.*»

| Nr. | Ohrentypen |
|---|---|
| 1 | Das Sachohr ist auf Empfang.<br>Wie kommt die Botschaft wohl an? |
| 2 | Das Appellohr ist auf Empfang.<br>Wie kommt die Botschaft wohl an? |
| 3 | Das Beziehungsohr ist auf Empfang.<br>Wie kommt die Botschaft wohl an? |
| 4 | Das Selbstkundgabeohr ist auf Empfang.<br>Wie kommt die Botschaft wohl an? |

**Hinweis:** In der Realität kommen die vier Typen natürlich nicht in dieser Reinform vor. Meistens sind immer alle vier Ohren «auf Empfang».

**Kompetenzen: Sie können ...**

- das Vier-Ohren-Modell in einer Alltagssituation anwenden,
- erkennen, wie eine Botschaft unterschiedlich aufgenommen werden kann.

# Kapitel 2
## Geld und Kauf

Geld regiert die Welt. Zeit ist Geld. Geld stinkt nicht. Im Geld schwimmen. Geld allein macht nicht glücklich. – Es gibt zahlreiche Redewendungen und Sprichwörter zum Thema Geld. Das zeigt, dass Geld ein wichtiges Thema in unserem Leben ist. Sicher sind auch Sie täglich mit Geldfragen beschäftigt: Sie verdienen Geld, geben es wieder aus, zählen es ab und zu, Sie sparen, und manchmal verleihen Sie vielleicht Geld – oder Sie machen Schulden.

Nicht nur im privaten Alltag, sondern auch in Wirtschaft und Politik spielt Geld eine wichtige Rolle, ganz besonders für den Konsum. Darüber erfahren Sie in diesem Kapitel mehr.

**Sie lernen in diesem Kapitel,**

- was Geld ist und wozu es dient,
- was eine Zentralbank von einer Geschäftsbank unterscheidet,
- welche Möglichkeiten von Geldanlagen es gibt,
- wie sich Ihr Lohn zusammensetzt und wie man ein Budget erstellt,
- welche Zahlungsmöglichkeiten existieren,
- wie ein Kaufgeschäft entsteht und abläuft,
- wie sich Barkauf und Kreditkauf unterscheiden und was bei Leasing zu beachten ist,
- wie man beim persönlichen Einkaufen die Umwelt schonen kann.

*«Wer der Meinung ist, dass man für Geld alles haben kann, gerät leicht in den Verdacht, dass er für Geld alles zu tun bereit ist.»*

Benjamin Franklin

## 2.1 Geld

### Aufgaben und Formen von Geld

Das Wort «Geld» ist hergeleitet vom althochdeutschen «gelt», das im Mittelalter die Bedeutung von Zahlung, Vergütung und Lohn hatte. Heute meinen wir mit Geld ein vom Staat geprägtes oder auf Papier gedrucktes Zahlungsmittel, das wir in Form von Münzen und Banknoten tagtäglich verwenden, ohne gross über Funktion und Bedeutung nachzudenken. Geld ist für uns eine Selbstverständlichkeit geworden. *Definition*

Geld hat für die wirtschaftliche Entwicklung eine grosse Bedeutung. Dies deshalb, weil Geld volkswirtschaftlich zentrale Funktionen erfüllt. Die drei wichtigsten sind: *Funktionen*

**Funktionen des Geldes**

| Geld dient als … | Geld dient als … | Geld dient als … |
|---|---|---|
| Zahlungsmittel. | Wertaufbewahrungsmittel. | Wertmassstab. |
| Man kann mit Geld … | Man kann mit Geld … | Man kann mit Geld … |
| zahlen. | sparen. | vergleichen. |

Früher tauschte man Ware gegen Ware, so zum Beispiel Hühner gegen Getreide. Dies nennt man Tauschhandel. Dieser direkte Warentausch wurde nach und nach abgelöst durch den Tausch von Waren (oder Dienstleistungen) gegen wertvolle Gegenstände wie Gold und Silber. Heute gilt fast überall Geld in Form von Noten und Münzen als Zahlungsmittel. *Zahlungsmittel*

Eine andere wichtige Funktion des Geldes ist diejenige des Wertaufbewahrungsmittels. Geld kann man zur Seite legen, also sparen, und später zum Kauf von Waren und Dienstleistungen verwenden. Beim Aufbewahren von Geld ist jedoch zu berücksichtigen, dass Geld an Wert verlieren kann (siehe Seite 198, Inflation). Andere Wertaufbewahrungsmöglichkeiten sind Aktien, Gold, Silber, Immobilien oder auch Kunstgegenstände. *Wertaufbewahrungsmittel*

Eine weitere Funktion ist die der Masseinheit. Damit können Güter und Dienstleistungen einfacher miteinander verglichen werden: Bei diesem Anbieter kostet das neue Smartphone CHF 270, beim anderen CHF 320; hier kostet der Kinoeintritt CHF 18, dort CHF 16; Fahrschule A verlangt für eine Fahrstunde CHF 90, Fahrschule B CHF 110, Fahrschule C CHF 140 usw. *Wertmassstab*

**Bargeld und Buchgeld**  Als Bargeld bezeichnet man die Zahlungsmittel in materieller Form, also die Münzen und Banknoten. Seit es Kredit- und Bargeldkarten gibt, hat jedoch die Bedeutung des Bargeldes abgenommen. Im Gegensatz zum Bargeld ist Buchgeld praktisch «unsichtbar», denn es liegt als Guthaben auf einem Bank- oder Postkonto.

▸ **Lernauftrag 1:** Eine Redewendung oder ein Sprichwort zum Thema Geld visualisieren (siehe Seite 51).

## Geldinstitute

**Bedeutung**  Die Banken sind in der Schweiz eine wichtige Wirtschaftsbranche. Der Bankenplatz Schweiz gehört zu den bedeutendsten der Welt. Die beiden Grossbanken UBS und Credit Suisse (CS) sind weltweit tätig. Sie beschäftigen zusammen über 100 000 Mitarbeitende, davon rund 40 000 in der Schweiz. Aber auch die Raiffeisenbanken, Kantonalbanken, Regionalbanken und Sparkassen sind für die schweizerische Volkswirtschaft von Bedeutung.

### Schweizerische Nationalbank (SNB)

Die Schweizerische Nationalbank ist die Zentralbank der Schweiz. Sie ist unabhängig und für die Geld- und Währungspolitik der Schweiz verantwortlich. Sie steuert unter anderem den Geldumlauf und will damit grosse Schwankungen beim Geldwert vermeiden, also die Preise stabil halten (siehe Seite 198, Inflation). Als einzige Bank darf die SNB Banknoten drucken. Sie ist aber keine Privatbank; man kann bei ihr also kein Konto eröffnen.

*Die Schweizerische Nationalbank (SNB) ist für die Geld- und Währungspolitik der Schweiz verantwortlich. Der Hauptsitz befindet sich am Bundesplatz 1 in Bern.*

### Geschäftsbanken

Im Gegensatz zu den Zentralbanken bieten Geschäftsbanken Dienstleistungen für Privat- und Geschäftskunden an: Kreditgeschäfte, Wertpapiergeschäfte, Zahlungsverkehr usw. Nach Grösse und Wirkungskreis können folgende Kategorien unterschieden werden:

Grossbanken sind international tätige Konzerne, die viele verschiedene Leistungen anbieten. Sie werden deshalb auch Universalbanken genannt. In der Schweiz gehören die UBS und CS zu den Grossbanken.

*Grossbanken*

In der Schweiz gibt es 24 Kantonalbanken. Sie sind nicht international tätig. Die Kantonalbanken unterscheiden sich von anderen Geschäftsbanken dadurch, dass sie ganz oder teilweise den Kantonen gehören. Diese haften mit der sogenannten Staatsgarantie dafür, dass bei finanziellen Problemen der Bank die Kundinnen und Kunden ihr Geld nicht verlieren.

*Kantonalbanken*

Die rund 250 Banken in der Schweiz lassen sich weiter in folgende Kategorien einteilen: Regionalbanken, Sparkassen, Raiffeisenbanken, Börsenbanken, Kleinkreditbanken u. a.

*Übrige Geschäftsbanken*

### Haupttätigkeiten der Geschäftsbanken

Der traditionelle Tätigkeitsbereich der Geschäftsbanken ist das sogenannte Zinsengeschäft: Sie geben Kredite an Privatpersonen und Unternehmen und verlangen dafür als Gegenleistung Zinsen. **Das nennt man Aktivgeschäft. Das Passivgeschäft ist genau umgekehrt:** Sie geben nicht, sondern sie nehmen von ihren Kunden und Kundinnen Geld entgegen und bezahlen dafür Zinsen. Die folgende Grafik illustriert dieses Zinsengeschäft.

*Zinsengeschäft*

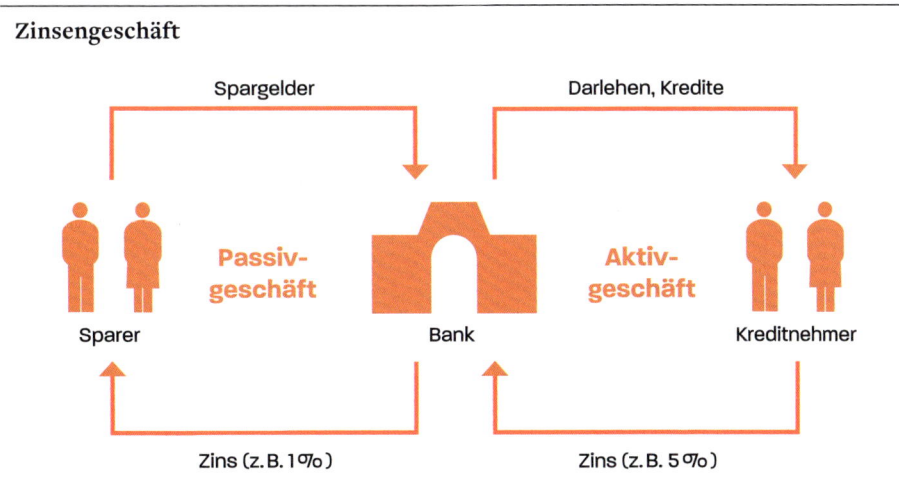

*Aktiv- und Passivgeschäft*

*Vor allem die Grossbanken investieren stark auf den weltweiten Kapitalmärkten. Im Bild die Schweizer Börse, Zürich.*

**Dienstleistungsgeschäft** Neben dem klassischen Zinsengeschäft bieten die Banken verschiedene Dienstleistungen rund ums Geld an. Als Gegenleistung verlangen sie Gebühren, sogenannte Kommissionen. Wichtige Dienstleistungsgeschäfte sind: Zahlungsverkehr, Vermögensverwaltung, Wertschriftenhandel und Finanzberatung.

Im Gegensatz zu früher verdienen die meisten Geschäftsbanken heute ihr Geld mehr und mehr mit Dienstleistungen und Anlagen. Lukrativ sind vor allem das Wertschriften- und Anlagegeschäft. Dort drohen aber auch grosse Verluste, wie die Finanzkrise von 2008 zeigte.

▶ **Lernauftrag 2:** Ein Infovideo über eine Bank herstellen (siehe Seite 51).

---

**Das weiss ich jetzt!**

2.1 Welche drei Funktionen hat Geld?

2.2 Was ist der Unterschied zwischen Bargeld und Buchgeld?

2.3 Wofür ist die Schweizerische Nationalbank (SNB) zuständig?

2.4 Was ist das Besondere an den Kantonalbanken?

2.5 Was sind die beiden Haupttätigkeiten der Geschäftsbanken?

2.6 Wie sieht der Vorgang bei einem sogenannten Passivgeschäft aus?

# Geldanlagen

Wer sein Erspartes nicht zu Hause aufbewahren will, kann es anlegen. Geld anlegen heisst, es jemandem zur Verfügung stellen, der dafür bezahlt. Auf diese Weise erzielt man einen Gewinn, den sogenannten Zins. Früher brachten die meisten Leute ihr Erspartes zur Bank. Heute gibt es viele weitere Anlagemöglichkeiten. Daher ist es wichtig, eine Übersicht zu haben sowie die Begriffe und Zusammenhänge zu kennen.

**Begriffe und Zusammenhänge**

Der Zins ist der Preis, den zum Beispiel eine Bank dafür zahlt, dass ein Kunde ihr das Geld zur Verfügung stellt. Dabei ist der Zins vom Zinssatz abhängig. Bei einem Zinssatz von 1 Prozent bekommt man auf CHF 1000 CHF 10, bei 2 Prozent CHF 20 usw. **Zins**

Als Rendite bezeichnet man den Gewinn aus der Geldanlage. Dabei ist nicht allein der Zinssatz massgebend, denn es fallen auch Gebühren an. Die Geldinstitute verlangen nämlich etwas für ihre Arbeit. Das folgende Beispiel zeigt, wie sich die Rendite errechnen lässt. **Rendite**

**Beispiel Zins- und Renditeberechnung**

| | |
|---|---|
| Anzulegender Betrag: | CHF 5000 |
| Zinssatz: | 1 % |
| Kontoführungsgebühr: | CHF 36 pro Jahr |
| **Zins pro Jahr:** | CHF 5000 $\times \frac{1}{100}$ = CHF 50 |
| **Ertrag:** | CHF 50 − CHF 36 = CHF 14 |
| **Rendite:** | $\frac{CHF\ 14}{CHF\ 5000} \times 100$ = 0.28 % |

Die Höhe des Zinssatzes, und damit der Rendite, hängt auch davon ab, wie das angelegte Geld für die Kundinnen und Kunden verfügbar ist. Der Fachbegriff heisst «Liquidität». Konten, von denen man jederzeit einen Teil oder alles abheben, also flüssig machen kann, haben in der Regel einen tieferen Zinssatz als Konten, auf denen man sein Geld längere Zeit (z. B. mindestens drei Monate) liegen lassen muss. **Verfügbarkeit / Liquidität**

Die Rendite hängt auch von der Sicherheit bzw. dem Risiko der Geldanlage ab. So ist Geld auf einem Sparkonto sicherer als beispielsweise in Aktien. **Sicherheit / Risiko**

**Magisches Dreieck** Jede Geldanlage wird von drei zentralen Faktoren beeinflusst: Sicherheit, Rendite und Verfügbarkeit (Liquidität). Man spricht dabei vom «magischen Dreieck». Das Prinzip dabei lautet: Je sicherer und je flüssiger (liquider) eine Geldanlage ist, desto weniger Rendite wirft sie ab. Und umgekehrt: Je weniger flüssig (liquide) und je unsicherer die Anlage ist, desto mehr Rendite wirft sie ab.

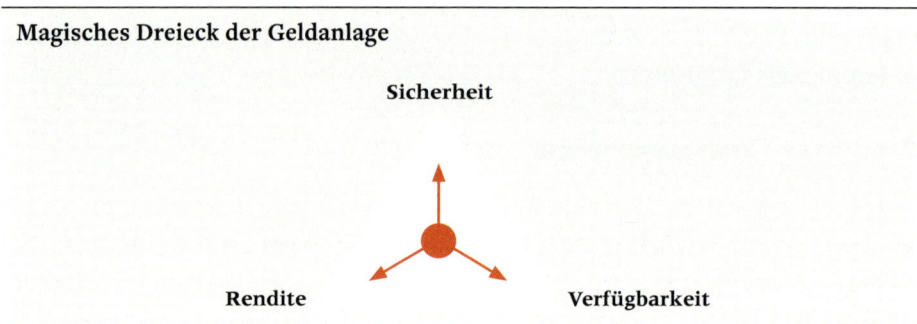

### Konten

**Vorteile** Ein Konto bei einer Bank oder bei der Post hat gegenüber der Geldaufbewahrung zu Hause verschiedene Vorteile: Man erhält dafür Zinsen, das Geld ist besser geschützt, und man profitiert von Dienstleistungen wie z. B. E-Banking. Zudem ist es möglich, für kurze Zeit einen Kredit zu bekommen, nämlich dann, wenn man das Konto überzieht.

**Arten** Es gibt eine Vielzahl unterschiedlicher Konten. Am weitesten verbreitet sind das Sparkonto und das Lohnkonto. Sie unterscheiden sich vor allem durch die Verfügbarkeit. Beim Lohnkonto kann man relativ frei über das Geld verfügen. Es eignet sich daher für den Zahlungsverkehr. Beim Sparkonto ist die Verfügbarkeit eingeschränkt, dafür bekommt man einen höheren Zins. Das Sparkonto eignet sich, wenn man Geld über einen längeren Zeitraum anlegen will.

### Wertschriften

**Arten** Wertschriften, auch Wertpapiere genannt, bezeichnen als Oberbegriff verschiedene Anlagemöglichkeiten. Die wichtigsten sind Aktien, Obligationen und Fonds.

**Aktie** Wer Aktien kauft, wird Miteigentümer oder Miteigentümerin einer Unternehmung. Man ist damit am Vermögen und Gewinn der Aktiengesellschaft beteiligt und hat das Recht, an der Generalversammlung teilzunehmen und abzustimmen. Wenn die Firma Gewinn macht, bekommt man zudem eine sogenannte Dividende ausbezahlt. Aktien können an der Börse jederzeit gekauft und verkauft werden. Steigt der Aktienkurs, kann man bei einem Verkauf viel gewinnen; wenn es schlecht läuft, aber auch viel verlieren, im schlimmsten Fall alles.

**Aktienkurs** Der Aktienkurs zeigt den aktuellen Wert einer Aktie an. Zu diesem Preis kann man die Aktie kaufen oder verkaufen. Der Aktienkurs ändert sich laufend und kann sich rasch nach oben und nach unten bewegen.

| Top | Wert | Änderung |
|---|---|---|
| Roche Hldg G | 275.45 | -2.70 % |
| Swisscom N | 453.30 | -4.47 % |
| Givaudan N | 2573.00 | -6.27 % |
| Nestlé N | 84.06 | -6.60 % |
| NovartisN | 66.14 | -6.78 % |
| Lonza Grp N | 310.00 | -6.91 % |
| Geberit N | 368.80 | -7.82 % |

| Flop | Wert | Änderung |
|---|---|---|
| Swiss Life Hldg N | 276.10 | -16.46 % |
| LafargeHolcim N | 29.07 | -14.78 % |
| CS Group N | 6.218 | -14.75 % |
| Swiss Re N | 57.82 | -14.59 % |
| Adecco Group N | 30.95 | -13.23 % |
| Zurich Insur Gr N | 252.50 | -12.96 % |
| UBS Group N | 7.050 | -12.44 % |

Quelle: cash.ch/kurse

*Bei Aktienkursen winken höhere Rendite, zugleich ist das Risiko grösser. Hier ein Beispiel der Tops und Flops an der Börse in Zürich Ende März 2020, also zu Beginn der Coronakrise.*

Bei einer Geldanlage mit Obligationen ist im Vergleich zu den Aktien das Risiko tiefer. Die Besitzerinnen und Besitzer erhalten nämlich eine Art Quittung. Darauf steht, welcher Zins zum abgemachten Zeitpunkt bezahlt wird. Am Ende der Laufzeit, zum Beispiel nach fünf Jahren, erhält man dann den einbezahlten Betrag zurück. Mit den Obligationen erhält man aber kein Recht der Mitwirkung.

**Obligation**

Ein Fonds ist eine Art Topf, in den viele einzelne Anlegerinnen und Anleger einzahlen. Sie besitzen damit Anteile am sogenannten Fondsvermögen. Wie viel diese Anteile wert sind, hängt von den Wertpapieren im Topf ab: Wenn beispielsweise viele Aktien im Fonds sind, ist der Kurs dieser Aktien ausschlaggebend für den Wert der Fondsanteile. Je nach Zusammensetzung unterscheidet man folgende Fondsarten:

**Fonds**

**Fondsarten**

| | |
|---|---|
| **Aktienfonds** | Sie investieren in Aktien und konzentrieren sich dabei oftmals auf bestimmte Branchen, Regionen oder Länder. Verglichen mit anderen Fondsarten sind Aktienfonds etwas riskanter, können aber auch höhere Renditen abwerfen. |
| **Obligationenfonds** | Sie legen hauptsächlich in Unternehmens- und Staatsanleihen an. Solche Obligationen eignen sich besonders für vorsichtige Anleger. Entsprechend klein sind aber die Renditen. |
| **Anlagestrategiefonds** | Sie investieren in Aktien und Obligationen, die manchmal mit Rohstoffen und Immobilien ergänzt werden. |
| **Immobilienfonds** | Sie investieren in Immobiliengesellschaften, Häuser, andere Immobilienfonds oder Grundstücke. Damit können sich Anleger schon mit kleinen Beträgen am Immobilienmarkt beteiligen. |

▶ **Lernauftrag 3:** Ein Erklärvideo zu Geldanlagen erstellen (siehe Seite 52).

| | | | | |
|---|---|---|---|---|
| 2.7 | Was ist die Grundlage zur Berechnung der Zinsen? | 2.11 | Wofür eignet sich das Lohnkonto? | |
| 2.8 | Was muss man bei der Berechnung der Rendite berücksichtigen? | 2.12 | Wofür eignet sich das Sparkonto? | |
| 2.9 | Welche drei Faktoren beeinflussen die Geldanlage? | 2.13 | Was sind die wichtigsten Wertschriftenarten? | |
| 2.10 | Wie lautet das Prinzip des «magischen Dreiecks»? | 2.14 | In welchen Fonds sollten a) risikobereite b) vorsichtige Personen investieren? | |

**Das weiss ich jetzt!**

## Lohn und Budget

Wer seine Arbeitskraft anderen zur Verfügung stellt, bekommt dafür in der Regel eine Gegenleistung in Form eines Lohnes, auch Entgelt genannt. Die Höhe des Lohnes hängt dabei von verschiedenen Faktoren ab. So erhalten Personen in Ausbildung beispielsweise weniger Lohn als Angestellte mit abgeschlossener Ausbildung. Der Lohn ist für die meisten die wichtigste Einnahmequelle. Wer eine Übersicht über seine Finanzen haben will, erstellt am besten ein sogenanntes Budget.

### Lohn

**Bruttolohn/Nettolohn** — Als Bruttolohn bezeichnet man den vereinbarten Lohn plus zusätzliche Leistungen wie Lohnzuschläge für Überstunden, den 13. Monatslohn, Gratifikationen u. a. Dieser Lohn wird aber so nicht ausbezahlt, denn es gibt verschiedene Abzüge. Nach diesen Abzügen bleibt der sogenannte Nettolohn übrig. Möglicherweise kommen zum Nettolohn noch Zuschläge wie Spesenentschädigungen oder Sozialzulagen wie Kinder- und Familienzulagen hinzu. Am Schluss der Rechnung erhält man den Betrag, der effektiv ausbezahlt wird.

**Lohnabzüge** — Sämtliche Lohnabzüge sind im Lehrvertrag bzw. Arbeitsvertrag geregelt. Im Einzelfall kann es auch Abzüge für Kost und Unterkunft geben. Ab dem 1. Januar des Jahres, in dem Lernende 18 Jahre alt werden, müssen vom Bruttolohn von Gesetzes wegen folgende Beiträge an die Sozialversicherung abgezogen werden:

| Lohnabzüge | |
|---|---|
| AHV | Alters- und Hinterlassenenversicherung |
| IV | Invalidenversicherung |
| EO | Erwerbsersatzordnung |
| ALV | Arbeitslosenversicherung |

*Lohnabrechnung eines 16-jährigen Lernenden.*   *Lohnabrechnung einer 40-jährigen Mitarbeiterin.*

Bei diesen Lohnabzügen übernehmen die Arbeitnehmenden und die Arbeitgebenden je die Hälfte. Hinzu kommen Abzüge für die berufliche Vorsorge (BVG), die Berufsunfallversicherung (BU), die Nichtberufsunfallversicherung (NBU) und die Krankentaggeld-Versicherung. Zusammen können die Abzüge 15 bis 20 Prozent des Bruttolohns ausmachen. Bei einem Bruttolohn von CHF 5000 liegt also der Nettolohn ungefähr zwischen CHF 4000 und CHF 4300. Was vom Lohn genau abgezogen wird, ist auf der monatlichen Lohnabrechnung aufgelistet. Die beiden Lohnausweise zeigen die Unterschiede (siehe Seite 34).

**Budget**

Mit einem Budget verschafft man sich einen Überblick über die finanzielle Situation. Budgets sind daher in Unternehmen, beim Staat, in Vereinen und anderen Organisationen von grosser Bedeutung. Auch privat sind sie wichtig. Sie können zum Beispiel verhindern, dass sich eine Einzelperson oder eine Familie verschuldet.
Funktion

Je nach Lebenssituation gestaltet sich ein Budget unterschiedlich. Das Budget eines alleinstehenden 21-jährigen Studenten sieht anders aus als das einer fünfköpfigen Familie. In allen Fällen kann aber zwischen sogenannten fixen und variablen Kosten unterschieden werden. Fixe Kosten fallen regelmässig in einer bestimmten Höhe an. Beispiele dafür sind die Wohnungsmiete und die Krankenkassenprämien. Variable Kosten hingegen fallen unregelmässig und meist in unterschiedlicher Höhe an. Beispiele dafür sind Ausgaben für Kleider, Ferien, Freizeit und Zahnarztkosten.
Fixe und variable Kosten

Das beste Budget nützt nichts, wenn man sich nicht daran hält. Das gilt sowohl für Unternehmen, den Staat, für Vereine wie auch Privatpersonen. Am besten befolgt man den bewährten Grundsatz: «Man sollte nicht mehr ausgeben, als man hat.» Nicht einfach, denn wir sind täglich den Verlockungen zum Konsum ausgesetzt.
Budgetkontrolle

Wer den Grundsatz «Man sollte nicht mehr ausgeben, als man hat» regelmässig missachtet, gerät schnell einmal in die Schuldenfalle. Man geht davon aus, dass jede vierte jugendliche Person in der Schweiz über ihre Verhältnisse lebt. Ein Grund für die Verschuldung ist die Tatsache, dass wir heute in einer ausgeprägten Konsumgesellschaft mit fast unbegrenztem Angebot leben. Materielle Güter sind für viele wichtig, und die Gefahren der Verschuldung werden oftmals unterschätzt.
Schulden

Wer Schulden hat, sollte sich frühzeitig beraten lassen. Dafür gibt es kostenlose Beratungsstellen wie die Budgetberatung Schweiz (*budgetberatung.ch*), die Caritas Schweiz (*caritas.ch*) oder die Schuldenberatung Schweiz (*schulden.ch*).
Schuldenberatung

▶ **Lernauftrag 4:** Das persönliche Budget erstellen (siehe Seite 52).

**Das weiss ich jetzt!**

2.15 Welche Sozialversicherungsbeiträge werden vom Bruttolohn abgezogen?

2.16 Wie gross ist der Unterschied zwischen dem Brutto- und dem Nettolohn in Prozent?

2.17 Was ist der Unterschied zwischen fixen Kosten und variablen Kosten?

2.18 Was sind zwei wichtige Fixkosten?

2.19 Wie lautet der Grundsatz zur Schuldenvermeidung?

2.20 Was würden Sie einer Kollegin oder einem Kollegen mit Schulden raten?

## Bargeldlose Zahlungsmöglichkeiten

Lange Zeit bezahlte man Waren und Dienstleistungen bar. Später kam die indirekte Bezahlung mit Rechnung hinzu. Heute gibt es eine Vielzahl von zusätzlichen Zahlungsmöglichkeiten. Die wichtigsten werden in diesem Abschnitt vorgestellt.

### Konto

Mit einem Konto bei einer Bank oder bei der Post hat man verschiedene Möglichkeiten, Zahlungen bargeldlos vorzunehmen.

**Banküberweisung** Bei einer Banküberweisung füllt man einen Zahlungsauftrag aus und stellt diesen mit den Einzahlungsscheinen der Bank zu. Diese führt die Zahlungen aus und erstellt eine Belastungsanzeige.

**Dauerauftrag** Mit einem Dauerauftrag ermächtigt man seine Bank, feste Beträge regelmässig zu einem bestimmten Zeitpunkt zu überweisen. Daueraufträge kann man jederzeit auflösen oder anpassen. Sie eignen sich vor allem für regelmässige Zahlungen wie bei Wohnungsmieten und Krankenkassenprämien oder auch für Überweisungen auf ein Sparkonto.

**Lastschriftverfahren (LSV)** Beim Lastschriftverfahren (LSV) vereinbart man mit der Bank, dass Unternehmen ihre Rechnungen direkt an die Bank schicken und von dieser bezahlt werden dürfen. Das LSV eignet sich im Gegensatz zum Dauerauftrag auch für unregelmässige Zahlungen. Doch wie beim Dauerauftrag müssen die Kontoinhaberinnen und -inhaber darauf achten, dass immer genug Geld auf dem Konto ist.

**E-Banking** Früher ging man zur Bank oder Post und bezahlte seine Rechnung direkt am Schalter. Mit E-Banking ist es heute möglich, seine Zahlungen bequem von zu Hause aus zu tätigen. Weitere Vorteile sind: Man kann jederzeit den Kontostand einsehen, Kontoüberträge vornehmen und Kontoauszüge herunterladen. E-Banking ist sowohl im geschäftlichen als auch im privaten Leben weit verbreitet.

### Karten

Zahlungen ohne Bargeld lassen sich auch mit einer Vielzahl verschiedener Karten tätigen. Die folgende Übersicht stellt Vor- und Nachteile der wichtigsten Karten zusammen.

**Kreditkarten** Eine Kreditkarte ist ein Ausweis über die Zugehörigkeit zu einer Kreditkartenorganisation. Die bekanntesten sind Mastercard, Visa, American Express und Diners Club. Kreditkarten sind Instrumente des bargeldlosen Zahlungsverkehrs. Doch sie haben auch eine Kreditfunktion, denn die Kreditkartenfirmen gewähren Kredite und fordern das Geld erst Ende Monat ein. Kreditkarten sind nicht gratis, denn die Firmen verlangen Jahresgebühren.

#### Vor- und Nachteile von Kreditkarten

| | |
|---|---|
| Vorteile: | – Weniger Bargeld notwendig (kleineres Diebstahlrisiko)<br>– Bei Kautionen (z. B. Fahrzeugmiete) reicht Angabe der Kreditkartennummer |
| Nachteile: | – Schlechtere Kontrolle über eigene Ausgaben<br>– Gefahr des Missbrauchs bei Verlust |

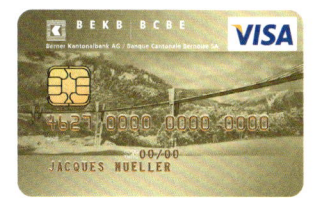

Die Debitkarten ermöglichen Bargeldbezüge rund um die Uhr sowie bargeldloses Bezahlen an sogenannten Zahlterminals in Geschäften im In- und Ausland. Die Bezüge werden laufend dem entsprechenden Konto belastet.

*Debitkarten*

#### Vor- und Nachteile von Debitkarten

| | |
|---|---|
| Vorteile: | – Weniger Bargeld notwendig<br>– Bargeldbezüge rund um die Uhr möglich |
| Nachteile: | – Gefahr, mehr Geld auszugeben, als man hat<br>– Gefahr des Missbrauchs bei Verlust (falls Code bekannt) |

Immer mehr Firmen werben mit Rabatten und Aktionen für ihre Kundenkarten. Die Geschäfte profitieren gleich dreifach davon: Erstens sollen die Kunden dem Unternehmen treu bleiben, zweitens gewinnen sie Kundendaten und drittens ersparen sich die Firmen einen Teil der Kommissionen, die bei den klassischen Kreditkarten anfallen.

*Kundenkarten*

#### Vor- und Nachteile von Kundenkarten

| | |
|---|---|
| Vorteile: | – Rabatte und spezielle Aktionen<br>– Rechnungen teilweise erst am Monatsende |
| Nachteile: | – Gewährte Preisnachlässe sind bescheiden im Vergleich zur Datenmenge, die die Kunden preisgeben<br>– Verzugszinsen sehr hoch (z. B. 12 %) |

Ein weiteres bargeldloses Zahlungsmittel ist die Travel-Prepaid-Karte. Dies ist eine aufladbare Karte, mit der weltweit z. B. in Hotels und Geschäften bezahlt werden kann und ein Bezug von Guthaben in der jeweiligen Landeswährung möglich ist. Sie wird bei Verlust oder Diebstahl mit dem Restwert ersetzt (ein Prozent des Kartenwerts wird als Versicherungsprämie verrechnet).

*Travel-Prepaid-Karte*

#### Vor- und Nachteile von Travel-Prepaid-Karten

| | |
|---|---|
| Vorteile: | – Keine direkte Verbindung zu einem Bankkonto<br>– Bei Diebstahl oder Verlust wird die Karte ersetzt |
| Nachteile: | – Kommission (i. d. R. 1 % vom Ladebetrag) bei Erwerb und Wiederaufladung |

## Digitale Zahlungsmittel

**Twint** Die Twint-App Ihrer Bank verbindet sich mit Ihrem Bankkonto oder Ihrer Kreditkarte. Der Geldbetrag wird direkt vom Bankkonto abgebucht. Es besteht auch die Möglichkeit, mithilfe einer Prepaid-App zu bezahlen.

| Vor- und Nachteile von Twint | |
|---|---|
| Vorteile: | – Mit gängigsten Android- und iOS-Smartphones einfach und bequem bezahlen<br>– Geld kann an Freunde gesendet werden<br>– Sichere Daten dank Datenaufbewahrung in der Schweiz |
| Nachteile: | – Benötigt PIN-Code, ein neueres Smartphone-Modell und die Bluetooth-Funktion<br>– Zahlungen in ausländischer Währung nicht möglich |

**PayPal** PayPal ist ein Zahlungsmittel zum weltweiten Kaufen und Verkaufen. PayPal zahlt die bestellte Ware und bucht dann den Betrag vom Bankkonto oder von der Kreditkarte ab. Eine Kontoanmeldung ist erforderlich.

| Vor- und Nachteile von PayPal | |
|---|---|
| Vorteile: | – Sichere Art zu zahlen. Der Verkäufer hat keine Einsicht in die Bankdaten<br>– Bezahlen in Schweizer Franken gebührenfrei<br>– Kostenlose Anmeldung<br>– Geld kann an Freunde gesendet werden |
| Nachteile: | – Gebühren abhängig von Zahlungsquelle, Land und Währung (z.B. Kreditkarte)<br>– Benötigt Smartphone oder einen Computer |

**Apple Pay** Apple Pay funktioniert mit den Mobilgeräten, die jeden Tag benutzt werden. Mit nur einer Berührung kann mit der Kreditkarte und Prepaid-Kreditkarte bezahlt werden.

| Vor- und Nachteile von Apple Pay | |
|---|---|
| Vorteile: | – Kartendetails nicht einsehbar<br>– Bezahlen innerhalb von Sekunden möglich<br>– Funktioniert mit allen Kreditkarten |
| Nachteile: | – Benötigt Kreditkarte und iPhone<br>– Wenn keine Touch ID eingerichtet ist, braucht es einen Code |

▶ **Lernauftrag 5:** Erfahrungen über Zahlungsformen austauschen (siehe Seite 53).

---

**Das weiss ich jetzt!**

2.21 Was sind die traditionellen Zahlungsmöglichkeiten?

2.22 Wofür eignen sich Daueraufträge?

2.23 Was ist der Vorteil des Lastschriftverfahrens (LSV)?

2.24 Welche Nachteile haben Kreditkarten? Nennen Sie zwei Beispiele.

2.25 Welche Vorteile haben Debitkarten? Nennen Sie zwei Beispiele.

2.26 Weshalb sind Kundenkarten für die Unternehmen interessant? Nennen Sie zwei Gründe.

2.27 Welches digitale Zahlungsmittel eignet sich gut für rasche Geldüberweisungen in Schweizer Franken an Freunde und Bekannte?

2.28 Welches digitale Zahlungsmittel eignet sich gut für Personen, die häufig weltweit online einkaufen?

## 2.2 Kauf

### Kaufvertrag und Vertragsverletzungen

Beim Begriff «Kaufvertrag» denken die meisten an grössere Anschaffungen wie ein Auto oder eine Wohnung. Doch auch beim täglichen Einkauf von Lebensmitteln oder beim Kauf einer Zeitschrift am Kiosk geht man einen Kaufvertag ein – ganz ohne schriftliche Abmachungen. Die wichtigsten Bestimmungen zum Kaufvertrag sind im Obligationenrecht (OR) geregelt. Das OR hält fest, dass zum Abschluss eines Kaufvertrags eine übereinstimmende gegenseitige Willensäusserung erforderlich ist. Mit anderen Worten: Beide Parteien müssen dem Vertrag zustimmen – ob sie dies aber schriftlich oder mündlich tun, ist nicht grundsätzlich vorgeschrieben.

**Obligationenrecht OR**
OR 1

Grössere Verkaufsgeschäfte vollziehen sich in verschiedenen Schritten. Das folgende Schema gibt einen ersten Überblick über die Handlungen auf der Käuferseite und der Verkäuferseite. Ab und zu kann es zu Störungen in Form von Vertragsverletzungen kommen.

**Geschäftsablauf**

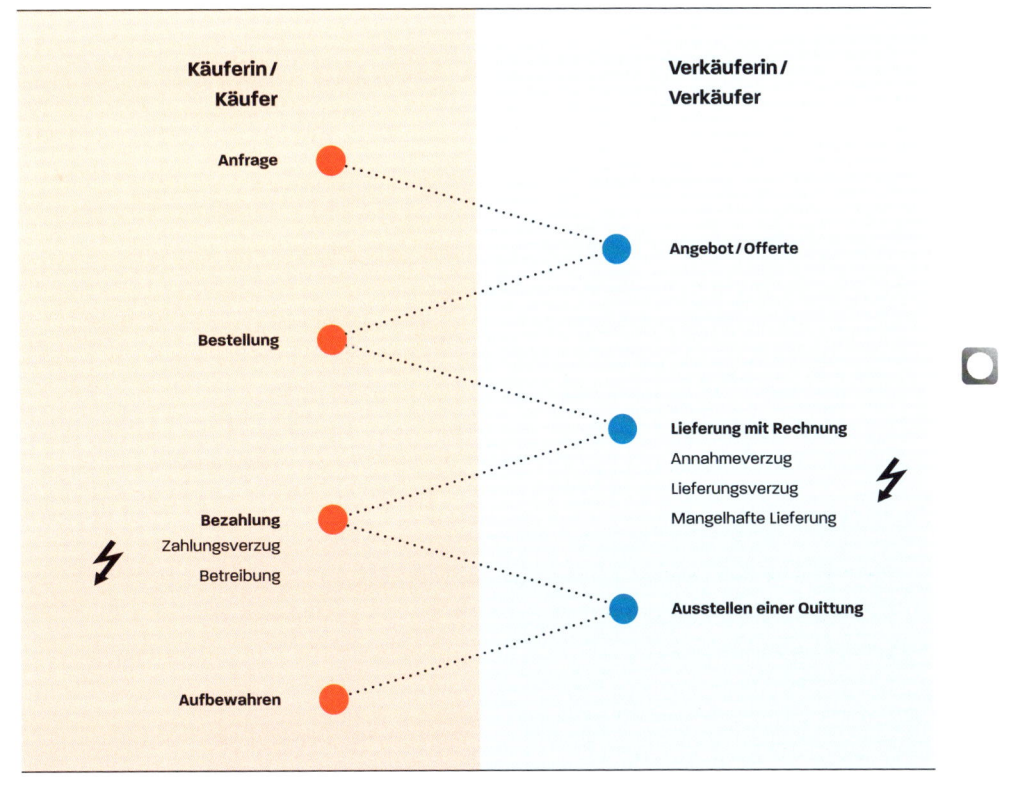

| Käuferin/Käufer | Verkäuferin/Verkäufer |
|---|---|
| Anfrage | |
| | Angebot/Offerte |
| Bestellung | |
| | Lieferung mit Rechnung<br>Annahmeverzug<br>Lieferungsverzug<br>Mangelhafte Lieferung |
| Bezahlung<br>Zahlungsverzug<br>Betreibung | |
| | Ausstellen einer Quittung |
| Aufbewahren | |

⚡ Störungen/Vertragsverletzungen

Auf den folgenden Seiten wird der ganze Geschäftsablauf anhand eines Beispiels genauer dargestellt. Zudem werden wichtige OR-Bestimmungen erläutert sowie nützliche Hinweise und Tipps gegeben.

**Praxisbeispiel: Ablauf eines Kaufvertrags**

Ausgangslage

Frau G. sucht nach einem neuen Esstisch für ihr Wohnzimmer. Ihr schwebt ein handgefertigter Holztisch aus einheimischem Buchenholz vor mit den Massen 170 cm Länge, 85 cm Breite und 74 cm Höhe. Ihre Preisvorstellung liegt zwischen CHF 3000 und CHF 4000. Sie hat sich im Internet nach Möbelschreinereien erkundigt und drei Anbietern eine Anfrage zugestellt. Im Folgenden wird beschrieben, wie das Geschäft abgelaufen ist. Abkürzungen: K. = Käuferin (Frau G.) / V. = Verkäufer (Möbelschreiner Z.)

**K. Anfrage**

Frau G. richtet ihre Anfrage per E-Mail an drei regionale Möbelschreinereien. Sie beschreibt das Produkt, nennt ihre Preisvorstellung und den ungefähren Liefertermin. Auch schreibt sie, bis wann sie das Angebot erhalten möchte.

*OR, Hinweise und Tipps:*
- *Anfragen sind kostenlos; man geht damit noch keine Verpflichtungen ein.*
- *Anfragen sind auch mündlich möglich.*

**Angebot (Offerte)** V.

Möbelschreiner Z. unterbreitet Frau G. schon nach zwei Tagen ein Angebot. Er offeriert den Tisch genau nach den Wünschen von Frau G. zum Preis von CHF 3540, inklusive MWST, Lieferung und Montage. Sein Angebot ist zwei Monate lang gültig.

*OR, Hinweise und Tipps:*
- *Im OR wird für das Angebot der Begriff «Antrag» verwendet. Im Alltag spricht man aber meistens von Angebot oder Offerte.*
- *Angebote sind kostenlos, aber grundsätzlich verbindlich. Will man die Verbindlichkeit aufheben, muss man ausdrücklich darauf hinweisen, zum Beispiel mit Formulierungen wie «unverbindliches Angebot» oder «Offerte ohne Verbindlichkeit» (OR 7).*
- *In der Regel sind Angebote befristet («Angebot gültig bis ...»). Nach Ablauf der Frist verliert das Angebot seine Gültigkeit (OR 3).*
- *Mündliche Angebote (zum Beispiel auf einem Flohmarkt) müssen sofort angenommen werden, sonst verlieren sie ihre Gültigkeit (OR 4). Dies gilt auch für telefonische Angebote.*
- *Unverbindlich sind nach Gesetz: Tarife, Preislisten, Inserate, Prospekte und Ähnliches (OR 7).*
- *Verbindlich sind hingegen Auslagen von Waren mit Preisangaben (OR 7). Hier gibt es aber eine Ausnahme: Liegt ein «wesentlicher Irrtum» (OR 23) vor, ist das Angebot unverbindlich. Beispiel: Ein Kleid wurde fälschlicherweise mit CHF 120 statt mit CHF 1200 angeschrieben.*
- *Das Zusenden einer unbestellten Ware ist kein Angebot. Daher muss man die Ware nicht zurücksenden und auch nicht aufbewahren (OR 6a).*

**K. Bestellung**

Frau G. hat alle drei Angebote geprüft und sich für das Angebot des Möbelschreiners Z. entschieden. Sie bestellt nun per E-Mail den Tisch, so wie er offeriert wurde. Mit dieser Willenserklärung schliesst sie nun einen Kaufvertrag ab.

*OR, Hinweise und Tipps:*
- *Nach der Bestellung hat man die Möglichkeit eines sogenannten Widerrufs (OR 9). Der Widerruf muss aber möglichst rasch erfolgen.*
- *Vor der definitiven Bestellung sollte man das Angebot genau prüfen und auch das Kleingedruckte lesen.*
- *Auch mündliche Zusagen (Bestellungen) sind verbindlich. Deshalb sollte man sich mündliche Abmachungen schriftlich bestätigen lassen.*

### Lieferung  V.

Frau G. freut sich auf den neuen Tisch. In einer Woche soll er geliefert werden. Doch nun teilt Möbelschreiner Z. telefonisch mit, dass es zu einem Lieferungsverzug komme. Er habe sehr viel Arbeit und ein Angestellter sei seit Längerem krank. Leider könne er nicht sagen, bis wann der Tisch fertig sei. – Frau G. ist ziemlich verärgert und schreibt eine Liefermahnung. Sie setzt eine Nachfrist von drei Wochen und bringt damit Möbelschreiner Z. in Verzug.

*OR, Hinweise und Tipps:*
- *Man unterscheidet zwischen Mahnkauf und Fixkauf.*
- *Beim Mahnkauf wird in der Regel eine Lieferfrist vereinbart («bis Ende Oktober»). Lässt der Verkäufer diese Frist verstreichen, so muss der Käufer eine angemessene Nachfrist setzen (OR 107 Abs. 1).*
- *Beim Fixgeschäft ist der Zeitpunkt der Lieferung genau festgelegt, also fixiert (OR 108). Zum Beispiel: Lieferung der Esswaren am Freitag, 1. August 20XX, um 11.00 Uhr. Wird die Ware nicht pünktlich geliefert, kommt der Verkäufer automatisch in Verzug und haftet für allfällige Schäden.*
- *Falls bei einem Mahnkauf der Verkäufer auch die Nachfrist nicht einhält, kann der Käufer Folgendes tun:*
  - *auf einer späteren Lieferung beharren und Schadenersatz verlangen;*
  - *auf die Lieferung verzichten und Schadenersatz wegen Vertragsverletzung verlangen oder ganz vom Vertrag zurücktreten.*

### Gewährleistung oder Garantie  V.

Möbelschreiner Z. liefert den Tisch mit drei Wochen Verspätung. Frau G. ist zufrieden, denn der Tisch passt sehr gut in den Wohnraum und zu ihren Stühlen.

*OR, Hinweise und Tipps:*
- *Der Verkäufer haftet dafür, dass die Ware wie vereinbart geliefert wird und keine Mängel aufweist (OR 197).*
- *Der Verkäufer haftet für Mängel, die sofort oder auch erst später entdeckt werden. Man nennt dies Gewährleistung oder Garantie. Sie gilt in der Regel für zwei Jahre.*

### K. Pflichten des Käufers

Frau G. stellt beim Nachtessen fest, dass der Tisch irgendwie nicht zu den Stühlen passt. Sie hat eine Vermutung und misst die Tischhöhe nach. Und tatsächlich: Die Höhe beträgt nicht 74 cm, sondern 76,5 cm.

*OR, Hinweise und Tipps:*
- *Der Käufer muss die Ware nach Erhalt so rasch wie möglich prüfen und Mängel sofort melden (OR 201 Abs. 1).*
- *Die Meldung erfolgt am besten schriftlich mit einer sogenannten Mängelrüge – allenfalls als Einschreiben verschicken.*
- *Hat der Käufer seine Pflicht erfüllt und den Mangel gemeldet, gibt es für ihn folgende Möglichkeiten (OR 206):*
- *Ersatzlieferung: Austausch der Ware*
- *Minderung: Preisnachlass (Rabatt)*
- *Wandelung: Kaufvertrag rückgängig machen*

Frau G. schickt schon am nächsten Tag eine Mängelrüge ab und fordert darin eine Nachbesserung sowie einen Preisnachlass von CHF 300. Möbelschreiner Z. akzeptiert die Forderungen, entschuldigt sich und holt den Tisch zwei Tage später ab, um ihn auf die Höhe von 74 cm nachzubessern.

### K. Bezahlung

Endlich steht der Tisch so wie bestellt in der Wohnung von Frau G. Auch die Rechnung über CHF 3240 ist eingetroffen. Frau G. legt sie zu den anderen Rechnungen. Dabei übersieht sie, dass die Zahlungsfrist nur 20 Tage beträgt, wie dies in der Bestellung vereinbart wurde. Anschliessend verreist sie für drei Wochen in die Ferien.

Kurz nach ihren Ferien erhält Frau G. einen eingeschriebenen Brief von der Möbelschreinerei Z, eine sogenannte Zahlungsmahnung. Darin weist Herr Z. darauf hin, dass der Betrag von CHF 3240 noch ausstehend ist. Er setzt eine Nachfrist von 10 Tagen und betont, dass nach dieser Frist ein Verzugszins fällig wird.

*OR, Hinweise und Tipps:*
- *Wenn ein Käufer die Zahlungsfrist nicht einhält, spricht man von Zahlungsverzug.*
- *Der Verkäufer muss den Schuldner mit einer Mahnung in Verzug setzen (OR 102).*
- *Die Nachfrist sollte angemessen und erfüllbar sein (5/10/15 Tage).*
- *Der Verkäufer kann einen Verzugszins von bis zu 5 Prozent verlangen.*
- *Bezahlt ein Käufer auch nach Ablauf der Nachfrist nicht, kann ihn der Verkäufer betreiben.*

**V.**

### Quittung

Frau G. möchte auf Nummer sicher gehen und verlangt von Herrn Z. eine Quittung für ihre Zahlung. Damit kann sie nachweisen, dass sie ihre Schuld beglichen hat.

*OR, Hinweise und Tipps:*
- *Der Schuldner ist berechtigt, für seine Zahlung eine Quittung zu verlangen (OR 88).*
- *Bei Bezahlung mit Rechnung gelten in der Regel die Rechnung und der Nachweis der Geldüberweisung als Quittung.*
- *Bei direkter Zahlung in bar oder mit Karte sollte der Vermerk «Betrag dankend erhalten» auf der Rechnung stehen, allenfalls mit Unterschrift.*

**V.**

### K. Aufbewahrung der Quittung

Vor einigen Jahren erhielt Frau G. bei einem anderen Kauf eine Zahlungsaufforderung, obwohl sie der Meinung war, die Rechnung bezahlt zu haben. Leider konnte sie damals die Zahlung nicht nachweisen. Aufgrund dieser Erfahrung bewahrt sie alle Rechnungen und Quittungen von grösseren Anschaffungen für mindestens 10 Jahre auf, auch wegen eines möglichen Versicherungsfalls.

*OR, Hinweise und Tipps:*
- *Aus Beweisgründen und auch für Versicherungsfälle sollte man Rechnungen und Quittungen fünf bis zehn Jahre lang aufbewahren.*
- *Die genauen Verjährungsfristen sind im OR geregelt.*
- *Trotz elektronischen Ablagemöglichkeiten sollten wichtige Dokumente nach wie vor auch auf Papier in einem Ordner abgelegt werden.*

▶ **Lernauftrag 6:** Eine Liefermahnung verfassen (siehe Seite 53).

▶ **Lernauftrag 7:** Eine Mängelrüge verfassen (siehe Seite 54).

---

**Das weiss ich jetzt!**

2.29 Wo findet man die wichtigsten Bestimmungen zum Kaufvertrag?

2.30 Welche Schritte durchläuft ein Verkaufsgeschäft bis zur Bezahlung?

2.31 Welcher Begriff wird im OR für Angebot verwendet?

2.32 Wie kann man die Verbindlichkeit eines Angebots aufheben?

2.33 Was ist der Unterschied zwischen einem Mahnkauf und einem Fixkauf?

2.34 Welche Handlungsmöglichkeiten stehen einem offen, wenn eine Ware Mängel aufweist?

2.35 Weshalb sollte man Rechnungen und Quittungen aufbewahren?

## Barkauf und Kreditkauf

Es gibt verschiedene Möglichkeiten, einen Kaufgegenstand zu erwerben. Ein wesentlicher Unterschied besteht darin, ob man den Gegenstand mit dem eigenen oder mit fremdem Geld bezahlt. Wer fremdes Geld braucht, schliesst in der Regel einen Kreditvertrag ab. Als Gegenleistung sind Zinsen zu bezahlen. Nach den Ausführungen zu den gesetzlichen Grundlagen werden die verschiedenen Finanzierungsformen genauer beschrieben.

Die gesetzlichen Grundlagen für die Kreditvergabe sind im Bundesgesetz über den Konsumkredit (Konsumkreditgesetz KKG) festgehalten. Das Gesetz erfasst Konsumkredite und Leasingverträge an natürliche Personen, die keinem beruflichen oder gewerblichen Zweck dienen. Es gilt für Konsumkredite von CHF 500 bis CHF 80 000 mit einer Laufzeit von mehr als drei Monaten. Das Gesetz soll die Kreditnehmerinnen und Kreditnehmer vor Überschuldung schützen.

**Konsumkreditgesetz KKG**

Gemäss KKG ist der Konsumkreditvertrag ein Vertrag, durch den einer Konsumentin oder einem Konsumenten ein Kredit in Form eines Zahlungsaufschubs, eines Darlehens oder einer ähnlichen Finanzierungshilfe gewährt oder versprochen wird. Das Gesetz regelt unter anderem Form und Inhalt der Verträge sowie Rechte und Pflichten der Vertragsparteien.

**Konsumkreditvertrag**

### Barkauf

Die einfachste und günstige Finanzierungsart ist der Barkauf. Dabei erfolgt die Übergabe von Ware und Geld gleichzeitig (Zug um Zug); das Geschäft ist damit abgeschlossen.

**OR 184 ff.**

| | |
|---|---|
| **Eigentumsverhältnisse** | Der Käufer wird sofort Eigentümer. |
| **Rücktrittsrecht** | Es gibt kein Rücktrittsrecht. |

*Der Barkauf ist als die einfachste und günstigste Form nach wie vor weit verbreitet.*

## Kreditkauf

Der Kreditkauf ist das Gegenstück zum Barkauf. Beim Kreditkauf übergibt die Verkäuferin nach Vertragsschluss dem Käufer die Sache, doch der Kaufpreis ist erst später fällig, z.B. durch die Bezahlung der Rechnung innerhalb von 30 Tagen. Damit gibt die Verkäuferin dem Käufer einen kurzfristigen Kredit.

| Eigentumsverhältnisse | Der Käufer wird mit der Übergabe der Ware Eigentümer. Die Verkäuferin vertraut darauf, dass die Kaufsumme innerhalb der Zahlungsfrist überwiesen wird. |
|---|---|
| Rücktrittsrecht | Es gibt kein Rücktrittsrecht. |

## Kauf mit Konsumkredit

**Vertragsinhalt KKG 9**

Beim Kauf mit einem Konsumkredit kommt das Konsumkreditgesetz KKG ins Spiel. Das Gesetz schreibt vor, dass die Verträge schriftlich abgeschlossen und Folgendes enthalten müssen: Nettobetrag des Kredits, Jahreszins, Rückzahlungsbestimmungen, Widerrufsrecht und Widerrufsfrist. Beim Kauf mit einem Konsumkreditvertrag (z.B. Möbel) leistet die Käuferin in der Regel eine Anzahlung und erhält die Ware sofort. Der Rest der Kaufsumme muss sie in sogenannten Raten (Teilzahlungsbeträgen) abbezahlen.

| Eigentumsverhältnisse | Die Verkäuferin kann einen sogenannten Eigentumsvorbehalt machen. Damit wird der Käufer zwar Besitzer der Kaufsache, aber noch nicht Eigentümer. |
|---|---|
| Rücktrittsrecht KKG 16 | Der Käufer kann den Vertrag innerhalb von 14 Tagen nach Erhalt des Vertragsdoppels schriftlich widerrufen. Es gilt das Datum des Poststempels. |

## Kauf mit Barkredit

Gibt man in der Internetsuchmaschine den Begriff «Barkredit» ein, erhält man unzählige Angebote: «Privatkredit in 2 Minuten.»/«Kleinkredit bereits ab 4.8%!»/«Autokredit ab 3.9%!» Die Angebote sind verlockend, die Gefahr der Verschuldung gross. Wer sich auf den Kauf von Gütern mithilfe eines Barkredits, auch Kleinkredit genannt, einlässt, muss immer die vollen Kosten berechnen.

| Eigentumsverhältnisse | Der Käufer bezahlt bar mit dem Darlehen der Kleinkreditgeberin. Er wird damit sofort Eigentümer der Ware. Doch er muss seine Schulden bei der Kreditgeberin ratenweise mit Zins abbezahlen. |
|---|---|
| Rücktrittsrecht KKG 16 | Der Kreditnehmer kann den Vertrag innerhalb von 14 Tagen nach Erhalt des Vertragsdoppels schriftlich widerrufen; am besten mit eingeschriebenem Brief. Es gilt das Datum des Poststempels. |

▶ **Lernauftrag 8:** Werbung von Kleinkreditanbietern untersuchen (siehe Seite 54).

# Leasing

Beim Leasing werden Güter nicht gekauft, sondern vom Hersteller gegen ein Entgelt zur Verfügung gestellt. Industriebetriebe leasen zum Beispiel Maschinen, Konzertveranstalter Musikanlagen und Reiseanbieter Busse, Schiffe und sogar Flugzeuge. Im privaten Bereich ist das Autoleasing weit verbreitet. In der Schweiz ist beispielsweise jeder zweite Neuwagen geleast.

## Autoleasing

Auf den ersten Blick wirken die Angebote interessant: «Neuwagen: 0% Leasing, keine Anzahlung, monatliche Leasingrate nur CHF 219!»/«Occasion: Neupreis CHF 40 000 / nur CHF 175 pro Monat bei einer Anzahlung von CHF 7000.» Wer sich dann etwas genauer mit dem Kleingedruckten befasst, merkt rasch, dass noch weitere Kosten anfallen, beispielsweise für die Versicherungen. Die Leasingrate macht also nur einen Teil der monatlich anfallenden Kosten aus. Als Grundsatz gilt: Der Kauf mit eigenem Geld ist immer günstiger als das Leasing. Zudem muss man wissen, dass man als Leasingnehmerin oder Leasingnehmer nicht Eigentümerin bzw. Eigentümer des Autos ist. Wer ein geleastes Auto fährt, kann also streng genommen nicht von «meinem» Auto sprechen.

| Eigentumsverhältnisse | Die Leasinggeberin überlässt dem Leasingnehmer das Auto zum Gebrauch und Nutzen für eine bestimmte Zeit. Der Leasingnehmer ist nie Eigentümer des Autos. |
|---|---|
| Rücktrittsrecht | Es besteht ein Rücktrittsrecht von 14 Tagen. In der Regel gelangt das Leasingobjekt erst nach dieser Frist in die Hände des Leasingnehmers. |

Im Konsumkreditgesetz (KKG) ist festgehalten, dass Leasingverträge immer schriftlich abgeschlossen werden und folgende Punkte beinhalten müssen:

**Leasingvertrag KKG 11**

### Zwingende Inhalte von Leasingverträgen
- Beschreibung der Leasingsache
- Barkaufpreis bei Vertragsabschluss
- Anzahl, Höhe und Fälligkeit der Leasingraten
- Höhe der Kaution, falls eine verlangt wird
- Allfällig verlangte Versicherungen und Versicherungskosten
- Effektiver Jahreszins
- Hinweis auf Widerrufsrecht und Widerrufsfrist
- Kosten und Restwert bei einer vorzeitigen Kündigung des Leasingvertrags

Weiter ist im KKG vorgegeben, dass die Kreditfähigkeit des Leasingnehmers oder der Leasingnehmerin überprüft werden muss, wie der effektive Jahreszins zu berechnen ist und wie viel der Höchstzinssatz betragen darf (zurzeit 10 Prozent).

Eine normale Leasinggebühr setzt sich zusammen aus der Abschreibung (Wertverminderung) des Autos und den Zinsen für das eingesetzte Kapital. Zusätzlich wirken sich die Leasingdauer sowie die vereinbarte jährliche Kilometerleistung

**Leasinggebühr**

auf die Höhe der Gebühr aus. Die Kilometer, die über der im Vertrag vereinbarten Menge liegen, muss die Leasingnehmerin oder der Leasingnehmer am Ende der Leasingdauer extra bezahlen.

*Sonderzahlung*  Auch die sogenannte Leasingsonderzahlung beeinflusst die monatliche Leasingrate. Die Sonderzahlung ist eine Einmalzahlung, die zu Vertragsbeginn geleistet wird. Das folgende Beispiel zeigt, wie sich die Höhe der Sonderzahlung auf die Leasingrate und die Gesamtkosten auswirkt.

| | | | |
|---|---|---|---|
| Wert des Autos | CHF 30 000 | CHF 30 000 | CHF 30 000 |
| Leasingdauer | 36 Monate | 36 Monate | 36 Monate |
| Jährliche km-Leistung | 15 000 km | 15 000 km | 15 000 km |
| Sonderzahlung | CHF 0.00 | CHF 5000 | CHF 10 000 |
| Leasingrate pro Monat | CHF 615.30 | CHF 480.65 | CHF 327.20 |
| Leasingrate pro Jahr | CHF 7383.60 | CHF 5767.80 | CHF 3926.40 |
| Effektiver Jahreszins | 4.96 % | 4.96 % | 4.96 % |
| Gesamtkosten | CHF 22 150 | CHF 21 822.75 | CHF 21 425 |
| Restwert | CHF 10 800 | CHF 10 800 | CHF 10 800 |

*Vollkostenrechnung*  Wie bereits erwähnt, fallen weitere Kosten an. Die Leasingrate macht dabei nur etwa die Hälfte der monatlichen Kosten aus. Insgesamt muss man mit folgenden Ausgaben rechnen:

**Kosten beim Autoleasing**
- Leasingrate
- Obligatorische Vollkaskoversicherung
- Obligatorische Haftpflichtversicherung
- Motorfahrzeugsteuer (Verkehrssteuer)
- Obligatorischer Service bei der Markengarage
- Kosten für Treibstoff, Unterhalt und Reparaturen

*Vorzeitiger Ausstieg*  Wer vorzeitig aus dem Vertrag aussteigt, muss mit zusätzlichen Kosten rechnen, denn der Wertverlust des Autos ist über die gesamte Vertragslaufzeit (z. B. 36 Monate) berechnet. Die Abschreibungen sind am Anfang aber deutlich höher. Bei einer vorzeitigen Auflösung (z. B. nach 24 Monaten) bezahlt man die Differenz rückwirkend.

▶ **Lernauftrag 9:** Leasingkosten berechnen (siehe Seite 55).

**Das weiss ich jetzt!**

2.36 Was ist im Konsumkreditgesetz KKG geregelt?

2.37 Was ist die günstigste Finanzierungsart?

2.38 Welche Rücktrittsfrist gilt bei einem Kauf mit Konsumkredit?

2.39 Wie sollte man einen Barkreditvertrag widerrufen?

2.40 Wer ist Eigentümer bei einem Leasinggeschäft?

2.41 Welche Kosten kommen zur Leasingrate hinzu?

2.42 Wie lautet der Grundsatz in Bezug auf die Kosten eines Autoleasings?

# Internetkauf

Der Internethandel hat stark zugenommen. Konzerne wie Amazon, Alibaba, Ebay und Zalando machen Milliardenumsätze und verdrängen die traditionellen Verkaufsformen mehr und mehr. In der Schweiz dominiert der Onlineshop Digitec das Geschäft. Trotz dieser grossen Bedeutung gibt es bis heute – im Gegensatz zum Kauf mit einem Konsumkredit – für den Onlinehandel keine speziellen gesetzlichen Vorschriften. In der Schweiz kommen aber für den Onlinehandel (E-Commerce) das Obligationenrecht (OR) zur Anwendung sowie verschiedene Bundesgesetze wie das Gesetz gegen den unlauteren Wettbewerb (UWG).

## Kaufvertrag «per Klick»

Beim Internetkauf kann die Willensäusserung «per Klick» erfolgen. Voraussetzung ist, dass sich die beiden Vertragsparteien über die wesentlichen Punkte einig sind. Dies sind insbesondere der Kaufgegenstand, der Kaufpreis sowie der Abschluss des Kaufvertrags.

Das Schweizer Recht sieht für den Onlinehandel keine Rücknahmefrist oder ein anderes Rückgaberecht vor, nachdem die Bestellung abgeschickt wurde. Der Verkäufer kann sich aber freiwillig für ein Widerrufsrecht entscheiden.   **Kein Widerrufsrecht**

Das Schweizer Recht sieht keine Maximalfrist für Lieferungen vor. Um den Kunden eine Sicherheit zu geben, kann der Verkäufer im Vertrag eine Frist festlegen.   **Keine Lieferfrist**

Käuferinnen und Käufer können während zweier Jahre Garantieansprüche stellen. Das Obligationenrecht sieht die Rückgängigmachung des Vertrags oder die Rückerstattung des Minderwertes des Kaufgegenstandes vor.   **Gewährleistung (Garantie) OR 205, 208**

## Gesetz gegen den unlauteren Wettbewerb (UWG)

Das Gesetz gegen den unlauteren Wettbewerb (UWG) legt fest, welche Informationen bei einem Onlinehandel zwingend angegeben werden müssen und wie der Bestellvorgang abzulaufen hat:

### Bestellvorgang beim Internetkauf

Im Impressum muss der Betreiber eines Webshops seinen Firmennamen gemäss Handelsregister, seine Postadresse sowie seine E-Mail Adresse angeben. Die Angabe einer Telefonnummer wird empfohlen. Ein blosses Kontaktformular reicht nicht aus.

Während des ganzen Bestellprozesses muss den Kunden klar sein, in welchem Bestellstadium sie sich befinden. Und sie müssen wissen, wann sie den Vertrag definitiv abschliessen.

Vor Abschluss des Vertrags müssen die Kunden die Details überprüfen können. Sie müssen sehen können, welchen Vertrag sie abschliessen, insbesondere die Menge und die Art des Produkts, den Gesamtpreis der Bestellung und die Rechnungs- und Lieferadresse.

Den Kunden sind der Vertragsschluss und die wichtigsten Vertragsdetails elektronisch zu bestätigen, zum Beispiel mit einer E-Mail.

## 2.3 Konsum und Verantwortung

### Konsum und seine Folgen

Heute leben wir in einer ausgeprägten Konsum- und Wegwerfgesellschaft. Oftmals kaufen wir zu viel ein und werfen Geräte, Kleider und Nahrungsmittel auf den Müll. Allein in der Schweiz werden gemäss den Berechnungen des Bundesamtes für Umwelt jährlich 2,6 Millionen Tonnen Lebensmittel weggeworfen. Das sind über 300 Kilogramm pro Person. Food Waste, Lebensmittelverschwendung, ist der Fachausdruck dafür. Unser Konsumverhalten ist nicht ohne Folgen: Erhöhung des $CO_2$-Ausstosses und damit Beschleunigung der Klimaerwärmung, Verschmutzung von Luft, Wasser und Boden, Massentierhaltung, Plastikmüll (Mikroplastik) in den Meeren, Abholzung der Wälder, Rückgang der Artenvielfalt usw. Nach und nach realisieren immer mehr Menschen, dass es so nicht weitergehen kann. Die weltweite Bewegung «Fridays for Future», die von Schülerinnen und Schülern ins Leben gerufen wurde, ist ein Ausdruck davon. (Mehr zum Thema Wirtschaft und Umwelt siehe Kapitel 8.)

**Eigenverantwortung**

Mit einem eigenverantwortlichen Konsumverhalten kann man mit geringem Aufwand und ohne grosse Einschränkungen viel gegen Verschwendung und Umweltbelastung tun. Und man spart dabei erst noch Geld. Die folgenden Tipps zeigen, wie das geht.

**Einkauftipps**
- Den Einkauf gut planen, eine Einkaufsliste erstellen.
- Sich an die Devise halten: Ich kaufe so viel wie nötig und nicht so viel wie möglich.
- Spontan- und Lustkäufe vermeiden; nicht hungrig einkaufen.
- Nicht zu grosse Mengen einkaufen, vor allem bei Lebensmitteln.
- Saisonale und regionale Lebensmittel kaufen.
- Auf Güter mit Plastikverpackungen wenn immer möglich verzichten.
- Sich stets die Frage stellen: Brauche ich das wirklich, oder will ich es nur kaufen, weil die Werbung mich dazu verführt?
- Auf Labels und Siegel achten.

**Labels**

Beim Einkaufen entdeckt man immer mehr sogenannte Labels. Diese sollen darüber informieren, nach welchen Standards die Produkte hergestellt werden. Wichtige Themen der Nachhaltigkeit sind dabei die Umweltverträglichkeit, der Tierschutz, fairer Handel und faire Arbeitsbedingungen. Die Stiftung für Konsumentenschutz SKS prüft und bewertet regelmässig zusammen mit anderen Organisationen die wichtigsten Lebensmittellabels. Hier einige Labels, die als ausgezeichnet und sehr empfehlenswert eingestuft werden.

Ausgezeichnete Labels

BIOSUISSE | BIO-GARANTIE DELINAT | KAG freiland | naturaplan

Sehr empfehlenswerte Labels

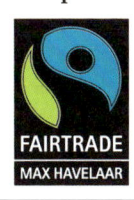

FAIRTRADE MAX HAVELAAR | MIGROS BIO | demeter – Ausgezeichnet biodynamisch. | fidelio

**Preisüberwachung**

Die Preisüberwachung ist eine unabhängige amtliche Stelle des Bundes mit Sitz in Bern. Sie prüft zum Beispiel, ob ein Preismissbrauch vorliegt. Preismissbrauch liegt vor, wenn Unternehmen beispielsweise ihre Preise untereinander absprechen. In einem solchen Fall spielen der freie Markt und somit der Wettbewerb nicht mehr. Der Fachausdruck dafür ist Kartell. Beispiel: Die Fitnesscenter einer Region legen untereinander den Preis für das Jahresabo fest. Solche Preiskartelle sind verboten und können der Preisüberwachung gemeldet werden. Die Preisüberwachung prüft auch Gebühren, Medikamentenpreise und Tarife für öffentliche Unternehmungen wie Post, SBB und Swisscom. Die Stelle muss oftmals zwischen den unterschiedlichen Interessen abwägen und Lösungen finden, die allen dienen.

▶ **Lernauftrag 10:** Labels beim Einkaufen prüfen (siehe Seite 55).

## Die Ökobilanz

**Lebenszyklus**

Nicht nur Menschen, auch Produkte durchlaufen einen Lebenszyklus: von der Produktion über den Gebrauch hin zur Entsorgung. Mit der sogenannten Ökobilanz prüft man den Energie- und Rohstoffverbrauch jeder dieser «Lebensphasen». So wird deutlich, wie sehr das jeweilige Produkt die Umwelt belastet. Ökobilanzen lassen sich nicht nur für Produkte, sondern auch für Dienstleistungen und Verhaltensweisen erstellen.

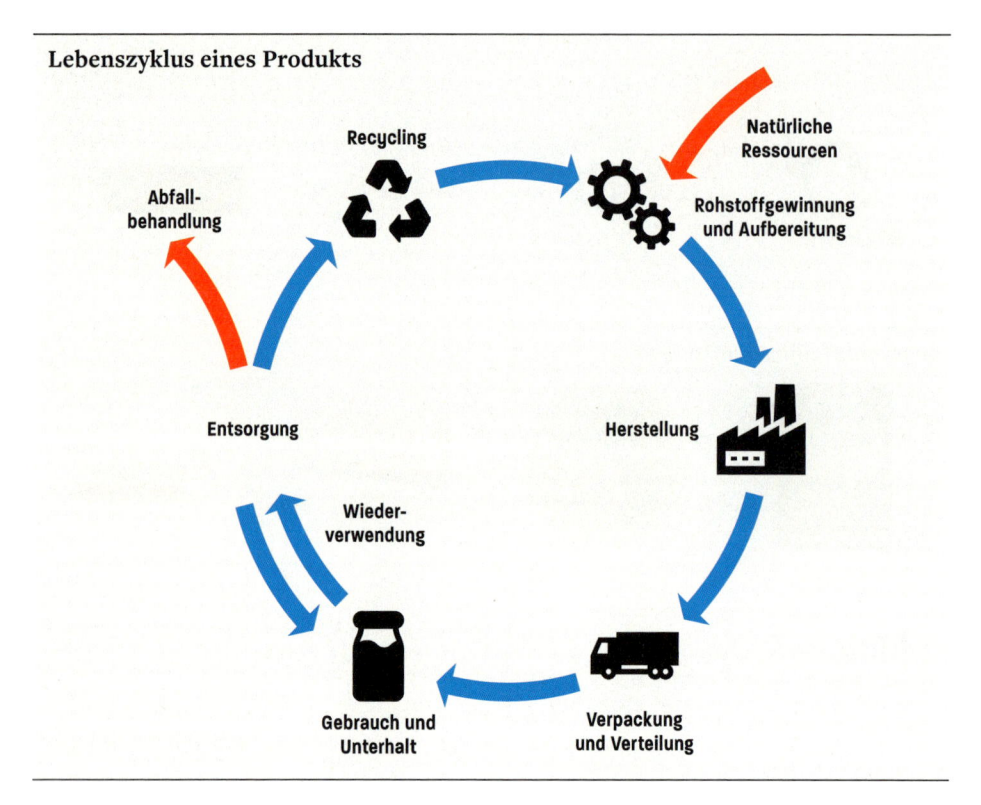

**Lebenszyklus eines Produkts**

(Abbildung: Kreislauf mit den Stationen Natürliche Ressourcen → Rohstoffgewinnung und Aufbereitung → Herstellung → Verpackung und Verteilung → Gebrauch und Unterhalt → Wiederverwendung → Entsorgung → Abfallbehandlung → Recycling)

**Ökobilanz beim Essen**

Fast ein Drittel der durch unseren Konsum verursachten Umweltbelastung geht auf das Konto der Nahrungsmittel. Der Verzehr von Fleisch und weiteren tierischen Produkten belastet die Umwelt am stärksten. Dies belegen Analysen von Lebensmitteln und Menüs mithilfe von Ökobilanzen.

**80 Liter Benzin fürs Essen**

Berechnungen des Bundesamts für Umwelt zeigen, dass es umgerechnet den Gegenwert von 80 Liter Benzin braucht, um die Lebensmittel herzustellen, die eine Person jeden Monat durchschnittlich konsumiert. Berücksichtigt ist dabei lediglich die Energie, die für den Anbau, die Verarbeitungsschritte und den Transport der Nahrungsmittel erforderlich ist. Hinzu kommt noch der Energieverbrauch für das Einkaufen, die Kühlung, die Zubereitung und die Entsorgung. Bei all diesen Schritten werden vor allem fossile Brenn- und Treibstoffe verbraucht, welche die Atmosphäre ebenfalls mit Luftschadstoffen und Treibhausgasen belasten.

**Die persönliche Ökobilanz**

Die persönliche Ökobilanz kann durch den sogenannten ökologischen Fussabdruck gemessen werden. Was der ökologische Fussabdruck ist, erfahren Sie in Kapitel 8.3.

**Das weiss ich jetzt!**

2.43 Was kann man gegen Verschwendung und Umweltbelastung tun? Nennen Sie zwei konkrete Tipps.

2.44 Was ist mit «Ökobilanz» gemeint?

# Lernaufträge

**L1 Eine Redewendung oder ein Sprichwort zum Thema Geld visualisieren**

- Sammeln Sie Redewendungen oder Sprichwörter zum Thema Geld.
- Stellen Sie eines dieser Sprichwörter in einem Standbild dar und halten Sie das Ergebnis mit dem Smartphone fest.
- Teilen Sie nun die Fotos in der Klasse und versuchen Sie, diese dem jeweiligen Sprichwort zuzuordnen.

**Kompetenzen: Sie können ...**

- eine Redewendung oder ein Sprichwort zum Thema Geld wirkungsvoll visualisieren,
- aufgrund einer Visualisierung den Sinn einer Redewendung oder eines Sprichworts erkennen.

**L2 Ein Infovideo über eine Bank herstellen**

- Stellen Sie ein Infovideo von max. 3 Minuten über Ihre persönliche Bank oder über das Bankinstitut Ihrer Lehrfirma vor.
- Das Video sollte folgende Informationen enthalten:
    - genauer Name der Bank
    - Sitz der Bank (bei einer Filiale auch Hauptsitz)
    - Gründungsjahr
    - Unternehmensform (AG, GmbH, Genossenschaft usw.)
    - Anzahl Beschäftigte
    - Bilanzsumme
    - Gewinn bzw. Verlust
    - Tätigkeitsraum (regional, kantonal, national, international)
    - Haupttätigkeiten (Zinsengeschäft, Dienstleistungsgeschäft)
- Tauschen Sie die Videos gegenseitig aus und geben Sie Feedback zu folgenden Aspekten: Bild- und Tonqualität, Vollständigkeit, Informationsgehalt, Sprache. Sagen Sie, was Ihnen besonders gut gefällt und was man noch verbessern könnte.

**Kompetenzen: Sie können ...**

- wichtige Daten und Fakten über eine ausgewählte Bank zusammentragen,
- ein Infovideo mit Ton und Bild herstellen.

## L3 Ein Erklärvideo zu Geldanlagen produzieren

- Bilden Sie eine Gruppe von drei oder vier Personen.
- Erstellen Sie ein Erklärvideo zu einer möglichen Geldanlage: Aktie/Obligation/Fonds/Sparkonto.
- Fragen als Anregung:
  - Wie viel Geld kann ich anlegen?
  - Bis wann brauche ich das Geld wieder?
  - Wie viel Risiko kann ich eingehen?
  - Wie viel Risiko möchte ich eingehen?
  - Wie intensiv möchte ich mich mit meiner Geldanlage befassen?

**Kompetenzen: Sie können ...**

- verschiedene Möglichkeiten der Geldanlage unterscheiden und bewerten,
- ein einfaches Erklärvideo produzieren.

## L4 Das persönliche Budget erstellen

- Erstellen Sie Ihr persönliches Budget. Gehen Sie dazu auf die Website der Beratungsstelle «Budgetberatung Schweiz».
- Suchen Sie dort das Dokument «Budgetvorlage für Lernende».
- Erstellen Sie Ihr persönliches Budget in einer Excel-Tabelle. Verwenden Sie das Dokument als Vorlage.
- Errechnen Sie das Total der Ausgaben und die Differenz.
- Analysieren Sie zum Schluss Ihr Budget anhand folgender Fragen:
  - Welche Kosten kann ich verändern, welche nicht?
  - Welche Kosten sind eindeutig zu hoch?
  - Wo und wie kann ich Geld einsparen?
  - Wie könnte ich die Einnahmen erhöhen?
  - Besteht bei mir eine Schuldengefahr?
- Zusatzaufgabe: Vergleichen Sie Ihr Budget mit anderen.

**Kompetenzen: Sie können ...**

- Ihr persönliches Budget mithilfe einer Vorlage erstellen,
- Ihre finanzielle Situation aufgrund der Budgetdaten analysieren und allfällige Massnahmen ableiten.

### L5 Erfahrungen über Zahlungsformen austauschen

– Bilden Sie eine Gruppe von vier bis sechs Personen und diskutieren Sie folgende Fragen:
  - Mit welchen Zahlungsmöglichkeiten habe ich schon Erfahrungen?
  - Mit welchen Zahlungsmöglichkeiten habe ich noch keine Erfahrungen?
  - Welche Zahlungsmöglichkeiten eignen sich wozu am besten?
  - Welche Karten besitze ich und wozu setze ich sie ein?
  - Auf welche Karten könnte ich verzichten? Welche brauche ich oft?
  - Was ist meine Haltung zu den digitalen Zahlungsmitteln?
– Schreiben Sie nach der Gruppendiskussion Ihre persönlichen Erkenntnisse auf.
– Teilen Sie Ihre Erkenntnisse den anderen Gruppenmitgliedern mit.

**Kompetenzen: Sie können ...**

– persönlichen Erfahrungen möglichst konkret und anschaulich mitteilen,
– persönliche Erkenntnisse aus einer Gruppendiskussion aussagekräftig formulieren.

### L6 Eine Liefermahnung verfassen

– Sie haben ein Smartphone bestellt. Leider ist dieses immer noch nicht eingetroffen. Verfassen Sie eine Liefermahnung.
– Bauen Sie das Mahnschreiben wie einen Geschäftsbrief mit folgenden Elementen auf: Absender, Adressat (beides erfinden), Datum, Brieftitel, Anrede, Textkörper mit 6 bis 10 Sätzen, Grussformel, Unterschrift.
– Gliederung Textkörper: Bezug auf den vereinbarten Liefertermin, Verspätung festhalten, Enttäuschung ausdrücken, Nachfrist setzen (Datum), Bitte um rasche Antwort.
– Lassen Sie den Entwurf gegenlesen und verfassen Sie anschliessend die finale Fassung. (Tipp: Führen Sie eine Schreibkonferenz durch: *methodenkartei.uni-oldenburg.de/uni_methode/schreibkonferenz*).

**Kompetenzen: Sie können ...**

– eine Liefermahnung aufgrund von stichwortartigen Angaben verfassen,
– ein geschäftliches Schreiben formal richtig, inhaltlich vollständig und sprachlich korrekt verfassen.

**L7  Eine Mängelrüge verfassen**

- Ihr Smartphone ist eingetroffen, weist aber leider Mängel auf. Verfassen Sie eine Mängelrüge.
- Bauen Sie das Schreiben wie einen Geschäftsbrief mit folgenden Elementen auf: Absender, Adressat (beides erfinden), Datum, Brieftitel, Anrede, Textkörper mit sechs bis zehn Sätzen, Grussformel, Unterschrift.
- Gliederung Textkörper: Bezug auf die Lieferung, evtl. Dank, Hinweis auf den Mangel, Enttäuschung/Unzufriedenheit erwähnen, Forderung formulieren, Daten setzen, Preisnachlass verlangen, Bitte um rasche Stellungnahme.
- Lassen Sie den Entwurf gegenlesen und verfassen Sie anschliessend die finale Fassung.

> **Kompetenzen: Sie können ...**
>
> - eine Mängelrüge aufgrund von stichwortartigen Angaben verfassen,
> - ein geschäftliches Schreiben formal richtig, inhaltlich vollständig und sprachlich korrekt verfassen.

**L8  Werbung von Kleinkreditanbietern untersuchen**

- Bilden Sie eine Gruppe von drei oder vier Personen.
- Suchen Sie im Internet nach Anbietern von Kleinkrediten.
- Wählen Sie einen Anbieter aus und untersuchen Sie dessen Werbung anhand der AIDA-Formel (siehe unten).
- Zusatzaufgabe 1: Halten Sie auf einem Plakat Elemente der Werbesprache (z. B. Superlative) fest.
- Zusatzaufgabe 2: Das Konsumkreditgesetz KKG verbietet Werbung «in aggressiver Weise» (KKG 36a). Wie beurteilen Sie die Werbung der untersuchten Kleinkreditanbieter? A: neutral und sachlich; B: werbend, aber zurückhaltend; C: offensiv und aggressiv.

*Die AIDA-Formel*

Die AIDA-Formel basiert auf dem bekannten AIDA-Modell. Dieses Modell geht davon aus, dass die Kundinnen und Kunden jeweils vier Phasen durchlaufen, bevor sie einen Kaufentscheid fällen. AIDA steht für die englischen Begriffe «Attention», «Interest», «Desire» und «Action». Das Modell wird bei verschiedenen Werbemassnahmen angewendet.

| AIDA-Formel | Ziel |
|---|---|
| **A** für Attention | Aufmerksamkeit erzeugen; mit sprachlichen und gestalterischen Mitteln. |
| **I** für Interest | Interesse am Produkt, an der Dienstleistung wecken; neugierig machen, den Nutzen aufzeigen. |
| **D** für Desire | Den Wunsch für den Kauf des Angebots erzeugen und/oder verstärken; das Gefühl von «Ich möchte das haben» auslösen. |
| **A** für Action | Die Handlung auslösen: Kauf eines Produkts/einer Dienstleistung, Besuch eines Anlasses, Teilnahme an einem Event usw. |

**Kompetenzen: Sie können ...**

- die Werbung von Kleinkreditanbietern anhand der AIDA-Formel analysieren,
- typische sprachliche Elemente der Werbesprache anhand eines konkreten Beispiels erkennen.

### L9 Leasingkosten berechnen

- Suchen Sie sich Ihr Traumauto aus. Gehen Sie davon aus, dass Sie das Auto leasen.
- Berechnen Sie die Leasingrate. Verwenden Sie dazu den Leasingrechner unter *comparis.ch*.
- Setzen Sie verschiedene Beträge bei folgenden Punkten ein: Kaufpreis in CHF/ Anzahlung in CHF/Zinssatz/Laufzeit in Monaten/km-Leistung pro Jahr.
- Beachten Sie die Auswirkungen auf die Leasingraten.
- Entscheiden Sie sich für eine Variante. Erstellen Sie anschliessend die Vollkostenrechnung; verdoppeln Sie also die monatliche Leasingrate.
- Angenommen, Sie möchten maximal 20 Prozent Ihres Nettolohns für das Auto ausgeben. Wie viel müssten Sie pro Monat verdienen, damit Sie sich Ihr Traumauto leisten können?

**Kompetenzen: Sie können ...**

- die Gesamtkosten bei einem Autoleasing berechnen,
- die persönliche Finanzierungsmöglichkeit realistisch einschätzen.

### L10 Labels beim Einkaufen prüfen

- Fotografieren Sie bei Ihrem nächsten Einkauf zwei ausgewählte Labels.
- Recherchieren Sie im Internet, wofür die Labels stehen.
- Recherchieren Sie ebenfalls, wie die Labels bewertet werden, zum Beispiel von der Stiftung für Konsumentenschutz SKS.
- Bereiten Sie eine kurze Information über Ihre Erkenntnisse vor.
- Präsentieren Sie die Erkenntnisse Ihren Klassenkolleginnen und -kollegen.
- Teilen Sie der Klasse mit, auf welche Labels Sie in Zukunft besonders achten wollen.

**Kompetenzen: Sie können ...**

- Labels in Bezug auf deren Bedeutung und Bewertung einordnen,
- Erkenntnisse auf das eigene Einkaufverhalten anwenden.

# Kapitel 3
# Risiken, Sicherheit und Vorsorge

«No risk, no fun!» – Sicher haben Sie diesen Spruch schon oft gehört. Doch wie andere Slogans muss man auch diesen hinterfragen. Gibt es Vergnügen tatsächlich nur, wenn man Risiken eingeht? Oder können nicht auch «risikoarme» Tätigkeiten wie mit Freunden diskutieren, ein Konzert besuchen oder ein Buch lesen Vergnügen bereiten? Tatsache ist, dass im Alltag oftmals grössere und kleinere Gefahren lauern und wir bewusst oder unbewusst Risiken eingehen. Vor solchen Gefahren und Risiken kann sich niemand vollständig schützen, doch man kann Vorkehrungen treffen, um die negativen Folgen abzusichern.

**Sie lernen in diesem Kapitel,**

- was mit dem Risikobegriff genau gemeint ist,
- was man unter Risikomanagement versteht und wie man Risiken einschätzt,
- welches die häufigsten persönlichen Risiken sind,
- mit welchen gesellschaftlichen Risiken wir konfrontiert sind,
- wie man sich gegen die negativen Folgen von Risiken absichern kann,
- welche Versicherungen es gibt und wie diese funktionieren,
- welche Versicherungen obligatorisch und welche freiwillig sind,
- wie das schweizerische Vorsorgesystem aufgebaut ist und was es beinhaltet.

> «*Sicher ist, dass nichts sicher ist. Selbst das nicht.*»

*Karl Valentin*

## 3.1 Risiken

Unter Risiko versteht man die Möglichkeit, dass ein negatives Ereignis eintritt. Gewisse Risiken können wir durch unser Verhalten erhöhen oder senken. Ein Risiko gehen wir dann ein, wenn unser Verhalten die Möglichkeit eines negativen Ereignisses erhöht. Das Gegenteil von Risiko ist die Chance, also die Möglichkeit, dass ein positives Ereignis eintritt.

*Definition*

Epidemien, Naturkatastrophen, Unfälle, Krankheiten, Drogenkonsum, Krieg – Risiken können höchst unterschiedlich sein. Je nachdem, ob man ihnen individuell oder im Kollektiv begegnen muss, spricht man von persönlichen oder gesellschaftlichen Risiken.

*Risikoarten*

| Risikoarten | | |
|---|---|---|
| **persönliche (individuelle) Risiken** | Risiken, die individuell beeinflusst werden können; die Eigenverantwortung zählt. | *Beispiele:* Rauchen, Alkohol, Drogen, schlechte Ernährung, Bewegungsmangel, Krankheiten, Unfälle, Stress, Gewalt, Verbrechen u. a. |
| **gesellschaftliche (kollektive) Risiken** | Risiken, die kollektiv beeinflusst werden können; die kollektive (gemeinsame) Verantwortung zählt. | *Beispiele:* Klimawandel, Umweltverschmutzung, Kriege, Konflikte, Überbevölkerung, Kluft zwischen Arm und Reich, Fanatismus, Extremismus, Diktatur, Korruption u. a. |

▶ **Lernauftrag 1:** Die persönliche Risikobereitschaft einschätzen (siehe Seite 77).

### Risikomanagement

Es gibt den Spruch «Das Leben ist ein Risiko». So absolut trifft das nicht zu, doch sicher ist, dass es ein Leben ganz ohne Risiko nicht gibt. Mit bestimmten Massnahmen und Verhaltensweisen kann man jedoch das Leben sicherer machen. Man spricht in diesem Zusammenhang von Risikomanagement und versteht darunter alle Tätigkeiten im bewussten Umgang mit Risiken. Die einzelnen Schritte und Massnahmen sind in der folgenden Tabelle näher beschrieben.

| Risikomanagement | |
|---|---|
| **1. Risiken erkennen** | Zuerst müssen die Risiken des eigenen Handelns erkannt und richtig eingeschätzt werden. Beim Einschätzen gilt es, zwischen der subjektiven Wahrnehmung und der objektiven Beurteilung zu unterscheiden. |

| | | |
|---|---|---|
| **2. Risiken vermeiden** | In einem zweiten Schritt gilt es, Risiken zu vermeiden oder zu vermindern. Dies geschieht durch entsprechendes Verhalten und bewusste Entscheidungen. Dabei übernimmt man Verantwortung für das eigene Wohlbefinden und auch das der anderen. | |
| **3. Folgen von Risiken absichern** | Schliesslich kann man sich gegen Schäden absichern. Dafür kann man für die unterschiedlichen Lebensbereiche Versicherungen abschliessen. | |

## Einschätzung von Risiken

*Subjektive Wahrnehmung*
*Objektive Beurteilung*

In vielen Alltagssituationen wie beim Überqueren einer Strasse oder beim Autofahren schätzen wir die Risikowahrscheinlichkeit meistens gefühlsmässig ein. Die Einschätzung erfolgt aufgrund einer subjektiven Wahrnehmung. So denken viele, Fliegen sei gefährlicher als Autofahren. Doch alle Statistiken zeigen, dass das Flugzeug das sicherste Verkehrsmittel ist. Das unsicherste ist übrigens das Motorrad.

*Einfluss*

**Was beeinflusst unsere Risikowahrnehmung?**

Bei Risiken, die wir nicht beeinflussen können (z. B. Coronapandemie, Erdbeben), stufen wir die Risikowahrscheinlichkeit höher ein als bei Risiken, die wir persönlich eingehen (z. B. Sonnenbaden).

Wenn es bei einem Ereignis viele Opfer gibt, zum Beispiel bei einem Flugzeugabsturz, schätzen wir die Risikowahrscheinlichkeit höher ein, als wenn es nur wenige Opfer gibt, beispielsweise bei Autounfällen. Insgesamt gibt es aber viel mehr Tote und Verletzte bei Autounfällen als bei Flugzeugabstürzen.

Wenn der Schaden sofort eintritt (z. B. Beinbruch), schätzen wir die Risikowahrscheinlichkeit höher ein als bei Tätigkeiten mit verzögertem Schaden (z. B. beim Rauchen).

Bei Risiken, die wir direkt wahrnehmen (z. B. Glatteis), stufen wir die Risikowahrscheinlichkeit realistischer ein als bei Gefahren, die wir nur indirekt oder gar nicht wahrnehmen (z. B. Strahlungen beim Telefonieren).

Wenn wir die Zusammenhänge kennen (z. B. Autofahren mit Alkohol), schätzen wir die Risikowahrscheinlichkeit besser ein, als wenn wir die Zusammenhänge nicht kennen (z. B. Gentechnik).

▶ **Lernauftrag 2:** Unfallrisiko bei Sportarten beurteilen (siehe Seite 78).

---

**Das weiss ich jetzt!**

3.1 Was versteht man unter Risiko?

3.2 Was ist eine negative Auswirkung von hoher Risikobereitschaft?

3.3 In welche zwei Kategorien werden Risiken eingeteilt?

3.4 Was sind die drei Schritte beim Risikomanagement?

3.5 Wie schätzen die meisten von uns Alltagsrisiken ein?

3.6 Wann können wir die Risikowahrscheinlichkeit besser einschätzen?

## Persönliche Risiken

Für die meisten persönlichen Risiken trägt man selbst die Verantwortung. Die Eigenverantwortung steht also an oberster Stelle. Im Folgenden werden verschiedene persönliche Risikofaktoren beleuchtet, welche die Lebensqualität und Lebenserwartung erheblich beeinflussen können.

### Rauchen
In der Schweiz sterben im Durchschnitt jährlich ungefähr 9500 Menschen an tabakbedingten Krankheiten. Das sind knapp 15 Prozent aller Todesfälle. Rauchen ist damit eine der häufigsten Todesursachen. Wer schon früh mit dem Rauchen beginnt, geht ein hohes Risiko ein. Auf das Rauchen zu verzichten, ist die einfachste und wirksamste Risikovermeidung. Und man spart damit erst noch viel Geld.

### Alkohol
Alkoholsucht ist weit verbreitet, oftmals aber unsichtbar. In der Schweiz sterben jährlich mehr als 1600 Menschen an den Folgen des Alkoholkonsums. Zusätzlich fordert der Alkoholkonsum Opfer im Strassenverkehr. Verantwortungsvolle Menschen halten sich daher an den Slogan «Wer fährt, trinkt nicht. Und wer trinkt, fährt nicht.» Wie beim Rauchen gilt auch hier: Wer schon in jungen Jahren regelmässig Alkohol trinkt, geht ein hohes Suchtrisiko ein.

### Ernährung
Zum Frühstück Nutella, mittags ein Burger, abends Pizza. Zwischendurch ein paar Schokoriegel oder Chips. Diese Ernährung ist heute üblich. Je reicher ein Land ist, desto fetter, süsser und salziger wird gegessen. Die Folgen: Übergewicht, Gelenkschmerzen, Bluthochdruck, Diabetes, erhöhtes Herzinfarktrisiko. Man schätzt, dass in Wohlstandsgesellschaften rund 20 Prozent aller Todesfälle auf schlechte und falsche Ernährung zurückzuführen sind.

### Bewegungsmangel
Unsere Vorfahren verrichteten viel körperliche Arbeit. Doch in den letzten Jahrzehnten haben sich die Lebens- und Arbeitsbedingungen radikal verändert. Die meisten von uns haben sitzende Tätigkeiten und leiden daher unter Bewegungsmangel. Dies kann zu Übergewicht, Verspannungen, Rücken- und Kopfschmerzen, zu hohem Blutdruck und Herz-Kreislauf-Problemen führen. Mit regelmässiger Bewegung kann man diese Risiken vermindern. Zudem baut sie Stress ab, steigert die Belastbarkeit und wirkt sich positiv auf das Wohlbefinden aus.

### Krankheit
Viel Bewegung, eine ausgewogene Ernährung und ein gutes Risikomanagement in Beruf und Freizeit sind zentral für ein gesundes Leben. Darüber hinaus gibt es zahlreiche präventive (vorbeugende) Massnahmen. Impfungen können gegen Krankheiten wie Starrkrampf und Hepatitis (Gelbsucht) schützen und sind auch bei Reisen in bestimmte Länder empfehlenswert. Bei Geschlechtskrankheiten wie Aids, Syphilis und Tripper ist das Verwenden von Kondomen nach wie vor die einfachste und wirksamste Prävention.

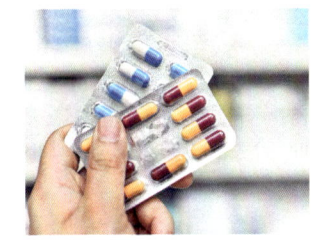

### Unfälle
Jedes Jahr gibt es in der Schweiz über 50 000 Verkehrsunfälle, etwa 20 000 davon mit Personenschaden. Dabei verlieren über 200 Menschen ihr Leben, rund 4000 werden schwer verletzt. Die häufigsten Unfallursachen sind unangepasste Geschwindigkeit, Alkohol- und Drogenkonsum sowie Unaufmerksamkeit und Ablenkung am Steuer. Diese Ursachen kommen besonders häufig bei Fahrzeuglenkern unter 25 Jahren vor. Im Arbeitsbereich helfen die Richtlinien der Schweizerischen Unfallversicherungsanstalt Suva, Unfälle am Arbeitsplatz zu vermeiden. In der Freizeit hat jede einzelne Person die Verantwortung, die persönlichen Risiken richtig einzuschätzen und dadurch Unfälle zu vermeiden.

### Stress

Unter Stress versteht man die körperliche Reaktion auf Überforderung, Druck und belastende Situationen wie Konflikte, Arbeitslosigkeit, Krankheiten und Todesfälle. Kurze Stressphasen gehören zum Leben und können sich sogar positiv auf die Leistungsfähigkeit auswirken. Doch bei Dauerstress leidet die Gesundheit. Folgen können sein: Kopfschmerzen, Migräne, Verdauungsprobleme, Schlafstörungen, Depressionen und Burnout. Stress kann man vermeiden durch realistische Einschätzung der eigenen Fähigkeiten, gute Zeit- und Arbeitsplanung, bewusste Ruhezeiten, genügend Schlaf, körperliche Fitness, ausgewogene Ernährung und eine gesunde Lebensführung.

### Gewalt

Wenn Kinder und Jugendliche unter ungünstigen Bedingungen aufgewachsen, wenden sie als Erwachsene eher Gewalt an. Das zeigen aktuelle Studien. Als ungünstige Bedingungen gelten: Leben in der Grossstadt, körperlicher oder sexueller Missbrauch, Migrationserfahrungen oder starker Alkoholgebrauch.

Das heisst nun aber nicht, dass es keine Eigenverantwortung gibt. Jede Person ist verantwortlich dafür, wie sie mit Konfliktsituationen umgeht. Entsprechend sollte man sich immer um gewaltfreie Konfliktlösungen bemühen.

### Sexualität

Sexualität begleitet den Menschen ein Leben lang und ist ein Grundbedürfnis sowie Teil unserer Persönlichkeit. Es gibt aber nicht «die» Sexualität. Menschen unterscheiden sich stark in ihrem sexuellen Verhalten und haben unterschiedliche Bedürfnisse, Neigungen und Vorstellungen. Bei der Entwicklung der menschlichen Sexualität spielen biologische Faktoren, aber auch Erziehung, Herkunft und Rollenmuster eine Rolle. Unabhängig davon gilt der Grundsatz, dass niemals Druck oder sogar Gewalt ausgeübt werden darf. Seine Sexualität verantwortungsbewusst leben heisst, dass man sein Gegenüber mit Respekt behandelt und ein Nein als solches akzeptiert. Sexuelle Gewaltanwendung ist strafbar. Ebenso macht sich strafbar, wer mit einer Person unter 16 Jahren (Schutzaltersgrenze) sexuelle Handlungen vornimmt, sofern der Altersunterschied zwischen den beiden mehr als drei Jahre beträgt.

▶ **Lernauftrag 3:** Den eigenen Lebensstil analysieren (siehe Seite 78).

▶ **Lernauftrag 4:** Flyer mit Ernährungstipps erstellen (siehe Seite 79).

▶ **Lernauftrag 5:** Ein Plakat mit fünf Tipps für das erfolgreiche Verhalten in Konfliktsituationen herstellen (siehe Seite 79).

▶ **Lernauftrag 6:** Werbeplakat für die Stressprävention kreieren (siehe Seite 80).

---

**Das weiss ich jetzt!**

3.7 Wer ist beim Rauchen besonders gefährdet?

3.8 Wie lautet der Slogan zur Vermeidung alkoholbedingter Verkehrsunfällen?

3.9 Was können Folgen von schlechter Ernährung sein? Nennen Sie drei.

3.10 Wie kann man der Übertragung von Geschlechtskrankheiten am einfachsten vorbeugen?

3.11 Was sind die häufigsten Ursachen von Verkehrsunfällen?

3.12 Was ist Stress?

3.13 Wie werden Konfliktsituationen am besten bewältigt?

3.14 Was gilt als Grundsatz bei sexuellen Kontakten?

## Gesellschaftliche Risiken

Gesellschaftliche Risiken können nicht individuell, sondern müssen gesellschaftlich reduziert werden. Da sind Politik, Wirtschaft und jede einzelne Person gefragt. Kollektive Risiken werden in der Regel stärker wahrgenommen als die persönlichen Risiken. Die folgende Übersicht zeigt sechs Risiken unserer Zeit.

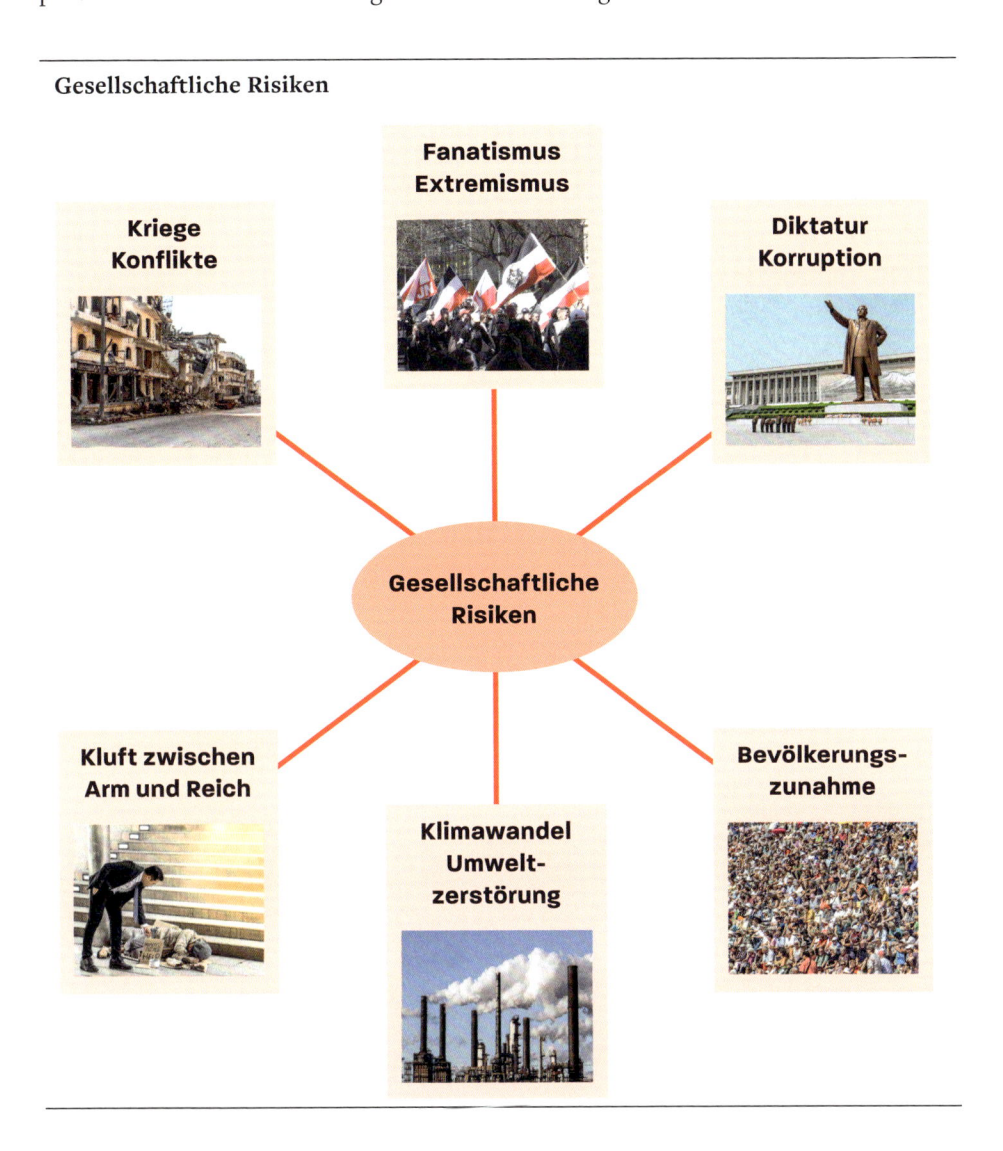

**Gesellschaftliche Risiken**

- Kriege / Konflikte
- Fanatismus / Extremismus
- Diktatur / Korruption
- Kluft zwischen Arm und Reich
- Klimawandel / Umweltzerstörung
- Bevölkerungszunahme

▶ **Lernauftrag 7:** Ursachen und Folgen von gesellschaftlichen Risiken ergründen (siehe Seite 80).

# 3.2 Versicherungen

## Übersicht

Alle wünschen sich ein sorgenfreies, sicheres Leben. Doch das Leben birgt auch Risiken und Gefahren, wie in Kapitel 3.1 dargestellt worden ist. Vor solchen Gefahren und Risiken kann sich niemand vollständig schützen. Man kann aber Versicherungen abschliessen, um sich gegen die negativen Folgen abzusichern.

**Versicherungsarten** Die Versicherungen werden aufgeteilt in Haftpflichtversicherungen, Sachversicherungen und Personenversicherungen. Einige davon muss man abschliessen, sie sind also obligatorisch. Andere können freiwillig abgeschlossen werden. Die folgende Tabelle listet die wichtigsten Versicherungsarten auf und nennt Beispiele. Die Versicherungen werden noch genauer behandelt.

### Übersicht Versicherungen

| | Haftpflichtversicherungen | Sachversicherungen | Personenversicherungen |
|---|---|---|---|
| **obligatorisch** | – Motorfahrzeughaftpflichtversicherung<br>– Haftpflichtversicherungen für:<br>  ▸ Luftfahrzeuge<br>  ▸ Wasserfahrzeuge | – Gebäudeversicherung | – Krankenversicherung<br>– Unfallversicherung<br>– Invalidenversicherung<br>– Arbeitslosenversicherung<br>– Erwerbsersatzordnung<br>– Alters- und Hinterlassenenversicherung<br>– Pensionskasse |
| **freiwillig** | Privathaftpflichtversicherung für:<br>– Familien<br>– Tierhalter<br>– Hauseigentümer<br>– Arbeitgeber | – Hausratversicherung (in vier Kantonen obligatorisch)<br>– Kaskoversicherungen (Teilkasko, Vollkasko)<br>– Rechtsschutzversicherung<br>– Diebstahlversicherung | – Private Vorsorge (z. B. Lebensversicherung)<br>– Private Unfallversicherung |

## Begriffserklärungen

Versicherungen funktionieren nach dem sogenannten Solidaritätsprinzip: Wer eine Versicherung abschliesst, bezahlt einen bestimmten Geldbetrag (Prämie) an die Versicherungsgesellschaft. Das Geld kommt in einen Topf. Tritt ein Schaden ein, bezahlt die Versicherung aus diesem Topf den finanziellen Schaden. Das Solidaritätsprinzip funktioniert nur, weil die Versicherungsgesellschaften Verträge mit sehr vielen Personen abschliessen. Zum Glück erleiden die meisten Versicherten nie oder nur selten einen Schaden. Sie zahlen also in den Topf ein, beziehen daraus aber kein oder nur wenig Geld. Somit reicht das Geld im Topf für jene, die grössere Schäden erleiden.

**Solidaritätsprinzip**

Die meisten Versicherungen verlangen bei einem Schadensfall einen sogenannten Selbstbehalt. Die versicherte Person muss also einen Teil der Kosten selbst bezahlen, zum Beispiel die ersten 300 Franken. Mit dem Selbstbehalt soll verhindert werden, dass sich die Versicherten allzu sorglos verhalten und jede Kleinigkeit melden.

**Selbstbehalt**

Als Versicherungspolice (oder Police) bezeichnet man die von der Versicherungsgesellschaft ausgestellte Urkunde über den Abschluss einer Versicherung. Darin sind die Leistungen der Versicherung festgehalten.

**Versicherungspolice**

Allein in der Schweiz gibt es über 200 private Versicherungsgesellschaften mit insgesamt über 40 000 Angestellten. Eine durchschnittliche Familie gibt rund 20 Prozent des Einkommens für freiwillige und obligatorische Versicherungen aus. Die Versicherungsmöglichkeiten sind heute fast unbegrenzt: So versichern Stars aus der Film-, Musik-, Mode- und Sportszene die verschiedensten Körperteile mit sehr hohen Summen.

**Versicherungsbranche**

## Haftpflichtversicherungen

Wer einem anderen Menschen absichtlich oder fahrlässig einen Schaden zufügt, haftet dafür. Je nach Schaden kann die Haftung sehr teuer werden, beispielsweise wenn Personen verletzt oder sogar getötet werden. Haftpflichtversicherungen übernehmen in solchen Fällen die Kosten für die Schäden. Zwei wichtige sind die Motorfahrzeug-Haftpflichtversicherung (für Besitzerinnen und Besitzer eines Motorfahrzeugs obligatorisch) und die Privathaftpflichtversicherung (freiwillig).

**Haftung**
**OR 41**

### Motorfahrzeug-Haftpflichtversicherung

Im Strassenverkehr ist das Risiko eines Unfalls besonders hoch. Damit die Geschädigten in allen Fällen ihre Ansprüche einfordern können, hat der Staat die Haftpflichtversicherung für Motorfahrzeuge für obligatorisch erklärt. Autofahrerinnen und Motorradfahrer können ihr Nummernschild nur einlösen, wenn sie eine Haftpflichtversicherung abgeschlossen haben.

**Obligatorium**
**SVG 58 ff., 63 ff.**

Die Versicherungsgesellschaft muss die Geschädigten in jedem Fall auszahlen. Doch hat der Unfallverursacher grobfahrlässig gehandelt, darf die Versicherung das Geld ganz oder teilweise vom Unfallverursacher zurückfordern. Das nennt man Regressrecht. Als grobfahrlässig gelten zum Beispiel das Autofahren ohne Sicherheitsgurte oder mit abgefahrenen Reifen, das Fahren in betrunkenem oder

**Regressrecht**

bekifftem Zustand sowie das Überfahren von Rotlichtern und Stoppstrassen. Wie folgendes Beispiel zeigt, kann ein Regress bei einer grossen Schadenssumme sehr teuer werden:

**Beispiel eines Regressfalls**

H. Muster rammt unter Cannabiseinfluss einen anderen Wagen von hinten. Die Fahrerin erleidet ein schweres Schleudertrauma mit lebenslanger Teilinvalidität. Das Urteil vor Gericht lautet: fahrlässige schwere Körperverletzung und grobe Verletzung der Verkehrsregeln (Fahren in bekifftem Zustand).

| | |
|---|---|
| **Strafe** | 20 Tage bedingt (Probezeit 2 Jahre), Busse CHF 500, Übernahme Gerichtskosten CHF 1800 |
| **Zu erwartende Versicherungsleistungen** | CHF 1 350 000<br>Heilungskosten, Erwerbsausfall, Haushaltschaden (Mutter/Hausfrau), Genugtuung, Anwaltskosten |
| **Regress wegen Grobfahrlässigkeit** | 20 % der Versicherungsleistung:<br>CHF 270 000 |

*Das Unfallrisiko der 18- bis 24-jährigen Fahrzeuglenkenden ist besonders hoch.*

**Prämien** Als Prämie bezeichnet man den Geldbetrag, den man an die Versicherungsgesellschaft bezahlen muss. Die Höhe kann sehr unterschiedlich sein. Bei der Motorfahrzeug-Haftpflichtversicherung ist die Höhe der Prämie abhängig von der Art des Fahrzeugs (Modell, Hubraum, Gewicht) und von der versicherten Person (Alter, Geschlecht, Nationalität).

**Bonus – Malus** Die meisten Versicherungen wenden die sogenannte Bonus-Malus-Regelung an. Das bedeutet: Wer unfallfrei fährt, wird mit einer Prämienreduktion (Bonus) belohnt. Wer einen Unfall verursacht, gelangt in eine höhere Versicherungsstufe und muss somit höhere Prämien (Malus) bezahlen. Es lohnt sich deshalb nicht, kleinere Schäden zu melden. Die Bonus-Malus-Regelung ist ein Anreiz, durch vorsichtiges Fahren Schäden zu vermeiden. Mit einer sogenannten Bonusschutzversicherung ist es möglich, Prämienerhöhungen zu vermeiden.

▶ **Lernauftrag 8:** Prämien für die Motorfahrzeug-Haftpflichtversicherung berechnen und vergleichen (siehe Seite 81).

**Privathaftpflichtversicherung**

Im Gegensatz zur Motorfahrzeug-Haftpflichtversicherung ist die Privathaftpflichtversicherung nicht obligatorisch. Sie ist aber zu empfehlen, denn mit relativ wenig Geld kann man sich gegen hohe Schadensersatzforderungen schützen. Teilweise verlangen Haus- und Wohnungsvermieter den Nachweis einer Privathaftpflichtversicherung.

Das Prinzip der Privathaftpflichtversicherung ist dasselbe wie bei der Motorfahrzeug-Haftpflichtversicherung: Wenn einem Dritten schuldhaft Schaden zugefügt wird, übernimmt die Versicherung die Kosten, sofern nicht Absicht oder grobe Fahrlässigkeit vorliegt. Ein Beispiel: Bei einem Besuch einer Freundin stösst Anna unglücklicherweise eine wertvolle Blumenvase um. Dieser Schaden wird von Annas Privathaftpflichtversicherung übernommen.

**Verschuldenshaftung**

Es gibt Fälle, bei denen eine Person haftbar gemacht werden kann, obwohl sie selbst direkt nichts verschuldet hat. Diese Art von Haftung nennt man Kausalhaftung. Die folgenden Beispiele zeigen Fälle von Kausalhaftungen auf.

**Kausalhaftung**

| Haftung | Situation | |
|---|---|---|
| **als Arbeitgeber** | Ein Gärtnermeister bekommt den Auftrag, einen Baum in einem Garten zu fällen. Er übergibt diese Arbeit einem Angestellten und dem Lehrling. Der Baum fällt leider auf das Gartenhaus der Nachbarin. Nun haftet der Gärtnermeister für den Schaden. | OR 55 |
| **als Tierhalter** | Ein Hundehalter lässt seinen aggressiven Hund von der Leine. Der Hund greift Kinder auf dem Spielplatz an und verletzt dabei ein Mädchen. Der Hundebesitzer muss für den Schaden aufkommen. | OR 56 |
| **als Hauseigentümer** | Durch einen heftigen Wind fallen Ziegel vom Dach eines Einfamilienhauses. Dabei wird das Auto der Besucherin beschädigt. Der Besitzer des Hauses haftet für den Schaden. | OR 58 |
| **als Eltern** | Ein Vater lässt sein Feuerzeug im Wohnraum liegen. Der fünfjährige Sohn nimmt das Feuerzeug und zündet damit die Baumhütte auf dem Spielplatz an. Der Vater haftet für den Schaden. | ZGB 333 |

**Das weiss ich jetzt!**

3.15 Welche drei Versicherungsarten unterscheidet man?

3.16 Wie funktioniert das Solidaritätsprinzip?

3.17 Was soll mit dem Selbstbehalt verhindert werden?

3.18 Angenommen, eine Familie hat ein Jahreseinkommen von CHF 120 000. Wie viel braucht sie für die Versicherungen pro Jahr?

3.19 Weshalb gilt für die Motorfahrzeughaftpflichtversicherung ein Obligatorium?

3.20 Wann können die Versicherungen vom Regressrecht Gebrauch machen?

3.21 Wie funktioniert die Bonus-Malus-Regelung?

## Sachversicherungen

Im Gegensatz zu den Haftpflichtversicherungen, die nur fremde Schäden ersetzen, beziehen sich die Sachversicherungen auf das persönliche Eigentum. Im Folgenden werden drei Sachversicherungen vorgestellt.

### Kaskoversicherungen beim Auto

Bei den Kaskoversicherungen unterscheidet man zwischen der Teilkaskoversicherung und der Vollkaskoversicherung.

*Teilkaskoversicherung* — Die Teilkaskoversicherung deckt genau definierte Schäden am eigenen Fahrzeug ab, wie Schäden durch Diebstahl, Feuer, Vandalismus, Glasbruch und durch Marder. Auch versichert sind sogenannte Elementarereignisse wie Hochwasser, Hagel oder Schneerutsche.

*Vollkaskoversicherung* — Die Vollkaskoversicherung deckt zusätzlich auch selbstverschuldete Kollisionsschäden am eigenen Fahrzeug ab. Bei einem Totalschaden wird nicht der Anschaffungspreis, also der Neuwert, sondern nur der Zeitwert ersetzt. Der Zeitwert ist tiefer als der Neuwert, da die Wertverminderung des Fahrzeugs mitberücksichtigt wird. Für ein älteres Auto mit geringem Zeitwert (z.B. CHF 3000) lohnt sich eine Vollkaskoversicherung nicht, denn die Prämien sind recht hoch. Bei geleasten Fahrzeugen ist der Abschluss einer Vollkaskoversicherung Pflicht.

### Rechtsschutzversicherung

In einzelnen Fällen, beispielsweise im Zusammenhang mit einem Autounfall, kommt es zu einer richterlichen Beurteilung. Wer sich gegen die Prozesskosten absichern will, kann eine Rechtsschutzversicherung abschliessen. Die Versicherung übernimmt Abklärungen und Expertisen, bezahlt den Anwalt und übernimmt die Prozesskosten.

### Hausratversicherung

Die Hausratversicherung deckt Schäden im Haushalt der versicherten Person. Dazu gehören Schäden, die durch Feuer, Wasser, Glasbruch und Diebstahl entstehen. Im Brandfall werden alle zerstörten Gegenstände zum Neuwert ersetzt. Die Hausratversicherung wird auch Mobiliarversicherung genannt.

*Unter- und Überversicherung* — Bei Hausratversicherungen ist es wichtig, dass man den Versicherungswert von Zeit zu Zeit überprüft und der Versicherungsgesellschaft den genauen Neuwert der versicherten Gegenstände mitteilt. Ist die versicherte Summe tiefer als der Wert des Hausrats, spricht man von einer Unterversicherung. Beispiel: Wert des Hausrats ist CHF 50 000, die Versicherungssumme beträgt nur CHF 30 000. In einem Schadensfall würde die Versicherung die Leistungen im Verhältnis zur Unterversicherung kürzen. Es lohnt sich daher nicht, mit einem zu tiefen Versicherungswert Prämien zu sparen, zumal diese recht niedrig sind. Es kann auch eine Überversicherung bestehen. In einem solchen Fall bezahlt man eine zu hohe Versicherungsprämie.

# Personenversicherungen

Personenversicherungen decken Gefahren und Risiken, die eine Person direkt betreffen. Dazu gehören Unfälle, Krankheiten und selbst der Tod. Viele dieser Personenversicherung sind obligatorisch. Sie werden auch als Sozialversicherungen bezeichnet und bilden in ihrer Gesamtheit das sogenannte soziale Netz. Das soziale Netz wurde nach und nach ausgebaut und ist heute sehr engmaschig. Es bietet einen weitreichenden Schutz vor den negativen Folgen verschiedenster Risiken. Im Folgenden werden die wichtigsten Personenversicherungen vorgestellt.

**Sozialversicherungen, Soziales Netz**

### Krankenversicherung

Die Krankenversicherung ist aufgeteilt in die Grundversicherung und die Zusatzversicherungen. Die Grundversicherung ist obligatorisch und deckt Grundleistungen ab. Die Zusatzversicherungen sind freiwillig. Sie decken individuelle Bedürfnisse ab.

Die Grundsätze für die Grundversicherung sind im Krankenversicherungsgesetz (KVG) geregelt. Sie lauten:

**Grundsätze der Grundversicherung**

- Die Grundversicherung ist für alle Einwohnerinnen und Einwohner der Schweiz obligatorisch.    **KVG 3**
- Die Leistungen sind bei allen Krankenkassen gleich.    **KVG 25 ff.**
- Die Versicherten müssen sich durch Franchise und Selbstbehalt an den Kosten beteiligen.    **KVG 64**
- Die Aufnahme in die Grundversicherung kann nicht verweigert werden.    **KVG 4**

Jede versicherte Person muss monatlich eine Prämie bezahlen. Diese kann von Kasse zu Kasse unterschiedlich ausfallen, da ein gewisser Wettbewerb unter den über 50 Krankenversicherungen besteht. Die Prämie ist aber auch abhängig davon, wie stark man sich selbst an den Kosten beteiligt; wie hoch also die sogenannte Franchise ist.

**Prämie**

Mit Franchise bezeichnet man den Betrag, den man im Fall eines Arztbesuchs oder Spitalaufenthalts selbst bezahlen muss. Das Krankenversicherungsgesetz schreibt für erwachsene Personen ab 18 Jahren eine Franchise von mindestens CHF 300 pro Kalenderjahr vor. Für Kinder und Jugendliche gibt es keine Franchise. Höhere Jahresfranchisen bis maximal CHF 2500 sind möglich. Wer freiwillig eine höhere Franchise wählt, muss weniger Prämien bezahlen.

**Franchise**

Ebenfalls ist gemäss Krankenversicherungsgesetz jede versicherte Person dazu verpflichtet, einen Teil der Rechnung selbst zu bezahlen. Konkret: Auf alle Rechnungen, die den Betrag der Franchise übersteigen, muss zusätzlich ein Selbstbehalt von 10 Prozent bezahlt werden, maximal jedoch nur CHF 700 pro Jahr. Das folgende Beispiel zeigt, wie die Kosten berechnet werden bei einem ersten Arztbesuch.

**Selbstbehalt**

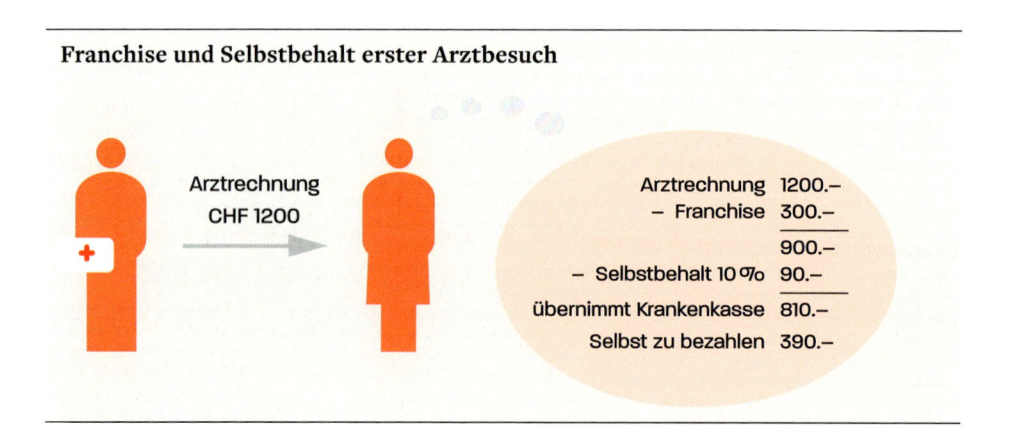

**Franchise und Selbstbehalt erster Arztbesuch**

Arztrechnung CHF 1200

| | |
|---|---:|
| Arztrechnung | 1200.– |
| – Franchise | 300.– |
| | 900.– |
| – Selbstbehalt 10 % | 90.– |
| übernimmt Krankenkasse | 810.– |
| Selbst zu bezahlen | 390.– |

**Leistungen** Die folgende Tabelle listet die Leistungen der Grundversicherung und ausgewählte Leistungen der Zusatzversicherungen auf.

| Grundversicherung | Zusatzversicherungen (Auswahl) |
|---|---|
| – Alle Kosten, die beim Arztbesuch entstehen, inkl. Laboruntersuchungen<br>– Vom Arzt verordnete und kassenpflichtige Medikamente<br>– Alle Kosten eines Spitalaufenthalts in der allgemeinen Abteilung<br>– Ausgewählte komplementärmedizinische Behandlungen | – Nicht pflichtige Medikamente<br>– Spitalaufenthalt ganze Schweiz<br>– Spitalaufenthalt in der halbprivaten oder privaten Abteilung<br>– Brillen/Kontaktlinsen<br>– Zahnbehandlungen<br>– Bade- und Erholungskuren |

**Steigende Kosten** Das schweizerische Gesundheitswesen ist eines der teuersten der Welt. Die jährlichen Gesamtkosten belaufen sich auf über 80 Milliarden Franken pro Jahr und steigen laufend. Pro Person ergeben sich jährliche Kosten von über CHF 10 000. Mit dem Kostenwachstum steigen auch die Prämien. Die Politik versucht, mit verschiedenen Massnahmen das Kostenwachstum und damit den Prämienanstieg zu stoppen. Auch durch individuelle Massnahmen lässt sich die Prämienhöhe beeinflussen. Möglichkeiten sind:

**Sparmöglichkeiten**

– Höhere Franchise wählen
– Sparmodell wählen: HMO-, Hausarzt- oder Telemed-Modell
– Zusatzversicherungen reduzieren

**Vergleichsdienste** Es ist nicht ganz einfach, sich im komplexen Krankenversicherungssystem zurechtzufinden. Doch es gibt Internetvergleichsdienste wie die Website des Bundes *priminfo.admin.ch* oder auch die privaten Dienste *bonus.ch* und *comparis.ch*.

▶ **Lernauftrag 9:** Prämien für die Krankenversicherung berechnen und vergleichen (siehe Seite 81).

# Kapitel 3 | Risiken, Sicherheit und Vorsorge

**Unfallversicherung**

Alle Arbeitnehmerinnen und Arbeitnehmer sind durch ihren Betrieb obligatorisch gegen Berufsunfälle und Berufskrankheiten versichert. Wer mindestens acht Stunden pro Woche arbeitet, ist überdies auch gegen Nichtberufsunfälle versichert. Ist dies nicht der Fall, ist eine Unfallversicherung bei einer Krankenkasse abzuschliessen.

*UVG 1a*
*UVV 13*

Die Leistungen der Unfallversicherung sind weit besser als diejenigen der Krankenversicherung: So wird beispielsweise jeder Arztbesuch ohne Franchise und Selbstbehalt von der Versicherung bezahlt. Die Versicherten müssen für ihre Unfallversicherung also keine Kosten tragen.

*Leistungen*
*UVG 10 ff.*

Da nicht nur die Wiederherstellung der Gesundheit Geld kostet, sondern die verunfallte Person während ihrer Genesungszeit auch kein Geld verdienen kann, bezahlt die Unfallversicherung einen Lohnersatz. Dieser beginnt ab dem dritten Tag nach dem Unfall. Der Lohnersatz beträgt 80 Prozent des versicherten Lohnes.

*UVG 15 ff.*

Die Unfallversicherung leistet zudem auch Beiträge an Transport-, Rettungs- oder Bestattungskosten sowie Invalidenrenten und Renten an Hinterbliebene.

*UVG 13, 14, 18 ff.*

Die Unfallversicherung durch den Arbeitgeber erlischt 30 Tage nach dem Austritt aus dem Unternehmen. Von diesem Moment an muss jede Person, wenn sie nicht wieder eine feste Anstellung eingeht, für sich selbst sorgen (z. B. Einschluss der Unfalldeckung in der Krankenkasse).
Mit einer Einzelabrede kann man die bisherigen Versicherungsleistungen auf einfache Weise verlängern. Dazu muss vom ehemaligen Arbeitgeber ein Einzahlungsschein verlangt und die entsprechende Prämie bezahlt werden. Eine Einzelabrede ist längstens für sechs Monate möglich.

*Einzelabrede*
*UVG 3*

---

**Das weiss ich jetzt!**

3.22 Welche zwei Kaskoversicherungen für Fahrzeuge gibt es?

3.23 Was ist der Unterschied zwischen Neuwert und Zeitwert bei einem Fahrzeug?

3.24 Weshalb sollte man bei der Hausratversicherung eine Unterversicherung vermeiden?

3.25 Was ist der wesentliche Unterschied zwischen der Grundversicherung und den Zusatzversicherungen bei der Krankenversicherung?

3.26 Wie hoch ist die Mindestfranchise für Versicherte ab 18 Jahren?

3.27 Welche durchschnittlichen Kosten in Franken verursacht eine Person pro Jahr?

3.28 Wie kann man die Krankenkassenprämie senken? Nennen Sie drei Sparmöglichkeiten.

## Erwerbsersatzordnung (EO)

**Militärdienst/Zivildienst**
**EOG 1a ff.**

Wer Militärdienst oder Zivildienst leistet, soll dadurch keine finanzielle Einbusse erleiden. Deshalb erhalten Dienstleistende über die Erwerbsersatzordnung (EO) einen Lohnersatz, der aus obligatorischen Lohnprozenten finanziert wird. Im Militär haben die Rekruten einen festen Ansatz. Die anderen Armeeangehörigen bekommen bis zu 80 Prozent ihres versicherten Lohns.

**Mutterschaftsversicherung**
**EOG 16b ff.**

Seit 2005 gibt es in der Schweiz aufgrund einer Volksabstimmung eine Mutterschaftsversicherung. Das heisst: Der Staat bezahlt erwerbstätigen Frauen über die Erwerbsersatzordnung während maximal 14 Wochen oder 98 Tagen nach der Geburt 80 Prozent ihres regulären Einkommens. Die Entschädigung ist jedoch begrenzt auf CHF 198 pro Tag (2022). Der maximale Betrag beträgt also bei 98 Tagen rund CHF 19 400. Mütter, die keiner Erwerbstätigkeit nachgehen, kommen nicht in den Genuss dieser Leistungen.

**Vaterschaftsurlaub**
**OR 329g**

Erwerbstätige Väter haben für die ersten sechs Monate nach Geburt des Kindes Anspruch auf zwei Wochen Vaterschaftsurlaub (maximal 14 Taggelder). Als Entschädigung für den Verdienstausfall erhalten sie 80 Prozent des durchschnittlichen AHV-pflichtigen Erwerbseinkommens vor der Geburt, höchstens aber CHF 196 pro Tag. Der Anspruch auf Vaterschaftsentschädigung muss durch den Vater bzw. Arbeitgeberin bei der zuständigen Ausgleichskasse geltend gemacht werden.

## Arbeitslosenversicherung (ALV)

**Leistungen**
**AVIG 1a ff.**

Die Arbeitslosenversicherung leistet finanzielle Unterstützung an Menschen, die ihre Arbeit verloren haben. Weiter erbringt sie finanzielle Leistungen bei Kurzarbeit, wetterbedingten Arbeitsausfällen sowie bei Zahlungsunfähigkeit des Arbeitgebers (Insolvenz). Die Arbeitslosenversicherung ist eine obligatorische Versicherung und wird über Lohnprozente finanziert.

**Voraussetzungen**

Nicht jede Person, die ihre Arbeit verliert, hat auch Anspruch auf Arbeitslosengelder, sogenannte Taggelder. Man muss nachweisen können, dass man vor Beginn der Arbeitslosigkeit erwerbstätig war und Beiträge an die Arbeitslosenversicherung bezahlt hat. Zudem muss sich eine arbeitslose Person aktiv um eine neue Stelle bemühen. Sie kann auch verpflichtet werden, Weiterbildungskurse zu besuchen.

**Taggelder**

Für den Bezug von Taggeldern ist entscheidend, wie lange man schon arbeitstätig war und wie alt man ist. Bei einer Beitragszeit von mindestens 22 Monaten und einem Alter unter 55 Jahren erhält man maximal 520 Taggelder. Die Höhe der Unterstützung beträgt zwischen 70 und 80 Prozent des letzten Lohns. Das Maximum des versicherten Lohns ist jedoch auf rund CHF 150 000 beschränkt.

**RAV**

Die rund 130 Regionalen Arbeitsvermittlungsstellen (RAV) bezahlen nicht nur Arbeitslosengelder aus, sie unterstützen die Stellensuchenden auch aktiv durch folgende Massnahmen: Stellenvermittlung, Beiträge an Weiterbildung, Umschulung und Einarbeitungsprogramme sowie Unterstützung bei der Aufnahme einer selbstständigen Tätigkeit.

---

**Das weiss ich jetzt!**

3.29 In welchen Situationen zahlt die Erwerbsersatzordnung?

3.30 Die Arbeitslosenversicherung zahlt nicht nur bei Arbeitslosigkeit. Nennen Sie zwei zusätzliche Situationen.

# 3.3 Vorsorge

Noch vor hundert Jahren starben die Menschen in der Schweiz im Durchschnitt mit 50 Jahren. Heute werden Frauen durchschnittlich 85, Männer 82 Jahre alt. Damit haben wir eine der höchsten Lebenserwartungen der Welt. Bei einem Rentenalter von 65 bei Männern und 64 bei Frauen muss man heute also davon ausgehen, dass man viele Jahre ohne regelmässigen Erwerbslohn leben wird. Da heisst es vorzusorgen. In der Schweiz hat man dafür ein mehrteiliges Vorsorgesystem entwickelt, das sogenannte Drei-Säulen-System. Die erste Säule umfasst die staatliche Vorsorge der Alters- und Hinterlassenenversicherung (AHV). Die zweite Säule besteht aus der beruflichen Vorsorge (Pensionskasse) und die dritte Säule aus der privaten Vorsorge. Die Grafik veranschaulicht das Drei-Säulen-System.

*Drei-Säulen-System*

**Das Drei-Säulen-System der Vorsorge**

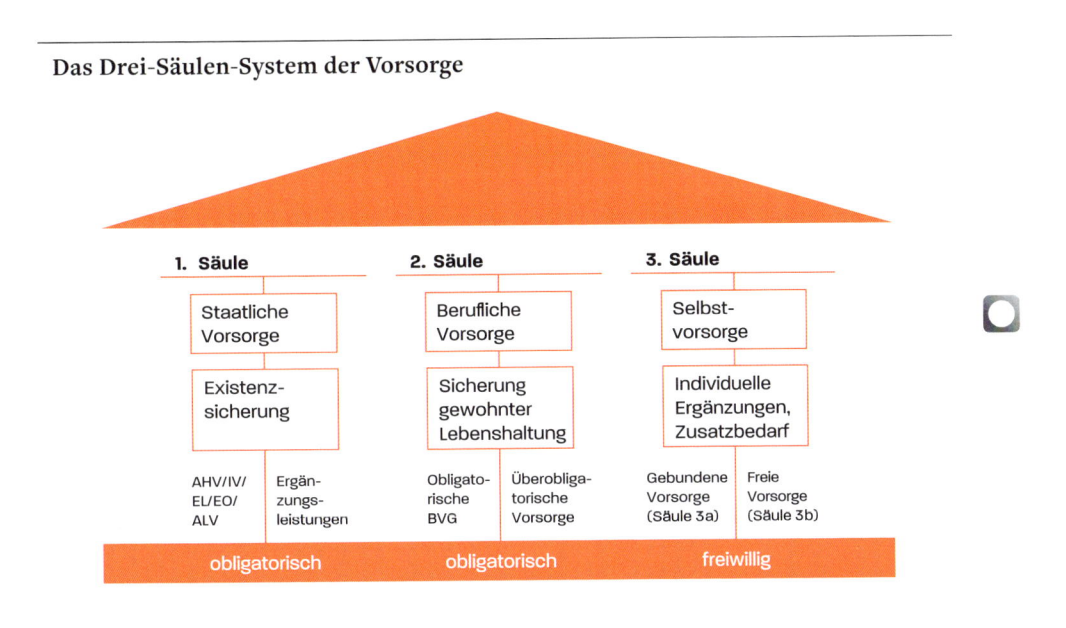

| 1. Säule | 2. Säule | 3. Säule |
|---|---|---|
| Staatliche Vorsorge | Berufliche Vorsorge | Selbstvorsorge |
| Existenzsicherung | Sicherung gewohnter Lebenshaltung | Individuelle Ergänzungen, Zusatzbedarf |
| AHV/IV/EL/EO/ALV — Ergänzungsleistungen | Obligatorische BVG — Überobligatorische Vorsorge | Gebundene Vorsorge (Säule 3a) — Freie Vorsorge (Säule 3b) |
| obligatorisch | obligatorisch | freiwillig |

## 1. Säule – staatliche Vorsorge

### Alters- und Hinterlassenenversicherung (AHV)

Die AHV hat zum Ziel, dass Menschen auch im Alter eine gesicherte Existenz haben. Zudem sorgt sie dafür, dass Hinterbliebene beim Tod eines Elternteils oder Ehegatten finanziell nicht Not leiden müssen. Die AHV leistet also sowohl Altersrente also auch Hinterbliebenenrente (Witwen- und Waisenrente). 1948 eingeführt, ist sie für alle in der Schweiz lebenden Personen ab 18 Jahren obligatorisch.

*Ziele*

**AHV-Alter** — Das AHV-Alter beträgt für Männer 65 Jahre, für Frauen 64 Jahre. Eine Erhöhung des AHV-Alters ist aufgrund der stark gestiegenen Lebenserwartung ständig in der politischen Diskussion. Es gibt Vorschläge, das Pensionsalter bis auf 70 Jahre zu erhöhen.

**Beitragsjahre AHVG 3** — Für den Anspruch auf die volle AHV-Rente sind die Beitragsjahre entscheidend. Nur wer keine Beitragslücken aufweist, erhält die volle Rente. Sie beträgt aktuell für Einzelpersonen CHF 28 680, also CHF 2390 im Monat (Stand 1. Januar 2022). Keine Beitragslücke entsteht, wenn man ab dem 18. Lebensjahr bis zur Pensionierung während 44 Jahren AHV-Beiträge einbezahlt. Für die Berechnung der Rente ist zudem die Höhe des Einkommens massgebend. Um Familien nicht zu benachteiligen, wird den Personen, die wegen der Kindererziehung nicht erwerbstätig sind, für diese Zeit eine sogenannte Erziehungsgutschrift angerechnet. Wer nicht erwerbstätig ist, sollte gleichwohl in die AHV einzahlen. Der Mindestbetrag beträgt zurzeit CHF 503 pro Jahr, gut CHF 40 pro Monat (Stand 1. Januar 2022).

**Umlageverfahren** — Finanziert wird die AHV über Lohnprozente aller Erwerbstätigen ab dem 18. Lebensjahr. Diese Einnahmen werden Monat für Monat direkt an die Rentnerinnen und Rentner ausbezahlt. Dieses Finanzierungssystem nennt man Umlageverfahren. Es funktioniert nur solange, wie die Einnahmen und Ausgaben im Gleichgewicht sind.

**Finanzierungsproblem** — Aufgrund der höheren Lebenserwartung und einer tiefen Geburtenquote gibt es in der Schweiz weniger junge und immer mehr alte Menschen. Somit verändert sich das Verhältnis zwischen erwerbstätigen und pensionierten Personen stark. Bei der Einführung der AHV im Jahr 1948 zahlten rund sechs Personen für eine Person im AHV-Alter ein. Heute sind es nur noch gut drei. Im Jahr 2050 könnten es noch zwei Personen sein. Damit gerät die Finanzierung der AHV in Schieflage. Schon heute müssen der Bund und die Kantone einen Teil der Kosten übernehmen. Um die Situation zu verbessern, stehen folgende Massnahmen in Diskussion: höhere Beiträge, höheres Rentenalter, tiefere Renten, Erhöhung der Mehrwertsteuer.

### Invalidenversicherung (IV)

**Ziel IVG 1a ff.** — Die Invalidenversicherung soll behinderte Personen so weit fördern, dass diese ihren Lebensunterhalt ganz oder teilweise aus eigener Kraft bestreiten und ein möglichst unabhängiges Leben führen können. Sie ist ebenfalls obligatorisch.

**Massnahmen** — Die Leistungen der IV richten sich nach dem Grundsatz «Eingliederung vor Rente» und umfassen folgende Massnahmen:

#### IV-Massnahmen

- An erster Stelle stehen Eingliederungsmassnahmen. Sie dienen dazu, die Erwerbsfähigkeit dauernd und wesentlich zu verbessern oder zu erhalten. Behinderte Personen sollen möglichst in ihrem bisherigen Arbeitsbereich tätig bleiben oder einem anderen angemessenen Erwerb nachgehen können.
- Erst an zweiter Stelle steht die Invalidenrente. Sie wird nur dann ausgerichtet, wenn die Eingliederungsmassnahmen nicht oder nicht im erwünschten Ausmass erfolgreich waren.

Versichert sind nicht nur Erwerbstätige, sondern auch Menschen unter 20 Jahren, die nicht erwerbstätig sind, so zum Beispiel Schülerinnen und Schüler sowie Studierende. Sie gelten als invalid, wenn ihr Gesundheitszustand eine spätere Erwerbstätigkeit einschränkt oder sogar verunmöglicht. Dabei kann es sich um eine körperliche, geistige oder psychische Einschränkung handeln. Als Ursachen gelten Unfälle, Krankheiten und Geburtsgebrechen.

*Personenkreis*

*Die IV richtet sich nach dem Grundsatz «Eingliederung vor Rente».*

Nach dem Grundsatz «Eingliederung vor Rente» bezahlt die IV nicht einfach eine Rente aus. Doch während der Zeit der Eingliederung erhalten die Personen ein Taggeld. Erst wenn klar ist, dass eine Eingliederung in die Arbeitswelt nicht möglich ist, kommt es zu Rentenzahlungen. Die Höhe der Rente richtet sich nach dem Grad der Invalidität. Bei einer hundertprozentigen Invalidität entspricht die IV-Rente genau der AHV-Rente.

*Leistungen*

▶ **Lernauftrag 10:** Einen Leserbrief zum Thema «Finanzierungsprobleme der AHV» verfassen (siehe Seite 82).

**Das weiss ich jetzt!**

3.31 Weshalb ist die Altersvorsorge heute wichtiger als früher?

3.32 Welche beiden Versicherungen der Altersvorsorge sind obligatorisch?

3.33 Wo liegt das aktuelle AHV-Alter?

3.34 Weshalb sollte man ab den 18. Lebensjahr jedes Jahr in die AHV einzahlen?

3.35 Weshalb hat die AHV heute ein Finanzierungsproblem?

3.36 Wie lautet der Grundsatz bei der Invalidenversicherung IV?

## 2. Säule – berufliche Vorsorge

Bei der beruflichen Vorsorge spricht man auch von der Pensionskasse. Sie soll zusammen mit der 1. Säule den Pensionierten, Hinterlassenen und Invaliden die Fortsetzung des bisherigen Lebensstandards ermöglichen.

**Beiträge** Die berufliche Vorsorge ist für alle Arbeitnehmenden obligatorisch, die mehr als CHF 21 510 (Stand 2022) pro Jahr verdienen. Angestellte, die weniger verdienen, und Selbstständige müssen nicht in die 2. Säule einbezahlen. Die Pensionskassenbeiträge werden wie bei der AHV direkt vom Lohn abgezogen. Die Höhe ist je nach Arbeitgeber und Pensionskasse unterschiedlich. Vorgeschrieben ist jedoch, dass die Arbeitgeber mindestens gleich viel bezahlen müssen wie die Arbeitnehmerinnen und Arbeitnehmer.

**Kapitaldeckungsverfahren** Im Gegensatz zur AHV werden die Pensionskassen durch das sogenannte Kapitaldeckungsverfahren finanziert. Damit ist gemeint, dass die Beiträge jeder versicherten Person individuell einem Konto gutgeschrieben werden. Die Auszahlungen sind also von der Höhe der einzelnen Guthaben abhängig. Die einbezahlten Gelder werden von der Pensionskasse bis zur Auszahlung verwaltet.

**Leistungen** Wer das Pensionsalter erreicht oder invalid wird, bekommt eine Rente. Die Höhe ist abhängig vom einbezahlten Betrag. Es findet also keine Umverteilung statt. Zurzeit beträgt der Umwandlungssatz 6,8 Prozent. Das heisst: Wer CHF 100 000 einbezahlt hat, bekommt eine Jahresrente von CHF 6800 pro Jahr, rund CHF 560 pro Monat.

## 3. Säule – private Vorsorge

**Gebundene Vorsorge Säule 3a** Das Sparen in der 3. Säule ist freiwillig. Es wird vom Staat über die Steuern gefördert, indem der einbezahlte Betrag vom Einkommen abgezogen werden kann. Dadurch sinkt der Steuerbetrag. Die jährlichen Einzahlungen sind aber limitiert und werden jedes Jahr neu festgelegt. 2021 waren Einzahlungen von maximal CHF 6883 erlaubt. Einzahlungen sind möglich bei Banken und Versicherungen. Man bezeichnet dies als gebundene Vorsorge oder Säule 3a. Das einbezahlte Geld kann man erst ab dem 60. Altersjahr beziehen. Doch es gibt Ausnahmen: Wer eine Wohnung oder ein Haus kauft, sich selbstständig macht oder wer die Schweiz für immer verlässt, kann das angesparte Geld aus der Säule 3a vorzeitig beziehen.

**Freie Vorsorge Säule 3b** Neben der gebundenen 3a-Vorsorge gibt es noch die sogenannte freie Vorsorge, die auch Säule 3b genannt wird. Dazu zählt jede Form der Vermögensbildung, die zu Vorsorgezwecken betrieben wird, so zum Beispiel Sparkonto, Geldanlagen oder Lebensversicherungen.

---

**Das weiss ich jetzt!**

3.37 Welches Ziel wird mit der zweiten Säule angestrebt?

3.38 Was versteht man unter «Kapitaldeckungsverfahren» bei der Pensionskasse?

3.39 Wodurch unterscheidet sich die 3. Säule von der 2. Säule?

# Lernaufträge

**L1** **Die persönliche Risikobereitschaft einschätzen**

- Bilden Sie eine Gruppe von drei bis fünf Personen.
- Wie grosse Angst bereiten Ihnen die unten aufgeführten Situationen? Halten Sie Ihre Antworten auf einer Skala von 0–10 fest: 0 = keine Angst / 5 = mittel / 10 = grosse Angst.
- Entscheiden Sie anschliessend, ob Sie das Risiko dennoch auf sich nehmen würden.
- Vergleichen und diskutieren Sie anschliessend Ihre Einschätzungen in der Gruppe.

| Nr. | Risikosituation |
|---|---|
| 1 | Unvorbereitet an eine wichtige Prüfung gehen. |
| 2 | Während einer Prüfung einen Spickzettel benützen. |
| 3 | Bei jemanden ins Auto steigen, der getrunken hat. |
| 4 | Abseits einer gesperrten Piste snowboarden. |
| 5 | Ohne Helm mit dem Bike durch den Wald fahren. |
| 6 | Alleine einen 50 Meter breiten Fluss durchschwimmen. |
| 7 | Von einem 5-Meter-Turm ins Wasser springen. |
| 8 | Mit dem Fallschirm aus 2000 Metern Höhe hinunterspringen. |
| 9 | Bei einem heftigen Streit zwischen Jugendlichen eingreifen. |
| 10 | Den Chef in einer Sitzung kritisieren. |

**Kompetenzen: Sie können …**

- über die persönlichen Ängste und die eigene Risikobereitschaft nachdenken und diese einschätzen,
- den Zusammenhang zwischen Angst und Risikobereitschaft erkennen und verstehen.

## L2 Unfallrisiko bei Sportarten beurteilen

- Bilden Sie eine Gruppe von drei bis fünf Personen.
- Schätzen Sie zuerst das Unfallrisiko der unten aufgelisteten Sportarten spontan ein. Ist es tief, mittel oder hoch?
- Recherchieren Sie anschliessend im Internet nach dem Unfallrisiko der diversen Sportarten.
- Beurteilen Sie danach die Risikowahrscheinlichkeit aufgrund der Recherchen.
- Bei welchen Sportarten liegen Sie mit der spontanen Einschätzung richtig? Bei welchen Sportarten gibt es grosse Abweichungen?
- Wählen Sie eine Sportart mit einem hohen Unfallrisiko aus. Nennen Sie drei bis fünf Massnahmen, mit denen man dem Unfallrisiko vorbeugen kann.

| Nr. | Sportart |
|---|---|
| 1 | Fussballspielen |
| 2 | Boxen |
| 3 | Schwimmen |
| 4 | Skifahren |
| 5 | Fitnesstraining |
| 6 | Bergwandern |
| 7 | Radfahren |
| 8 | Bungee-Jumping |
| 9 | Fallschirmspringen |
| 10 | Reiten |
| 11 | Rudern |
| 12 | Yoga |

**Kompetenzen: Sie können ...**

- im Internet gezielt nach Informationen suchen, diese verarbeiten und daraus Schlüsse ziehen,
- den Unterschied zwischen subjektiver Einschätzung und objektiver Beurteilung erkennen.

## L3 Den eigenen Lebensstil analysieren

- Bewerten Sie die folgenden Bereiche Ihres Lebensstils: Bewegung, Ernährung, Rauchen, Alkohol, Stress, Gesundheit. 10 ist die höchste Wertung, 1 die tiefste. 4, 5 und 6 sind Mittelwerte.
- Besprechen Sie Ihr Lebensstilprofil mit einer vertrauten Person. Was meint diese zur Ihrem Lebensstil?
- Leiten Sie aufgrund der Analyse und des Gesprächs ein paar Vorsätze ab.

**Kompetenzen: Sie können ...**

- Ihren Lebensstil sachlich und realistisch einschätzen,
- Vorsätze zur Veränderung Ihres Lebensstils formulieren.

## L4 Flyer mit Ernährungstipps erstellen

- Bilden Sie ein Team von drei oder vier Personen.
- Gestalten Sie einen Flyer im A5-Format mit maximal 10 Tipps für eine gesunde Ernährung.
- Recherchieren Sie im Internet. Achten Sie darauf, dass die Quellen sachlich und neutral sind (keine offene oder versteckte Produktewerbung!).
- Formulieren Sie die Tipps wie folgt: Essen Sie … / Trinken Sie … / Achten Sie auf … / Vermeiden Sie … usw. Fügen Sie kurze Erklärungen und Begründungen an.
- Tauschen Sie Ihren Flyer mit anderen Gruppen aus.
- Geben Sie zum Inhalt und zur Gestaltung ein Feedback. Erwähnen Sie zuerst, was Ihnen besonders gut gefällt. Sagen Sie anschliessend, was man noch besser machen könnte.

**Kompetenzen: Sie können …**

- im Internet gezielt nach Informationen suchen und diese kritisch prüfen,
- Wichtiges in Form von Tipps zusammenfassen und als attraktiven Flyer gestalten,
- strukturiert und effizient zusammenarbeiten,
- konstruktiv und sachbezogen Feedback geben.

## L5 Ein Video mit fünf Tipps für das erfolgreiche Verhalten in Konfliktsituationen herstellen

- Bilden Sie eine Gruppe von drei oder vier Personen.
- Berichten Sie, wie Sie sich in Konflikten verhalten. Gehen Sie dabei von einer selbst erlebten Konfliktsituation aus.
- Spielen Sie die Situation nach und halten Sie das Ergebnis auf Video fest.
- Diskutieren Sie, mit welchen Verhaltensweisen Sie gute und mit welchen Sie eher schlechte Erfahrungen gemacht haben.
- Spielen Sie die Situation erneut durch, diesmal aber mithilfe der positiven Verhaltensweisen. Halten Sie das Ergebnis auf Video fest.
- Vergleichen Sie die beiden Videos und analysieren Sie die unterschiedlichen Verhaltensweisen.

**Kompetenzen: Sie können …**

- erfolgreiche von weniger erfolgreichen Verhaltensweisen in Konfliktsituationen unterscheiden,
- Konflikte erfolgreich angehen und lösen.

### L6 Werbeplakat für die Stressprävention gestalten

- Bilden Sie eine Gruppe von drei oder vier Personen.
- Berichten Sie von Situationen, in denen Sie sich gestresst fühlten. Was war die Stressursache? Wie haben Sie sich verhalten? Wie hat Ihr Körper reagiert?
- Sammeln Sie Ideen, wie man Stress vorbeugen kann. Vielleicht finden Sie Hinweise zu präventiven Massnahmen auch im Internet.
- Wählen Sie Tipps aus, die für alle leicht umzusetzen sind, zum Beispiel «Eins nach dem anderen tun».
- Gestalten Sie nun ein attraktives Plakat mit Tipps zur Stressprävention.
- Präsentieren Sie das Plakat Ihren Kolleginnen und Kollegen. Hängen Sie das Plakat wenn möglich im Raum auf.

**Kompetenzen: Sie können ...**

- aufgrund eigener Erfahrungen und mithilfe von Internetrecherchen einfache, wirksame Massnahmen zur Stressprävention formulieren,
- ein attraktives Werbeplakat mit Tipps zur Stressprävention gestalten.

### L7 Ursachen und Folgen von gesellschaftlichen Risiken ergründen

- Bilden Sie eine Gruppe von drei oder vier Personen.
- Wählen Sie in Absprache mit den anderen Gruppen ein gesellschaftliches Risiko aus (siehe Seite 63).
- Listen Sie stichwortartig ein paar wichtige Ursachen und Folgen auf.
- Nennen Sie ebenfalls ein paar konkrete Lösungsansätze.
- Gestalten Sie dazu eine passende Infografik, zum Beispiel mithilfe von *piktochart.com*.
- Präsentieren Sie Ihre Arbeit einer anderen Gruppe oder der ganzen Klasse.

**Kompetenzen: Sie können ...**

- Ursachen und Folgen von gesellschaftlichen Risiken erkennen,
- konkrete Lösungsansätze für das Problem herausarbeiten.

### L8 Prämien für die Motorfahrzeug-Haftpflichtversicherung berechnen und vergleichen

- Arbeiten Sie an diesem Lernauftrag alleine.
- Gehen Sie von folgender Situation aus: Sie wollen in ein paar Monaten ein Occasionsauto im Wert von rund CHF 10 000 bis 15 000 kaufen.
- Suchen Sie nach einer geeigneten Motorfahrzeug-Haftpflichtversicherung. Geben Sie dazu auf *comparis.ch* alle nötigen Daten ein.
- Prüfen Sie drei Angebote genauer. Erstellen Sie zur besseren Übersicht eine Tabelle.
- Entscheiden Sie sich für einen Versicherungsanbieter. Wie begründen Sie Ihren Entscheid?

**Kompetenzen: Sie können ...**

- mithilfe von Recherchen im Internet Prämien und Leistungen von Versicherungsfirmen miteinander vergleichen,
- sich aufgrund des Vergleichs für die passende Versicherung entscheiden.

### L9 Prämien für die Krankenversicherung berechnen und vergleichen

- Die Grundversicherung kann jedes Jahr bis Ende November gekündigt werden. Vergleichen Sie deshalb die aktuellen Kosten für Ihre Grundversicherung mit anderen Krankenkassen. Geben Sie dazu die Daten beim Vergleichsdienst *comparis.ch* ein. Befolgen Sie sämtliche Spartipps, um eine möglichst tiefe Prämie zu erhalten.
- Informieren Sie sich zusätzlich über die Bewertung der Krankenkassen in Bezug auf die Zufriedenheit der Versicherten. Dazu finden Sie im Internet diverse Rankings.
- Entscheiden Sie sich nach der Recherche, ob Sie die Krankenkasse wechseln wollen. Was sind die Vorteile? Was die Nachteile?

**Kompetenzen: Sie können ...**

- mithilfe von Recherchen im Internet die Kosten Ihrer aktuellen Grundversicherung mit den Kosten anderer Krankenversicherungen vergleichen,
- sich aufgrund des Vergleichs entscheiden, ob Sie die Krankenkasse wechseln.

**L10  Einen Leserbrief zum Thema «Finanzierungsprobleme der AHV» verfassen**

- Verfassen Sie einen Leserbrief im Umfang von 10 bis 15 Sätzen zum Thema «Finanzierungsprobleme der AHV».
- Bereiten Sie Ihren Text wie folgt vor:
    - Diskutieren Sie zuerst in einer Gruppe folgende Massnahmen zur Verbesserung der finanziellen Situation: Erhöhung der Beiträge, Erhöhung des Rentenalters, Senkung der Renten, Erhöhung der Mehrwertsteuer.
    - Listen Sie Vorteile (Pro-Argumente) und Nachteile (Kontra-Argumente) der vier Massnahmen auf.
    - Entscheiden Sie sich für eine dieser Massnahmen.
- Verfassen Sie nun Ihren Leserbrief – alleine oder zu zweit. Halten Sie sich dabei an folgenden Aufbau:
    - Kurze Einleitung
    - Die Massnahme erwähnen und mit zwei oder drei Argumenten begründen.
    - Schluss in der Ich-Form: die eigene Meinung nochmals verstärken.
- Setzen Sie einen passenden Titel.
- Lassen Sie den Text gegenlesen und verfassen Sie anschliessend die definitive Fassung.

**Kompetenzen: Sie können ...**

- Vorteile und Nachteile (Pro-Argumente und Kontra-Argumente) von Massnahmen gegenüberstellen,
- einen gut strukturierten und sprachlich korrekten Leserbrief mit überzeugender Argumentation verfassen.

# Kapitel 4
# Demokratie und Mitgestaltung

Sie können Ihren Beruf frei wählen, Ihre Freizeit nach den eigenen Bedürfnissen gestalten, selbst entscheiden, wie und mit wem Sie wohnen und wo Sie Ihre Ferien verbringen. Sie haben freien Zugang zu Medien und können Ihre Meinung frei äussern. Ab dem Alter von 18 Jahren haben Sie das Recht, an Abstimmungen und Wahlen teilzunehmen und so das gesellschaftliche Leben mitzugestalten. Das alles ist nicht selbstverständlich, sondern nur möglich, weil wir in einem demokratischen Staat leben. Viele Menschen haben dieses Privileg nicht. Rund ein Drittel der Menschen lebt in Staaten ohne oder mit nur sehr eingeschränkten Freiheitsrechten, viele leiden unter Gewaltherrschaften, sogenannten Diktaturen. Dieses Kapitel befasst sich mit dem Staat im Allgemeinen und geht speziell auf das politische System der Schweiz ein.

**Sie lernen in diesem Kapitel,**
- was Zweck und Aufgabe des Staates ist,
- welche Regierungsformen es gibt und wie Staaten aufgebaut sein können,
- wie die Schweiz als Staat aufgebaut ist und funktioniert,
- wie die Macht im politischen System der Schweiz verteilt ist,
- welche Rechte und Pflichten man in der Schweiz hat,
- welche Interessengruppen auf die schweizerische Politik Einfluss nehmen,
- wie Gesetze entstehen,
- wie sich die Schweiz bis zur heutigen Form entwickelt hat.

*«Demokratie heisst, die Wahl zu haben. Diktatur heisst, vor die Wahl gestellt zu werden.»*

Jeannine Luczak

## 4.1 Staat

### Zweck und Aufgabe des Staates

Auf der Erde gibt es knapp 200 Staaten. Sie unterscheiden sich stark in Bezug auf Grösse, Einwohnerzahl, Regierungsform und Staatsaufbau. Gemeinsam ist ihnen, dass sie alle aus den drei Elementen Staatsvolk (Menschen), Staatsgebiet (Land) und Staatsgewalt (Regierung) bestehen.

In der Schweiz ist der Zweck des Staates in der Bundesverfassung (BV) festgelegt. **Zweck BV 2**

**Zweck des Staates**

- Der Staat schützt die Freiheit und die Rechte des Volkes und setzt sich für die Unabhängigkeit und die Sicherheit des Landes ein.
- Er fördert die Wohlfahrt, die nachhaltige Entwicklung, den inneren Zusammenhalt und die kulturelle Vielfalt des Landes.
- Er sorgt für eine möglichst grosse Chancengleichheit unter den Bürgerinnen und Bürgern.
- Er setzt sich ein für die dauerhafte Erhaltung der natürlichen Lebensgrundlagen und für eine friedliche und gerechte internationale Ordnung.

Ein gutes, friedliches Zusammenleben ist nur möglich, wenn der Staat mit Regeln dafür sorgt, dass die Stärkeren ihre Bedürfnisse nicht auf Kosten der Schwächeren ausleben. Die Hauptaufgabe des Staates ist es also, dafür zu sorgen, dass alle Menschen die gleichen Rechte und Chancen haben und in Freiheit und Würde leben können. **Staatsaufgabe**

*Die Flagge ist neben der Hymne eines der bekanntesten Symbole der Staaten.*

## Regierungsformen

Die Regierungsformen sind von Staat zu Staat verschieden. Bis um 1800 waren die meisten europäischen Staaten noch Monarchien mit Königs- und Fürstenfamilien, die über das Land herrschten. Nach der Französischen Revolution von 1789 wurden die Monarchien in vielen Ländern nach und nach durch Demokratien abgelöst.

### Demokratie

**Volksherrschaft**

Der Begriff «Demokratie» setzt sich zusammen aus den beiden griechischen Wörtern «demos» (Volk) und «kratia» (Herrschaft); zu Deutsch Volksherrschaft. Die Bürgerinnen und Bürger entscheiden über die Regeln des Zusammenlebens und wählen die Vertreter und Vertreterinnen in die politischen Gremien, in der Schweiz zum Beispiel in den National- und Ständerat.

**Volkssouveränität**

Ein weiteres Merkmal der Demokratie ist die sogenannte Volkssouveränität. Das heisst, das Volk ist Inhaber der Staatsgewalt: Es entscheidet frei und unabhängig, wobei das Mehrheitsprinzip gilt. Wenn man in der Schweiz vom «Souverän» spricht, meint man das Volk. Der amerikanische Präsident Abraham Lincoln (1809–1865) bezeichnete die Demokratie als «Regierung des Volkes durch das Volk und für das Volk».

**Direkte und indirekte Demokratie**

Das Volk übt seine Macht auf verschiedene Weise aus: Wenn die Bürgerinnen und Bürger eine direkte Mitsprache haben, zum Beispiel an einer Gemeindeversammlung, so spricht man von direkter Demokratie. Wenn das Volk Vertreterinnen und Vertreter, sogenannte Repräsentanten wählt, spricht man von indirekter oder repräsentativer Demokratie.

**Halbdirekte Demokratie**

In der Schweiz existiert eine Mischform zwischen direkter und indirekter Demokratie, die halbdirekte Demokratie. Das Volk wählt nämlich nicht nur Repräsentantinnen und Repräsentanten, sondern bestimmt auch direkt, was in der Verfassung steht. Zudem kann es über Gesetze abstimmen, beispielsweise darüber, wie schnell man auf der Autobahn fahren darf.

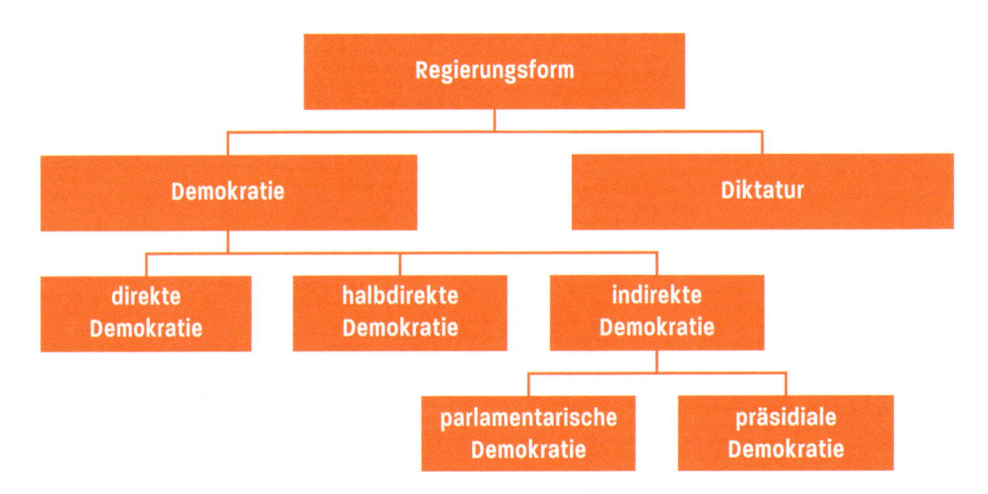

```
                    Regierungsform
                   /              \
              Demokratie          Diktatur
           /      |      \
      direkte  halbdirekte  indirekte
    Demokratie  Demokratie  Demokratie
                            /        \
                  parlamentarische  präsidiale
                     Demokratie     Demokratie
```

**Parlamentarische Demokratie Präsidiale Demokratie**

Bei Regierungsformen mit indirekter Demokratie unterscheidet man zwischen parlamentarischer und präsidialer Demokratie. In der parlamentarischen Demokratie wählt das Volk die Abgeordneten ins Parlament, zum Beispiel in den deutschen Bundestag. Regierung und Staatsoberhaupt werden vom Parlament gewählt. In einer präsidialen Demokratie wählt das Volk die Abgeordneten und auch den Präsidenten bzw. die Präsidentin. Letztere sind zum grossen Teil unabhängig vom Parlament und haben eine grosse Machtfülle. Beispiele dafür sind die USA und Frankreich.

**Diktatur**

Im Gegensatz zur Demokratie liegt in einer Diktatur die Staatsmacht bei einer einzelnen Person (Diktator, Herrscher, Führer) oder bei einer Gruppe (Partei, Militär). Die folgende Grafik zeigt die wesentlichen Unterschiede zwischen einer Demokratie und einer Diktatur auf.

| | **Demokratie** | **Diktatur** |
|---|---|---|
| **Mitbestimmung** | Das Volk kann durch Wahlen und Abstimmungen die Politik mitbestimmen. Die Mehrheit des Volkes entscheidet. | Es werden keine oder sogenannte Scheinwahlen abgehalten. Die Macht bleibt bei den Herrschenden. |
| **Gewaltenteilung** | Die Staatsgewalt ist aufgeteilt in Gesetzgebung (Legislative), Gesetze ausführen (Exekutive) und Gesetze überwachen (Judikative). Die drei Gewalten kontrollieren sich gegenseitig. | Die Herrschenden haben alle Macht. Sie können jederzeit Gesetze erlassen und deren Einhaltung selbst kontrollieren. Sie können Menschen willkürlich verhaften und verurteilen. |
| **Menschenrechte** | Die wichtigen Menschenrechte (z. B. Meinungsfreiheit) und politische Rechte (z. B. Wahlrecht) sind garantiert. | Die Menschenrechte sind nur eingeschränkt oder gar nicht garantiert. So werden zum Beispiel politisch Andersdenkende systematisch verfolgt. |
| **Medien** | Die Medien sind frei und unterliegen keiner staatlichen Zensur. Die Menschen können sich über verschiedene Quellen informieren und sich somit ihre eigene Meinung bilden. | Die Medien werden staatlich kontrolliert; Zensur ist üblich. Oftmals gehören die Medien den Herrschenden selbst. Die Informationen für das Volk sind geprägt von Manipulation und Propaganda. |

▶ **Lernauftrag 1:** Kurzporträt eines Staats erstellen (siehe Seite 116).

**Das weiss ich jetzt!**

4.1 Was sind die drei Elemente eines Staates?

4.2 Was ist die Hauptaufgabe des schweizerischen Staates?

4.3 Was ist das wichtigste Merkmal einer Demokratie?

4.4 Was unterscheidet die präsidiale von der parlamentarischen Demokratie?

4.5 Was ist der wesentliche Unterschied zwischen einer Demokratie und einer Diktatur?

4.6 Was passiert mit den Medien in einer Diktatur?

## Staatsformen

*Staatenbund*
*Einheitsstaat*
*Bundesstaat*

Man unterscheidet drei verschiedene Formen des Staatsaufbaus: den Einheitsstaat, den Staatenbund und den Bundesstaat. Die Schweiz hat sich nach und nach von einem lockeren Staatenbund (Bündnis der Kantone) zu einem Bundesstaat entwickelt. Die folgende Grafik zeigt die wesentlichen Unterschiede zwischen den drei Staatsformen.

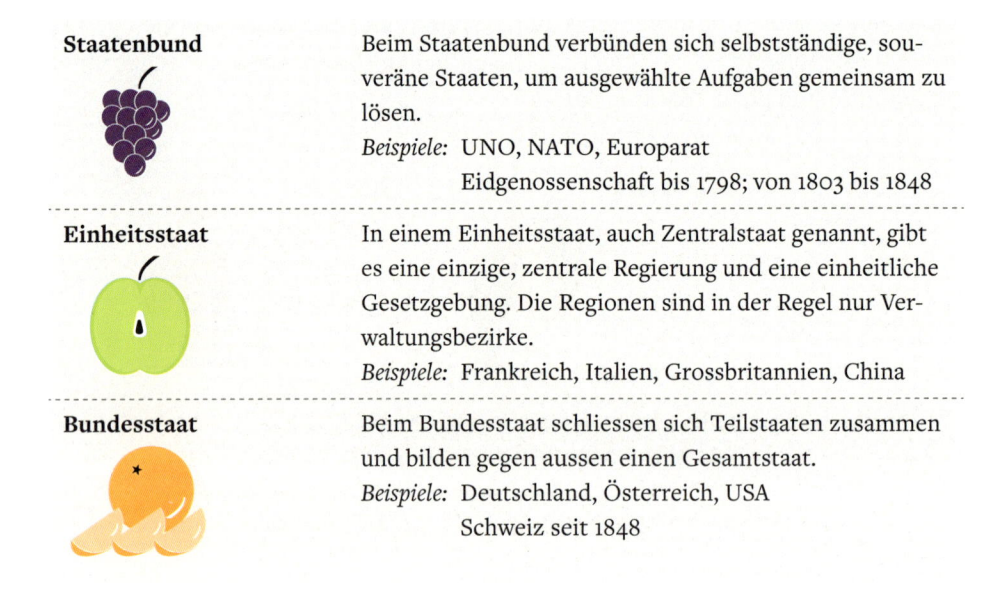

| | |
|---|---|
| **Staatenbund** | Beim Staatenbund verbünden sich selbstständige, souveräne Staaten, um ausgewählte Aufgaben gemeinsam zu lösen. *Beispiele:* UNO, NATO, Europarat / Eidgenossenschaft bis 1798; von 1803 bis 1848 |
| **Einheitsstaat** | In einem Einheitsstaat, auch Zentralstaat genannt, gibt es eine einzige, zentrale Regierung und eine einheitliche Gesetzgebung. Die Regionen sind in der Regel nur Verwaltungsbezirke. *Beispiele:* Frankreich, Italien, Grossbritannien, China |
| **Bundesstaat** | Beim Bundesstaat schliessen sich Teilstaaten zusammen und bilden gegen aussen einen Gesamtstaat. *Beispiele:* Deutschland, Österreich, USA / Schweiz seit 1848 |

## Föderalismus in der Schweiz

*Bund*
*Kantone*
*Gemeinden*

Die Schweiz ist ein Bundesstaat mit 26 Kantonen (23 Ganzkantone und 6 Halbkantone) als Teilstaaten. Der amtliche Name heisst «Schweizerische Eidgenossenschaft», lateinisch «Confoederatio Helvetica». Von daher stammt das Landeskennzeichen CH. Bei der Gründung der modernen Schweiz 1848 mussten die Kantone ihre Eigenständigkeit einschränken und bestimmte Aufgaben an den Bund übertragen. Trotzdem blieben sie in vielen Bereichen weitgehend unabhängig und eigenständig. Diese Form nennt man Föderalismus. Die folgende Grafik zeigt den föderalistischen Aufbau der Schweiz und die Aufgabenteilung.

| Föderalistischer Aufbau | Aufgabenteilung (Auswahl) |
|---|---|
| **Bund** | Aussenpolitik, Strassenverkehr / Militär, Zoll, Berufsbildung |
| **26 Kantone** | Schulwesen, Gesundheitswesen / Bauwesen, Polizei |
| **über 2000 Gemeinden** | Wasser- und Stromversorgung / Feuerwehr, Kehrichtentsorgung / Bau von Schulhäusern |

# Rechtsstaat und Gewaltenteilung

## Rechtsstaat

Ein Rechtsstaat ist ein Staat, in dem die Staatsgewalt an das Recht gebunden ist. Es müssen sich also alle staatlichen Behörden an das Recht halten. In der Schweiz ist diese Rechtsstaatlichkeit in der Bundesverfassung festgeschrieben: «Grundlage und Schranke staatlichen Handelns ist das Recht.» Die staatliche Macht durch die Regierung und Behörden wird dadurch eingeschränkt und die Bürgerinnen und Bürger vor Missbrauch und Willkür geschützt. Das kann aber nur dann garantiert werden, wenn nicht alle Macht in der Hand einer einzelnen Person oder einer Personengruppe liegt. Die staatliche Macht muss deshalb in einem Rechtsstaat aufgeteilt sein.

Rechtsstaatlichkeit
BV 5

*In einem Rechtsstaat ist die Staatsgewalt an geltendes Recht gebunden.*

## Gewaltenteilung

Die Aufteilung der Macht bezeichnet man als Gewaltenteilung. Man unterscheidet drei Gewalten: die Legislative, die Exekutive und die Judikative. Die Legislative ist die gesetzgebende Behörde; sie setzt Recht. Die Exekutive ist die ausführende Behörde; sie vollzieht Recht. Die Judikative ist die richterliche Behörde; sie urteilt über Recht und Unrecht.

**Staatsgewalt**
- **Legislative** gesetzgebende Behörde
- **Exekutive** ausführende Behörde
- **Judikative** richterliche Behörde

**Gegenseitige Kontrolle**

Die Aufteilung der Macht soll eine Machtansammlung verhindern. Da sich die Gewalten gegenseitig kontrollieren, kann zudem Machtmissbrauch vermieden oder zumindest stark eingeschränkt werden. Wichtig dabei ist, dass die drei Gewalten personell und auch organisatorisch voneinander unabhängig sind. Eine Regierungsperson darf beispielsweise nicht gleichzeitig Richter sein. In Diktaturen ist die Gewalt nicht aufgeteilt; oftmals liegt alle Macht in der Hand einer einzelnen Person oder einer Personengruppe.

**Massenmedien als vierte Gewalt**

Massenmedien wie Radio, Fernsehen, Zeitungen und Internet werden in Bezug auf die drei Staatsgewalten oftmals auch als vierte Gewalt bezeichnet. Damit ist gemeint, dass sie ein wesentlicher Machtfaktor bei der Meinungsbildung sind. Sie können beispielsweise durch die Auswahl und die Darstellung der Informationen Einfluss auf die Meinung der Bürgerinnen und Bürger und damit auf die Politik eines Landes ausüben. Zudem kontrollieren die Medien die politischen Behörden, kommentieren und kritisieren die Politik und decken Missstände wie Korruption und Amtsmissbrauch auf.

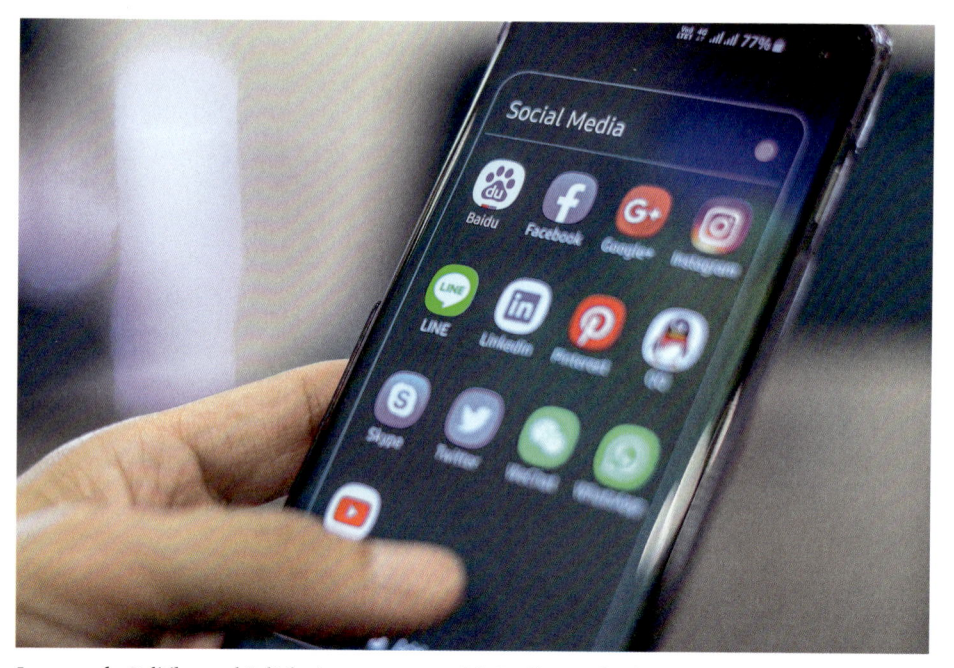

*Immer mehr Politiker und Politikerinnen nutzen soziale Medien. Dadurch nimmt die Bedeutung der klassischen Medien wie Zeitungen, Radio und Fernsehen ab.*

▶ **Lernauftrag 2:** Vorteile und Nachteile des Föderalismus vergleichen (siehe Seite 116).

▶ **Lernauftrag 3:** In einem Rollenspiel die Themen für die Onlinenews festlegen (siehe Seite 117).

**Das weiss ich jetzt!**

4.7 Welche drei Staatsformen unterscheidet man?

4.8 Aus welchen drei Ebenen besteht der föderalistische Aufbau der Schweiz?

4.9 Was ist der Vorteil, wenn die Berufsbildung vom Bund gesteuert wird?

4.10 Was sind die beiden Hauptmerkmale eines Rechtsstaats?

4.11 In welche drei Gewalten ist die Macht aufgeteilt?

4.12 Weshalb werden die Medien auch als vierte Gewalt bezeichnet?

## 4.2 Gewaltenteilung in der Schweiz

Die folgende Grafik zeigt, wie die Gewalten in der Schweiz aufgeteilt sind. Das Prinzip der Gewaltentrennung gilt sowohl auf Bundesebene als auch in den Kantonen und Gemeinden. Dort haben die einzelnen politischen Behörden jedoch andere Bezeichnungen.

**Gewaltenteilung und Behörden: Bund, Kanton, Gemeinde**

| | | Legislative | Exekutive | Judikative |
|---|---|---|---|---|
| | | Parlament | Regierung | Gericht |
| **Funktion** | | Gesetzgebende Behörde | Ausführende Behörde | Richterliche Behörde |
| **Aufgaben** | | Gesetze erlassen Kontrolle über Ausführung | Gesetze ausführen regieren, verwalten | urteilen und richten strafen und schützen |
| **Bund** | | Nationalrat (200) Ständerat (46) | 7 Bundesräte mit 7 Departementen | Bundesgericht mit 38 Bundesrichtern |
| | Wahl | Volkswahl | Vereinigte Bundesversammlung | Vereinigte Bundesversammlung |
| **Kanton** | | Grosser Rat / Kantonsrat / Landrat | Regierungsrat / Staatsrat | Obergericht / Kantonsgericht |
| | Wahl | Volk | Volk | Volk |
| **Gemeinde** | | Gemeindeversammlung / Einwohnerrat | Gemeinderat / Stadtrat | Bezirksgericht / Amtsgericht / Kreisgericht / Friedensrichter / Vermittler |
| | Wahl | Volk | Volk | Volk |

Nationalrat — Bundesratszimmer — Bundesgericht

## Parlament (Legislative)

**Zweikammer-Parlament** Die Schweiz hat auf Bundesebene ein Zweikammer-Parlament: den Nationalrat und den Ständerat. Die beiden Kammern stellen die oberste gesetzgebende Behörde dar, die Legislative. Der Nationalrat repräsentiert die Gesamtbevölkerung, der Ständerat die einzelnen Kantone. Zusammen bilden sie die Vereinigte Bundesversammlung.

**Das Schweizer Parlament**

| | Nationalrat | Ständerat |
|---|---|---|
| Grösse | 200 Mitglieder | 46 Mitglieder |
| Repräsentiert | Das Volk | Die Kantone |
| Abgeordnete pro Kanton | Abgeordnete im Verhältnis zur Wohnbevölkerung der Kantone (mind. aber ein Sitz). Bevölkerungsreiche Kantone haben grösseres Gewicht als die kleinen Kantone (ZH 35 – UR 1). | Pro Ganzkanton zwei Abgeordnete, pro Halbkanton ein Abgeordneter. Bevölkerungsarme Kantone haben das gleiche Gewicht wie bevölkerungsreiche Kantone (ZH 2 – UR 2). |
| Wahl | Wahl für vier Jahre. Meistens Proporzwahlen | Wahl für vier Jahre. Meistens Majorzwahlen |

**Session** Das Parlament trifft sich viermal im Jahr für drei Wochen, um die Parlamentsgeschäfte zu erledigen. Diese Sitzungen (Sessionen) sind öffentlich.

**Fraktion** Um eine Fraktion bilden zu können, braucht es mindestens fünf Mitglieder. Meistens schliessen sich die Parlamentarierinnen und Parlamentarier innerhalb der eigenen Parteien zu Fraktionen zusammen. Bei kleineren Parteien kann es auch zu parteiübergreifenden Zusammenschlüssen kommen. In den Fraktionen werden die Ratsgeschäfte vorberaten und Abstimmungs- und Wahlempfehlungen abgegeben. Nur Fraktionen können Einsitz in parlamentarische Kommissionen nehmen.

**Parlamentarische Kommissionen** Die einzelnen Aufgaben der Bundesversammlung sind derart vielfältig und umfangreich, dass sich nicht alle Parlamentarierinnen und Parlamentarier mit jedem Sachbereich im Detail vertraut machen können. Deshalb bereiten die parlamentarischen Kommissionen die Ratsgeschäfte vor. Sie erstatten ihrem Rat jeweils Bericht und stellen Anträge. Die Kommissionen werden gemäss den einzelnen Fraktionsstärken zusammengesetzt.

**Getrennte Verhandlung BV 156** Der Nationalrat und der Ständerat sind zwei gleichberechtigte Kammern. Sie tagen getrennt. Für Beschlüsse ist eine Übereinstimmung beider Räte erforderlich.

**Vereinigte Bundesversammlung BV 157** Vor allem bei Wahlen des Bundesrats und der Bundesrichter treffen sich die beiden Räte gemeinsam im Nationalratssaal. Dann spricht man von der Vereinigten Bundesversammlung.

## Bundesrat (Exekutive)

Der Bundesrat ist die oberste leitende und vollziehende Behörde der Schweiz, die Exekutive. Er besteht seit 1848 aus sieben Mitgliedern. Die Mitglieder des Bundesrats werden von der Vereinigten Bundesversammlung für jeweils vier Jahre gewählt.

Der Bundesrat ist eine Konkordanzregierung (von lateinisch *concordare* = übereinstimmen). Dies bedeutet, dass der Bundesrat in der Regel entsprechend der Wählerstärke der wichtigsten Parteien im Parlament zusammengesetzt ist. Dadurch sind die massgebenden politischen Kräfte der Schweiz in die Regierung eingebunden und tragen Regierungsverantwortung. Eine Konkordanzregierung bewirkt Stabilität, da eine eigentliche Opposition im Parlament fehlt.

**Konkordanz**

*Mitglieder des Bundesrates 2022, von links: Bundesrat Guy Parmelin, Bundesrat Alain Berset (Vizepräsident), Bundesrätin Simonetta Sommaruga, Bundesrätin Viola Amherd, Bundeskanzler Walter Thurnherr, Bundesrat Ueli Maurer, Bundespräsident Ignazio Cassis, Bundesrätin Karin Keller-Sutter.*

Die Aufgabe des Bundesrats ist das Regieren: das Entwickeln von Ideen und Zielen für die Zukunft, das Umsetzen von Parlamentsbeschlüssen (Vollzug der Gesetze), das Leiten der jeweiligen Departemente, das Verwalten der Finanzen oder die Information der Bevölkerung.

**Aufgaben**

Entscheide des Bundesrats werden von jedem Mitglied nach aussen als Beschlüsse des Kollegiums vertreten, auch wenn es eine andere Meinung hat als die Mehrheit des Bundesrats.

**Kollegialitätsprinzip**

Die Bundespräsidentin oder der Bundespräsident wird von der Vereinigten Bundesversammlung jeweils für ein Jahr gewählt. Das Amt beinhaltet keine besonderen Machtbefugnisse. Die Bundespräsidentin oder der Bundespräsident leitet die Bundesratssitzungen und repräsentiert die Schweiz nach aussen.

**Bundespräsident / Bundespräsidentin**

**Bundeskanzlerin/ Bundeskanzler**  Die Bundeskanzlerin oder der Bundeskanzler leitet die Bundeskanzlei und unterstützt in dieser Tätigkeit den Bundesrat. Die Hauptaufgaben der Bundeskanzlei sind die Vorbereitung und Koordination der Regierungsgeschäfte und die Information der Bevölkerung über die Absichten und Entscheide des Bundesrats.

**Bundesverwaltung**  Die Bundesverwaltung setzt sich aus sieben Departementen zusammen, welche die Regierungspolitik umsetzen. Jedem Departement steht ein Bundesrat vor.

**Die sieben Departemente** (Stand 2022)

| | |
|---|---|
| **EDA** | **Eidgenössisches Departement für auswärtige Angelegenheiten**  Vorsteher: **Ignazio Cassis** (FDP)  Das EDA wahrt die Interessen der Schweiz im Ausland. Es gestaltet und koordiniert die schweizerische Aussenpolitik. |
| **UVEK** | **Eidgenössisches Departement für Umwelt, Verkehr, Energie und Kommunikation**  Vorsteherin: **Simonetta Sommaruga** (SP)  Das UVEK sorgt für moderne Verkehrswege, Kommunikations- und Stromnetze. Es sorgt aber auch dafür, dass die Belange der Umwelt respektiert werden. |
| **WBF** | **Eidgenössisches Departement für Wirtschaft, Bildung und Forschung**  Vorsteher: **Guy Parmelin** (SVP)  Das WBF befasst sich unter anderem mit der Berufsbildung, der Landwirtschaft, der Preisüberwachung und kontrolliert den Wettbewerb. |
| **EDI** | **Eidgenössisches Departement des Innern**  Vorsteher: **Alain Berset** (SP)  Das EDI befasst sich zum Beispiel mit der Altersvorsorge, den Sozialversicherungen, Bewilligung von KK-Prämien, der Sucht- und Aidsprävention oder der Rassismusbekämpfung. |
| **EFD** | **Eidgenössisches Finanzdepartement**  Vorsteher: **Ueli Maurer** (SVP)  Das EFD ist zuständig für die Finanzpolitik. Darunter fallen auch das Personal, das Bauwesen und die Informatik. Sein Ziel ist ein ausgeglichener Bundeshaushalt. |
| **EJPD** | **Eidgenössisches Justiz- und Polizeidepartement**  Vorsteherin: **Karin Keller-Sutter** (FDP)  Das EJPD befasst sich zum Beispiel mit Asylfragen, mit der inneren Sicherheit oder mit der Bekämpfung von Kriminalität. |
| **VBS** | **Eidgenössisches Departement für Verteidigung, Bevölkerungsschutz und Sport**  Vorsteherin: **Viola Amherd** (Die Mitte)  Das VBS ist zuständig für die Armee, die Sicherheitspolitik, den Bevölkerungsschutz (z.B. Zivilschutz) und den Sport (z.B. Förderung Spitzensport, J+S). |

## Bundesgericht (Judikative)

Das Bundesgericht in Lausanne ist die oberste richterliche Instanz in der Schweiz. Die Entscheide des Bundesgerichts sind letztinstanzlich. Das bedeutet, dass sie nicht von einer weiteren Instanz beurteilt werden. Eine Ausnahme bilden Menschenrechtsverletzungen. Diese kann man an den Europäischen Gerichtshof für Menschenrechte (EGMR) in Strassburg weiterziehen.

In der Regel werden Prozesse auf folgendem Instanzenweg behandelt:

**Instanzenwege**

**1. Instanz** ▶ **2. Instanz** ▶ **3. Instanz**
Amtsgericht bzw. Bezirksgericht → Kantonsgericht bzw. Obergericht → Bundesgericht

**Gerichts- und Prozessarten**

|  | Strafgericht | Zivilgericht | Verwaltungsgericht |
|---|---|---|---|
| **Prozess** | Strafprozess | Zivilprozess | Verwaltungsprozess |
| **Beteiligte** | Staat gegen Privatperson | Privatperson gegen Privatperson | Privatperson gegen Staat |
| **Gesetze** | z. B. Strafgesetzbuch, Strassenverkehrsgesetz | z. B. Zivilgesetzbuch, Obligationenrecht | z. B. kantonales Steuergesetz |
| **Urteil** | Schuldig – unschuldig? Strafmass | Wer ist im Recht, wer im Unrecht? | Wurden Gesetze durch Behörden missachtet? |
| **Beispiele** | Diebstahl, Mord, Verkehrsdelikte | Vertragsstreitigkeiten, Ehescheidung | Falscher Steuerentscheid durch die Steuerbehörde |

▶ **Lernauftrag 4:** Die Gewaltenteilung der Schweiz in einem Schaubild darstellen (siehe Seite 117).

**Das weiss ich jetzt!**

4.13 Auf welche Behörden ist auf Bundesebene die Staatsmacht aufgeteilt?

4.14 Wie viele Sitze hat der Nationalrat? Wie viele der Ständerat?

4.15 Wie werden die Sitze im Nationalrat auf die Kantone verteilt? Wie im Ständerat?

4.16 Die Schweiz hat eine Konkordanzregierung. Was bedeutet das?

4.17 Was sind die beiden Hauptaufgaben des Bundespräsidenten/der Bundespräsidentin?

4.18 An welches Gericht können gewisse Entscheide des Bundesgerichts weitergezogen werden?

4.19 Wer klagt gegen wen bei einem Strafprozess?

4.20 Wer klagt gegen wen bei einem Verwaltungsprozess?

## 4.3 Mitwirkungsrechte und Pflichten

### Rechte und Pflichten

**Rechte und Pflichten** — Wie in anderen Gemeinschaften auch, gibt es in einem Staat bestimmte Regeln für das Zusammenleben. Die meisten sind schriftlich festgehalten, zum Beispiel in der Bundesverfassung und in Gesetzen. Rechte dienen dazu, allen Menschen ein möglichst gerechtes und friedliches Leben zu ermöglichen, vor allem schützen Rechte die Schwächeren. Doch es gibt auch Pflichten, so zum Beispiel die Pflicht, Steuern zu bezahlen, die obligatorische Schule zu besuchen oder Militär- und Zivildienst zu leisten. Vereinfacht kann man Rechte und Pflichten wie folgt definieren:

| Rechte | Pflichten |
| --- | --- |
| – Was man zugute hat. | – Was man tun muss. |
| – Was man vom Staat bekommt. | – Was man leisten muss. |
| – Was der Staat für einen leistet. | – Was der Staat von einem verlangt. |

**Übersicht Rechte** — Die Rechte werden in drei Kategorien eingeteilt: Menschenrechte, staatsbürgerliche Rechte und politische Rechte. Nicht alle in der Schweiz lebenden Menschen haben aber dieselben Rechte. Die folgende Übersicht zeigt, welche Rechte für welche Personen gelten.

**Übersicht: Wichtige Rechte**

| | | |
| --- | --- | --- |
| **Menschenrechte** | Alle Menschen | z. B. Meinungsfreiheit, Eigentumsgarantie |
| **staatsbürgerliche Rechte** | Alle Staatsbürgerinnen und -bürger | z. B. Niederlassungsfreiheit, Schutz vor Ausweisung |
| **politische Rechte** | Bürgerinnen und -bürger ab dem 18. Lebensjahr | z. B. Wahlrecht, Stimmrecht |

## Menschenrechte

Menschenrechte sind grundlegende Freiheitsrechte eines Menschen; sie werden daher auch Grundrechte oder Freiheitsrechte genannt. Sie gelten für alle Menschen, unabhängig von der Herkunft, der Nationalität, vom Geschlecht, von der Sprache und Religion. Die UNO hat die Grundrechte nach dem Zweiten Weltkrieg in der Allgemeinen Erklärung der Menschenrechte festgehalten. In Europa gibt es die sogenannte Europäische Menschenrechtskonvention (EMRK). Im Idealfall halten sich die einzelnen Staaten daran, doch leider werden in vielen Ländern wichtige Menschenrechte nicht eingehalten. In Diktaturen beispielsweise dürfen die Menschen ihre Meinung nicht frei äussern, sie werden verfolgt, gefoltert und oftmals getötet.

In der Schweiz sind die wichtigsten Menschenrechte in der Bundesverfassung (BV) festgelegt. Die folgende Tabelle listet einige auf.

*Menschenrechte der UNO*

**Wichtige Menschenrechte**

| Recht | Grundlage in der Bundesverfassung |
|---|---|
| Rechtsgleichheit und Verbot der Diskriminierung | BV 8 |
| Recht auf Leben | BV 10 Abs. 1 |
| Recht auf persönliche Freiheit, insbesondere auf körperliche und psychische Unversehrtheit | BV 10 Abs. 2 |
| Ehefreiheit | BV 14 |
| Glaubens- und Gewissensfreiheit | BV 15 |
| Meinungs-, Informations- und Medienfreiheit | BV 16 und 17 |
| Anspruch auf Grundschulunterricht | BV 19 |
| Versammlungsfreiheit | BV 22 |
| Eigentumsgarantie | BV 26 |
| Wirtschaftsfreiheit | BV 27 |
| Recht auf ein faires Verfahren | BV 29 ff. |

## Staatsbürgerliche Rechte

Die staatsbürgerlichen Rechte gelten nur für Menschen, die einen Schweizer Pass besitzen.

Die drei wichtigsten sind in der Bundesverfassung (BV) verankert:

- Bürgerrecht, BV 37, 38
- Niederlassungsfreiheit, BV 24
- Schutz vor Ausweisung, Auslieferung und Ausschaffung, BV 25

**Bürgerrecht**

In der Schweiz ist man Bürger oder Bürgerin einer Gemeinde und somit auch Bürger des Kantons und des Bundes. Daher spricht man auch vom dreifachen Bürgerrecht.

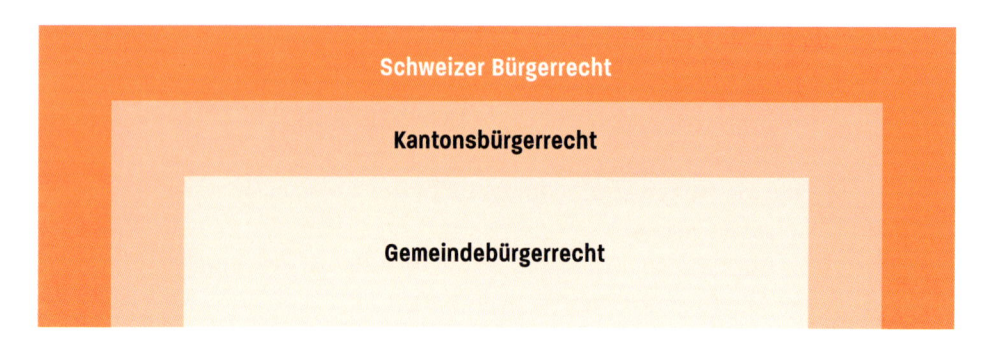

Schweizer Bürgerrecht

Kantonsbürgerrecht

Gemeindebürgerrecht

**Niederlassungsfreiheit**

Artikel 24 der Bundesverfassung garantiert, dass sich alle Schweizerinnen und Schweizer an jedem Ort der Schweiz niederlassen dürfen (man muss sich aber innerhalb einer bestimmten Frist am neuen Wohnort anmelden). Aus diesem Artikel kann abgeleitet werden, dass keine Gemeinde und kein Kanton, aus welchen Gründen auch immer, Schweizerinnen und Schweizern verbieten darf, sich in ihrer Gemeinde bzw. im Kanton niederzulassen. Die Niederlassungsfreiheit untersagt auch, den Wegzug in eine andere Gemeinde oder einen anderen Kanton zu erschweren oder zu verhindern. Schweizer Bürgerinnen und Bürgern ist zudem eine ungehinderte Aus- und Einreise zu jeder Zeit zugesichert (BV 24).

*Einschränkung* Für Ausländerinnen und Ausländer ist die Niederlassungsfreiheit eingeschränkt; nur wer im Besitz einer Niederlassungsbewilligung (Ausweis C) ist, kann sich frei in der Schweiz niederlassen. Auch Menschen, die sich in einem Asylverfahren befinden, haben keine Niederlassungsfreiheit.

## Politische Rechte

Die politischen Rechte sind in der Bundesverfassung (BV) geregelt. Sie stehen nur Schweizerinnen und Schweizern zu, die das 18. Altersjahr zurückgelegt haben und nicht wegen Geisteskrankheit oder Geistesschwäche entmündigt sind. Es sind dies:

- das Wahlrecht
- das Stimmrecht
- das Referendumsrecht
- das Initiativrecht

Diese Vielfalt an politischer Mitgestaltung und Mitbestimmung ist weltweit einzigartig. In den meisten anderen demokratischen Staaten haben die Bürgerinnen und Bürger nur das Wahlrecht. In Diktaturen haben die Menschen gar keine Mitbestimmungsmöglichkeiten.

## Staatsbürgerliche Pflichten

Der Staat garantiert nicht nur Rechte und Freiheiten. Um seinen Aufgaben nachkommen zu können, fordert er von der Bevölkerung auch ein paar «Opfer», das heisst die Erfüllung von Pflichten. Es sind also Dinge, die man tun muss, die der Staat von einem verlangt. Die wichtigsten dieser Pflichten sind gemäss Bundesverfassung:

- Militärdienstpflicht oder Pflicht zu zivilem Ersatzdienst: gilt nur für Männer (BV 59);
- Zivilschutzpflicht: gilt ebenfalls nur für Männer (BV 61);
- Schulpflicht (BV 62): gilt für alle in der Schweiz wohnhaften Kinder;
- Steuerpflicht (BV 128);
- Versicherungspflicht: verschiedene Versicherungen sind obligatorisch, so die AHV, die Arbeitslosenversicherung (ALV), die 2. Säule (Pensionskasse) und die Kranken- und Unfallversicherung (BV 111–114, 117);
- Amtspflicht: in einigen Kantonen können Bürgerinnen und Bürger verpflichtet werden, für eine gewisse Zeit ein öffentliches Amt zu übernehmen (zum Beispiel Schul- oder Gemeindepräsident).

▶ **Lernauftrag 5:** Eine persönliche Einschätzung von Menschenrechten vornehmen (siehe Seite 118).

▶ **Lernauftrag 6:** Rechte und Pflichten für einen idealen Staat entwerfen (siehe Seite 118).

**Das weiss ich jetzt!**

4.21 Weshalb sind Rechte für das Zusammenleben wichtig?
4.22 Für wen gelten in der Schweiz die Menschenrechte? Für wen die politischen Rechte?
4.23 Wo sind in der Schweiz wichtige Menschenrechte festgelegt?
4.24 In der Schweiz gibt es das dreifache Bürgerrecht. Was bedeutet das?
4.25 Nennen Sie vier politische Rechte.
4.26 Was ist eine Pflicht?
4.27 Welche Pflichten gelten nur für Männer?
4.28 Für wen gilt die Schulpflicht?

## 4.4 Stimmen und Wählen

**BV 136** Stimm- und Wahlrecht sind die wichtigsten politischen Rechte. Die Möglichkeit, an freien und fairen Wahlen und Abstimmungen teilzunehmen, ist in einer funktionierenden Demokratie von zentraler Bedeutung.

### Stimmrecht

Das Stimmrecht erlaubt es jeder Stimmbürgerin und jedem Stimmbürger, zu einer Sachvorlage Ja oder Nein zu sagen. Bei Abstimmungen auf Bundesebene werden die folgenden Mehrheiten unterschieden:

**Volksmehr** Ein Volksmehr kommt zustande, wenn die Mehrheit der gültig abstimmenden
**BV 142** Bevölkerung einer Vorlage zustimmt (der Anteil der Ja-Stimmen beträgt über 50 Prozent).
Zur Annahme eines Gesetzes (Referendumsabstimmung) ist nur das Volksmehr erforderlich.

**Ständemehr** Ein Ständemehr kommt zustande, wenn die Mehrheit der Kantone einer Vorlage
**BV 142** zustimmt; es werden somit mindestens zwölf Kantonsstimmen benötigt – Halbkantone gelten als halbe Stimme. Ein Unentschieden bei den Kantonsstimmen gilt als Ablehnung.
Ob ein Kanton zustimmt oder ablehnt, hängt vom jeweiligen Volksmehr ab.

**Doppeltes Mehr** Ein doppeltes Mehr bedeutet, dass eine Vorlage sowohl ein Volksmehr als auch
**BV 142** ein Ständemehr benötigt, um angenommen zu werden.
Für Verfassungsänderungen (z. B. mittels einer Initiative) wird immer das doppelte Mehr benötigt.

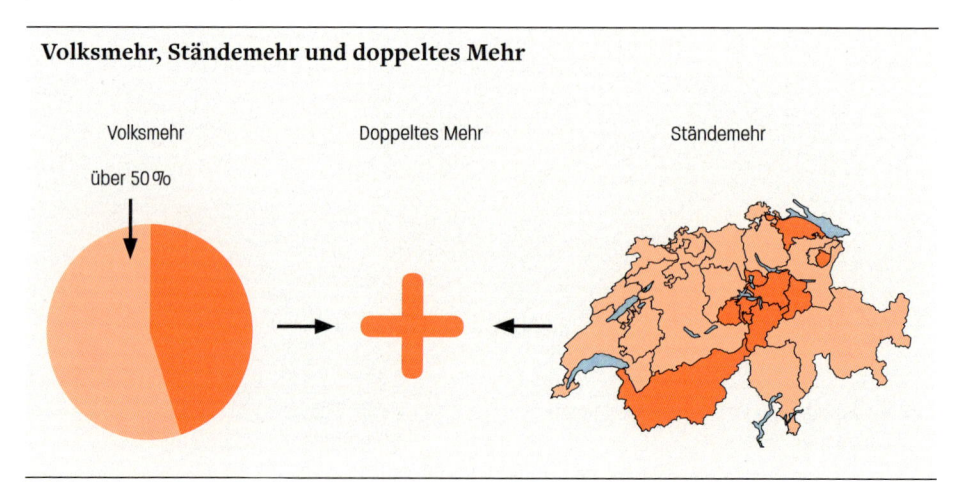

**Volksmehr, Ständemehr und doppeltes Mehr**

Volksmehr — über 50%

Doppeltes Mehr

Ständemehr

## Wahlrecht

Beim Wahlrecht wird zwischen aktivem und passivem Wahlrecht unterschieden.

**Wahlrecht**
- Aktiv: das Recht, Personen in eine Behörde oder ein Amt zu wählen
- Passiv: die Möglichkeit, selbst für ein Amt gewählt zu werden

Bei Wahlen gibt es Regeln, welche Mehrheit eine Kandidatin oder ein Kandidat erreichen muss, damit die Wahl gültig ist.

Das absolute Mehr hat erreicht, wer mindestens die Hälfte aller gültigen Stimmen plus eine erhält. **Absolutes Mehr**
*Beispiel:* Bundesratswahlen

Beim relativen Mehr ist die Mehrheit der Stimmen ausschlaggebend. Wer am meisten gültige Stimmen erhält, ist gewählt. **Relatives Mehr**
*Beispiel:* Ständeratswahlen 2. Wahlgang

Beim qualifizierten Mehr müssen mehr gültige Stimmen als für das absolute Mehr erreicht werden (z.B. eine $2/3$- oder $3/4$-Mehrheit). **Qualifiziertes Mehr**
*Beispiel:* Beim Ausschluss von Vereinsmitgliedern ist in den Vereinsstatuten meist ein qualifiziertes Mehr vorgesehen.

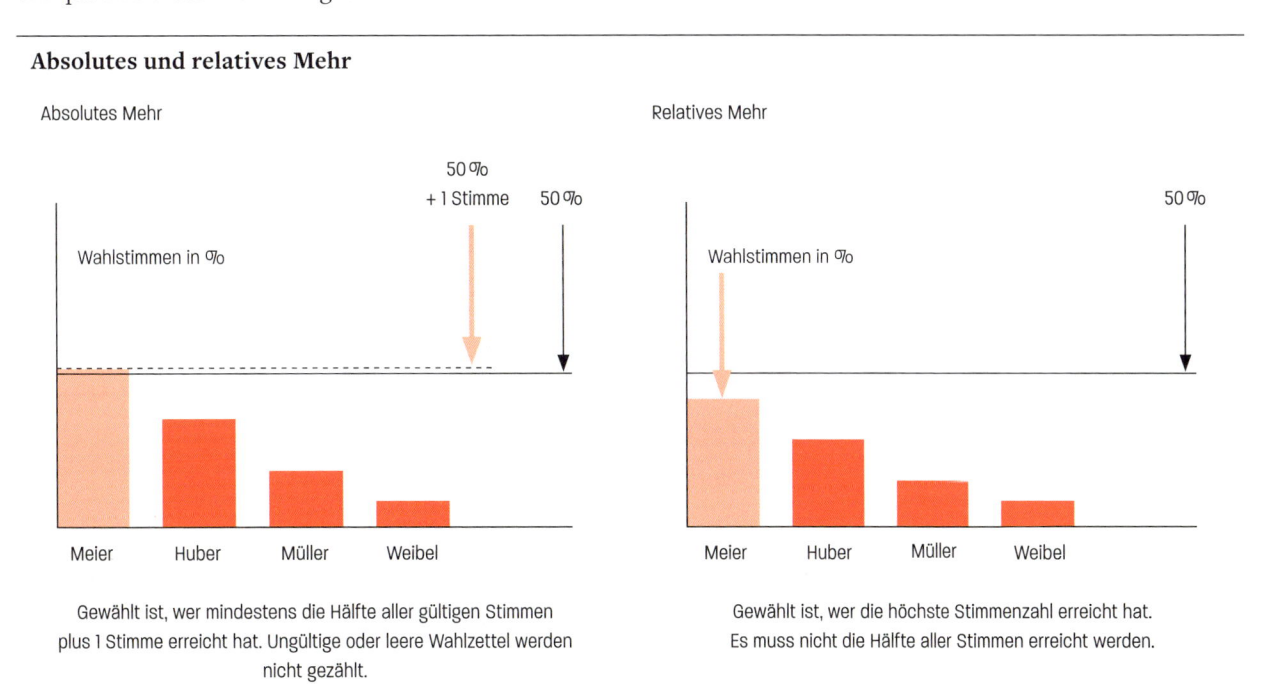

---

**Absolutes und relatives Mehr**

Absolutes Mehr — Gewählt ist, wer mindestens die Hälfte aller gültigen Stimmen plus 1 Stimme erreicht hat. Ungültige oder leere Wahlzettel werden nicht gezählt.

Relatives Mehr — Gewählt ist, wer die höchste Stimmenzahl erreicht hat. Es muss nicht die Hälfte aller Stimmen erreicht werden.

(Kandidaten: Meier, Huber, Müller, Weibel)

## Majorzwahl

**Mehrheitswahl** — Majorzwahl heisst Mehrheitswahl. Gewählt ist, wer am meisten Stimmen erhält. Die Majorzwahl wird angewendet, wenn nur ein Sitz oder nur wenige Sitze zu vergeben sind (z. B. Bundesratswahl, Regierungsratswahl, Ständeratswahl). Majorzwahlen sind Persönlichkeitswahlen, das heisst, der Bekanntheitsgrad eines Kandidaten oder einer Kandidatin ist entscheidend für die Wahl.
Der Vorteil dieses Wahlverfahrens liegt in seiner Einfachheit. Aufgrund des fehlenden Wählerpotenzials haben Kandidaten kleinerer Parteien allerdings wenig Chancen, gewählt zu werden.

**Wahlmehrheiten** — Meistens wird im ersten Wahlgang das absolute Mehr verlangt. Wird dieses nicht erreicht, ist im zweiten Wahlgang oft nur noch das relative Mehr erforderlich.

**Stille Wahl** — Wenn gleich viele Kandidatinnen und Kandidaten zur Wahl vorgeschlagen werden, wie Sitze zu vergeben sind, kommt es zu einer stillen Wahl, d. h., es findet kein Wahlgang statt. Gewählt sind dann die vorgeschlagenen Personen.

## Proporzwahl

**Verhältniswahl** — Proporzwahl heisst Verhältniswahl. Die zu vergebenden Sitze werden im Verhältnis zum Stimmenanteil der einzelnen Parteien vergeben. Je mehr Stimmen eine Partei erzielt, umso mehr Sitze erhält sie.
Der Vorteil der Proporzwahl ist, dass auch kleinere Parteien eine reelle Chance haben, Sitze zu gewinnen. Sie wird vor allem bei Parlamentswahlen (z. B. Nationalrat, Kantonsrat) angewendet.

**Liste** — Die Parteien reichen ihre Wahlvorschläge auf Listen ein. Diese dürfen höchstens so viele Namen enthalten, wie im entsprechenden Wahlkreis Sitze zu vergeben sind. Kein Name darf mehr als zweimal auf einer Liste stehen.
Als Wähler darf man nur eine Liste in die Urne werfen. Man hat aber folgende Möglichkeiten:

> **Mögliche Listenveränderungen bei der Proporzwahl**
> - Namen auf einer vorgegebenen Liste streichen
> - Namen auf eine vorgegebenen Liste doppelt hinschreiben, falls sie nicht schon zweimal vorhanden sind (kumulieren)
> - Namen von anderen Listen (von anderen Parteien) auf die ausgewählte Liste schreiben (panaschieren)
> - Leere Liste mit Namen und Parteibezeichnung vervollständigen

Die Anzahl der Parteistimmen ergibt die Anzahl der Sitze der jeweiligen Partei. Die Anzahl der Kandidatenstimmen bestimmt die gewählten Personen innerhalb einer Partei.

## Beispiel für die Bedeutung der Proporzwahl

| Gemeinde Schlungg | |
|---|---|
| 10 000 Stimmberechtigte | 10 Sitze im Gemeinderat zu vergeben<br>Listen mit 10 Kandidatinnen und Kandidaten |
| Politische Verhältnisse | Partei A = 60 % Wähleranteil<br>Partei B = 30 % Wähleranteil<br>Partei C = 10 % Wähleranteil |
| **Majorzwahl** | Partei A = 6000 Stimmen pro Kandidatin/Kandidaten<br>Partei B = 3000 Stimmen pro Kandidatin/Kandidaten<br>Partei C = 1000 Stimmen pro Kandidatin/Kandidaten<br><br>*Absolutes Mehr*:<br>(10 000 Stimmen : 2) + 1 = 5001 *Stimmen*<br>*Fazit*: Alle Kandidatinnen und Kandidaten der Partei A sind gewählt! |
| **Proporzwahl** | Partei A = 6000 Stimmen pro Kandidatin/Kandidaten<br>       = 60 000 Parteistimmen<br>Partei B = 3000 Stimmen pro Kandidatin/Kandidaten<br>       = 30 000 Parteistimmen<br>Partei C = 1000 Stimmen pro Kandidatin/Kandidaten<br>       = 10 000 Parteistimmen<br><br>*Verteilerzahl*:<br>Alle Parteistimmen geteilt durch Anzahl Sitze plus 1.<br>100 000 : (10 + 1) = 9091, so viele Parteistimmen werden für einen Sitz benötigt.<br>Partei A 60 000 : 9091 = 6,6 = 6 Sitze<br>Partei B 30 000 : 9091 = 3,3 = 3 Sitze<br>Partei C 10 000 : 9091 = 1,1 = 1 Sitz<br>                                                     10 Sitze<br><br>*Fazit*: Sitze werden im Verhältnis zur Parteistärke verteilt! |

### Das weiss ich jetzt!

4.29 Wann ist das Volksmehr erreicht?

4.30 Wann ist das Ständemehr erreicht?

4.31 Bei welchen Änderungen braucht es das doppelte Mehr?

4.32 Was ist mit dem passiven Wahlrecht gemeint?

4.33 Was ist mit dem aktiven Wahlrecht gemeint?

4.34 Wie viele Stimmen braucht es für das absolute Mehr?

4.35 Wer gewinnt, wenn das relative Mehr gilt?

4.36 Bei einer Abstimmung sind 15 stimmberechtigte Personen anwesend. Für einen Entscheid braucht es 10 Stimmen. Welches Mehr wird angewendet?

4.37 Wann wird die Majorzwahl angewendet?

4.38 Jemand wurde in stiller Wahl gewählt. Was bedeutet das?

4.39 Wie werden die Sitze bei einer Proporzwahl verteilt?

4.40 Wie kann man Listen von Parteien bei einer Proporzwahl abändern?

4.41 Welche Liste sollte man brauchen, wenn man verschiedene Person von unterschiedlichen Parteien wählen möchte?

## 4.5 Referendum und Initiative

### Referendum

Das Referendum ist das Recht der Bürgerinnen und Bürger, über bestimmte Beschlüsse des Parlaments an der Urne endgültig zu entscheiden.

**Obligatorisches Referendum**

BV 140 Zu gewissen Parlamentsentscheiden müssen die Stimmbürgerinnen und Stimmbürger automatisch an der Urne befragt werden.

> **Wichtige obligatorische Referenden**
> - Verfassungsänderungen
> - Beitritt zu bestimmten internationalen Organisationen (z. B. EU, NATO)

Obligatorische Referenden benötigen das doppelte Mehr.

**Fakultatives Referendum**

BV 141 Mithilfe des fakultativen Referendums (Gesetzesreferendum) können Stimmbürgerinnen und Stimmbürger (oder die Kantone) eine Volksabstimmung zu einem vom Parlament beschlossenen Gesetz erzwingen. Damit es zu einer Abstimmung kommt, müssen die folgenden Bedingungen erfüllt sein:

> **Fakultatives Referendum**
> - Das Referendum muss von 50 000 Bürgerinnen und Bürgern (oder von acht Kantonen) unterschrieben werden.
> - Die Unterschriften müssen innert 100 Tagen nach der Verabschiedung durch das Parlament gesammelt werden.

Beim fakultativen Referendum genügt das Volksmehr.

**Referendumsdemokratie**

Mit dem obligatorischen und fakultativen Referendum kann das Schweizer Volk das politische Leben sehr stark mitgestalten. Die Regierungsform der Schweiz wird deshalb auch Referendumsdemokratie genannt. In den meisten anderen Ländern sind die Mitentscheidungsmöglichkeiten viel schwächer ausgeprägt. Es gibt zwar Volksbefragungen in Sinne von Referenden, doch diese dienen in erster Linie zur Erhebung der Stimmung und sind für die Regierung in der Regel nicht bindend. In der Schweiz kann schon die Ankündigung eines Referendums, beispielsweise durch eine Partei, die Ausgestaltung eines neuen Gesetzes beeinflussen. Man sucht daher schon früh nach einem Kompromiss, der bei den Parteien und auch bei den Stimmbürgerinnen und Stimmbürgern mehrheitsfähig ist.

## Initiative

Die Initiative ist das Recht des Volkes, mittels Unterschriftensammlung eine Abstimmung über eine Verfassungsänderung zu verlangen.
Damit eine Volksinitiative zustande kommt, müssen die folgenden Bedingungen erfüllt sein:

**Volksinitiative**
- Die Initiative muss von 100 000 Bürgerinnen und Bürgern unterschrieben werden.
- Die Unterschriften müssen innert 18 Monaten gesammelt werden.

BV 138 ff.

Die eingereichten Unterschriftenbögen werden zunächst von den Gemeinden auf ihre Gültigkeit hin überprüft. Danach empfehlen Bundesrat wie Parlament Annahme oder Ablehnung der Vorlage. Sie können auch einen Gegenvorschlag ausarbeiten. Zu guter Letzt kann das Volk an der Urne Stellung nehmen.
Für die Annahme benötigt eine Initiative das doppelte Mehr.

Neben der Verfassungsinitiative kennen die Kantone auch Gesetzesinitiativen, mit denen Änderungen auf Gesetzesstufe herbeigeführt werden können.

**Initiativen auf Kantonsebene**

*Unterschriftenliste einer Volksinitiative.*

▶ **Lernauftrag 7:** Eine Idee für eine Volksinitiative entwickeln (siehe Seite 119).

**Das weiss ich jetzt!**

4.42 Welches Recht beinhaltet das Referendum?

4.43 Worüber kann nur das Volk entscheiden? Nennen Sie zwei Beispiele.

4.44 Was sind die Bedingungen beim fakultativen Referendum?

4.45 Was sind die Bedingungen bei der Volksinitiative?

4.46 Für die Annahme einer Initiative braucht es das doppelte Mehr. Was bedeutet das?

4.47 Weshalb wird die Regierungsform der Schweiz auch Referendumsdemokratie genannt?

## 4.6 Interessengruppen

In einem demokratischen Staat können sich alle an den politischen Diskussionen beteiligen. Parteien und Verbände nehmen in diesem Prozess der Meinungsbildung eine wichtige Rolle ein. Sie versuchen, mit ihren Ideen, Werten und Weltanschauungen zu überzeugen und Mehrheiten für ihre Anliegen zu finden.

### Parteien

**Parteiprogramm** — Parteien sind Zusammenschlüsse von Menschen mit gleicher oder ähnlicher Ideologie (Weltanschauung) und politischer Grundhaltung. Sie sind in exekutiven Behörden wie Bundesrat oder Gemeinderat sowie in legislativen Behörden wie Nationalrat und Kantonsrat vertreten. Dort nehmen sie Einfluss und versuchen, das öffentliche Leben nach ihren Ideen zu gestalten. Die meisten Parteien halten ihre Werthaltung und Ziele in einem Parteiprogramm fest. Rechtlich sind Parteien als Vereine organisiert.

#### Politische Werthaltung

Die schweizerische Politik zeichnet sich dadurch aus, dass es eine Vielzahl politischer Parteien gibt. Dies führt zu einem intensiven Wettstreit der Ideen, was für eine offene, demokratische Gesellschaft wichtig ist. Grundsätzlich lassen sich folgende vier politische Werthaltungen unterscheiden: links/rechts und liberal/konservativ.

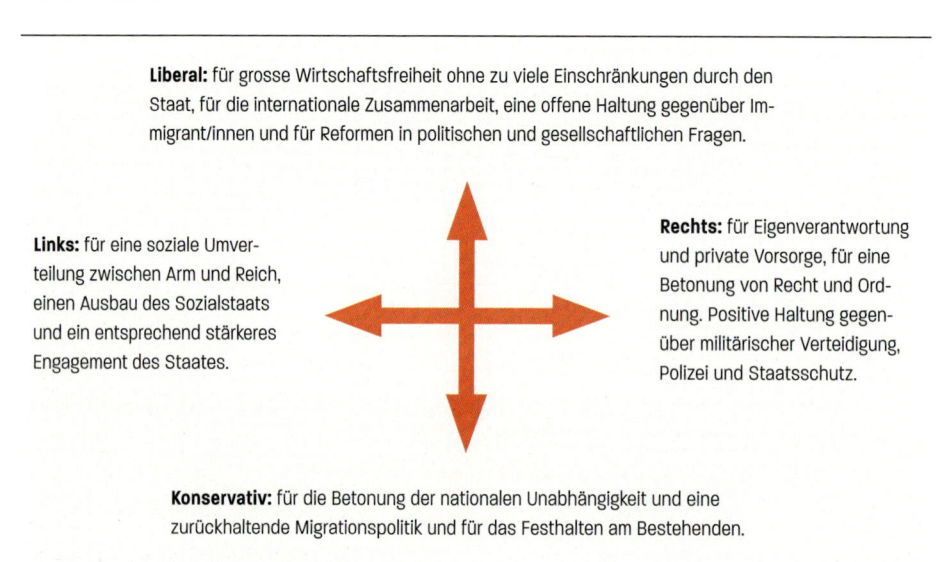

**Liberal:** für grosse Wirtschaftsfreiheit ohne zu viele Einschränkungen durch den Staat, für die internationale Zusammenarbeit, eine offene Haltung gegenüber Immigrant/innen und für Reformen in politischen und gesellschaftlichen Fragen.

**Links:** für eine soziale Umverteilung zwischen Arm und Reich, einen Ausbau des Sozialstaats und ein entsprechend stärkeres Engagement des Staates.

**Rechts:** für Eigenverantwortung und private Vorsorge, für eine Betonung von Recht und Ordnung. Positive Haltung gegenüber militärischer Verteidigung, Polizei und Staatsschutz.

**Konservativ:** für die Betonung der nationalen Unabhängigkeit und eine zurückhaltende Migrationspolitik und für das Festhalten am Bestehenden.

## Positionierung der Parteien in der Schweiz

Aufgrund ihrer politischen Werthaltung lassen sich die acht grössten Parteien der Schweiz wie folgt einordnen:

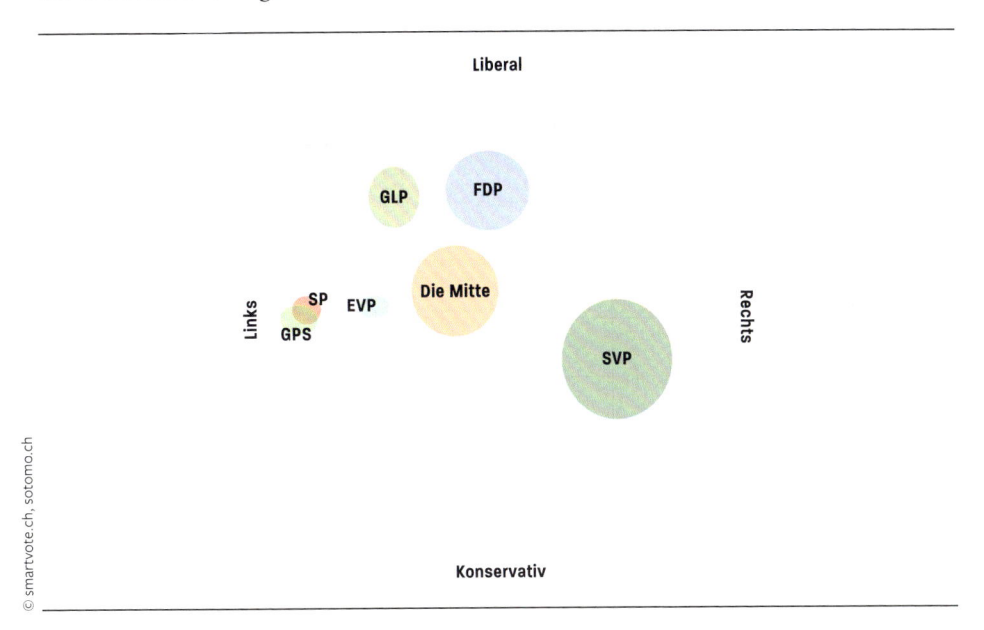

Um die politische Werthaltung von Parteien oder auch von einzelnen Politikern und Politikerinnen noch genauer abzubilden, verwendet man oftmals ein spinnennetzförmiges Diagramm, einen sogenannten Smartspider. Pro Achse kann ein Wert zwischen 0 und 100 erreicht werden. 100 steht für eine absolute Zustimmung zu einem politischen Ziel und 0 für gar keine Zustimmung.

**Smartspider (Spinnennetz)**

**Beispiel eines Smartspiders**

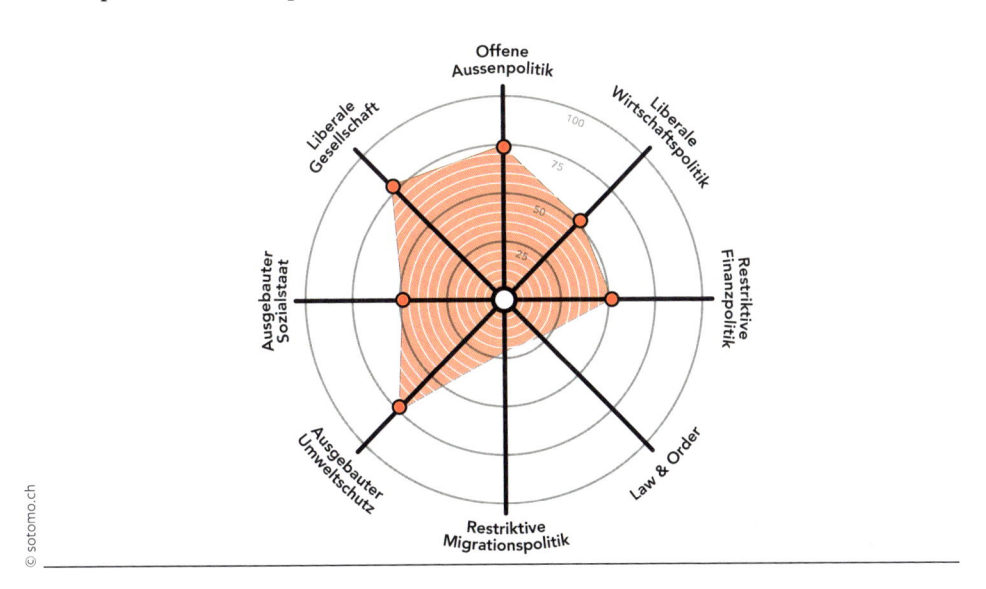

Zu beachten ist, dass ein Smartspider immer nur eine Tendenz zeigt. Innerhalb einer Partei kann es durchaus abweichenden Positionen geben. Trotzdem eignet sich das Schema als Orientierungshilfe über die unterschiedlichen Ausrichtungen der Parteien.

**Abweichende Positionen**

Auf der Website *parteienkompass.ch* kann man das eigene Smartspider-Profil erstellen und es mit den verschiedenen Parteien vergleichen.

**Eigenes Profil**

## Die vier Bundesratsparteien der Schweiz

Diese vier Parteien stellen 146 von 200 Nationalrätinnen und Nationalräten und 40 von 46 Ständerätinnen und Ständeräten. Somit bestimmen sie weitgehend das politische Geschehen in der Schweiz.

### Schweizerische Volkspartei (SVP)

*Gründungsjahr*: 1936
*Hauptanliegen*:
- Erhaltung einer neutralen und unabhängigen Schweiz, kein EU- oder NATO-Beitritt)
- Tiefere Steuern, Schuldenabbau
- Bekämpfung des Asylmissbrauchs, gegen illegale Einwanderung

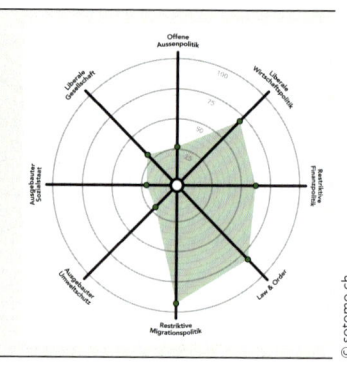

*svp.ch*

### Sozialdemokratische Partei der Schweiz (SP)

*Gründungsjahr*: 1888
*Hauptanliegen*:
- Mehr soziale Gerechtigkeit (gut ausgebaute Sozialversicherungen, Bildungschancen für alle)
- Offene, solidarische Schweiz (Entwicklungshilfe, Frieden, Menschenrechte)
- Gutes öffentliches Verkehrsnetz, Förderung erneuerbarer Energien, gegen Atomkraftwerke

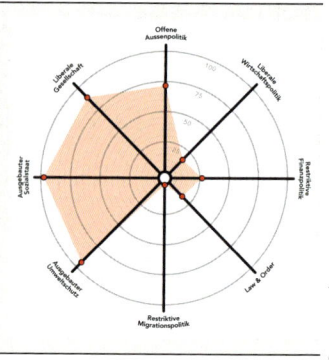

*sp-ps.ch*

### FDP.Die Liberalen

*Gründungsjahr*: 2009*
*Hauptanliegen*:
- Freiheit und Selbstverantwortung der einzelnen Person, Wettbewerb auf dem Markt
- Gute Rahmenbedingungen für die Wirtschaft
- Tiefe Steuern, massvoller finanzieller Einsatz bei den Sozialwerken

*fdp.ch*

### Die Mitte

*Gründungsjahr*: 2021**
*Hauptanliegen*:
- Förderung der Familie, bessere Rahmenbedingungen für die Kinderbetreuung
- Förderung des Wirtschaftsstandorts Schweiz (Innovationsförderung, attraktive Steuern, gute Infrastruktur, hohes Bildungsniveau)
- Sicherung der Sozialwerke

*die-mitte.ch*

\* Die Partei entstand 2009 durch die Fusion der Freisinnig-Demokratischen Partei (1894) mit der Liberalen Partei der Schweiz (1913).
\** Die CVP und die BDP haben sich am 1. Januar 2021 zusammengeschlossen und bilden neu die Partei Die Mitte. Sowohl die Namensänderung als auch der Zusammenschluss betreffen nur die CVP Schweiz und die BDP Schweiz. Die Kantonalparteien haben bis 2025 Zeit zu entscheiden, ob sie den neuen Namen und das neue Logo übernehmen möchten.

## Weitere Parteien

### Grüne Partei der Schweiz (Grüne)

*Gründungsjahr:* 1983

*Hauptanliegen:*
- Wirkungsvoller Schutz der Umwelt und der natürlichen Ressourcen
- Ökologischer Umbau der Wirtschaft
- Stärkung der Sozialwerke, aktive Friedenspolitik

*gruene.ch*

### Grünliberale Partei Schweiz (GLP)

*Gründungsjahr:* 2007

*Hauptanliegen:*
- Verbindung von Umweltschutz / Nachhaltigkeit und liberaler Wirtschaftspolitik
- Eigenverantwortung der Menschen, Staatstätigkeit auf Kernaufgaben beschränken
- Sozialer Ausgleich mit Mass

*grunliberale.ch*

### Evangelische Volkspartei (EVP)

*Gründungsjahr:* 1919

*Hauptanliegen:*
- Auf der Grundlage des Evangeliums eine sachbezogene und am Menschen orientierte Politik betreiben
- Familien stärken und finanziell entlasten
- Gerechte und ökologische Wirtschaft (Schuldenabbau, faire Löhne, fairer Handel, Förderung erneuerbarer Energien)

*evppev.ch*

## Sitze im Nationalrat und Ständerat

Die folgende Grafik zeigt die aktuelle Sitzverteilung der Parteien im Nationalrat und im Ständerat. Die Sitze werden auch als Mandate bezeichnet. Das Wort kommt vom lateinischen «mandatum», was Auftrag bedeutet.

**Sitzverteilung im National- und Ständerat 2019–2023**

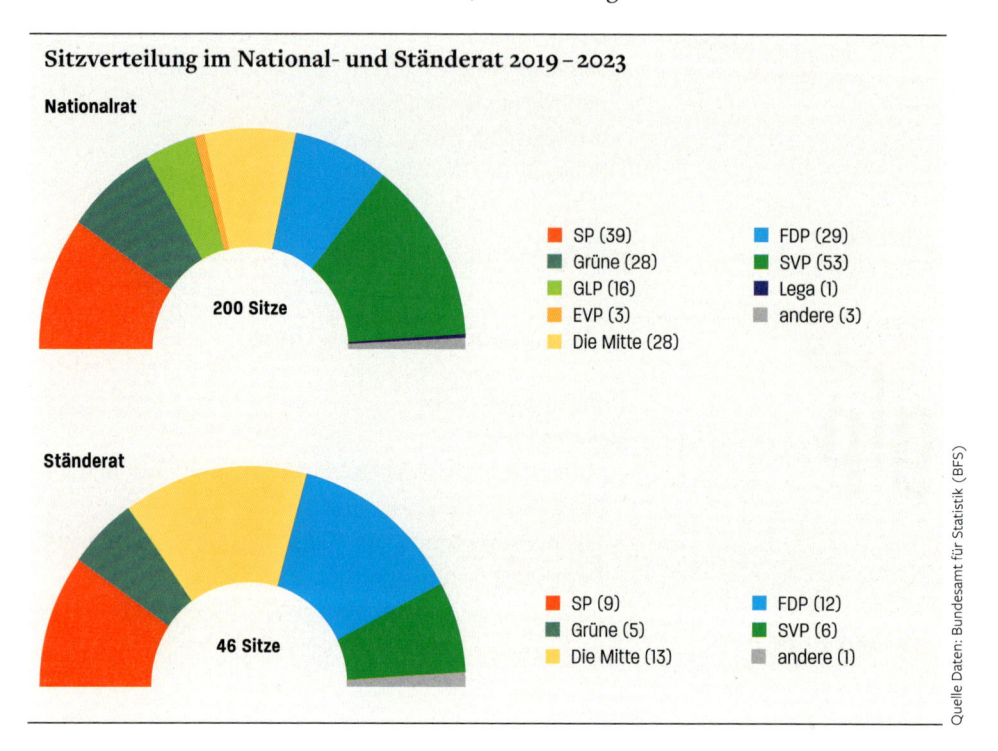

Nationalrat – 200 Sitze
- SP (39)
- Grüne (28)
- GLP (16)
- EVP (3)
- Die Mitte (28)
- FDP (29)
- SVP (53)
- Lega (1)
- andere (3)

Ständerat – 46 Sitze
- SP (9)
- Grüne (5)
- Die Mitte (13)
- FDP (12)
- SVP (6)
- andere (1)

Quelle Daten: Bundesamt für Statistik (BFS)

## Veränderung der Wähleranteile

Die Parteienlandschaft verändert sich laufend: Einige Parteien gewinnen Wähleranteile, andere verlieren; neue Parteien werden gegründet, andere lösen sich wieder auf. Die folgende Grafik gibt einen Überblick über die Entwicklung der Parteienstärke seit 1971.

**Anzahl Sitze wichtiger Parteien bei den Nationalratswahlen 1971–2019**

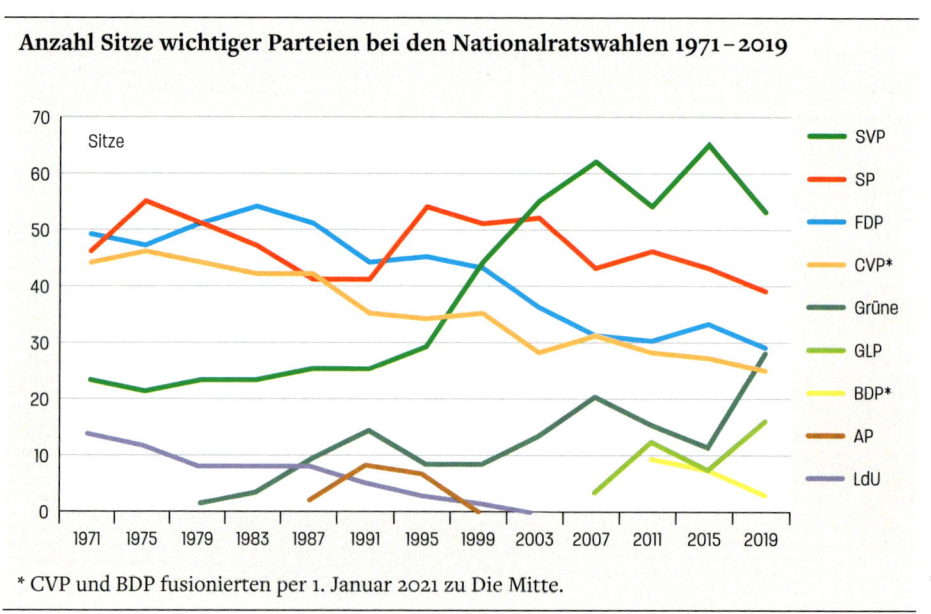

Parteien: SVP, SP, FDP, CVP*, Grüne, GLP, BDP*, AP, LdU

* CVP und BDP fusionierten per 1. Januar 2021 zu Die Mitte.

Quelle Daten: Bundesamt für Statistik (BFS)

## Verbände

Verbände sind Zweckvereinigungen, welche die Interessen ihrer Mitglieder vertreten. Diese Interessengemeinschaften können bestimmte Wirtschaftszweige betreffen (z. B. Landwirtschaft, Gewerbe, Verkehr) oder bestimmte Wirtschaftsteilnehmer (z. B. Arbeitnehmer, Mieterinnen, Konsumenten).

### Arbeitgeberverbände

Arbeitgeberverbände vertreten die Interessen der Arbeitgeber, der Unternehmen und des Gewerbes.

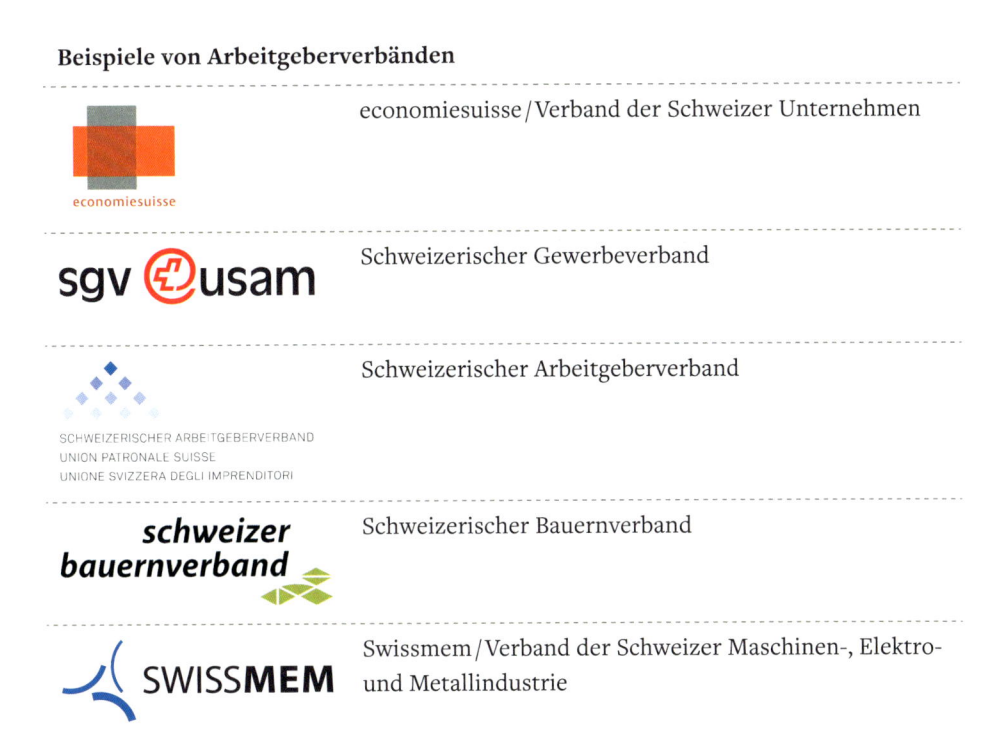

**Beispiele von Arbeitgeberverbänden**

| Logo | Verband |
|---|---|
| economiesuisse | economiesuisse / Verband der Schweizer Unternehmen |
| sgv usam | Schweizerischer Gewerbeverband |
| SCHWEIZERISCHER ARBEITGEBERVERBAND / UNION PATRONALE SUISSE / UNIONE SVIZZERA DEGLI IMPRENDITORI | Schweizerischer Arbeitgeberverband |
| schweizer bauernverband | Schweizerischer Bauernverband |
| SWISSMEM | Swissmem / Verband der Schweizer Maschinen-, Elektro- und Metallindustrie |

### Arbeitnehmerverbände (Gewerkschaften)

Arbeitnehmerverbände (Gewerkschaften) vertreten die Interessen der Arbeitnehmerinnen und Arbeitnehmer und die der Verwaltungsangestellten.

**Beispiele von Arbeitnehmerverbänden**

| Logo | Verband |
|---|---|
| SGB\|USS | Schweizerischer Gewerkschaftsbund |
| Travail.Suisse | Travail.Suisse |
| UNIA – Die Gewerkschaft. Le Syndicat. Il Sindacato. | UNIA |

### Weitere Interessenverbände

Weitere Interessenverbände vertreten die Interessen in Teilbereichen des öffentlichen Lebens.

**Beispiele weiterer Interessenverbände**

| | |
|---|---|
| Verkehr | VCS, TCS, ACS, ASTAG |
| Wohnen | Schweizerischer Mieterinnen- und Mieterverband<br>Schweizerischer Hauseigentümerverband |

### Nichtregierungsorganisationen (NGOs)

Nichtregierungsorganisationen (NGOs) sind vom Staat unabhängige, meist international tätige Organisationen. Die Abkürzung NGO kommt von der englischen Bezeichnung «non-governmental organization». Jede dieser NGOs vertritt die Interessen eines speziellen Bereichs.

**Beispiele von NGOs**

| | |
|---|---|
| Umwelt | WWF, Greenpeace |
| Menschenrechte | Amnesty International, Human Rights Watch |
| Hilfsorganisationen | IKRK, Médecins Sans Frontières |

### Funktion der Verbände in der Politik

**Politischer Einfluss** — Verbände üben grossen Einfluss auf politische Entscheide aus. Gründe dafür sind ihre hohe Mitgliederzahl und grosse Finanzkraft. Sie lancieren und unterstützen Initiativen und Referenden und geben Abstimmungsparolen heraus.

**Lobby** — Die meisten Verbände haben enge Kontakte mit den Parteien und beeinflussen deren politisches Handeln zum Teil stark. Meist sind ihre Spitzenvertreter auch im National- oder Ständerat anwesend. Sie nehmen in dieser Funktion die Interessen ihrer Verbände wahr. Man nennt diese Interessengruppierungen Lobbys (z. B. Bauernlobby, Bankenlobby, Stromlobby, Pharmalobby).

**Einfluss auf Gesetzgebung** — Bei der Ausarbeitung von Gesetzen können die Verbände in der Vernehmlassung Stellung beziehen. Verbandsvertreter arbeiten in den Kommissionen als Experten mit. Schliesslich lobbyieren ihre Vertreter bei den Diskussionen in den Räten.

▶ **Lernauftrag 8:** Den persönlichen Smartspider erstellen (siehe Seite 119).

▶ **Lernauftrag 9:** Lobbyarbeit: Politikerinnen und Politiker für die eigenen Interessen gewinnen (siehe Seite 120).

### Das weiss ich jetzt!

4.48 Welche beiden Gruppen haben grossen Einfluss auf die Meinungsbildung?

4.49 Parteien stehen für bestimmte Werthaltungen. Welche vier Ausrichtungen unterscheidet man?

4.50 Wie sind die beiden Parteien SP und SVP positioniert?

4.51 Welche Partei hat bei den Wahlen vom Oktober 2019 am meisten neue Sitze im Nationalrat dazugewonnen? Welche am meisten verloren?

4.52 Wie nehmen Verbände Einfluss auf die Politik? Nennen Sie vier Möglichkeiten.

4.53 Was zeichnet Nichtregierungsorganisationen (NGO) aus?

## 4.7 Wie ein Gesetz entsteht

Der Gesetzgebungsprozess zeigt auf, wie die politischen Akteure zusammenwirken. Der Bundesrat, die Kantone, die Parteien, die Verbände, das Parlament und gegebenenfalls das Volk können bei der Ausgestaltung von Gesetzen mitreden. Aus diesem Grund treten nur neue Gesetze in Kraft, die breit abgestützt sind.

**Ablauf des Gesetzgebungsprozesses**

**Anstoss:** Entweder setzt sich der Bundesrat von sich aus für ein neues Gesetz ein, oder das Parlament verlangt es von ihm mittels einer Motion (der Bundesrat wird damit verpflichtet, ein neues Gesetz auszuarbeiten).

**Vorentwurf:** Eine vom Bundesrat eingesetzte Gruppe von Fachleuten (Expertenkommission) formuliert einen ersten Gesetzesentwurf.

**Vernehmlassung:** Der Vorentwurf wird an die Kantone, die Parteien, betroffene Verbände und weitere interessierte Kreise geschickt. Diese können dazu Stellung nehmen und Änderungsvorschläge machen.

**Definitiver Entwurf mit Botschaft:** Die Bundesverwaltung überarbeitet aufgrund der Vernehmlassung den Gesetzesentwurf und schickt den definitiven Entwurf mit einer «Botschaft ans Parlament» zur parlamentarischen Behandlung im Nationalrat und Ständerat.

**Behandlung in National- und Ständerat:** Der definitive Entwurf wird zu unterschiedlichen Zeiten in beiden Räten behandelt (Erstrat, Zweitrat). Zuerst behandelt die vorberatende Kommission des jeweiligen Rates den Text und stellt Anträge an den Rat. Anschliessend wird das Gesetz im jeweiligen Rat im Detail beraten, und es wird darüber abgestimmt (der Rat kann aber auch Nichteintreten beschliessen oder den Entwurf an den Bundesrat zurückweisen). Falls die Beschlüsse der beiden Räte in den Schlussabstimmungen voneinander abweichen, kommt es zum Differenzbereinigungsverfahren, das sich auf die strittigen Punkte beschränkt. Findet keine Einigung statt, kommt kein neues Gesetz zustande.

**Veröffentlichung mit Referendumsfrist:** Nach der Veröffentlichung des Gesetzes im Bundesblatt beginnt die Referendumsfrist von 100 Tagen zu laufen.

**Volksabstimmung, wenn Referendum ergriffen wurde:** Falls innerhalb von 100 Tagen das Referendum ergriffen wird (50 000 Unterschriften oder 8 Kantone), kommt es zu einer Volksabstimmung.

**Inkrafttreten:** Wird das Referendum nicht ergriffen oder stimmt das Volk bei der Volksabstimmung dem neuen Gesetz zu, setzt i. d. R. der Bundesrat das neue Gesetz in Kraft.

▶ **Lernauftrag 10:** Die Entstehung eines Gesetzes visualisieren (siehe Seite 120).

## 4.8 Weg zur modernen Schweiz

Der Weg zur modernen demokratischen Schweiz war lang und nicht immer friedlich. Zahlreiche Kriege begleiteten die über 500-jährige Entwicklung bis 1848. Die Macht lag häufig in den Händen von alteingesessenen Patrizierfamilien; die meisten Menschen waren Untertanen ohne politische Rechte. Ab 1520 führte die Reformation zur konfessionellen Spaltung der Eidgenossenschaft in katholische und reformierte Orte (Kantone). Zwischen den beiden Konfessionen kam es zu zahlreichen Auseinandersetzungen und auch Kriegen.

Die Grundlage für die moderne Schweiz wurde von Napoleon gelegt, der 1798 die Schweiz mit seinen Truppen eroberte und in der Folge radikal umgestaltete. 1848 wurde dann der demokratische Bundesstaat gegründet.

Die folgende Übersicht zeigt wichtige Stationen der Entwicklung ab 1848.

| | |
|---|---|
| 1848 | **Gründung der heutigen Schweiz** <br> Die Schweiz wird ein Bundesstaat. Die Kantone behalten jedoch grosse Eigenständigkeit. Die Verfassung ist der Verfassung der Vereinigten Staaten nachgebildet und vom Gedankengut der Französischen Revolution (Bürgerrechte) beeinflusst. Das Stimm- und Wahlrecht haben nur die Männer. |
| 1874 | **Totalrevision der Verfassung von 1848** <br> Der Bund erhält mehr Kompetenzen, und das Referendumsrecht wird eingeführt. |
| 1891 | **Einführung des Initiativrechts** <br> Das Initiativrecht in der heutigen Form wird in der Verfassung festgeschrieben: 100 000 Stimmberechtigte können eine Änderung der Bundesverfassung vorschlagen und eine Abstimmung von Volk und Ständen (Kantonen) erwirken. |
| 1914–1918 | **Erster Weltkrieg** <br> Die Schweiz kann sich aus den Kriegshandlungen heraushalten. |
| 1918 | **Generalstreik** <br> Die schlechte soziale Lage vieler Menschen führt zu einem Generalstreik. Die Streikenden fordern u. a. die 48-Stunden-Woche, die Proporzwahl des Nationalrats und das Frauenstimmrecht. Der Streik wird von der Armee niedergeschlagen. |
| 1919 | **Proporzwahlsystem** <br> Der Nationalrat wird erstmals im Proporzverfahren gewählt. |
| 1939–1945 | **Zweiter Weltkrieg** <br> Die Schweiz bleibt vom Krieg weitgehend verschont. Die Rolle der Schweiz während des 2. Weltkrieges wird kontrovers diskutiert. |
| ab 1945 | **Wirtschaftsaufschwung** |

| | | |
|---|---|---|
| 1948 | **Einführung der AHV** | |
| 1959 | **Zauberformel** | |
| | Für die Sitze im Bundesrat wird folgende Verteilung abgemacht: 2 FDP, 2 SP, 2 CVP, 1 SVP. Da sich die Wähleranteile verschoben haben, hat heute die CVP nur noch einen Sitz, dafür die SVP deren zwei. | |
| 1971 | **Einführung des Frauenstimmrechts** | |
| | Die stimmberechtigten Männer sagen mit 66 Prozent Ja zum Frauenstimm- und -wahlrecht auf eidgenössischer Ebene. | |
| 1978 | **Kanton Jura** | |
| | Nach langem Kampf erhalten die Jurassier ihren eigenen Kanton. Zuvor gehörte das Gebiet zum Kanton Bern. | |
| 1992 | **Abstimmung EWR** | |
| | In einer Volksabstimmung wird der Beitritt zum Europäischen Wirtschaftsraum (EWR) mit 50,3 Prozent knapp abgelehnt. | |
| 2002 | **Beitritt zur UNO** | |

*Während des Generalstreiks 1918 kam es in der Schweiz an verschiedenen Orten zu Zusammenstössen. Im Bild Soldaten der Kavallerie, die am Paradeplatz in Zürich gegen Streikende vorgehen.*

# Lernaufträge

**L1  Kurzporträt eines Staats erstellen**

- Wählen Sie ein Land aus: ein beliebtes Ferienland, Ihr Herkunftsland oder irgendein anderes Land, das Sie interessiert. Einzige Ausnahme: Die Schweiz kann nicht gewählt werden.
- Erstellen Sie ein Kurzporträt des Staates. Gehen Sie auf folgende Themen ein: Fakten, Staatsform, aktuelle Probleme, Wirtschaft.
- Präsentieren Sie das Kurzporträt in der Klasse und beantworten Sie Fragen.

**Kompetenzen: Sie können ...**

- wichtige Daten und Fakten zu einem Land zusammentragen,
- ein Kurzporträt eines Staats mit Text und Grafik in einer übersichtlichen Form erstellen.

**L2  Vorteile und Nachteile des Föderalismus vergleichen**

- Bilden Sie eine Gruppe von drei Personen.
- Recherchieren Sie im Internet zum Thema Föderalismus. Konzentrieren Sie sich dabei auf die Vor- und Nachteile des föderalistischen Staatsaufbaus.
- Listen Sie stichwortartig je drei bis fünf Vorteile und Nachteile auf.
- Verfassen Sie am Schluss ein kurzes Fazit in Form einer Stellungnahme. Begründen Sie, weshalb Sie lieber in einem Bundesstaat oder lieber in einem Einheitsstaat (Zentralstaat) leben möchten.

**Kompetenzen: Sie können ...**

- mittels Internetrecherche die Vorteile und Nachteile des Föderalismus aufführen,
- sachlich begründen, weshalb Sie das eine oder andere System (Bundesstaat, Einheitsstaat) bevorzugen.

### L3 In einem Rollenspiel Themen für die Onlinenews festlegen

- Bilden Sie für dieses Rollenspiel eine Gruppe von vier Personen.
- Spielen Sie eine Redaktionssitzung eines Anbieters von Onlinenews durch.
- Verteilen Sie folgende vier Rollen: je ein Journalist / eine Journalistin für Sport, Politik, Wirtschaft, People.
- Alle vier denken sich ein Thema aus, das auf der Titelseite als sogenannter Aufmacher erscheinen soll. Auf der ersten Seite hat es jedoch bloss Platz für zwei Themen.
- Beginnen Sie nun die Diskussion. Stellen Sie Ihr Thema kurz vor. Erklären Sie, welche Schlagzeile Sie sich vorstellen, was für ein Bild geeignet wäre. Begründen Sie, weshalb gerade Ihr Thema auf die Titelseite muss.
- Legen Sie am Schluss der Diskussion gemeinsam fest, welche beiden Aufmacher auf die Titelseite kommen.

**Kompetenzen: Sie können ...**

- sich in einem Rollenspiel bewusst werden, welche Bedeutung die Themensetzung für die Titelseite hat,
- begründen, weshalb Ihr Thema für die Leserinnen und Leser von Bedeutung ist.

### L4 Die Gewaltenteilung der Schweiz in einem Schaubild darstellen

- Bilden Sie ein Team von drei oder vier Personen.
- Erstellen Sie zum Thema «So funktioniert die Gewaltenteilung in der Schweiz» (siehe Kapitel 4.2) ein Schaubild. Das Schaubild sollte Text, Bilder/Fotos und grafische Elemente enthalten.
- Vergleichen Sie Ihre Lösung mit jenen von anderen Gruppen.
- Diskutieren Sie: Was haben wir gut gelöst? Was hätten wir besser machen können?

**Kompetenzen: Sie können ...**

- erkennen, wie die Gewaltenteilung in der Schweiz funktioniert,
- die Gewaltenteilung in der Schweiz in einem Schaubild übersichtlich darstellen und Ihre Arbeit kritisch beurteilen.

**L5  Eine persönliche Einschätzung von Menschenrechten vornehmen**

- Bewerten Sie die zehn Menschenrechte auf einer Skala von 1 bis 10, wobei 1 «nicht wichtig» und 10 «absolut wichtig» bedeutet.
- Vergleichen Sie Ihre Einstufung mit anderen. Wo gibt es Übereinstimmungen? Wo Unterschiede? Diskutieren Sie über die Gründe.

| Nr. | Menschenrecht |
|---|---|
| 1 | Meinungsfreiheit |
| 2 | Ehefreiheit |
| 3 | Religionsfreiheit |
| 4 | Versammlungsfreiheit |
| 5 | Recht auf Bildung |
| 6 | Recht auf Leben |
| 7 | Recht auf Eigentum |
| 8 | Recht auf Lohn |
| 9 | Recht auf Freizeit |
| 10 | Gleiche Rechte für Mann und Frau |

**Kompetenzen: Sie können ...**

- eine persönliche Einschätzung von Menschenrechten vornehmen,
- Ihre Einschätzung mit anderen vergleichen und kritisch darüber diskutieren.

**L6  Rechte und Pflichten für einen idealen Staat entwerfen**

- Bilden Sie eine Gruppe von drei oder vier Personen.
- Stellen Sie sich folgendes Szenario vor: Sie können den idealen Staat gründen und haben die Möglichkeit, die Rechte und Pflichten des Staatsvolks festzulegen. Beschränken Sie sich auf maximal fünf Pflichten und fünf Rechte.
- Zeichnen Sie auf ein Plakat symbolisch die Umrisse Ihres Staates und notieren Sie in kurzen Sätzen die Rechte und Pflichten.
- Vergleichen Sie «Ihren» Staat mit den Ideen der anderen Gruppen. Was ist gleich, ähnlich, unterschiedlich?

**Kompetenzen: Sie können ...**

- erkennen, welche Rechte und Pflichten für den «Idealstaat» wichtig sind,
- Ihre Ideen mit den Ideen der anderen vergleichen und kritisch prüfen.

### L7 Eine Idee für eine Volksinitiative entwickeln

- Bilden Sie eine Gruppe von drei bis maximal fünf Personen.
- Sammeln Sie in einem Brainstorming Ideen für eine Volksinitiative. Lassen Sie sich dabei von der Frage leiten: «Was möchten wir in der Politik verändern?»
- Einigen Sie sich auf eine Idee.
- Prüfen Sie, ob die Idee wirklich neu ist (Bundesverfassung, Gesetze). Prüfen Sie ebenfalls, ob Ihre Idee nicht gegen ein Menschenrecht verstösst.
- Formulieren Sie Ihre Initiative mit einer kurzen, klaren Aussage beziehungsweise Forderung. Beispiel: «Stimm- und Wahlrecht ab 14 Jahren».
- Präsentieren Sie Ihre Volksinitiative den anderen Gruppen. Begründen Sie die Idee und beantworten Sie Fragen.
- Führen Sie am Ende eine Abstimmung durch. Welche Anliegen werden angenommen, welche verworfen?

**Kompetenzen: Sie können ...**

- aufgrund Ihrer Lebenserfahrung und politischen Bildung eine konkrete Idee für eine Volksinitiative entwickeln,
- Ihre Idee dem Publikum (Klasse) präsentieren und begründen.

### L8 Den persönlichen Smartspider erstellen

- Erstellen Sie Ihren eigenen Smartspider. Die Anleitung dazu finden Sie auf der Internetseite *www.parteienkompass.ch*.
- Vergleichen Sie Ihre politische Positionierung mit jenen der verschiedenen Schweizer Parteien.
    - ▸ Mit welcher Partei haben Sie die grösste Übereinstimmung?
    - ▸ Mit welcher Partei haben Sie die grössten Abweichungen?
    - ▸ Wie ordnen Sie sich ein? Eher links-liberal/eher rechts-konservativ/Mitte?
- Drucken Sie Ihren Smartspider aus und bringen Sie ihn in den Unterricht mit.
- Präsentieren Sie Ihren Smartspider in Form eines Kugellagergesprächs. Bilden Sie dazu einen äusseren und einen inneren Kreis, wobei jeweils zwei Lernende einander gegenübersitzen. Sobald der Start erfolgt, präsentieren die einander gegenübersitzenden Lernenden gegenseitig den persönlichen Smartspider. Nach einer bestimmen Zeit rutschen die Lernenden im Innenkreis im Uhrzeigersinn um eine Position weiter. Nun wird der Smartspider erneut präsentiert.
- Prüfen Sie nach dem Kugellagergespräch Ihre Positionierung. Was würden Sie verändern? Was würden Sie unverändert lassen?

**Kompetenzen: Sie können ...**

- Ihre politische Positionierung in Form eines Smartspider vornehmen,
- Ihre Positionierung mit anderen diskutieren und kritisch überprüfen.

### L9 Lobbyarbeit: Politikerinnen und Politiker für die eigenen Interessen gewinnen

- Bilden Sie für dieses Rollenspiel eine Gruppe von fünf Personen.
- Verteilen Sie folgende Rollen: 3 Politiker/Politikerinnen (P), 2 Lobbyisten/Lobbyistinnen (L).
- Es geht um folgendes Anliegen: CHF 2000 Mindestlohn für Lernende!
- Die beiden L versuchen mit guten Argumenten, die P von ihrem Anliegen zu überzeugen. Die P nehmen folgende Positionen ein: P 1: ganz dagegen / P 2: sehr kritisch / P 3: ist offen, hat sich noch keine Meinung gebildet.
- Ziel muss sein, mindestens 2 P für die Unterstützung des Anliegens zu gewinnen.
- Nach dem Gespräch geben die P ein Feedback. Leitfragen sind:
  - ▸ Weshalb habe ich mich überzeugen lassen?
  - ▸ Weshalb habe ich mich nicht überzeugen lassen?
  - ▸ Wie hätte ich argumentiert?
- Hinweis: Sie können auch ein anderes Anliegen wählen.

**Kompetenzen: Sie können ...**

- erkennen, wie Lobbyarbeit funktioniert,
- andere von Ihrem Anliegen überzeugen und zur Unterstützung gewinnen.

### L10 Die Entstehung eines Gesetzes visualisieren

- Arbeiten Sie zu zweit oder zu dritt.
- Visualisieren Sie die Entstehung eines Gesetzes in Form eines Ablaufschemas (siehe S. 113, Wie ein Gesetz entsteht). Verwenden Sie die fett gedruckten Bezeichnungen (z. B. Anstoss). Arbeiten Sie zudem mit Symbolen und verwenden Sie Farbe.
- Zeichnen Sie das endgültige Ablaufschema auf Flipchart-Papier oder erstellen Sie das Schema in digitaler Form.
- Vergleichen Sie Ihre Darstellung mit anderen Gruppen.

**Kompetenzen: Sie können ...**

- die Entstehung eines Gesetzes nachvollziehen,
- die Entstehung eines Gesetzes in einem Ablaufschema übersichtlich visualisieren.

# Kapitel 5
## Kultur und Kunst

Das obige Bild heisst «Quadrate und konzentrische Ringe» und wurde 1913 vom russischen Maler Wassily Kandinsky geschaffen. Kandinsky war ein Künstler des Expressionismus und gilt als Wegbereiter der abstrakten Kunst. – Dieses Bild führt uns direkt zum Thema Kultur und Kunst. Tagtäglich haben wir es mit kulturellen Leistungen der Menschheit zu tun: Kleidung, Wohnung, Autos, Elektrizität, Computer, Bücher, Sport usw. Als Kultur gilt nämlich alles, was wir Menschen durch unser Denken und Handeln erschaffen. Dieser Kulturbegriff steht in Abgrenzung zur Natur: Erde, Wasser, Luft, Berge, Tiere, Pflanzen. Wenn wir von Kunst sprechen, meinen wir den Teil der Kultur, der kreative schöpferische Leistungen umfasst, zum Beispiel die Malerei, das Theater, die Literatur und die Musik.

**Sie lernen in diesem Kapitel,**

- was Kultur ist und was der Begriff alles umfasst,
- welche Kunstformen es gibt und wie sich diese unterscheiden,
- wie sich die bildenden und darstellenden Kunstformen entwickelt haben,
- wie vielfältig die künstlerischen Ausdrucksformen sind,
- wie sich die Vielfalt innerhalb der verschiedenen Kunstformen zeigt.

« *Kunst wäscht den Staub des Alltags von der Seele.* »

*Pablo Picasso*

## 5.1 Kultur

**Was ist Kultur?**

Der Mensch unterscheidet sich vom Tier unter anderem dadurch, dass er mit seinen geistigen und körperlichen Fähigkeiten ständig Neues erschafft. Die Gesamtheit dieser Leistungen bezeichnet man als Kultur. Das Wort leitet sich vom lateinischen «cultura» ab, das «Landbau» oder «Pflege» bedeutet.

*Begriff*

**Formen kultureller Leistungen**

Kultur umfasst als Oberbegriff sämtliche schöpferischen Leistungen der Menschen in unterschiedlichen Bereichen: Sprache, Brauchtum, Technik, Wirtschaft, Wissenschaft, Religion, Philosophie, Kunst.

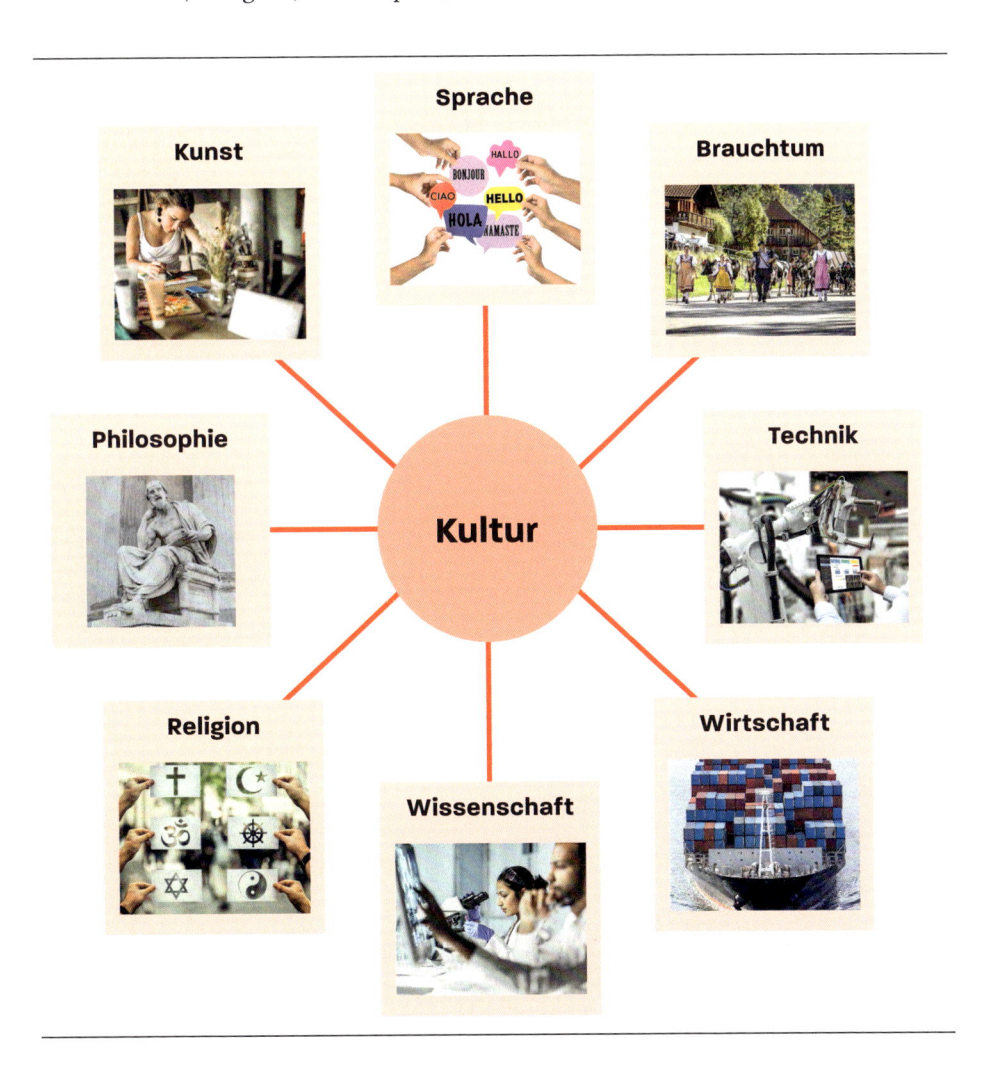

**Vielfalt** Aufgrund der unterschiedlichen Entwicklungen der Menschheit entstanden im Laufe der Jahrtausende vielfältige Lebensweisen und Kulturen. Auch innerhalb eines Kulturraums gibt es kulturelle Unterschiede, so zum Beispiel zwischen jungen und älteren Menschen, zwischen der Stadt- und der Landbevölkerung und zwischen unterschiedlichen Religionen.

**Gegenseitiger Einfluss** Die Kulturformen verändern sich laufend und beeinflussen sich gegenseitig. So hat die Wissenschaft Einfluss auf Wirtschaft und Technik, die Sprache auf die Kunst (z. B. auf Literatur und Theater), und die Religionen beeinflussen das Brauchtum (z. B. Feste wie Weihnachten und Ostern).

▶ **Lernauftrag 1:** Kulturelle Leistungen bewerten (siehe Seite 152).

▶ **Lernauftrag 2:** Kurzporträt einer Religion erstellen (siehe Seite 153).

---

**Das weiss ich jetzt!**

5.1 Was wird als Kultur bezeichnet?

5.2 Was ist die Ursache der kulturellen Vielfalt?

## 5.2 Kunst als Teil der Kultur

Die Menschen hatten schon früh das Bedürfnis, sich neben der täglichen Arbeit auch künstlerisch zu betätigen. So gibt es die Malerei seit über 30 000 Jahren. Erste Bilder wurden bereits in der Steinzeit auf Höhlenwände gemalt. Die Farbe wurde mithilfe von Erdfarben, Gesteinen oder Erzen hergestellt. Die Felszeichnungen handeln meist von Tieren und Menschen.

**Höhlenmalerei**

Im Gegensatz zur Wirtschaft hat die Kunst nicht das Ziel, ein Produkt zur praktischen Verwendung herzustellen, beispielsweise Kleider oder Geräte. In der Kunst geht es darum, Kreativität auszuleben, Emotionen auszudrücken und neue Sichtweisen zu ermöglichen. Die Künstlerinnen und Künstler handeln aus einem inneren Bedürfnis heraus, wobei nicht der Nutzen des Kunstprodukts oder der finanzielle Profit im Vordergrund stehen.

**Kreativität**

Die Kunst als Teil der Kultur lässt sich in folgende vier Formen unterteilen:

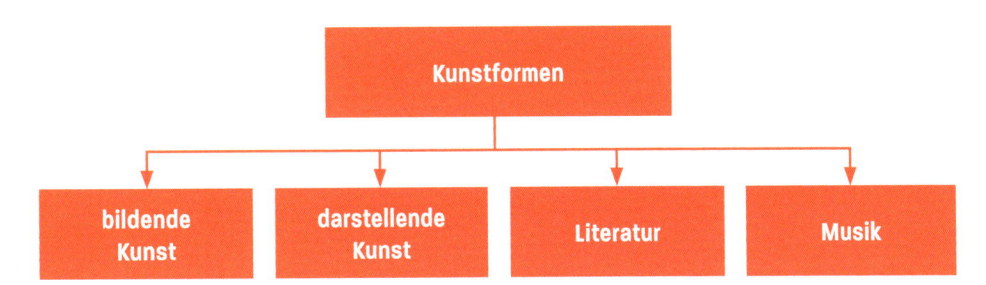

```
                    Kunstformen
        ┌──────────┬──────────┬──────────┐
   bildende    darstellende  Literatur   Musik
    Kunst         Kunst
```

*Höhlenmalerei in Frankreich (Lascaux / Dordogne), entstanden zirka 14 000 vor Christus.*

## 5.3 Bildende Kunst

Die bildende Kunst teilt man ein in die zweidimensionalen und die dreidimensionalen Künste. Mit «bildend» ist in diesem Zusammenhang «gestaltend» gemeint.

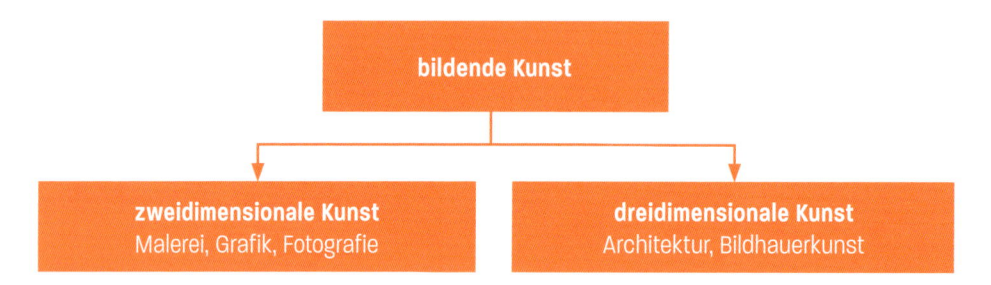

```
                    bildende Kunst
                    /            \
    zweidimensionale Kunst    dreidimensionale Kunst
    Malerei, Grafik, Fotografie    Architektur, Bildhauerkunst
```

### Malerei

**Abbildung der Wirklichkeit**    In der Malerei dominierte lange Zeit die Darstellung von realen Objekten wie Menschen, Tieren und Landschaften. Die Gemälde bildeten die Wirklichkeit ab. Um die Wirklichkeit so genau wie möglich darzustellen, wurde die Technik der Zentralperspektive angewendet.

**Zentralperspektive**    Die Gemälde wurden von einem fixen Standpunkt aus erstellt und so konstruiert, dass sie dreidimensional wirken. Die Dreidimensionalität basiert auf folgenden Sinnestäuschungen: Objekte erscheinen mit zunehmender Entfernung kleiner. Parallel in die Tiefe führende Linien, die Fluchtlinien, scheinen sich in einem zentralen Punkt, dem sogenannten Fluchtpunkt, zu treffen.

Dieses Gemälde des italienischen Künstlers Raffael (1483–1520) zeigt beispielhaft die zentralperspektivische Komposition. Die Dreidimensionalität wird zusätzlich dadurch unterstützt, dass die Personen im Vordergrund grösser dargestellt sind als jene im Hintergrund und die Farben mit zunehmender Entfernung verblassen.

Die Epoche des Malers Raffael nennt man **Renaissance**. Andere bekannte Künstler waren Leonardo da Vinci, Sandro Botticelli und Michelangelo.

*Raffael: Die Schule von Athen, um 1510.*

## Malerei des 19. und 20. Jahrhunderts

Mit dem Aufkommen der Fotografie in der zweiten Hälfte des 19. Jahrhunderts bekamen künstlerische Bilder eine neue Ausrichtung. Durch die technischen Möglichkeiten machte das neue Medium der traditionellen Malerei Konkurrenz, die sich entsprechend neuen Formen zuwandte: Nicht mehr die möglichst realistische Abbildung der Wirklichkeit stand im Vordergrund, vielmehr ging es nun um den Ausdruck von persönlichen Gefühlen und subjektiven Wahrnehmungen. Aus dieser Neuausrichtung entwickelten sich verschiedene Stilrichtungen.

### Stilrichtungen des 19. und 20. Jahrhunderts

**Impressionismus (ab 1880)**

Impression bedeutet Eindruck. Beim Impressionismus geht es darum, einen bestimmten Moment einzufangen. Der Impressionismus bricht mit der Tradition des genauen Abbildens, indem er die Wirklichkeit nur als flüchtigen Anblick zeigt. Ein typisches Werk für die Strömung ist das Bild «Sonnenaufgang» von Claude Monet.

Weitere wichtige Vertreter sind: Vincent van Gogh, Edouard Manet, Pierre Auguste Renoir, Edgar Degas, Paul Cézanne.

*Claude Monet: Sonnenaufgang, 1872.*

**Expressionismus (ab 1905)**

Ging der Impressionismus vom subjektiven und vergänglichen Eindruck aus, steht für den Expressionismus der Ausdruck im Vordergrund (Ausdruck = expression). Die farbenintensiven und leidenschaftlichen Bilder stellen innere Empfindungen und Gefühlszustände bildlich dar. Ein bekanntes Bild des Expressionismus ist «Der Schrei» des norwegischen Malers Edvard Munch.

Weitere wichtige Vertreter sind: Ernst Ludwig Kirchner, Franz Marc, Paul Klee.

*Edvard Munch: Der Schrei, 1895.*

*Pablo Picasso: Frau mit Hut, 1961–1963.*

### Kubismus (ab 1907)

«Kubismus» ist abgeleitet vom lateinischen Wort «cubus», was Würfel bedeutet. Der Kubismus löste sich von den Fundamenten der bisherigen Malkunst und gilt daher als eine der bedeutendsten Veränderungen in der Malerei. Gearbeitet wird mit abstrakten geometrischen Figuren wie Kugeln, Kegeln, Zylindern und Pyramiden. Der bekannteste Vertreter der Strömung ist Pablo Picasso.

Weitere wichtige Vertreter sind: Georges Braques, Fernand Léger, Juan Gris.

*Piet Mondrian: Komposition mit Rot, Gelb, Blau und Schwarz, 1921.*

### Abstrakte Malerei (ab 1900)

Künstlerinnen und Künstler der abstrakten Malerei verzichten radikal auf die Abbildung von real existierenden Objekten. Die Bilder bestehen aus Farbkompositionen, Kontrasten, Linien und geometrischen Formen ohne jeden erkennbaren Bezug zum Gegenständlichen. Als einer der Begründer gilt der russische Maler Wassily Kandinsky.

Wichtige Vertreter sind: Piet Mondrian, Kasimir Malewitsch.

### Dadaismus (ab 1916)

Der Dadaismus verstand sich als Protestbewegung gegen die Gesellschaft und auch gegen die bisherigen Kunstformen. Die Dadaistinnen und Dadaisten machten sich lustig über die konventionelle Kunst. So wurden traditionelle Kunstformen parodiert und satirisch übertrieben dargestellt. Ein zentrales Mittel war die Provokation.

Wichtige Vertreter sind: Hans Arp, Kurt Schwitters, Max Ernst, Marcel Duchamp.

*Duchamp hat im Titel folgende Botschaft versteckt: Elle a chaud au cul, übersetzt: Ihr ist heiss am Arsch.*

*Marcel Duchamp: L.H.O.O.Q., 1919.*

## Surrealismus (ab 1920)

Der Begriff «Surrealismus» stammt aus dem französischen Wort «surréalisme», was «über dem Realen», also über der Wirklichkeit bedeutet. Die Künstlerinnen und Künstler stellten das Traumhafte, Unbewusste und auch das Widersinnige ins Zentrum ihres Schaffens, also all jene Dinge, die nicht durch den menschlichen Verstand und durch Erfahrung zu erfassen sind.

Wichtige Vertreter sind:
Max Ernst, Salvador Dalí,
René Magritte, Joan Miró.

*Salvador Dalí: Die weichen Uhren, 1931.*

## Abstrakter Expressionismus (1940/50er-Jahre)

Abstrakter Expressionismus ist eine Kunstrichtung der modernen Malerei, die ihre Wurzeln in New York hat. Gefühle und Spontanität sind wichtiger als Perfektion, Vernunft und Regeln. Die Darstellungsweise ist abstrakt. Farbe wird auch mit den Händen und mithilfe von Farbkübeln aufgetragen.

Wichtige Vertreter sind:
Jackson Pollock, Mark Rothko,
Willem de Kooning, Yves Klein.

*Willem de Kooning: ohne Titel, 1977.*

## Pop-Art (ab 1955)

Pop-Art wurde als bewusste Abkehr von der Malerei des abstrakten Expressionismus verstanden. Motive sind häufig der Alltagskultur, der Welt des Konsums, den Massenmedien und der Werbung entnommen. Die dargestellten Gegenstände sind oftmals sehr realistisch, überdimensionierter, bunt und ohne Tiefe, also flächig gestaltet.

Wichtige Vertreter sind:
Roy Lichtenstein, Andy Warhol,
Jasper Johns, Richard Hamilton.

*Andy Warhol: Coca Cola Bottles, 1962.*

## Grafik

Grafik ist ein Sammelbegriff für alle künstlerischen und technischen Zeichnungen. Teilgebiete der Grafik sind die Handzeichnung und die Druckgrafik.

**Handzeichnung** Bei der Handzeichnung ist die Linie das wichtigste Gestaltungsmittel. Linien schaffen Abgrenzungen und teilen Flächen; sie umreissen Silhouetten und Konturen. Die Art und Weise, wie die Linie gezogen ist – dünn oder stark, kurz oder lang, gerade oder geschwungen –, bestimmt wesentlich den Charakter der Zeichnung.

**Druckgrafik** Als Druckgrafik bezeichnet man Werke, die durch ein drucktechnisches Verfahren entstehen und vervielfältigt werden. Drucktechnische Verfahren sind: Steinabreibung, Holzschnitt, Kupferstich, Lithografie und Siebdruck.

Zu den grafischen Künsten werden auch Graffiti und die Computerkunst gezählt.

*Graffiti.*

▶ **Lernauftrag 3:** Ein Bild in verschiedenen Stilen malen (siehe Seite 153).

### Das weiss ich jetzt!

5.3 Welche vier Kunstformen unterscheidet man?

5.4 Welche Kunstformen zählt man zur dreidimensionalen Kunst?

5.5 Mit welcher Technik wurde in der Malerei die Dreidimensionalität vorgetäuscht?

5.6 Welche Erfindung bewirkte, dass in der Malerei die Darstellung der Wirklichkeit nicht mehr im Vordergrund stand?

5.7 Wer war der bekannteste Vertreter des Kubismus?

5.8 Was zeichnet die abstrakte Malerei aus?

5.9 Was wird auf den Bildern des Surrealismus dargestellt?

5.10 Welche Kunstrichtung verstand sich als Gegenströmung zum abstrakten Expressionismus?

5.11 Was ist das wichtigste Gestaltungsmittel bei der Handzeichnung?

## Fotografie

Lange Zeit zählte man die Fotografie nicht zu den Künsten. Erst nach und nach wurde sie als vollwertige Kunstform akzeptiert. Dabei hat die Fotografie die Wahrnehmung der Welt entscheidend geprägt und unser Verhältnis zur Wirklichkeit verändert. Durch die Smartphones wurde die Fotografie zu einem allgegenwärtigen Medium, das wir im Alltag zumeist ohne grösseres Nachdenken verwenden.

Die künstlerische Fotografie teilt sich auf in zahlreiche Stilrichtungen wie Porträt-, Architektur-, Werbe-, Mode-, Akt- und Naturfotografie.

**Künstlerische Fotografie**

*Balthasar Burkhard: Mexiko, 1999.*

## Architektur

Die Architektur gehört zu einer der ältesten Kunstformen der Menschheit. Bereits in der Antike (Ägypter, Griechen, Römer) wurden Gebäude von Baumeistern sorgfältig geplant und auf verschiedene Arten umgesetzt. Etliche dieser Bauten können wir noch heute bewundern.

**Grundprinzipien** — Die Baukunst beruht auf drei Grundprinzipien: Stabilität, Nützlichkeit und Schönheit. Bei der Planung beachtet die Architektin alle drei Prinzipien. Zudem soll ein Bauwerk den Ansprüchen der Form und der Funktion gleichermassen entsprechen.

**Sakral- und Profanbauten** — Man unterscheidet zwischen Sakral- und Profanbauten. Sakralbauten (sakral = heilig) sind Kirchen, Synagogen, Moscheen, Tempel usw. Sie dienen religiösen Zwecken und haben eigene Stilelemente. Mit Profanbauten (profan = weltlich) sind Wohn- und Bürogebäude, Sportstätten, Museen, Messehallen usw. gemeint.

**Schweizer Architekten** — Die Schweiz verfügt über eine Reihe bekannter Architekten, die international tätig sind: Peter Zumthor, Mario Botta, Jacques Herzog & Pierre de Meuron, Bernard Tschumi, Roger Diener.

*Herzog & de Meuron: Roche-Turm in Basel.*

## Bildhauerkunst

Als Bildhauerkunst bezeichnet man die bildende Kunstgattung, in der aus festen Stoffen dreidimensionale Bildwerke geschaffen werden. Dabei unterscheidet man zwischen Plastik und Skulptur.

Eine Plastik entsteht durch Antragen von weichem Material wie Gips und Ton oder durch Giessen von flüssigem Material wie heisser Bronze. Bei der Plastik arbeitet man von innen nach aussen und baut so die Plastik auf. **Plastik**

Eine Skulptur entsteht durch Abtragen oder Wegschneiden von hartem Material wie Stein und Holz. Bei der Skulptur arbeitet man von aussen nach innen und lässt sie so nach und nach entstehen. **Skulptur**

*Alberto Giacometti: Der Hund, 1951.*

▶ **Lernauftrag 4:** Ein bekanntes architektonisches Bauwerk vorstellen (siehe Seite 154).

**Das weiss ich jetzt!**

5.12 Was sind die drei Grundprinzipien der Architektur?

5.13 Was sind Profanbauten?

5.14 Wodurch unterscheiden sich die Arbeitsweisen bei der Plastik und bei der Skulptur?

## 5.4 Darstellende Kunst

Im Gegensatz zu den bildenden Künsten brauchen darstellende Künste ein Publikum, dem das Kunstwerk dargestellt, also vorgeführt wird. Ein weiteres Merkmal ist die Vergänglichkeit der Darstellung. Ein Bild oder eine Skulptur bleibt bestehen und kann immer wieder betrachtet werden. Ein Theaterstück oder ein Musical muss vor einem Publikum aufgeführt werden und nimmt unweigerlich ein Ende. Man spricht auch von flüchtigen Künsten. Mit der heutigen Technik lassen sich darstellende Künste zwar aufzeichnen, trotzdem gilt für sie nach wie vor das Merkmal der Flüchtigkeit und Vergänglichkeit.

Folgende darstellende Kunstformen werden unterschieden. Man spricht auch von Sparten, Gattungen oder Genres (franz. = Gattung).

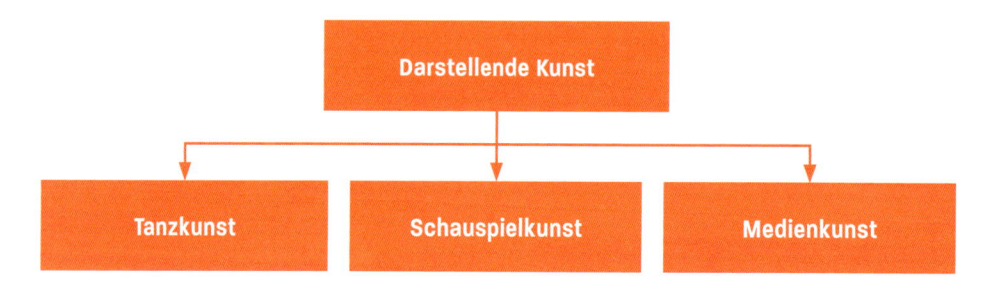

**Darstellende Kunst**
- Tanzkunst
- Schauspielkunst
- Medienkunst

### Schauspielkunst

Die Schauspielkunst unterteilt sich in verschiedene Sparten.

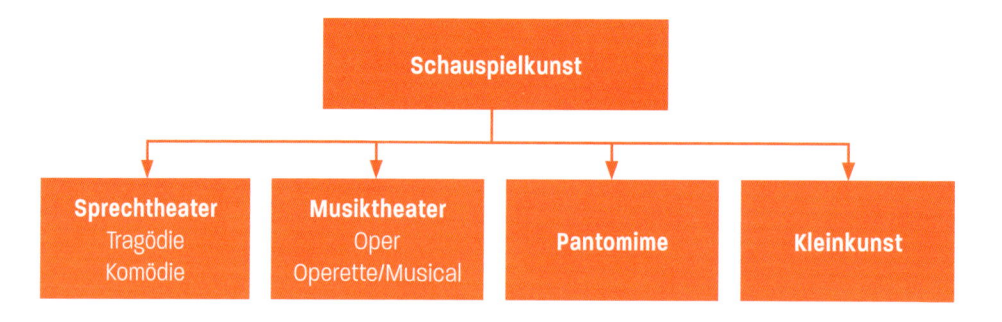

**Schauspielkunst**
- **Sprechtheater**
  Tragödie
  Komödie
- **Musiktheater**
  Oper
  Operette/Musical
- **Pantomime**
- **Kleinkunst**

*Auftritt des Tessiner Ensembles «Young Lab Grande Giro» am fanfaluca Jugend Theater Festival Schweiz 2018.*

### Sprechtheater

Unter einem Sprechtheater versteht man eine Aufführung, in der vorwiegend gesprochen wird – dies im Gegensatz zum Musiktheater und zum Tanztheater. Das Sprechtheater ist auch unter der Bezeichnung «Schauspiel» bekannt. Die Sprache wird durch Mimik, Gestik und Körperbewegung unterstützt. Theaterschauspieler und Theaterschauspielerinnen müssen daher das Sprechen beherrschen und sich auch über Bewegung, Mimik und Gestik ausdrücken können.

Tragödien enden in der Katastrophe, oft mit dem Tod der Hauptfigur. Bei Komödien sind die Themen leichter, es gibt viel zu lachen, die Stücke enden heiter. **Tragödie Komödie**

### Musiktheater

Wie im Sprechtheater wird auch im Musiktheater eine Handlung dargestellt. Hier stehen aber Gesang und Musik im Vordergrund, weniger die Sprache. Eine Urform des Musiktheaters ist die Oper.

In einer Opernaufführung (ital. opera = Werk) sind Elemente des Schauspiels mit der Musik verknüpft. Die Darstellerinnen und Darsteller tragen die Texte singend vor, während ein Orchester sie begleitet. Die Einleitung in ein Opernwerk heisst Ouvertüre und wird instrumental vom Orchester gespielt. Opern werden heute oft sehr aufwendig als Open-Air-Spektakel inszeniert. Berühmt dafür sind die Bregenzer Festspiele mit der riesigen Seebühne. **Oper**

Wie in der Oper werden auch in der Operette schauspielerische und musikalische Elemente gemischt. Hinzu kommen zum Teil tänzerische Einlagen und gesprochene Dialoge. Im Gegensatz zur Oper ist der Inhalt leichter, zudem sind Operetten in der Regel kürzer. Übersetzt bedeutet Operette «kleine Oper». **Operette**

**Musical**  Das Musical ist eine relativ junge Bühnenform. Leonard Bernstein komponierte 1957 das Musical «West Side Story». Dargestellt wird eine moderne Form der Liebesgeschichte «Romeo und Julia». Das Musical «Hair» (1967) handelt von einer Hippie-Gruppe, die in New York lebt und gegen den Vietnamkrieg protestiert. «Hair» gilt als eines der erfolgreichsten Musicals und wurde auch verfilmt. Der erfolgreichste Musicalkomponist ist der Engländer Andrew Lloyd Webber. Er komponierte unter anderem «Jesus Christ Superstar», «Evita», «Cats», «Starlight Express» und «The Phantom of the Opera».

*Szene aus dem Musical «Cats», hier in einer Aufführung von 2017.*

## Tanzkunst

Der Tanz hat als Ausdrucksform eine lange Tradition. Ursprünglich hatte er eine religiöse Bedeutung. Als darstellende Kunstform gibt es den Bühnentanz schon seit über 500 Jahren. Er war meistens ein Teil des Theaters. Heute ist die Tanzkunst eine eigenständige Sparte und lässt sich in verschiedene Gattungen unterteilen.

Beim Ballett, auch klassischer Tanz genannt, handelt es sich um einen Bühnentanz, der von klassischer Musik begleitet wird. Zu den Elementen des Balletts gehören neben dem Tanz und der Musik auch Kostüme, Requisiten und Bühnenbilder. Die Bewegungen und Bewegungsabläufe sind vorgegeben. Typisch für das klassische Ballett ist der Tanz auf den Zehenspitzen, der sogenannte Spitzentanz. Die künstlerische Gestaltung der Werke nennt man Choreografie. **Ballett**

Im 20. Jahrhundert entwickelten sich neue tänzerische Formen wie der Ausdruckstanz und der Modern Dance. Sie wollten sich vom traditionellen klassischen Ballett abgrenzen. Als wichtigste Vertreterin des Modern Dance gilt die amerikanische Tänzerin und Choreografin Martha Graham (1894–1991). Die neuen Strömungen werden heute auch unter dem Oberbegriff «Zeitgenössischer Tanz» zusammengefasst. **Modern Dance**

Der Jazzdance entwickelte sich aus den diversen Tanzstilen. Ein wichtiger Bestandteil sind afroamerikanische Tänze. Merkmale des Jazzdance sind Betonung der Körperlinie, schnelle Fussarbeit und rhythmische Körperbewegungen. Das Bewegungszentrum ist das Becken. **Jazzdance**

Der Breakdance entstand in den 1970er-Jahren auf den Strassen von New York als Teil der Hip-Hop-Bewegung. Die Tänzer und Tänzerinnen brauchen nicht nur tänzerische, sondern auch athletische Fähigkeiten, denn der Tanz ist sehr akrobatisch. Der Breakdance ist heute weltweit verbreitet. **Breakdance**

*Breakdance: eine sehr athletische, akrobatische Tanzform.*

## Medienkunst

Als Medienkunst bezeichnet man künstlerische Arbeiten, bei denen technische Mittel wie Film, Video, Computer oder das Internet verwendet werden. Die Medienkunst ist wie die Fotografie eine relative junge Kunstgattung. Eine heute weit verbreitete Form ist der Film.

### Filmkunst

Der Film hat sich rasch zu einem wichtigen Element der modernen Kultur entwickelt. Dies hat mehrere Gründe: Er kommt dem Bedürfnis nach Unterhaltung nach und bietet die Möglichkeit, in Fantasiewelten einzutauchen. Zudem sprechen Filme durch Bild, Musik und Handlung die Gefühle der Zuschauerinnen und Zuschauer an. Dokumentarfilme hingegen ermöglichen Einblicke in unbekannte Situationen.

*Das Filmteam bei den Dreharbeiten zum Spielfilm «Usgrächnet Gähwilers» von Martin Guggisberg (Regie und Drehbuch).*

Gestaltungsmittel   Beim Film wird mit verschiedenen Gestaltungsmitteln gearbeitet.

| | |
|---|---|
| **Perspektive** | Die Kamera kann folgende Perspektiven einnehmen: frontal (von vorne), Profil (von der Seite), Froschperspektive (von unten), Vogelperspektive (von oben). Die Vogelperspektive kommt heute dank der Drohnen sehr häufig zum Einsatz. |
| **Einstellungs-grösse** | Die Einstellungsgrösse bezeichnet das Grössenverhältnis des abgebildeten Objekts zur Bildfläche. Man unterscheidet folgende Grössen: Supertotale, Totale, Halbtotale, Halbnah, Nah, Detail. |
| **Montage** | Mit Montage wird das Zusammensetzen der einzelnen Filmaufnahmen bezeichnet. Der Vorgang heisst im Englischen «cutting», im Deutschen «Schnitt». Durch Schnitt und Montage erhält der Film den gewünschten Rhythmus, beispielsweise hektisch/schnell oder ruhig/langsam. |
| **Mise en Scène** (In-Szene-Setzen) | Mit «Mise en Scène» ist der Aufbau des Bildes gemeint. Dazu gehören die Gestaltung der Szenerie, die Requisiten, die Anordnung und Bewegungen der Schauspielerinnen und Schauspieler. Das In-Szene-Setzen ist eine wichtige Aufgabe des Regisseurs und der Kameraleute. |

**Entwicklung**

Zu Beginn des 20. Jahrhunderts waren die Dialoge nicht zu hören, deshalb wurden Zwischentitel eingeblendet. Oft begleitete ein Pianist oder ein kleines Orchester die Filmvorführungen. Um 1935 löst der Tonfilm den Stummfilm ab. — **Stummfilm**

Ab 1910 liessen sich verschiedene Filmproduzenten im damals kleinen Hollywood bei Los Angeles an der Westküste der USA nieder und legten so den Grundstein für die Filmfabrik Hollywood. Heute ist Hollywood die bedeutendste Filmmetropole. — **Hollywood**

Der britische Schauspieler und Regisseur Charlie Chaplin (1889–1977) gilt als erster Weltstar des Kinos. Seine bekannteste Rolle ist die des Tramps. Im Film «The Kid» (1921) thematisiert Chaplin die Armut der Waisenkinder. In «Modern Times» (1936) stellt er den Kampf des Menschen gegen die Technik dar. «The Great Dictator» (1940) ist eine grandiose Satire auf Hitler und den deutschen Nationalsozialismus. — **Charlie Chaplin**

Von Beginn an wurde versucht, Farbe in den Film zu bringen. Um 1940 gelang dann dank neuer technischer Verfahren der Durchbruch. Die Farbfilme lösten in der Folge die Schwarz-Weiss-Filme rasch ab. — **Farbfilm**

Vor allem europäische Regisseure nutzten den Film schon früh für Gesellschaftskritik. Sie zeigten Menschen in schicksalhaften Situationen und beleuchteten deren Nöte. Die Filme sollten realistisch wirken und zum Nachdenken anregen. Beispiele sind: «La strada» (1954) von Federico Fellini, «Jules und Jim» (1962) von François Truffaut und «Die Ehe der Maria Braun» (1979) von Rainer Werner Fassbinder. In den USA entstanden Antikriegsfilme wie «Apocalypse Now», (1979) «Platoon» (1986) und «Full Metal Jacket» (1987). — **Gesellschaftskritik**

In den 1980er-Jahren waren Filme mit Spezialeffekten sowie Katastrophenfilme sehr beliebt. Comicverfilmungen wie «Superman» und «Batman» sowie technisch aufwendig produzierte Weltraumfilme wie die «Star-Wars»-Filme und die «Enterprise»-Serie zogen ein grosses Publikum an. Sehr erfolgreich war der Katastrophenfilm «Titanic» (1997), dessen Produktion über 200 Millionen US-Dollar kostete. Moderne Filme machen intensiven Gebrauch von computergenerierten Bildern. — **Spezialeffekte**

▶ **Lernauftrag 5:** Ein Werk der Tanz-, Schauspiel- oder Medienkunst präsentieren (siehe Seite 154).

---

**Das weiss ich jetzt!**

5.15 Welche drei Formen der darstellenden Kunst unterscheidet man?

5.16 Wie nennt man beim Sprechtheater Stücke, die heiter bzw. tragisch enden?

5.17 Was unterscheidet die Operette von der Oper?

5.18 Was ist ein typisches Merkmal des klassischen Tanzes?

5.19 Wer gilt als wichtigste Vertreterin des Modern Dance?

5.20 Welche Gestaltungsmittel werden beim Film eingesetzt?

## 5.5 Literatur

Der Begriff «Literatur» ist abgeleitet vom lateinischen Wort «littera» (Buchstabe). In Abgrenzung zu den Sachtexten (Berichte, Gebrauchsanleitungen, Protokolle usw.) braucht man den Begriff «Literatur» für alle Texte, deren Inhalt erfunden ist. Sie werden auch als literarische Texte oder Belletristik bezeichnet.

**Merkmale** Unabhängig von der Form weisen literarische Texte folgende Merkmale auf:

- Sie sind fiktional (ohne Wahrheitsanspruch).
- Sie sind mehrdeutig.
- Sie sind künstlerisch gestaltet.
- Der Autor/die Autorin ist nicht identisch mit dem Erzähler/der Erzählerin.

**Fiktionalität** Mit Fiktionalität bezeichnet man den erfundenen Charakter der dargestellten Welt. Die Autorinnen und Autoren erfinden die Figuren, die Handlungen, die Zeit und die Szenerie. Doch Realität und Fiktion können auch vermischt werden. So haben literarische Werke zum Teil ein reales Ereignis als Ausgangspunkt, beispielsweise in einem historischen Roman. Die folgende Grafik zeigt den Unterschied zwischen realitätsbezogenem und fiktionalem Schreiben.

*Realitätsbezogenes Schreiben: Sachtexte* — Verfasser/Verfasserin nimmt wahr … und versucht, die Wirklichkeit möglichst objektiv darzustellen.

*Fiktionales Schreiben: Literatur* — Autor/Autorin nimmt wahr … Wirklichkeit … und erfindet eine eigene «Wirklichkeit».

**Gattungen** Literarische Texte lassen sich in folgende drei Gattungen einteilen:

**literarische Gattungen**
- **Epik**: Roman, Erzählung, Märchen
- **Dramatik**: Theaterstück, Filmdialog, Oper
- **Lyrik**: Gedicht, Ballade, Lied

## Epik (erzählende Dichtung)

Die Texte der erzählenden Dichtung sind im Gegensatz zu dramatischen und lyrischen Texten fortlaufend in meist vollständigen Sätzen verfasst. Man nennt diese Schreibweise Prosa.

**Formen**

Es gibt viele verschiedene Formen erzählender Texte. Sie unterscheiden sich zum Teil stark in ihrem Umfang. So kann eine Fabel aus wenigen Sätzen bestehen, ein Roman kann tausende von Seiten umfassen. Weitere Formen sind: Erzählung, Kurzgeschichte, Anekdote, Sage, Parabel und Märchen.

**Roman**

Der Roman ist die bekannteste epische Form und wird heute oft gelesen. Die meisten Romane sind mit einer Haupthandlung und verschiedenen Nebenhandlungen komplex aufgebaut, und es kommen zahlreiche Figuren vor. Nach inhaltlichen Aspekten unterscheidet man: Abenteuerroman, Kriminalroman, Reiseroman, Liebesroman, historischer Roman, Fantasyroman, Science-Fiction.

**Trivialromane**

Als sogenannte Trivialromane (trivial = alltäglich, gewöhnlich) gelten Bücher, die in erster Linie der Unterhaltung dienen und die Welt sehr vereinfacht und klischeehaft darstellen. Sie sind in einer leicht verständlichen Alltagssprache verfasst. Beispiel sind: Arztroman, Heimatroman, Erotikroman, Wildwestroman.

---

**Beispiel eines erzählenden Textes**
*Ausschnitt aus dem Roman «Nächsten Sommer» von Edgar Rai, erschienen 2010*

«Wieso kommst du denn erst jetzt?» Bernhard sieht mich an, als sei ich ihm eine Erklärung schuldig. «Erste Halbzeit ist schon vorbei.»
In ihm schwelt es. Wie immer, wenn er bei seiner Mutter war. Ich könnte ihm sagen, dass er meine Verspätung nicht persönlich nehmen soll, aber Bernhard nimmt selbst schlechtes Wetter persönlich. Ich könnte ihm auch sagen, dass mich Fußball nicht interessiert, nie interessiert hat und nie interessieren wird und ich nicht einmal weiß, wer gegen wen spielt – und nur gekommen bin, weil Marc meinte, ich solle mich nicht immer in meiner Tonne verkriechen. Und weil ich ihm etwas zu erzählen habe.
«Tut mir leid», antworte ich. Das war offenbar, was er hören wollte, jedenfalls gibt Bernhard die Türe frei. «Macht ja nichts. Steht sowieso noch null zu null.»
In Bernhards Wohnung riecht es immer ein bisschen wie im Krankenhaus. Ein Geruch, der sich den Anschein des natürlichen geben will und doch aseptisch bleibt. Seine Diele ist ein Leichenschauhaus für Schuhe, in Edelstahl, klar lackiert. Sechzehn aufklappbare Fächer, hinter denen sich jeweils ein Schuhpaar verbirgt, auf der Stirnseite und auf der Seite gegenüber. Wenn man den Raum halbieren würde, könnte man die Seiten passgenau aufeinanderlegen.
Ich habe lange gebraucht, bevor mir klargeworden ist, dass ihn das aufrecht hält: Der Glaube an Symmetrie und Perfektion, daran, dass alles funktioniert und einen Sinn ergibt, solange es einer geometrischen Ordnung folgt. Marc meint, Ordnung sei Bernhards Religion – und dass er bestimmt früher seine Scheiße nicht angucken durfte.

## Dramatik (dramatische Dichtung)

Die Dramatik umfasst alle Texte, die für Aufführungen auf der Bühne oder für den Film verfasst werden. Die Dramen haben eine lange Tradition und sind zum Teil aus religiösen Riten entstanden. Die Bühnenvorstellungen waren bereits in der Antike (Griechen, Römer) beim Publikum sehr beliebt. Das Wort «Drama» hat hier nicht die umgangssprachliche Bedeutung von Unglück oder Elend, sondern bedeutet Handlung.

**Aufbau** Die dramatische Dichtung wird im Gegensatz zur erzählenden Dichtung auf der Bühne oder im Film direkt erlebbar gemacht. Die Schauspielerinnen und Schauspieler entwickeln durch Monologe und Dialoge und ihr Spiel die Handlung. Die Stücke sind oftmals in Akte und Szenen gegliedert. Das Geschehen wird bewusst spannungsvoll zu einem Höhepunkt hin entwickelt. Je nach Form kann dieser Höhepunkt tragisch, versöhnlich, humorvoll oder auch offen enden.

---

**Beispiel eines dramatischen Textes**
*Ausschnitt aus «Der Besuch der alten Dame» von Friedrich Dürrenmatt*

*Der Butler:* 1910 war ich der Richter und ihr die Zeugen. Was habt ihr geschworen, Ludwig Sparr und Jakob Hühnlein, vor dem Gericht in Güllen?

*Die Beiden:* Wir hätten mit Klara geschlafen, wir hätten mit Klara geschlafen.

*Der Butler:* So habt ihr vor mir geschworen. Vor dem Gericht, vor Gott. War dies die Wahrheit?

*Die Beiden:* Wir haben falsch geschworen, wir haben falsch geschworen.

*Der Butler:* Warum, Ludwig Sparr und Jakob Hühnlein?

*Die Beiden:* Ill hat uns bestochen, Ill hat uns bestochen.

*Der Butler:* Womit?

*Die Beiden:* Mit einem Liter Schnaps, mit einem Liter Schnaps.

*C. Zachanassian:* Erzählt nun, was ich mit euch gemacht habe, Koby und Loby.

*Die Beiden:* Die Dame liess uns suchen, die Dame liess uns suchen.

*Der Butler:* So ist es. Claire Zachanassian liess euch suchen [...] und sie fand euch. Was hat sie dann mit euch gemacht?

*Die Beiden:* Kastriert und geblendet, kastriert und geblendet.

*Der Butler:* Dies ist die Geschichte: Ein Richter, ein Angeklagter, zwei falsche Zeugen, ein Fehlurteil im Jahre 1910.

*Ill:* (*stampft auf den Boden*) Verjährt, alles verjährt! Eine alte, verrückte Geschichte.

*Der Butler:* Was geschah mit dem Kind, Klägerin?

*C. Zachanassian:* (*leise*) Es lebte ein Jahr.

*Der Butler:* Was geschah mit Ihnen?

*C. Zachanassian:* Ich wurde eine Dirne.

*Der Butler:* Weshalb?

*C. Zachanassian:* Das Urteil des Gerichts machte mich dazu.

*Der Butler:* Und nun wollen Sie Gerechtigkeit, Claire Zachanassian?

*C. Zachanassian:* Ich kann sie mir leisten. Eine Milliarde für Güllen, wenn jemand Alfred Ill tötet.

*Totenstille*

© 1998, Diogenes Verlag AG, Zürich

# Lyrik (lyrische Dichtung)

Das Wort «Lyrik» ist vom griechischen «lyrikós» (= Spiel der Lyra) abgeleitet. Lyrische Dichtung hat also viel mit musikalischen Elementen wie Melodie, Klang und Rhythmus zu tun. Die bekannteste Lyrikform ist das Gedicht.

Lyrische Texte sind meist kurz und im Gegensatz zur Prosa in Versform verfasst. Weitere typische formale Merkmale sind Strophen, Reime und Metrum (Versmass). Die Sprache ist gefühlsbetont, wohlklingend, rhythmisch und kreativ – oftmals auch verschlüsselt. **Merkmale**

In lyrischen Texten werden persönliche Empfindungen, Gefühle und bestimmte Stimmungen ausgedrückt. Diese Subjektivität ist ebenfalls ein wichtiges Merkmal der Lyrik. **Subjektivität**

Ein weiteres Merkmal ist die Reduktion, das Verdichten. Damit ist gemeint, dass in einem Gedicht Gedanken, Gefühle und Stimmungen konzentriert und sehr prägnant formuliert sind. **Reduktion**

---

**Zwei Beispiele lyrischer Texte**

**Septembermorgen**
*Eduard Mörike (1804–1875)*

Im Nebel ruhet noch die Welt,
Noch träumen Wald und Wiesen:
Bald siehst du, wenn der Schleier fällt,
Den blauen Himmel unverstellt,
Herbstkräftig die gedämpfte Welt
In warmem Golde fliessen.

Ein kurzes, einstrophiges Gedicht mit regelmässigem Rhythmus und Reimen (Welt-fällt-unverstellt / Wiesen-fliessen).

**«*Das Liebespaar*»** von Octavio Paz, übersetzt von Hans Magnus Enzensberger

Sie liegen im Gras
ein Mann und ein Mädchen
Sie essen Orangen, sie tauschen Küsse
wie die Wellen tauschen sie ihren Schaum.

Sie liegen am Strand
ein Mann und ein Mädchen
Sie essen Zitronen, sie tauschen Küsse
wie die Wolken tauschen sie ihren Hauch.

Sie liegen in der Erde
ein Mann und ein Mädchen
Sie sagen nichts, sie küssen sich nicht
sie tauschen Schweigen um Schweigen ein.

Gedicht mit freiem Rhythmus und ohne Reime.

---

▶ **Lernauftrag 6:** Einen literarischen Text verfassen (siehe Seite 155).

---

**Das weiss ich jetzt!**

5.21 Was sind die Merkmale literarischer Texte?
5.22 Welche drei Literaturgattungen unterscheidet man?
5.23 Was ist eine andere Bezeichnung für Epik?
5.24 Was zeichnet den Roman aus?
5.25 Was sind vier typische formale Merkmale lyrischer Texte?

## 5.6 Musik

«Musik» ist die Bezeichnung für die Kunst aus Tönen. Die Töne können mit der Stimme oder mit Instrumenten erzeugt werden. Heute kann man auch mit dem Computer Musik produzieren, indem man bestimmte Bausteine (z. B. Rhythmen, Melodien) zusammensetzt.

**Elementares Bedürfnis**

Musik ist ein elementares Bedürfnis der Menschen. Während die sprachlichen Ausdrucksformen in erster Linie den Verstand ansprechen, erreicht die Musik die Gefühlswelt der Menschen. In allen Kulturen wurden und werden die musikalischen Ausdrucksform gepflegt. Dabei sind die Formen äusserst vielfältig.

**Gestaltungselemente**

- **Rhythmus:** Ordnung und Gliederung des zeitlichen Verlaufs der Klänge
- **Melodie:** Abfolge von Tönen in Bezug zur Tonhöhe und Tondauer
- **Harmonie:** Zusammenklang der verschiedenen Töne
- **Klangfarbe:** Schallspektrum der Stimme und der Instrumente, bestimmt durch Tonhöhe, Tondauer, Obertöne, Lautstärke

### Epochen der klassischen Musik

Die klassische Musik des 17. bis 19. Jahrhunderts lässt sich in folgende Epochen unterteilen:

**Epochen der klassischen Musik**

| | |
|---|---|
| **17. Jahrhundert** **Barock** | Johann Sebastian Bach (1685–1750) Antonio Vivaldi (1678–1741) Georg Friedrich Händel (1685–1759) |
| **18. Jahrhundert** **Klassik** | Joseph Haydn (1732–1809) Wolfgang Amadeus Mozart (1756–1791) Ludwig van Beethoven (1770–1827) |
| **19. Jahrhundert** **Romantik** | Franz Schubert (1797–1828) Robert Schumann (1810–1856) Frédéric Chopin (1810–1849) |

**Neue Musik**

Zu Beginn des 20. Jahrhunderts standen Künstlerinnen und Künstler aus Musik und Malerei in regem Austausch miteinander und haben sich gegenseitig beeinflusst. Dadurch entstanden auch in der Musik neue Formen. Die neuen Kompositionen sind geprägt durch das Suchen nach neuen Klängen, Formen und Verbindungen. Die verschiedenen Strömungen werden mit den Begriffen «Neue Musik» und «Zeitgenössische Musik» zusammengefasst.
Wichtige Vertreter sind: Arnold Schönberg, Alban Berg, Igor Strawinsky, Karlheinz Stockhausen, John Cage.

## Musik im 20. Jahrhundert

Zu Beginn des 20. Jahrhunderts kommt es dank technischer Neuerungen zu bedeutenden Veränderungen: Durch die Erfindung der Schallplatte und der Rundfunktechnik erhalten mehr Menschen Zugang zur Musik. Gleichzeitig gewinnen musikalische Formen grössere Verbreitung, die nicht eine Elite, sondern ein breiteres Publikum ansprechen: die sogenannte populäre Musik. Die Bezeichnung kommt aus dem englischen «popular», was beliebt, weit verbreitet, volkstümlich heisst.   **Populäre Musik**

Wichtige Impulse für die populäre Musik gehen von der afroamerikanischen Kultur aus. Unter deren Einfluss entstehen in den USA zahlreiche neue Musikformen wie Ragtime, Swing, Jazz, Blues u. a. Ab den 1960er-Jahren entwickelten sich daraus unzählige neue Stile und Unterstile.   **Afroamerikanische Einflüsse**

Mit dem Begriff «Popmusik» bezeichnet man die Musikformen, die in den 1950er-Jahren aus dem Rock 'n' Roll, Beat, Folk und Jazz entstanden. Die Entwicklung wurde von den Beatles fortgeführt, ab Beginn der 1970er-Jahre von ABBA und ab den 1980er-Jahren beispielsweise von Madonna und Michael Jackson geprägt.   **Popmusik**

Der Jazz wurde von den Nachkommen der Sklaven in den USA entwickelt. Improvisation und das Zusammenspiel von Band und Solistinnen bzw. Solisten spielen eine zentrale Rolle. Wichtige Vertreter sind: Louis Armstrong und Miles Davis.   **Jazz**

Der Swing gilt als populäre Variante des Jazz. Er wurde ursprünglich von Afroamerikanern entwickelt, jedoch bald von weissen Musikern kopiert und dominiert. Typisches Merkmal des Swing ist die Big Band, die zur Unterhaltung und zum Tanz aufspielt. Wichtige Vertreter sind: Benny Goodman und Glenn Miller.   **Swing**

Der Blues wurde wie der Jazz in den Südstaaten der USA von afroamerikanischen Musikern entwickelt. Das Stilbezeichnung «Blues» ist von den englischen Ausdrücken «I've got the blues» oder «I feel blue» (ich bin traurig) abgeleitet. Wichtige Vertreter sind: B. B. King und John Lee Hooker.   **Blues**

*Louis Armstrong (1901–1971).*

**Rock 'n' Roll**  Rock 'n' Roll und R 'n' R sind Kurzformen von «Rocking and Rolling». Der Musikstil wird ab Mitte der 1950er-Jahre sehr erfolgreich. An Konzerten lösen die Stars des Rock 'n' Roll mit ihren Darbietungen starke Emotionen aus. Zu ihren Auftritten gehörte auch die Provokation durch ausgefallene Kostüme, spezielle Frisuren und sexuelle Gesten. Der Rock 'n' Roll wurde Bestandteil der Jugend-Protestkultur. Wichtige Vertreter sind: Chuck Berry, Little Richard, Jerry Lee Lewis und Elvis Presley.

**Beat**  Musikalisches Vorbild des Beat ist der amerikanische Rock 'n' Roll. Das Wort «Beat» stammt vom englischen Verb «to beat», schlagen. Das Schlagzeug, das durch den Taktschlag den Rhythmus bestimmt, ist denn auch neben den Gitarren das wichtigste Instrument. Die Beatmusik nimmt ihren Anfang um 1960 in England. Die bekannteste Gruppe, die diesen Musikstil mitentwickelte und populär machte, sind die Beatles aus Liverpool.

**Rock**  Aus dem Beat und dem Rock 'n' Roll entwickelte sich die Rockmusik. Der Rock ist rhythmusbetonter als die Beatmusik und der Rock 'n' Roll. Neben dem Schlagzeug ist die elektrische Gitarre (E-Gitarre) das wichtigste Instrument. Mit der Zeit entstanden zahlreiche Strömungen, die sich zum Teil stark unterscheiden: Jazzrock, Folkrock, Hardrock, Metal Rock, Classic Rock u.a. Wichtige Vertreterinnen und Vertreter sind: Jimi Hendrix, The Rolling Stones, Pink Floyd, Led Zeppelin, Janis Joplin, The Who, Tina Turner, Metallica.
In der Schweiz entstand eine vielfältig Mundartrock-Szene. Dazu gehören: Toni Vescoli, Polo Hofer, Züri West, Patent Ochsner.

**Disco**  In den 1970er-Jahren entwickelte sich der Discomusikstil. Disco ist die Abkürzung von «Discothèque». Im Vordergrund steht die Tanzbarkeit; Text und Melodie treten in den Hintergrund. Die Blütezeit der Discomusik fand zwischen 1976 und 1979 statt und prägte das Lebensgefühl und die Mode der damaligen Zeit. Wichtige Vertreterinnen und Vertreter sind: Donna Summer («Disco-Queen»), ABBA, Boney M. Ein bekannter Disco-Film ist «Saturday Night Fever» mit John Travolta.

*Die Beatles 1965 bei einem Auftritt in Paris.*

**Punk**

Das englische Wort «punk» bedeutet miserabel bzw. wertlos. Der Punk entwickelt sich in den 1970er-Jahren aus dem Rock heraus. Punkbands setzen sich wie die Rockbands aus zwei Gitarren, Bass, Schlagzeug und Sänger zusammen. Die Musik ist eng verbunden mit der Kultur des Punk, welche bürgerliche Werte, traditionelle Lebensweisen und staatliche Bevormundung ablehnt. Die Songtexte sind aggressiv, zynisch, zum Teil vulgär und üben Gesellschaftskritik. Wichtige Vertreterinnen und Vertreter sind: Sex Pistols, The Clash, Patti Smith.

**Pop**

Pop ist ein Sammelbegriff für verschiedene Strömungen und Stilrichtungen der populären Musik. In diesem Sinn gehören die meisten Musikstile ab den 1960er-Jahren zur Popmusik. Als «King of Pop» wird Michael Jackson (1958–2009) und als «Queen of Pop» Madonna bezeichnet.

**Reggae**

Der Reggae entstand Ende der 1960er-Jahre auf der karibischen Insel Jamaika. Im Reggae werden verschiedene musikalische Elemente vermengt: Rhythm and Blues, Soul, afrikanische Folklore und Calypso. Typisch ist der sogenannte Offbeat, bei dem nicht wie üblich der erste Taktschlag betont wird, sondern der zweite und vierte akzentuiert werden.

**Techno / House**

Techno entstand in der zweiten Hälfte der 1980er-Jahre durch die Verschmelzung mehrerer Stilarten der elektronischen Tanzmusik. Typisch ist, dass jeder Takt betont wird und das Tempo sehr hoch ist. Die Musik wird mit elektronischen Musikinstrumenten wie Synthesizer, Sampler und Drumcomputer erzeugt. House hat seinen Namen vom Club «The Warehouse» in Chicago, wo diese Form des Techno erstmals aufgelegt wurde. Wichtige Vertreter sind: Depeche Mode, Daft Punk, Scooter, Kraftwerk.

**Rap / Hip-Hop**

Rap ist ein schneller, rhythmischer Sprechgesang mit zum Teil politischem und sozialem Inhalt. Der Sprechgesang wird heute nicht nur im Hip-Hop, sondern auch in anderen Musikstilen eingesetzt. «Rap» kommt vom englischen Verb «to rap» (plaudern, schwatzen). Der Musikstil entstand in den 1970er-Jahren in den Ghettos von New York und hat seine Wurzeln in der afroamerikanischen Kultur. Wichtige Vertreterinnen und Vertreter sind: Grandmaster Flash, Eminem, Missy Elliott.

*Die Band «Maroon 5» bei einem Konzert.*

▶ **Lernauftrag 7:** Ein Profil des persönlichen Musikgeschmacks erstellen (siehe Seite 155).

## 5.7 Kulturgeschichte im Überblick

|  | Vorgeschichte/<br>Frühe Kulturen | Altertum<br>Antike/Griechen<br>8. Jh. v. Chr. bis<br>um 150 v. Chr. | Antike/Römer<br>8. Jh. v. Chr. bis<br>476 n. Chr. | Mittelalter<br>6. Jh. – 1050 Frühmittelalter<br>1050 – 1250 Hochmittelalter<br>1250 – 1500 Spätmittelalter | |
|---|---|---|---|---|---|
| **Politik<br>Geschichte** | – Steinzeit bis ca.<br>10 000 v. Chr.<br>– Viehhaltung/Ackerbau<br>ab 10 000 v. Chr.<br>– Bronzezeit ab<br>2200 v. Chr.<br>– Eisenzeit ab<br>800 v. Chr. | – Stadtstaaten/Polis<br>– Attische Demokratie<br>– Alexander der Grosse<br>† 323 v. Chr. | – Römische Republik<br>– Julius Caesar<br>† 44 v. Chr.<br>– Kaiserreich:<br>Augustus † 14 n. Chr.,<br>Trajan † 117 n. Chr. | – Feudalismus<br>– Karl der Grosse,<br>Krönung 800<br>– Heiliges Römisches<br>Reich (deutscher<br>Nation): 962 bis 1806 | – Kreuzzüge 1096–1291<br>– Alte Eidgenossen-<br>schaft 1291 |
| **Wissenschaft<br>Technik<br>Architektur** | – Stonehenge<br>3100 v. Chr.<br>– Pyramiden von Gizeh<br>um 2500 v. Chr.<br>– Chinesische Mauer<br>7. Jh. v. Chr. | – erste Wissenschaft/<br>Philosophie<br>– Mittelmeer-Schifffahrt<br>– Tempelbau/Akropolis<br>um 400 v. Chr. | – Strassenbau<br>– Aquädukte<br>– Circus Maximus/<br>Kolosseum | – Romanik: Basiliken<br>mit Rundbögen<br>– Ritter und Burgen<br>– Algebra/Alchemie/<br>Astronomie | – Gotik: Kathedralen<br>– Buchdruck um 1450<br>– Entdeckung Amerikas<br>1492 |
| **Bildende<br>Kunst** | – erste Höhlenmalerei<br>um 40 000 v. Chr.<br>– Venus von Willendorf<br>um 30 000 v. Chr. | – Laokoon-Gruppe um<br>50 v. Chr.<br>– Holz- und Vasen-<br>malerei<br>– Mosaike | – Malerei und Bild-<br>hauerei von den Grie-<br>chen übernommen:<br>Eklektizismus | – christliche Kultobjekte<br>(Heiligenbilder)<br>– Book of Kells um 800 | – Tafelmalerei<br>– Holzplastiken<br>– Buchmalerei |
| **Darstellende<br>Kunst** | – schamanische Tänze | – Musik- und Theater-<br>wettbewerbe<br>– Sophokles: «König<br>Ödipus» um<br>425 v. Chr. (Tragödie)<br>– Aischylos, Euripides | – Pantomime<br>– viele Aufführungen<br>in Theaterbauten aus<br>Holz und Stein | – Mysterien- und<br>Passionsspiele | – Fastnachtsspiele |
| **Literatur** | – Keilschrift um<br>3300 v. Chr.<br>– Gilgamesch-Epos<br>3000 v. Chr. | – Homer: «Odyssee»<br>um 720 v. Chr.<br>– Geschichtsschreibung | – Vergil: «Aeneis»<br>um 19 v. Chr.<br>– Ovid: «Metamor-<br>phosen»<br>um 19 v. Chr.<br>– Cicero: «Reden» | – mittelhochdeutsche<br>Dichtung<br>– Höfische Epik<br>– Nibelungenlied um<br>1200 | – Wolfram von Eschen-<br>bach: «Parzival» um<br>1200<br>– Dante Alighieri † 1321:<br>«Göttliche Komödie» |
| **Musik** | – Stimme als Instru-<br>ment<br>– Knochen- und<br>Muschelflöten um<br>35 000 v. Chr. | – Flötenspiel<br>– Leier und Gesang | – Musik in Armee, im<br>Theater und bei priva-<br>ten Anlässen<br>– Tuba und Tibia | – gregorianischer<br>Gesang | – Minnesang und<br>Troubadoure<br>– Polyphonie |
| **Gesellschaft<br>Religion<br>Kult** | – Stammesreligionen<br>– Ahnenkult<br>– Judentum: älteste<br>monotheistische<br>Religion | – Olympische Spiele um<br>700 v. Chr.<br>– Orakel von Delphi<br>– Polytheismus<br>– Zeus/Athene | – ludi publici – Brot und<br>Spiele<br>– römisches Kultwesen<br>– seit 380: Christentum | – Mönchtum/Klöster<br>als Zentren<br>– Islam ab 7. Jh. /<br>Mohammed † 632<br>– Koran | – Zunftwesen<br>– Pest in Europa ab 1347<br>– Machu Picchu (Peru):<br>Inka-Stadt um 1500<br>erbaut |

| Frühe Neuzeit | | Neuzeit | | | |
|---|---|---|---|---|---|
| Renaissance und Reformation 1500–1600 | Barock und Absolutismus 1600–1700 | Aufklärung 18. Jahrhundert | langes 19. Jahrhundert 1789–1914 | | |
| – Bauernkrieg 1524/25<br>– Frühkapitalismus: Medici in Italien; Fugger in Deutschland | – 30-jähriger Krieg 1618–1648<br>– Ludwig XIV. † 1715: Sonnenkönig<br>– Merkantilismus und Kolonialismus | – Aufgeklärter Absolutismus<br>– Unabhängigkeit der USA 1776<br>– Friedrich der Grosse † 1786 | – Französische Revolution 1789<br>– Napoleon Bonaparte 1799-1815<br>– Wiener Kongress 1815 | – K. Marx † 1883: Kommunismus<br>– Gründung CH-Bundesstaat 1848/74<br>– US-Bürgerkrieg; Lincoln † 1865 | – Imperialismus<br>– Gründung Nationalstaaten<br>– Deutsch-Französischer Krieg 1870–71 |
| – N. Kopernikus † 1543: heliozentrisches Weltbild<br>– G. Galilei † 1642 | – Land- und Seekarten<br>– Mikroskop und Fernrohr<br>– Palastbau | – Naturwissenschaft<br>– Webmaschine 1733<br>– Dampfmaschine von J. Watt 1774 | – Elektrifizierung<br>– Industrialisierung<br>– 1. Fotografie: Daguerreotypien (um 1835) | – Bevölkerungswachstum<br>– C. Darwin † 1882: Evolutionstheorie | – Psychoanalyse von S. Freud 1900<br>– erster Motorflug 1903<br>– Amundsen erreicht Südpol 1911 |
| – Perspektivismus<br>– L. da Vinci † 1519<br>– A. Dürer † 1528<br>– Michelangelo † 1564 | – Chiaroscuro<br>– Caravaggio † 1610<br>– Rembrandt † 1669: «Die Nachtwache» | – Rokoko<br>– Klassizismus | – Romantik: C. D. Friedrich † 1840<br>– Realismus: G. Courbet † 1877<br>– Impressionismus | – V. van Gogh † 1890<br>– P. Cézanne † 1906<br>– A. Anker † 1910<br>– C. Monet † 1926 | – Symbolismus<br>– Jugendstil<br>– Kubismus: P. Picasso und G. Braque 1907 |
| – Comedia dell'Arte: italienische Volkskomödie | – W. Shakespeare † 1616: «Hamlet»<br>– Molière † 1673: «Der eingebildete Kranke» | – F. Schiller: «Die Räuber» 1782<br>– G. Lessing: «Nathan der Weise» 1783 | – H. von Kleist: «Der zerbrochene Krug» 1808<br>– J. W. v. Goethe: «Faust I» 1808 | – G. Büchner: «Woyzeck» 1879<br>– erste Filmvorführung der Brüder Lumière 1895 | – erster Kurzfilm: «Der grosse Eisenbahnraub» 1903 |
| – «Till Eulenspiegel» 1510<br>– M. Luther † 1546: deutsche Bibelübersetzung 1522 | – Barocke Gedichtform: Sonett<br>– M. de Cervantes † 1616: «Don Quijote» um 1615 | – D. Defoe: «Robinson Crusoe» 1719<br>– J. W. v. Goethe: «Die Leiden des jungen Werthers» 1774 | – Deutsche Klassik<br>– J. W. v. Goethe 1749–1832<br>– F. Schiller 1759–1805<br>– H. von Kleist 1777–1811 | – C. Dickens: «Oliver Twist» 1839<br>– F. Dostojewski: «Verbrechen und Strafe» 1866<br>– L. Tolstoi: «Anna Karenina» 1877 | – Thomas Mann: «Die Buddenbrooks» 1901<br>– Rainer M. Rilke: «Herbsttag» 1902; in «Buch der Bilder» |
| – Meistersinger<br>– Instrumentalmusik<br>– Giovanni da Palestrina † 1594 | – erste Opern<br>– A. Vivaldi † 1741<br>– G. F. Händel †1759<br>– J. S. Bach † 1750 | – Klassische Musik/Orchester, Sonate<br>– W. Mozart † 1791: «Die Zauberflöte»<br>– L. van Beethoven † 1827: 9 Symphonien | – F. Schubert: «Die Unvollendete» 1822<br>– R. Wagner: «Der fliegende Holländer» 1843 | – G. Verdi: «La Traviata» 1853<br>– P. Tschaikowski: «Schwanensee» 1895 | – G. Mahler: «Kindertotenlieder» 1901 |
| – Reformation 1517<br>– U. Zwingli † 1531<br>– J. Calvin † 1564<br>– Hexenverfolgung | – ständische Gesellschaft: Adel, Klerus, Bauern und Bürger | – bürgerliche Gesellschaft<br>– Kartoffel wird Grundnahrungsmittel in Europa | – Klassengesellschaft<br>– Säkularisierung<br>– Salon/Lesezirkel | – Urbanisierung<br>– Proletariat<br>– Tourismus | – Titanic sinkt 1912<br>– Wandervogel-Bewegung |

## Das kurze 20. Jahrhundert im Überblick 1914–1989 und beginnendes 21. Jahrhundert

| | 1914–1920 | 1920–1930 | 1930–1940 | 1940–1950 | 1950–1960 |
|---|---|---|---|---|---|
| **Politik Geschichte** | – Erster Weltkrieg 1914–1918<br>– Oktoberrevolution in Russland 1917<br>– Gründung des Völkerbundes | – Weimarer Republik in Deutschland<br>– Börsencrash, Weltwirtschaftskrise | – Spanischer Bürgerkrieg<br>– Nationalsozialismus<br>– Zweiter Weltkrieg 1939–1945 | – Gründung der UNO<br>– Erklärung der Menschenrechte<br>– Beginn Dekolonisation<br>– Beginn des Kalten Krieges | – Gründung der EWG<br>– Revolution in Kuba |
| **Wissenschaft Technik Architektur** | – Albert Einstein: allgemeine Relativitätstheorie 1916 | – erste Rundfunkübertragung (Radio)<br>– Erfindung des Fernsehens<br>– C. Lindbergh überquert den Atlantik Nonstop 1927 | – Entdeckung der Kernspaltung<br>– Empire State Building 1931 (–1972 höchstes Gebäude) | – Entwicklung der Atombombe | – DNA-Struktur wird entdeckt<br>– erster Erdsatellit: Sputnik 1<br>– erster digitaler Computer |
| **Bildende Kunst** | – Abstrakte Malerei: Wassily Kandinsky | – Surrealismus: Salvador Dalì<br>– Dadaismus: Marcel Duchamp | – Pablo Picasso: «Guernica» | – Abstrakter Expressionismus: Jackson Pollock | – Alberto Giacometti schafft Plastiken |
| **Darstellende Kunst** | – erfolgreichster Film der Stummfilmzeit: «Die Geburt einer Nation» | – Bertolt Brecht: «Dreigroschenoper» | – Charles Chaplin: «Modern Times» | – «Casablanca» mit Humphrey Bogart | – Alfred Hitchcock: «Das Fenster zum Hof»<br>– Friedrich Dürrenmatt: «Der Richter und sein Henker» |
| **Literatur** | – Franz Kafka: «Die Verwandlung» | – Hermann Hesse: «Siddhartha»<br>– Erich Maria Remarque: «Im Westen nichts Neues» | – Robert Musil: «Der Mann ohne Eigenschaften»<br>– Ödön von Horváth: «Jugend ohne Gott» | – Stefan Zweig: «Die Schachnovelle»<br>– Trümmerliteratur | – Günter Grass: «Die Blechtrommel»<br>– Max Frisch: «Homo Faber» |
| **Musik** | – Igor Strawinsky: «Le sacre du printemps»<br>– Dixieland Jazz<br>– Delta Blues | – Arnold Schönberg: Zwölftontechnik | – Big Band Swing: Louis Armstrong, Benny Goodman, Count Basie | – Bebop (Jazz): Dizzy Gillespie, Charlie Parker, Thelonious Monk<br>– Cool Jazz: Miles Davis | – Rock'n'Roll<br>– Schlagermusik |
| **Gesellschaft Religion Kult** | | – Goldene Zwanziger / Roaring Twenties<br>– Bubikopf ist Mode | – Massenarbeitslosigkeit<br>– Swingjugend | – Gründung BRD und DDR<br>– Beat-Generation | – Rocker<br>– Teddy Boys |

| 1960–1970 | 1970–1980 | 1980–1990 | 1990–2000 | **21. Jahrhundert** 2001–2020 |
|---|---|---|---|---|
| – Vietnamkrieg<br>– Prager Frühling<br>– 68er-Unruhen<br>– Ende der Rassentrennung in den USA | – Ölkrise<br>– RAF in Deutschland | – Fall der Berliner Mauer 1989 | – Wiedervereinigung Deutschlands<br>– Auflösung der Sowjetunion<br>– Bürgerkrieg in Ex-Jugoslawien<br>– Völkermord in Ruanda | – Anschläge in Amerika 11.09.2001<br>– Finanzkrise 2008<br>– Barack Obama, erster afroamerikanischer US-Präsident 2009<br>– Brexit 2020<br>– Coronakrise 2020<br>– Ukrainekrieg 2022 |
| – erster Mensch im Weltall<br>– Antibabypille<br>– erste Menschen auf dem Mond 1969 | – erste PCs | – Reaktorkatastrophe in Tschernobyl | – Mobiltelefonie<br>– World Wide Web | – iPod 2001, Smartphone 2007, Tablet 2010<br>– Web 2.0, Facebook<br>– Burj Khalifa (Dubai): höchstes Gebäude der Welt 2010 (828 Meter) |
| – Pop-Art: Andy Warhol | – Jean Tinguely: «Carnaval» (Fasnachtsbrunnen in Basel) | – Grafik: Keith Haring<br>– Fotografie: Balthasar Burkhard | – Videoinstallationen: Pipilotti Rist | – Gerhard Richter: «Richter-Fenster»; Kölner Dom<br>– Damien Hirst: «For the Love of God» |
| – «Hair» (Musical)<br>– Stanley Kubrick: «2001: A Space Odyssey» | – George Lucas: «Star Wars»<br>– Miloš Forman: «Einer flog über das Kuckucksnest» | – Steven Spielberg: «E.T.»<br>– Wolfgang Petersen: «Das Boot» | – Steven Spielberg: «Schindlers Liste»<br>– Quentin Tarantino: «Pulp Fiction»<br>– James Cameron: «Titanic» | – Peter Jackson: «Der Herr der Ringe I–III»<br>– TV-Serien: (z. B. «Breaking Bad», «Game of Thrones», «Squid Game») |
| – Heinrich Böll: «Ansichten eines Clowns»<br>– Ingeborg Bachmann: «Das dreissigste Jahr» | – Elfriede Jelinek: «Die Liebhaberinnen»<br>– Peter Handke: «Die Angst des Tormanns beim Elfmeter» | – Patrick Süskind «Das Parfüm» | – Bernhard Schlink: «Der Vorleser»<br>– Poetry-Slam | – Pascal Mercier: «Nachtzug nach Lissabon»<br>– Joanne K. Rowling: «Harry Potter»-Serie |
| – Gründung der Beatles<br>– Gründung der Rolling Stones<br>– Woodstock-Festival | – Soul und Funk<br>– Rap und Hip-Hop<br>– Disco-Music<br>– Punk und New Wave | – Techno und House<br>– R&B | – Grunge<br>– Trip-Hop | – Karlheinz Stockhausen 1928–2007<br>– Castingshows |
| – 2. Vatikanisches Konzil 1965<br>– Hippies | – Punks | – Popper<br>– Techno-House-Szene | – Hip-Hopper<br>– Rapper | – Hipster<br>– Papst Franziskus<br>– Fake News |

# Lernaufträge

**L1  Kulturelle Leistungen bewerten**

- Bilden Sie eine Gruppe von vier bis sechs Personen.
- Sammeln Sie in einer Brainstorming-Runde kulturelle Leistungen der Menschheit aus dem Bereich der Technik.
- Arbeiten Sie mit den Buchstaben A bis Z. Suchen Sie zu jedem Buchstaben mindestens eine technische Erfindung. Beispiele: A: Auto / B: Bohrmaschine / C: Computer / D: Drohnen usw.
- Listen Sie Buchstaben und Wörter untereinander auf – handschriftlich oder digital.
- Wählen Sie nach der Sammelphase fünf Erfindungen aus, die Sie für die Menschheit als sehr wichtig und wertvoll einstufen. Schreiben Sie jede der fünf Erfindungen auf ein Blatt und versehen Sie die Blätter mit einem Pluszeichen (+).
- Wählen Sie zudem fünf Erfindungen aus, die Sie für die Menschheit als nicht wichtig oder sogar schädlich einstufen. Schreiben Sie auch diese fünf Erfindungen je auf ein Blatt und versehen Sie die Blätter mit einem Minuszeichen (−).
- Alle Gruppen präsentieren Ihre Auswahl in der Klasse.
- Diskutieren Sie: Welche Erfindungen werden wie eingestuft? Was sind die Begründungen? Wo gibt es Übereinstimmungen? Wo gibt es unterschiedliche Bewertungen?

**Kompetenzen: Sie können …**

- in einem Brainstorming-Verfahren verschiedene kulturelle Leistungen zusammentragen,
- deren Nutzen einstufen und die Einstufung sachlich begründen.

## L2 Kurzporträt einer Religion erstellen

- Wählen Sie eine der folgenden Religionen aus: Christentum, Islam, Judentum, Hinduismus, Buddhismus.
- Erstellen Sie ein Kurzporträt der Religion.
- Tragen Sie zuerst das Wichtigste stichwortartig zusammen.
- Gestalten Sie anschliessend das Plakat mit Text, Bildern und Farbe.
- Präsentieren Sie das Kurzporträt einer anderen Gruppe oder der Klasse und beantworten Sie Fragen.

**Kompetenzen: Sie können ...**

- das Wichtigste zu einer ausgewählten Religion übersichtlich darstellen,
- das Porträt präsentieren und Fragen beantworten.

## L3 Ein Bild in verschiedenen Stilen malen

- Suchen Sie im Internet ein Landschaftsfoto – am besten eines mit verschiedenen Elementen wie See, Fluss, Berg, Felder, Wege. Achten Sie darauf, dass keine Menschen und Gebäude auf dem Bild sind.
- Übertragen Sie mit Bleistift die Umrisse der Landschaft auf ein Zeichenpapier und malen Sie die Landschaft im Stil des Impressionismus.
- Erstellen Sie ein zweites Bild der Landschaft – diesmal im Stil der abstrakten Malerei.
- Präsentieren und vergleichen Sie Ihre Werke in der Gruppe.
- Diskutieren Sie: Welche typischen Stilelemente kommen vor? Welche Elemente sind deutlich erkennbar? Welche sind weniger klar erkennbar? Was war schwierig umzusetzen? Was war einfach?
- Organisieren Sie eine kleine Ausstellung.
- Hinweis: Sie können anstelle der Landschaft ein Porträt auswählen; es kann auch Ihr eigenes Bild sein. Gestalten Sie das Porträt im Pop-Art-Stil.

**Kompetenzen: Sie können ...**

- auf der Grundlage einer Fotografie Bilder in verschiedenen Malstilen erstellen,
- analysieren, wie gut die typischen Stilelemente umgesetzt wurden.

**L4  Ein bekanntes architektonisches Bauwerk vorstellen**

- Bilden Sie eine Gruppe von drei Personen.
- Suchen Sie im Internet nach bekannten architektonischen Bauwerken, die nach dem Jahr 2000 entstanden sind.
- Wählen Sie ein Bauwerk aus.
- Stellen Sie das Bauwerk mit Bild und Text auf einer A4-Seite vor. Dabei sollten folgende Fragen beantwortet werden:
  ▸ Wo steht das Bauwerk?
  ▸ Wer ist der Architekt/die Architektin?
  ▸ Wozu dient es?
  ▸ Wer hat das Bauwerk in Auftrag gegeben?
  ▸ Wie viel hat es gekostet?
  ▸ Was sind typische Stilelemente?
  ▸ Wie wirkt das Bauwerk auf mich?
- Lassen Sie den Text gegenlesen; korrigieren Sie wenn nötig.
- Kopieren Sie die Arbeit und verteilen Sie die Seite in der Klasse.

**Kompetenzen: Sie können ...**

- ein zeitgenössisches Bauwerk mit Bild und Text vorstellen,
- beschreiben, welche Wirkung das Bauwerk auf Sie hat.

**L5  Ein Werk der Tanz-, Schauspiel- oder Medienkunst präsentieren**

- Bilden Sie ein Zweierteam.
- Wählen Sie ein Werk aus folgenden Sparten aus: Oper, Musical, Ballett, Film.
- Recherchieren Sie im Internet und bereiten Sie sich mit folgenden Leitfragen auf einen Kurzvortrag vor:
  ▸ Wann ist das Werk entstanden?
  ▸ Wer hat das Werk geschaffen?
  ▸ Wie ist das Werk stilistisch einzuordnen?
  ▸ Was ist der zeitgeschichtliche Hintergrund?
  ▸ Worum geht es im Werk? (Thema, Handlung, Figuren)
  ▸ Wann und wo fand die Uraufführung statt?
  ▸ Wie kam das Werk beim Publikum an?
  ▸ Welche Bedeutung hat das Werk heute?
  ▸ Welche Wirkung hat das Werk auf mich/auf uns?
- Schreiben Sie die Antworten stichwortartig auf Moderationskarten und verwenden Sie die Karten für Ihren Kurzvortrag.
- Zeigen Sie Bilder des Werks oder falls möglich einen kurzen Ausschnitt.

**Kompetenzen: Sie können ...**

- anhand von Leitfragen einen strukturierten Kurzvortrag vorbereiten,
- ein Werk der Tanz-, Schauspiel- oder Medienkunst interessant präsentieren.

## L6 Einen literarischen Text verfassen

- Lesen Sie die unten aufgeführten Varianten und entscheiden Sie sich für eine davon.
- Verfassen Sie anschliessend Ihren eigenen literarischen Text.
- Geben Sie Ihre Arbeit verschiedenen Personen zum Gegenlesen und bitten Sie um ein Feedback.
- Überarbeiten Sie den Text aufgrund der Rückmeldungen und erstellen Sie die finale Version.

| **Variante 1: Epik** | **Variante 2: Dramatik** | **Variante 3: Lyrik** |
|---|---|---|
| Suchen Sie in einer Tageszeitung eine Kurzmeldung. Verwenden Sie die Meldung als Idee für eine spannende Geschichte. Handlung, Figuren und Verlauf der Geschichte können Sie frei erfinden. Setzen Sie einen Titel. | Verfassen Sie einen kurzen Dialog für einen Spielfilm: Eine Adoptivtochter begegnet zum ersten Mal ihrem leiblichen Vater, der sie nicht erkennt. | Verfassen Sie ein kurzes Naturgedicht mit Versen, Strophen und Endreimen. Möglich ist auch ein Liedtext oder Rap. Bestimmen Sie zuerst das Thema und sammeln Sie anschliessend Wörter, die im Text vorkommen sollen. Setzen Sie zum Schluss einen passenden Titel. |

**Kompetenzen: Sie können ...**

- einen kreativen literarischen Text verfassen und dabei die typischen Stilmittel der Gattung einsetzen,
- Ihre Arbeit aufgrund von Feedbacks überarbeiten und finalisieren.

## L7 Ein Profil des persönlichen Musikgeschmacks erstellen

- Analysieren Sie Ihren persönlichen Musikgeschmack, indem Sie die verschiedenen Musikstile (wie Disco, Rock oder Rap) auf einer Skala von 1 bis 6 bewerten. 1 = Ich höre die Musik nie / 6 = Ich höre diese Musik immer.
- Vergleichen Sie Ihre Antworten mit anderen. Wo gibt es Übereinstimmungen? Wo Unterschiede? Diskutieren Sie über die unterschiedlichen Geschmacksrichtungen.

**Kompetenzen: Sie können ...**

- eine Analyse Ihres persönlichen Musikgeschmacks vornehmen,
- Ihren Musikgeschmack beschreiben, mit anderen vergleichen und über die Unterschiede diskutieren.

# Kapitel 6
# Die Schweiz in Europa und der Welt

Die Sneakers «Made in Vietnam», das T-Shirt kommt aus Indien und das Handy wurde in China hergestellt. Dasselbe Bild auch beim Essen: Fleisch aus Argentinien, Reis aus Indien, Äpfel aus Spanien. Am Abend sitzen wir auf dem Sofa eines schwedischen Möbelhauses vor dem TV-Gerät aus Korea und schauen eine amerikanische Comedy-Serie an. Auch wenn es uns oftmals nicht bewusst ist: Wir leben in einer immer stärker globalisierten Welt. Die Rolle der Schweiz in dieser Welt ist das Thema dieses Kapitels. Sie erfahren einerseits, wie die Schweiz von der wirtschaftlichen Globalisierung betroffen ist. Andererseits lernen Sie mehr über das Verhältnis der Schweiz zu ihrem wichtigsten Partner auf europäischem Boden, der Europäischen Union.

**Sie lernen in diesem Kapitel,**

- was man unter Globalisierung versteht,
- was die Ursachen und Folgen der wirtschaftlichen Globalisierung sind,
- was die Globalisierung für die Schweiz bedeutet,
- wie die Europäische Union (EU) entstanden ist,
- wie die EU organisiert ist und wie sie funktioniert,
- was der Europarat macht und welche Bedeutung er hat,
- wie sich die Schweiz als kleines Land im europäischen Umfeld behauptet.

*«Unser gemeinsames Europa gründet auf einem Versprechen: Nie wieder entfesselter Nationalismus, nie wieder Krieg auf unserem Kontinent, nie wieder Rassismus, Hetze und Gewalt!»*

*Frank-Walter Steinmeier*

## 6.1 Globalisierung

Der Begriff «Globalisierung» bezeichnet die zunehmenden weltumspannenden Vernetzungen in Lebensbereichen wie Wirtschaft, Politik, Kultur, Technik und Forschung. Oder einfacher gesagt: Die Welt wächst immer stärker zusammen. Zwar gab es schon in früheren Zeiten internationale Handelsbeziehungen und einen regen Austausch zwischen den Ländern und Kulturen, doch in den vergangenen 50 Jahren hat sich die globale Vernetzung stark beschleunigt. Damit haben auch die gegenseitigen Abhängigkeiten zugenommen. Im Alltag spüren wir die wirtschaftliche Globalisierung unter anderem daran, dass auf dem Gütermarkt immer mehr ausländische Ware angeboten wird.

*Definition*

### Wirtschaftliche Globalisierung

**Ursachen**

Als wesentliche Ursache gilt der technologische Fortschritt. Entwicklungen in den Bereichen Informationsverarbeitung (Computer) und Kommunikation (Internet) haben die Vernetzungen beschleunigt.

*Fortschritt in der Technik*

Ein typisches Bild der Globalisierung sind die riesigen Containerschiffe auf den Weltmeeren. Diese haben dazu beigetragen, dass der Warentransport immer billiger wurde und deshalb dort produziert wird, wo die Produktionskosten am billigsten sind.

*Effizienzsteigerung im Transportwesen*

Die Globalisierung wurde neben den technischen Veränderungen auch durch die Liberalisierung des Welthandels vorangetrieben. So haben viele Länder die Zölle für den Import von Gütern gesenkt oder ganz beseitigt. Gleichzeitig wurde der freie Personen- und Kapitalverkehr gefördert.

*Abbau von Handelsschranken*

| technischer Fortschritt | Effizienzsteigerung im Transportwesen | Abbau von Handelsschranken |
|---|---|---|

→ **wirtschaftliche Globalisierung**

*Die Luftfracht spielt heute eine wichtige Rolle im globalen Handel.*

## Folgen der wirtschaftlichen Globalisierung

**Zunahme des Warenhandels**  Die Entwicklung der Globalisierung sieht man gut an der Zunahme des grenzüberschreitenden Verkehrs.

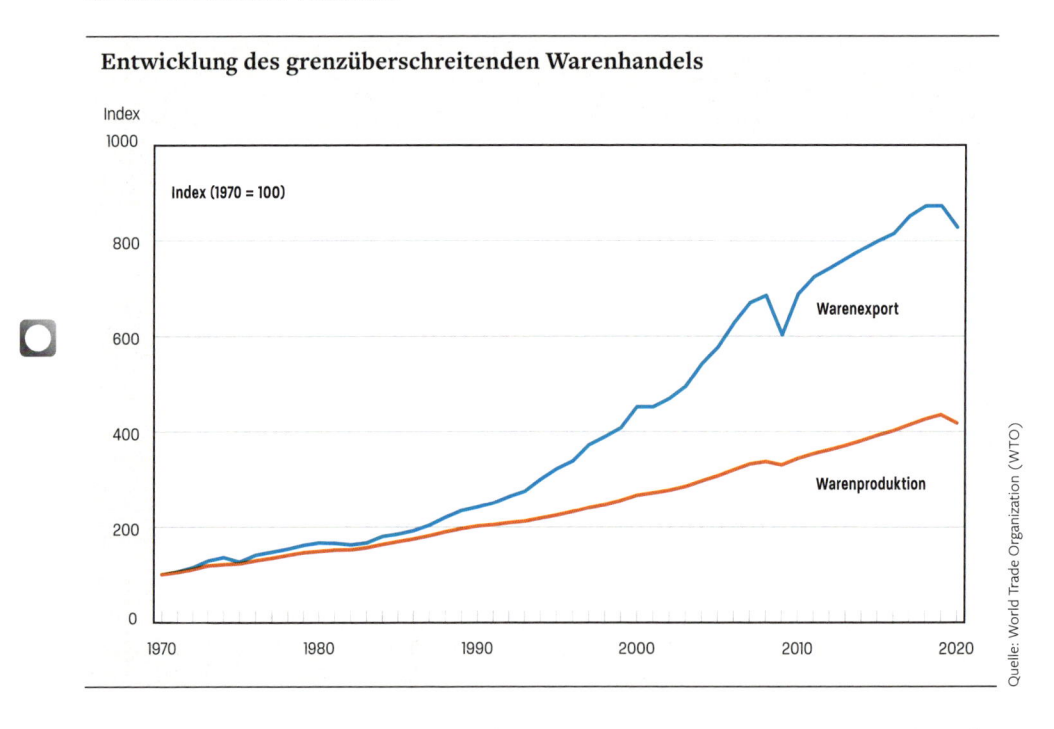

**Entwicklung des grenzüberschreitenden Warenhandels**

*Quelle: World Trade Organization (WTO)*

Während die weltweite Warenproduktion zwar auch stetig steigt, haben die grenzüberschreitenden Warenexporte extrem zugenommen.

**Mehr Wohlstand**  Die wirtschaftliche Globalisierung hat in vielen Ländern zu grösserem Wohlstand geführt. Doch neben diesen positiven Auswirkungen gibt es auch Schattenseiten wie höhere Umweltbelastung, vermehrten Druck auf die Löhne und eine zunehmende Kluft zwischen Arm und Reich. In Kapitel 8 werden einzelne dieser Nachteile vertieft behandelt.

**Spezialisierung**  Der globalisierte Gütermarkt bewirkt eine weltweite Spezialisierung. Viele Betriebe teilen die Produktion in einzelne Schritte auf und lassen die Teile dort herstellen, wo es am günstigsten ist. Ein «deutsches» Auto beispielsweise wird nur noch zu einem kleinen Teil in Deutschland produziert.

Im Zuge der wirtschaftlichen Globalisierung schlossen sich verschiedene Staaten zu Handelsblöcken zusammen. Ein solcher Block ist die Europäische Union (EU), mit der die Schweiz wirtschaftlich eng verbunden ist. Weitere Handelsblöcke sind: USMCA (Nordamerika), Mercosur (Südamerika) und Asean (Südostasien). Sie haben zum Ziel, die wirtschaftliche Zusammenarbeit der Mitgliedstaaten zu vertiefen, um damit die Konkurrenzfähigkeit gegenüber den anderen Blöcken zu stärken.

**Handelsblöcke**

Wirtschaftlich dominierten lange Zeit die USA und europäische Länder wie Grossbritannien, Frankreich und Deutschland. Seit der politischen Öffnung der Volksrepublik China hat sich die Wirtschaft des riesigen Landes mit rund 1,4 Milliarden Menschen enorm entwickelt. Heute steht China mit seiner Wirtschaftsleistung hinter den USA an zweiter Stelle, noch vor Japan und Deutschland. Damit haben sich die globalen Kräfteverhältnisse innerhalb weniger Jahrzehnte entscheidend verändert.

**Neue Wirtschaftsmächte**

*Der chinesische Hafen von Shenzhen in der Nähe von Hongkong zählt zu einem der grössten Containerhäfen der Welt.*

▶ **Lernauftrag 1:** Die Auswirkungen der Globalisierung auf das eigene Leben untersuchen (siehe Seite 175).

▶ **Lernauftrag 2:** Chinas Aufstieg vom Entwicklungsland zur Wirtschaftsgrossmacht chronologisch darstellen (siehe Seite 175).

**Das weiss ich jetzt!**

6.1 Wie kann man «Globalisierung» umschreiben?

6.2 In welchem Bereich ist die Globalisierung am stärksten vorangeschritten?

6.3 Was sind die Ursachen der wirtschaftlichen Globalisierung?

6.4 Was ist die Folge von gut ausgebauten Transportwegen?

6.5 Welche positiven Folgen hat die wirtschaftliche Globalisierung für die Menschen? Was sind die Schattenseiten?

6.6 Eine Folge der Globalisierung ist die Spezialisierung. Was bedeutet das für die Produktion von Gütern?

6.7 Wozu werden Handelsblöcke gebildet? Nennen Sie zwei Ziele.

6.8 Welches asiatische Land hat sich in den letzten 50 Jahren wirtschaftlich am stärksten entwickelt?

## Die Schweiz in der globalisierten Wirtschaft

Nach der Bevölkerungszahl ist die Schweiz mit 8,8 Millionen Einwohnerinnen und Einwohnern etwa in der Mitte aller Länder platziert. Beim Anteil am weltweiten Güterhandel gehört die Schweiz jedoch zu den zwanzig bedeutendsten Handelsnationen der Welt.

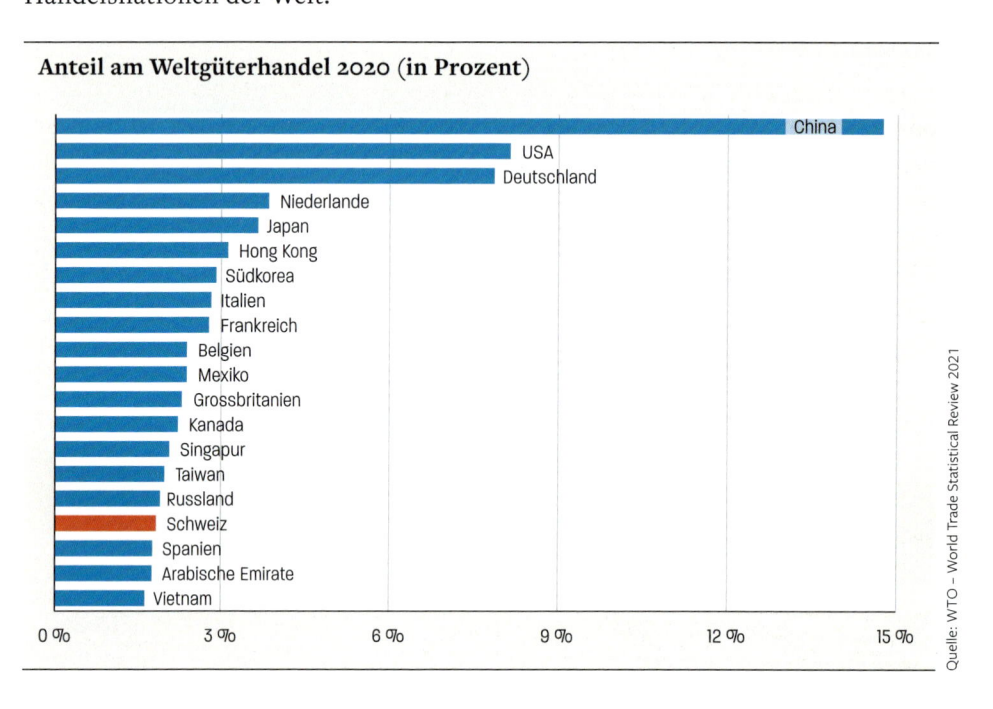

**Anteil am Weltgüterhandel 2020 (in Prozent)**

- China
- USA
- Deutschland
- Niederlande
- Japan
- Hong Kong
- Südkorea
- Italien
- Frankreich
- Belgien
- Mexiko
- Grossbritanien
- Kanada
- Singapur
- Taiwan
- Russland
- Schweiz
- Spanien
- Arabische Emirate
- Vietnam

Quelle: WTO – World Trade Statistical Review 2021

**Importe und Exporte**

Die Schweiz ist eine kleine Volkswirtschaft und verfügt kaum über natürliche Rohstoffe. Mit diesen Voraussetzungen wäre es ohne Import und Export kaum möglich gewesen, zu einem so wohlhabenden Land aufzusteigen. Heute ist die Schweiz eines der am stärksten globalisierten Länder. Jeder zweite Franken wird durch den internationalen Handel verdient. Die wichtigsten Exportgüter sind Chemikalien, Maschinen, elektronische Geräte und Uhren. Bei den Dienstleistungen dominieren Banken- und Versicherungsleistungen sowie der Tourismus.

**Die wichtigsten Handelspartner der Schweiz (2020)**

|  | Exporte aus der Schweiz | Importe in die Schweiz |
| --- | --- | --- |
| **Gesamte EU** | 48% | 66% |
| Deutschland | 18% | 27% |
| Italien | 6% | 9% |
| Frankreich | 5% | 7% |
| **China** | 7% | 9% |
| **USA** | 18% | 6% |
| **Grossbritanien** | 3% | 3% |
| **Japan** | 3% | 2% |

Quelle: Bundesamt für Zoll und Grenzsicherheit

**Wichtige Handelspartner**

Der wichtigste Handelspartner ist die Europäische Union (EU). Rund die Hälfte der Exporte geht in die EU und fast drei Viertel der Importe stammen aus der EU. Die enge Verflechtung mit der EU zeigt sich auch darin, dass die meisten in der Schweiz lebenden Ausländerinnen und Ausländer aus EU-Staaten stammen. Im Gegenzug lebt rund eine halbe Million Schweizerinnen und Schweizer in der EU. Weitere wichtige Handelspartner sind die USA, China und Japan. Die Tabelle macht deutlich, dass die wirtschaftliche Verflechtung mit der EU mit Abstand am grössten ist. Daher sind gute Beziehungen zur EU mit ihrem Binnenmarkt von über 500 Millionen Menschen für die Schweiz sowohl wirtschaftlich als auch politisch von grosser Bedeutung.

*Die Schweiz profitiert stark vom Handel mit dem Ausland. Im Bild Container am Rheinhafen in Basel, die auf einen Frachter verladen werden.*

## 6.2 Die Europäische Union

### Historischer Hintergrund

**Zerstörtes Europa**  Am Ende des Zweiten Weltkriegs 1945 liegen grosse Teile des europäischen Kontinents in Trümmern. Der Krieg kostet über 60 Millionen Menschen das Leben, ganze Landstriche sind verwüstet, unzählige Städte zerbombt und Dörfer dem Erdboden gleichgemacht. Hinzu kommt, dass die deutschen Nazis unter ihrem Führer Adolf Hitler über sechs Millionen Juden ermordet haben. Dieser grauenhafte Völkermord ist bekannt unter dem Begriff «Holocaust».

**Sehnsucht nach Frieden**  Vor diesem geschichtlichen Hintergrund ist es verständlich, dass sich die Menschen nach einem dauerhaften Frieden sehnen. Ihr Wunsch: Nie wieder Krieg in Europa!

**Rascher Wiederaufbau**  Die zerstörten Länder erholen sich erstaunlich rasch und bauen mit grossem Einsatz ihre Dörfer und Städte wieder auf. Deutschland, das am stärksten zerstörte Land, wird beim Wiederaufbau stark von den USA unterstützt. Die Amerikaner wollen damit ihren Einfluss im demokratischen Westeuropa gegenüber dem kommunistischen Osteuropa unter der Führung der damaligen Sowjetunion (UdSSR) behaupten und ausbauen.

*Im Zweiten Weltkrieg werden in Europa unzählige Städte und weite Landstriche total verwüstet. Im Bild das fast vollständig zerstörte Dresden, Ende 1945.*

## Entwicklung zur heutigen EU

Der 9. Mai 1950 gilt als Geburtsstunde der heutigen Europäischen Union. Der französische Aussenminister Robert Schuman verkündet einen Plan zur zukünftigen Zusammenarbeit zwischen Frankreich und der Bundesrepublik Deutschland. Der Plan hat eine Aussöhnung und einen dauerhaften Frieden zwischen den «ewigen Gegnern» zum Ziel.

**9. Mai 1950 Schuman-Plan**

Schumans Plan sieht vor, dass Deutschland und Frankreich bei der Förderung von Kohle und der Produktion von Stahl eng zusammenarbeiten. Eine gemeinsame Behörde soll die Stahlproduktion überwachen. Durch diese Zusammenarbeit soll verhindert werden, dass jedes Land wieder unkontrolliert Waffen herstellt. Damit kann die Kriegsgefahr vermindert und der wirtschaftliche Aufschwung gefördert werden. Als Vision schwebt Schuman eine «Europäische Föderation» von gleichberechtigten Staaten vor. Die gemeinsame Verwaltung von Kohlegewinnung und Stahlproduktion soll ein erster Schritt in diese Richtung sein.

**Friede durch Zusammenarbeit**

1952 tritt die Montanunion, die Europäische Gemeinschaft für Kohle und Stahl, in Kraft. Mit dabei sind die sechs Länder Frankreich, Deutschland, Italien, Belgien, die Niederlande und Luxemburg.

**1952 Montanunion**

Die sechs Länder der Montanunion unterzeichnen 1957 in Rom zwei weitere Verträge: die Europäische Wirtschaftsgemeinschaft (EWG) und die Europäische Atomgemeinschaft Euratom (EAG). Mit dem Euratom-Vertrag will man einerseits die zivile Nutzung der Kernenergie (Atomkraftwerke) fördern, da die Forschung sehr aufwendig ist und einzelne Staaten überfordert hätte, und andererseits den heiklen Nuklearbereich gegenseitig kontrollieren.

**1957 Römer Verträge**

Ziel der Europäischen Wirtschaftsgemeinschaft ist die schrittweise Verwirklichung eines gemeinsamen Wirtschaftsraums. Der Vertrag definiert vier Grundfreiheiten: freier Warenverkehr, freier Dienstleistungsverkehr, freier Kapitalverkehr, freier Personenverkehr. Dadurch sollen die gemeinsame europäische Wirtschaft gestärkt und der Wohlstand gesteigert werden.

**Vier Grundfreiheiten der EWG**

```
                    vier Grundfreiheiten
                         der EWG
           ┌──────────────┬──────────────┬──────────────┐
           ▼              ▼              ▼              ▼
        freier         freier      freier Dienst-    freier
    Personenverkehr  Warenverkehr  leistungsverkehr Kapitalverkehr
```

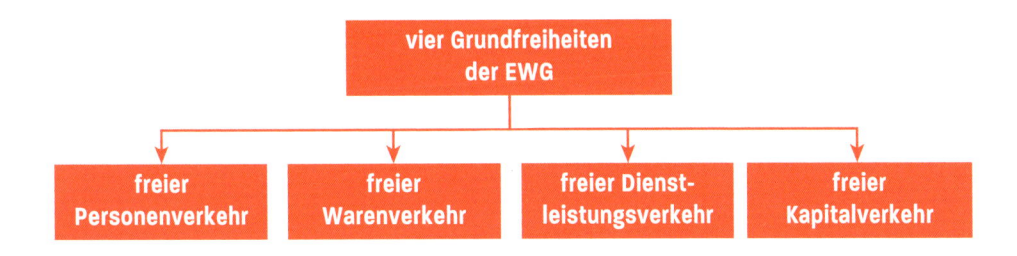

Mit dem Fusionsvertrag von 1967 erhalten die EWG, die EAG und die EGKS, einen gemeinsamen Rat und eine gemeinsame Kommission, man sprich nun von den Europäischen Gemeinschaften (EG). 1992 unterzeichnen die zwölf Mitgliedstaaten den Vertrag von Maastricht (Niederlande) und gründen damit die Europäische Union (EU). Damit wird die auf wirtschaftliche Bereiche ausgerichtete EG zu einer politischen Union umgewandelt mit dem Euro als gemeinsame Währung.

**1957 bis 1992 Von der EWG zur EU**

| | |
|---|---|
| **1993**<br>**EU-Binnenmarkt** | Bereits 1993 sind die vier Grundfreiheiten freier Waren-, Dienstleistungs-, Kapital- und Personenverkehr umgesetzt und ein funktionierender Binnenmarkt somit verwirklicht. |
| **1999/2002**<br>**Währungsunion** | 1999 wird der Euro (€) in 12 von 15 EU-Ländern zur Einheitswährung. Nur Grossbritannien, Dänemark und Schweden behalten ihre bisherige Landeswährung. 2002 bekommen die Menschen in den zwölf Staaten diese Veränderungen direkt zu spüren, denn der Euro wird zum alleinigen gesetzlichen Zahlungsmittel. Euronoten und Euromünzen lösen in der Folge die alten Landeswährungen ab. |
| **Erweiterung der EU** | Eine bedeutende und rasante Erweiterung erfährt die EU nach der Auflösung der Sowjetunion und dem damit verbundenen Ende des Kalten Krieges. Es treten bei: Estland, Lettland, Litauen, Polen, Tschechien, Slowakei, Ungarn, Slowenien, Rumänien, Bulgarien, Kroatien; zudem Zypern und Malta. Die EU umfasst heute nach dem Austritt von Grossbritannien 27 Staaten. Weitere Staaten wie Island, Serbien, Nordmazedonien und Albanien sollen ebenfalls EU-Mitglieder werden. |

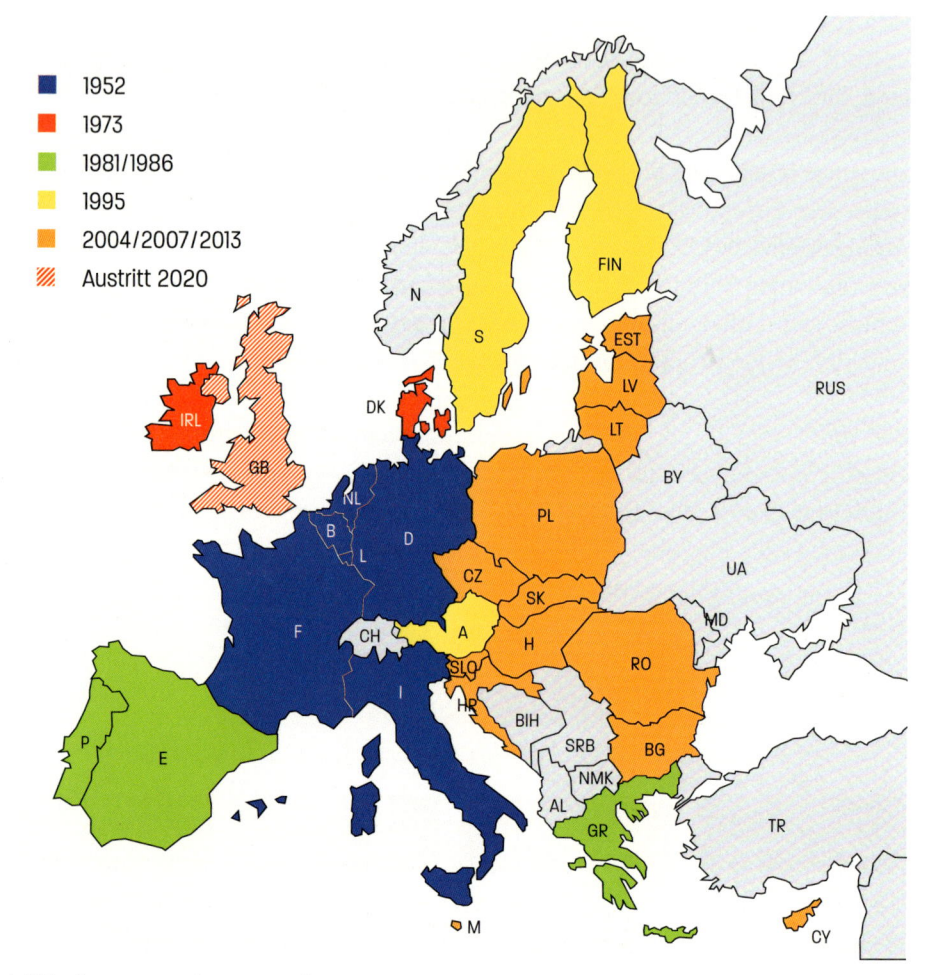

*Die bisherigen Etappen der EU-Erweiterung.*

## Aufbau und Funktionsweise der EU

### Überblick

Europa hat sich nach dem Zweiten Weltkrieg stark verändert. In der EU sind heute 27 Staaten wirtschaftlich und politische eng miteinander verbunden. Damit ist das ursprüngliche Ziel der Friedenssicherung durch enge Zusammenarbeit zwischen den Staaten erreicht. Wirtschaftlich verfügt die EU mit seinen über 500 Millionen Einwohnerinnen und Einwohnern über einen bedeutenden Binnenmarkt und gehört zusammen mit den USA und China zu den führenden Wirtschaftsmächten.

*Wirtschaftliche Stärke*

Trotz gemeinsamen Verträgen, einem eigenen Parlament und vielen verbindlichen EU-Gesetzen hat die EU in der Weltpolitik vergleichsweise wenig Einfluss. Die einzelnen Mitgliedstaaten sind in politischen Fragen weitgehen eigenständig (souverän) und betreiben ihre eigene Innen- und Aussenpolitik. Auch halten sich nicht alle Länder an die Menschenrechte, was eine zentrale Voraussetzung für die EU-Mitgliedschaft ist.

*Politische Schwäche*

| Europäische Union im Überblick | |
|---|---|
| Anzahl Länder | 27 |
| Fläche | 4,2 Millionen Quadratkilometer |
| Bevölkerungszahl | 447 Millionen Einwohnerinnen und Einwohner (7% der Weltbevölkerung) |
| Wirtschaftliche Leistung | 13 Billionen Euro (15% des globalen BIP) |

- EU-Staaten mit Euro als Landeswährung
- EU-Staaten mit eigener Währung
- EU-Beitrittskandidaten
- EWR-Staaten

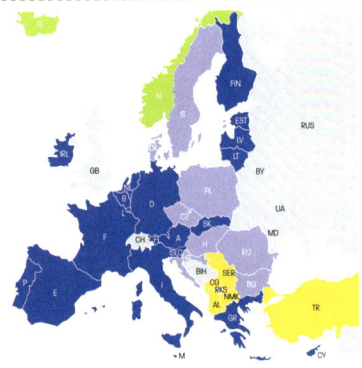

### Struktur

Mit dem Vertrag von Lissabon werden bisherige Verträge zusammengefasst und erweitert. Ziel des Lissabonner Vertrags ist, die EU demokratischer und transparenter zu gestalten. Seit 2009 gibt es einen Präsidenten des Europäischen Rates. Das Parlament erhält mehr Entscheidungsbefugnisse und umfasst neu 705 Sitze. Die Abgeordneten sind auf fünf Jahre gewählt. Auch die Bürgerrechte werden erweitert: Eine Million EU-Bürgerinnen und EU-Bürger können mit einer Initiative die EU-Kommission auffordern, einen Gesetzesvorschlag auszuarbeiten.

*Vertrag von Lissabon*

**Organe der EU** Die folgende Tabelle stellt in vereinfachter Form die Grundstruktur, die Organe und die Funktionsweise der EU dar. Einzelne Organe werden nachfolgend näher beschrieben.

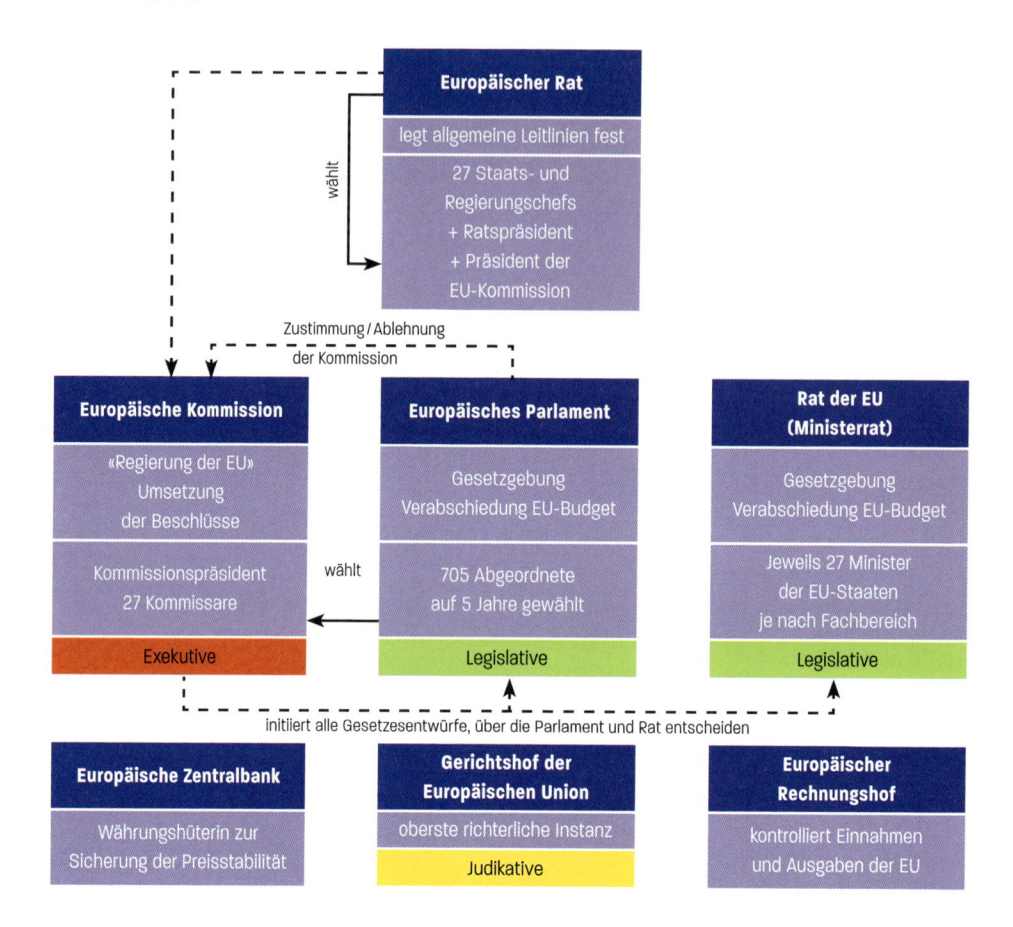

```
                        ┌─────────────────────────────┐
                        │     Europäischer Rat        │
                        ├─────────────────────────────┤
                        │ legt allgemeine Leitlinien  │
                        │ fest                        │
                        ├─────────────────────────────┤
              wählt     │ 27 Staats- und              │
                        │ Regierungschefs             │
                        │ + Ratspräsident             │
                        │ + Präsident der             │
                        │ EU-Kommission               │
                        └─────────────────────────────┘
            Zustimmung / Ablehnung
                 der Kommission
┌──────────────────────┐ ┌──────────────────────┐ ┌──────────────────────┐
│ Europäische          │ │ Europäisches         │ │ Rat der EU           │
│ Kommission           │ │ Parlament            │ │ (Ministerrat)        │
├──────────────────────┤ ├──────────────────────┤ ├──────────────────────┤
│ «Regierung der EU»   │ │ Gesetzgebung         │ │ Gesetzgebung         │
│ Umsetzung            │ │ Verabschiedung       │ │ Verabschiedung       │
│ der Beschlüsse       │ │ EU-Budget            │ │ EU-Budget            │
├──────────────────────┤ ├──────────────────────┤ ├──────────────────────┤
│ Kommissionspräsident │ │ 705 Abgeordnete      │ │ Jeweils 27 Minister  │
│ 27 Kommissare        │ │ auf 5 Jahre gewählt  │ │ der EU-Staaten       │
│                      │ │                      │ │ je nach Fachbereich  │
├──────────────────────┤ ├──────────────────────┤ ├──────────────────────┤
│      Exekutive       │ │     Legislative      │ │     Legislative      │
└──────────────────────┘ └──────────────────────┘ └──────────────────────┘
    initiiert alle Gesetzesentwürfe, über die Parlament und Rat entscheiden

┌──────────────────────┐ ┌──────────────────────┐ ┌──────────────────────┐
│ Europäische          │ │ Gerichtshof der      │ │ Europäischer         │
│ Zentralbank          │ │ Europäischen Union   │ │ Rechnungshof         │
├──────────────────────┤ ├──────────────────────┤ ├──────────────────────┤
│ Währungshüterin zur  │ │ oberste richterliche │ │ kontrolliert         │
│ Sicherung der        │ │ Instanz              │ │ Einnahmen            │
│ Preisstabilität      │ │                      │ │ und Ausgaben der EU  │
│                      │ ├──────────────────────┤ │                      │
│                      │ │      Judikative      │ │                      │
└──────────────────────┘ └──────────────────────┘ └──────────────────────┘
```

| | |
|---|---|
| **Europäischer Rat** | Der Europäische Rat ist der Rat der Staats- und Regierungschefs. Der Rat trifft sich mindestens zweimal pro Jahr. Er gibt der Union Impulse und legt die allgemeinen politischen Zielvorstellungen und Prioritäten fest. Der Europäische Rat gilt als höchstes Steuerungsgremium der EU. Dem Rat gehört neben den Staats- und Regierungschefs auch der Präsident oder die Präsidentin der EU-Kommission an. Organisiert und geleitet werden die Treffen vom Ratspräsidenten bzw. der Ratspräsidentin. |
| **Europäische Kommission** | Die Europäische Kommission vertritt die Interessen der gesamten EU und ist mit einer Landesregierung vergleichbar. Jedes Land hat unabhängig von der Grösse Anrecht auf einen der 27 Sitze. Die Kommissare und Kommissarinnen werden vom EU-Parlament gewählt. Die Amtsdauer beträgt fünf Jahre. Die EU-Kommission ist zuständig für die Umsetzung der Beschlüsse des EU-Parlaments und des Ministerrats. In diesem Sinne ist der Rat die vollziehende Gewalt, die Exekutive. Präsidentin der EU-Kommission ist Ursula von der Leyen (2020). |

| | |
|---|---|
| **Rat der EU (Ministerrat)** | Der Rat der EU setzt sich aus den Ministern und Ministerinnen der einzelnen Mitgliedstaaten zusammen. Deshalb spricht man auch vom Ministerrat. Geht es um Finanzen, treffen sich die Finanzministerinnen und -minister, geht es um Verkehrsfragen, die Verkehrsministerinnen und -minister usw. Der Vorsitz wechselt halbjährlich zwischen den Mitgliedländern. Die Ministerinnen und Minister haben entsprechend der Bevölkerungszahl mehr oder weniger Stimmrecht. Deutschland beispielsweise hat als grosses Land 29 Stimmen, Österreich nur 10.<br>Der Rat der EU gilt zusammen mit dem EU-Parlament als wichtigstes gesetzgebendes Organ (Legislative). Der Rat erlässt Gesetze, Verordnungen und Richtlinien, die für alle Mitgliedstaaten verbindlich sind. Zudem entscheidet der Ministerrat über das jährliche EU-Budget. |
| **Europäisches Parlament** | Das EU-Parlament besteht aus 705 Mitgliedern und repräsentiert die Bevölkerung der EU-Mitglieder. Die Abgeordneten werden von den einzelnen Mitgliedstaaten gewählt. Die Amtsdauer beträgt fünf Jahre. Die Anzahl der Sitze pro Land hängt von der Bevölkerungszahl ab, wobei der Verteilschlüssel kleinere Staaten etwas bevorteilt. So kann Deutschland 96 Abgeordnete entsenden, das rund zehnmal kleinere Österreich 19. Zusammen mit dem Rat der EU (Ministerrat) bildet das EU-Parlament die gesetzgebende Gewalt, die Legislative. Das Parlament tagt abwechselnd in Brüssel und Strassburg. |

**Das weiss ich jetzt!**

6.9 Welches Ereignis führte zur Idee eines vereinigten, friedlichen Europas?

6.10 Welche konkrete wirtschaftliche Massnahme beinhaltete der Schuman-Plan?

6.11 Was war das Ziel des Schuman-Plans?

6.12 Welches sind die vier Grundfreiheiten der EWG (heute EU)?

6.13 Mit welchem Vertrag bekommt die politische Zusammenarbeit mehr Gewicht?

6.14 Seit wann ist der Euro als Zahlungsmittel im Umlauf?

6.15 Welches historische Ereignis beschleunigte die EU-Erweiterung?

6.16 Was ist das Ziel des Vertrags von Lissabon?

6.17 Wer ist im Europäischen Rat vertreten?

6.18 Welche Stellung hat die Europäische Kommission?

6.19 Wer ist im Rat der EU vertreten?

6.20 Wie sind die Sitze im EU-Parlament verteilt?

## Herausforderungen der EU

| | |
|---|---|
| **Flüchtlinge**<br>Verteilung der Flüchtlinge mit einer Quote auf alle EU-Staaten | Die Flüchtlingsdiskussion hat die EU gespalten. Länder wie Deutschland und Frankreich verlangen, dass alle EU-Staaten Flüchtlinge aufnehmen. Doch Länder wie Polen und Ungarn wollen keine Flüchtlinge ins Land lassen und lehnen eine Flüchtlingsquote ab. |
| **Verschuldung**<br>Hohe Staatsverschuldung einzelner Mitgliedstaaten | Wichtige Industrieländer wie Italien, Frankreich und Spanien haben hohe Staatsschulden. Das ist eine Gefahr für die wirtschaftliche Stabilität und den Euro. Zudem gefährdet die hohe Gesamtverschuldung der EU-Staaten das Wirtschaftswachstum. Bis heute ist das Krisenland Griechenland trotz einem Rettungspaket von über 250 Milliarden Euro und massiven Sparmassnahmen wirtschaftlich noch immer instabil. |
| **Brexit**<br>Grossbritanniens Austritt | Im Juni 2016 stimmen 52 Prozent der Wähler und Wählerinnen für den Austritt des Vereinigten Königreichs aus der Europäischen Union, den sogenannten «Brexit». Durch den Austritt Grossbritanniens von 2020 wurde die EU geschwächt. |
| **Terrorismus**<br>Gemeinsames Vorgehen | Die terroristischen Anschläge in verschiedenen EU-Ländern haben das Sicherheitsgefühl erschüttert und Mängel bei der Zusammenarbeit unter den EU-Staaten offenbart. Deshalb hat das EU-Parlament Massnahmen beschlossen, um gemeinsam besser auf die neuen Bedrohungen reagieren zu können. |
| **Verteidigung**<br>EU mit eigener Armee | Die EU-Staaten wollen eine gemeinsame Armee aufbauen. Das Bündnis nennt sich «Ständige Strukturierte Zusammenarbeit», in der englischen Abkürzung «Pesco». Mit einer eigenen Armee würden Waffensysteme, Ausbildung und Logistik vereinheitlicht. Zudem wäre die EU weniger abhängig vom NATO-Bündnis und von den USA. |
| **Russland**<br>Viele Konfliktpunkte | Die Beziehungen zwischen der EU und Russland sind angespannt. Konfliktpunkte sind die Energieabhängigkeit einzelner EU-Staaten von Russland, der Krieg in der Ukraine, Russlands Unterstützung des Assad-Regimes in Syrien, die zunehmende Einschränkung der Freiheitsrechte in Russland. |
| **Türkei**<br>Vom Freund zum Gegner | Die Türkei ist – wie Russland – ein wichtiges Nachbarland der EU. Lange war von einem Beitritt der Türkei zur EU die Rede. Doch seit ein paar Jahren finden keine Verhandlungen mehr statt. Die Gründe: Unter Präsident Erdogan entwickelt sich die Türkei mehr und mehr zu einem islamischen Autoritätsstaat. Demokratische Rechte, wie sie die EU verlangt, werden mehr und mehr eingeschränkt. In der Flüchtlingsfrage bleibt die EU jedoch auf die Zusammenarbeit mit der Türkei angewiesen. |

▶ **Lernauftrag 3:** Eine Herausforderung der EU vertieft analysieren und dokumentieren (siehe Seite 176).

## 6.3 Europarat

Nach den Schrecken des Zweiten Weltkriegs gründeten 10 Staaten 1949 in London den Europarat. Als Aufgabe wurde der engere Zusammenschluss der Mitgliedstaaten definiert, was einem andauernden Frieden in Europa dienen sollte.

**Ziele**

**Ziele des Europarats**
- Frieden in Europa durch engen Zusammenschluss
- Sicherung der Demokratie, Rechtsstaatlichkeit, Menschenrechte
- Förderung des wirtschaftlichen und sozialen Fortschritts
- Förderung der Kultur und der kulturellen Zusammenarbeit

Der Europarat umfasst heute 47 Mitgliedstaaten mit einer Bevölkerung von über 800 Millionen Menschen und gilt als eine der wichtigsten internationalen Organisationen in Europa. Die Schweiz ist 1963 beigetreten. Der Sitz des Europarats ist die französische Stadt Strassburg.

**Europarat heute**

Der Europarat hat die gleiche Flagge wie die Europäische Union und auch die gleiche Hymne, nämlich Ludwig van Beethovens Vertonung von Friedrich Schillers «Ode an die Freude». Doch der Europarat ist eine eigenständige, von der EU unabhängige Organisation. Oftmals wird die Organisation mit dem Europäischen Rat (siehe Seite 168) verwechselt.

**Abgrenzung zur EU**

Der Europarat befasst sich mit vielen verschiedenen Themen und Herausforderungen, mit denen die europäische Gesellschaft konfrontiert ist. Dazu gehören: Menschenrechte, Bildung, Kultur, Medien, Jugend, Sport, soziale Gerechtigkeit, wirtschaftliche Entwicklung, Gleichberechtigung, Datenschutz und Umwelt.

**Themen**

Das bekannteste Organ des Europarats ist der Europäische Gerichtshof für Menschenrechte EGMR. Er soll sicherstellen, dass die Europäische Menschenrechtskonvention EMRK in allen Mitgliedstaaten angewendet wird. Einzelpersonen können beim EGMR Beschwerde gegen Verletzungen von Menschenrechten einreichen, falls sie in ihrem Land alle Rechtsmittel ausgeschöpft haben. Der EGMR gilt heute als der wichtigste Gerichtshof für Menschenrechte der Welt.

**EGMR**

Menschenrechtsgruppen wie Human Rights Watch werfen dem Europarat vor, dass er bei einzelnen Mitgliedstaaten die Verletzungen der Menschenrechte zu wenig klar beim Namen nennt, so zum Beispiel bei Russland und der Türkei.

**Kritik**

▶ **Lernauftrag 4:** Ein Urteil des EGMR dokumentieren (siehe Seite 176).

## 6.4 Die Schweiz und Europa

### Historische Entwicklung

**Schweiz als EU-Ausland** — Die Schweiz liegt mitten in Europa. Die umliegenden Länder sind, mit Ausnahme von Liechtenstein, alle EU-Mitglieder. Die Schweiz ist geografisch, kulturell, historisch und wirtschaftlich eng mit den europäischen Ländern verbunden. Zusammenarbeit und Austausch auf vielen Gebieten sind intensiv. Doch die Schweiz ist nicht Mitglied der Europäischen Union. Aus EU-Sicht ist die Schweiz EU-Ausland.

**Haltung in den 1950er-Jahren** — In den 1950er-Jahren steht die Schweizer Politik dem Beitritt zu den Europäischen Gemeinschaften (EG) eher kritisch gegenüber. Gründe für diese Haltung sind die schweizerische Neutralität und die politischen Verpflichtungen, die man mit einem EG-Beitritt eingehen müsste.

**Gründung der EFTA** — 1960 gründen die Schweiz, Österreich, Dänemark, Norwegen, Portugal, Schweden und Grossbritannien die Europäische Freihandelsassoziation EFTA. Später folgen Finnland, Island und Liechtenstein. Die EFTA gilt als Gegengewicht zur EG und soll den Handel unter den Mitgliedstaaten fördern. Politisch bleiben die einzelnen Länder jedoch eigenständig (souverän). Nach und nach treten einzelne Länder aus und werden Mitglied der EU. Heute gehören der EFTA nur noch die Schweiz, Island, Norwegen und Liechtenstein an.

**EG-Freihandelsabkommen** — 1972 schliessen die Schweiz und die EG ein Freihandelsabkommen ab. Dieses erleichtert und fördert die Beziehungen in wirtschaftlichen Bereichen. Politisch geht man keine gegenseitigen Verpflichtungen ein.

**EG-Beitritt als Ziel** — Anfang der 1990er-Jahre legt die Schweizer Regierung einen EG-Beitritt als strategisches Ziel fest. Der Bundesrat stellt in Brüssel ein Gesuch um Beitrittsverhandlungen. Auch in der Bevölkerung macht sich mehr und mehr eine europafreundliche Stimmung breit.

**Nein des Volkes** — In einem ersten Schritt soll die Schweiz dem Europäischen Wirtschaftsraum (EWR = EU-Binnenmarkt) beitreten. In einer denkwürdigen Abstimmung vom 6. Dezember 1992 lehnt das Schweizer Stimmvolk den EWR-Beitritt mit einem knappen Volksmehr von 50,3 Prozent und einem deutlichen Ständemehr (16 von 23 Nein) ab. Danach wird das EU-Beitrittsgesuch «eingefroren». 2016 zieht der Bundesrat das Gesuch schliesslich zurück.
Die Volksinitiative «Ja zu Europa» von 2001 wird mit 76,8 Prozent Nein-Stimmen deutlich abgelehnt. Damit sind die Diskussionen um einen Beitritt der Schweiz zur EU weitgehend verstummt.

## Bilaterale Verträge

**Der bilaterale Weg**

Nach der Ablehnung des EWR-Beitritts von 1992 beschliesst der Bundesrat, die Beziehungen zur EU durch bilaterale Verträge zu regeln. In der Politik meint man mit «bilateral», dass Verhandlungen oder Verträge zwei Parteien umfassen. Sind mehrere Staaten beteiligt, spricht man von «multilateral».

### Bilaterale I

Im Jahr 2000 wird ein erstes bilaterales Vertragspaket von den Stimmberechtigten deutlich angenommen. Das Vertragswerk wird kurz als «Bilaterale I» bezeichnet. Die darin vereinbarten Bereiche heissen Dossiers. Die folgende Tabelle zeigt die vier wichtigsten Dossiers der Bilateralen I.

**Bilaterale I**
- Personenfreizügigkeit
- Technische Handelshemmnisse
- Öffentliches Beschaffungswesen
- Landverkehr

**Personenfreizügigkeit**

Zwischen der Schweiz und der EU wird der freie Personenverkehr eingeführt. Das bedeutet, dass Schweizer Bürgerinnen und Bürger sich in jedem EU-Land niederlassen und dort arbeiten dürfen. Umgekehrt können EU-Bürgerinnen und EU-Bürger in die Schweiz kommen und hier arbeiten. Um den Zugang zum Arbeitsmarkt zu erleichtern, werden Berufsdiplome gegenseitig anerkannt. Dumpinglöhne (extrem tiefe Löhne) durch Arbeitnehmende aus der EU sollen durch flankierende Massnahmen verhindert werden. So gelten beispielsweise die Mindestlöhne einer Branche für alle Arbeitnehmenden.

**Technische Handelshemmnisse**

Güter, die in der Schweiz eine Zulassungsprüfung bestanden haben (z. B. Medikamente, Elektrogeräte), benötigen keine zusätzliche Prüfung in der EU – und umgekehrt. Für die schweizerische Exportwirtschaft ist diese Vereinbarung sehr wichtig, denn sie erleichtert den Marktzugang für Schweizer Produkte im EU-Binnenmarkt erheblich.

**Öffentliches Beschaffungswesen**

Bei Investitionen durch die öffentliche Hand (Bund, Kantone, Gemeinden) oder durch staatliche Firmen wie die SBB oder Post müssen die Aufträge ab einem bestimmten Betrag auch in der EU ausgeschrieben werden. Umgekehrt können sich Schweizer Firmen um öffentliche Aufträge (z. B. Strassen, Gebäude) im EU-Raum bewerben.

**Landverkehr**

Mit ihrer zentralen Lage ist die Schweiz für den Transitverkehr sehr wichtig. Gleichzeitig ist das enorme Verkehrsaufkommen eine grosse Belastung für die Umwelt. Mit dem Landverkehrsabkommen wurde vereinbart, dass die Schweiz den alpenquerenden Verkehr so weit wie möglich auf die Schiene verlagert. Zudem kann die Schweiz eine Transitabgabe verlangen. So wird seit 2001 die leistungsabhängige Schwerverkehrsabgabe (LSVA) erhoben.

Im Gegenzug erhöhte die Schweiz die Gewichtslimite für Lastwagen von 28 auf 40 Tonnen. Als wichtigste Massnahme gilt der Bau der Neuen Eisenbahn-Alpentransversale (NEAT), eines Jahrhundertwerks, mit dem die Transportkapazitäten auf der Schiene stark erhöht werden sollen. Das bekannteste Bauwerk ist der Gotthard-Basistunnel, der 2016 in Betrieb genommen wurde.

*Der Gotthard-Basistunnel ist mit 57 Kilometern der längste Eisenbahntunnel der Welt.*

### Bilaterale II

Bei den Bilateralen II geht es vor allem um politische Fragen. 2005 hat das Volk die Bilateralen II angenommen. Zwei wichtige Vertragsbestandteile sind das Schengener und das Dubliner Abkommen.

**Schengener Abkommen** — Durch dieses Abkommen werden die Personenkontrollen an den Grenzen zwischen den beteiligten Staaten abgeschafft. Dafür gibt es mehr mobile Kontrollen im Landesinnern. Gleichzeitig wird die EU-Aussengrenze stärker überwacht. Das Schengener Informationssystem (SIS) steht für die Fahndung allen beteiligten Ländern zur Verfügung, also auch der Schweiz.

**Dubliner Abkommen** — Dieses Abkommen regelt die Behandlung von Asylsuchenden. Wird ein Asylgesuch in einem EU-Land abgelehnt, gilt dies auch für die anderen Länder des Abkommens – und umgekehrt.

▶ **Lernauftrag 5:** Vorteile und Nachteile eines EU-Beitritts der Schweiz debattieren (siehe Seite 177).

▶ **Lernauftrag 6:** Die Bedeutung der EU-Beziehungen für einen KMU-Betrieb untersuchen (siehe Seite 177).

### Das weiss ich jetzt!

6.21 Was waren in den 1950er-Jahren die Gründe für die ablehnende Haltung der Schweiz gegenüber einem EG-Beitritt?

6.22 Durch welches Ereignis sind die Diskussionen um einen EU-Beitritt der Schweiz verstummt?

6.23 Was ist gemeint mit dem Begriff «bilaterale Verträge»?

6.24 Welche Bereiche wurden in den Bilateralen I geregelt?

6.25 Was ist die wichtigste Regelung im Abkommen von Schengen?

6.26 Was ist im Abkommen von Dublin geregelt?

# Lernaufträge

**L1 Die Auswirkungen der Globalisierung auf das eigene Leben untersuchen**

- Bilden Sie eine Gruppe von drei bis fünf Personen.
- Diskutieren Sie, welchen Einfluss die Globalisierung auf Ihren Alltag in den Bereichen Konsum, Ferien, Beruf und Kultur hat.
- Notieren Sie die Resultate Ihrer Diskussion stichwortartig auf einem Plakat. Ordnen Sie die Antworten den vier Bereichen Kultur, Konsum, Beruf, Ferien zu.
- Präsentieren Sie das Plakat einer anderen Gruppe.
- Mögliche Fortsetzung: Verfassen Sie aufgrund der Stichwörter einen kurzen Text mit dem Titel «Globalisierung und mein Alltag».

**Kompetenzen: Sie können ...**

- erkennen, wie sich die Globalisierung auf Ihren Alltag auswirkt,
- die Ergebnisse einer Diskussion stichwortartig zusammenfassen.

**L2 Chinas Aufstieg vom Entwicklungsland zur Wirtschaftsgrossmacht chronologisch darstellen**

- Arbeiten Sie an diesem Lernauftrag alleine oder zu zweit.
- Stellen Sie den Aufstieg Chinas auf einer Zeitachse von 1949 bis heute dar. Nennen Sie die wichtigsten Zahlen, Namen, Daten und Fakten.
- Unter folgendem Link finden Sie nützliche Informationen: *hep-verlag.ch/gesellschaft-a-link1*
- Wählen Sie für die Darstellung eine übersichtliche, tabellarische Form. Verwenden Sie auch Grafiken und Bilder.
- Vergleichen Sie Ihre Arbeit mit anderen Schülerinnen und Schülern und geben Sie sich gegenseitig Feedback: Was ist gut? Was könnte man noch verbessern?
- Überarbeiten Sie Ihre Arbeit aufgrund des Feedbacks.

**Kompetenzen: Sie können ...**

- den Aufstieg Chinas zur Grossmacht übersichtlich darstellen,
- Ihre Arbeit aufgrund von Feedbacks optimieren.

### L3 Eine Herausforderung der EU vertieft analysieren und dokumentieren

- Arbeiten Sie an diesem Lernauftrag alleine oder zu zweit.
- Wählen Sie aus der Übersicht «Herausforderungen der EU» ein Thema aus (siehe Seite 170).
- Stellen Sie die Herausforderung auf einer A4-Seite mit Text und Bildern dar.
- Ihre Arbeit sollte folgende Fragen beantworten:
    - Was ist das Problem?
    - Wie kam es zum Problem? (Ursache/Ursachen)
    - Was passiert, wenn das Problem nicht gelöst werden kann? (Folge/Folgen)
    - Wie könnte das Problem gelöst werden? (Massnahmen)
    - Wo steht man heute?
- Lassen Sie die Arbeit gegenlesen. Holen Sie ein Feedback ein und überarbeiten Sie das Blatt.

**Kompetenzen: Sie können ...**

- eine aktuelle Herausforderung der EU durch Recherche vertieft analysieren,
- das Ergebnis der Recherche in einem kurzen Text übersichtlich und verständlich dokumentieren.

### L4 Ein Urteil des EGMR dokumentieren

- Suchen Sie im Internet nach Urteilen des Europäischen Gerichtshofs für Menschenrechte EGMR. Folgender Link kann Ihnen dabei behilflich sein:
  *hep-verlag.ch/gesellschaft-a-link2*
- Wählen Sie einen Fall aus.
- Stellen Sie den Fall knapp und übersichtlich dar. Darstellungsmittel und -form bestimmen Sie selbst.
- Ihre Dokumentation sollte folgende Fragen beantworten:
    - Wer war angeklagt?
    - Wer hat geklagt?
    - Wie lautete die Anklage?
    - Wann und wo fand der Prozess statt?
    - Wie lautete das Urteil?
- Präsentieren Sie das Resultat Ihrer Recherche einer anderen Gruppe oder der Klasse.

**Kompetenzen: Sie können ...**

- ein Urteil des EGMR faktengetreu recherchieren,
- das Ergebnis der Recherche in einer geeigneten, übersichtlichen Form präsentieren.

## L5 Vorteile und Nachteile eines EU-Beitritts der Schweiz debattieren

- Teilen Sie sich in zwei Lager.
- Sammeln Sie entweder Pro- oder Kontra-Argumente zum EU-Beitritt der Schweiz.
- Bilden Sie eine Fünfergruppe mit je zwei Personen auf der Pro- und der Kontra-Seite sowie einer Diskussionsleitung. Führen Sie eine kurze Debatte mit folgenden Phasen durch:
  - Eröffnungserklärung aller Diskussionsteilnehmer und -teilnehmerinnen
  - Freie Diskussion
  - Schlussaussage aller Diskussionsteilnehmer und -teilnehmerinnen
- Reflektieren Sie anschliessend, welche Argumente aus Ihrer Sicht überzeugen.

**Kompetenzen: Sie können ...**

- die möglichen Vorteile und Nachteile eines EU-Beitritts der Schweiz selbstständig herausarbeiten und einander gegenüberstellen,
- beurteilen, in welchen Bereichen die Vorteile bzw. die Nachteile überwiegen.

## L6 Die Bedeutung der EU-Beziehungen für einen KMU-Betrieb untersuchen

- Wählen Sie einen KMU-Betrieb aus Ihrer Region aus. Es kann auch Ihr Lehrbetrieb sein.
- Bereiten Sie ein Interview vor, bei dem Sie vor allem auf die Beziehungen des Betriebs zur EU eingehen.
- Führen Sie das Interview durch. Fragen Sie, ob Sie das Gespräch aufnehmen dürfen.
- Tragen Sie die Informationen des Gesprächs zusammen und halten Sie das Wichtigste stichwortartig auf einem Plakat fest.
- Präsentieren Sie den Betrieb anhand Ihres Plakats in der Gruppe oder vor der Klasse.

**Kompetenzen: Sie können ...**

- die Bedeutung der EU für einen ausgewählten Schweizer KMU-Betrieb erkennen,
- gezielte Fragen für ein Interview formulieren und aufgrund des Interviews eine Präsentation erstellen.

# Kapitel 7
## Markt und Konsum

Shopping am Samstagnachmittag, essen beim Italiener, danach noch ins Kino. Am Sonntag online ein paar T-Shirts und bequeme Sneakers bestellen. Am Montag gehts wieder zur Arbeit: Bahnticket kaufen, am Kiosk rasch ein Sandwich posten, und ja, das Deutschbuch für den Unterricht muss auch noch bezahlt werden. Wir sind – ob bewusst oder unbewusst, gewollt oder ungewollt – ständig «im Markt» und damit ein Teil des Wirtschaftssystems. Wie das Wirtschaftssystem genau funktioniert und welche Rollen die verschiedenen Akteure spielen, erfahren Sie in diesem Kapitel.

**Sie lernen in diesem Kapitel,**

- was ein Markt ist und wie Angebot, Nachfrage und Preise zusammenhängen,
- wie die wirtschaftlichen Vorgänge in einem Wirtschaftskreislauf dargestellt werden,
- welche Produktionsfaktoren und Wirtschaftssektoren man unterscheidet,
- was man unter den Begriffen «Wohlfahrt», «Wohlstand», «Inflation», «Kaufkraft» und «Wirtschaftswachstum» versteht,
- wie die Wirtschaftskraft eines Landes gemessen wird,
- welche Rolle der Staat in der Wirtschaft spielt,
- woher der Staat seine Finanzen hat und wofür er das Geld ausgibt,
- welche Steuern es gibt und wie eine Steuererklärung aufgebaut ist.

« *Wahrer Reichtum ist die Armut an Bedürfnissen.* »

*Chinesisches Sprichwort*

# 7.1 Markt, Nachfrage, Angebot

## Markt

Jemand bietet Schuhe an, anderen gefallen diese Schuhe, und sie möchten sie kaufen. Das ist, ganz einfach gesagt, Markt: das Zusammentreffen von Angebot und Nachfrage. Personen tauschen auf diesem Markt Waren oder Dienstleistungen gegen Geld. Je nach Angebot und Nachfrage verändert sich der Preis: Ist die Nachfrage gross und das angebotene Gut knapp, lässt sich ein höherer Preis verlangen; ist die Nachfrage klein und das angebotene Gut weit verbreitet, sinkt der Preis. Diesen Prozess nennt man Preisbildung.

**Definition**

*Ein Markt entsteht, wenn Personen, die etwas anbieten, auf Personen treffen, die etwas nachfragen.*

## Nachfrage

Als Bedürfnis bezeichnet man das Verlangen, einen Mangel zu beheben. Konkret: Wir haben Hunger und möchten ein Sandwich haben. Die Schuhe passen nicht mehr, daher wünschen wir uns neue. Wir beziehen eine Wohnung und brauchen Möbel. Die Bedürfnisse sind fast unbegrenzt, aber auch sehr unterschiedlich. Der Wunsch, Bedürfnisse zu befriedigen, ist der Motor der gesamten Wirtschaft. Im Zentrum steht das Wechselspiel zwischen Nachfrage und Angebot.

**Bedürfnisse**

**Bedürfnisarten**  Die Bedürfnisse lassen sich in verschiedene Kategorien einteilen. So gibt es Existenz- und Wahlbedürfnisse, Individual- und Kollektivbedürfnisse, materielle und immaterielle Bedürfnisse. Diese sechs Kategorien werden nachfolgend mit Beispielen erklärt.

### Bedürfnisarten

| Existenzbedürfnisse | Wahlbedürfnisse |
|---|---|
| Diese sind lebensnotwendig. *Beispiele*: Nahrung, Wohnung, Kleidung, medizinische Versorgung | Ist die Existenz gesichert, wählt der Mensch aus nicht lebensnotwendigen Bedürfnissen aus. *Beispiele*: Bücher, Heimelektronik, Schmuck, Auto, Ferien usw. |
| **Individualbedürfnisse** | **Kollektivbedürfnisse** |
| Das sind die Bedürfnisse jedes einzelnen Menschen, die individuell befriedigt werden. *Beispiele*: Auto, Handy, Bücher | Menschen mit gleichen Bedürfnissen schaffen kollektive Bedürfnisse. Diese können nur durch die Gemeinschaft befriedigt werden. *Beispiele*: Strassen, Schulhäuser, Schwimmbäder, Krankenhäuser |
| **Materielle Bedürfnisse** | **Immaterielle Bedürfnisse** |
| Diese kann man durch Geld (Kaufen) befriedigen. *Beispiele*: Brot, Fernseher, Handy | Die Befriedigung dieser Bedürfnisse lässt sich nicht kaufen. *Beispiele*: Liebe, Anerkennung, Geborgenheit, Gesundheit |

**Nutzen**  In der westlichen Welt haben wir das Privileg, relativ viele materielle Bedürfnisse befriedigen zu können. Doch nicht alles ist möglich. Wir müssen uns ständig entscheiden, welche Güter und Dienstleistungen wir kaufen und worauf wir verzichten bzw. verzichten müssen. Der Kaufentscheid wird also stark vom Nutzen des Konsumgutes beeinflusst.

*Je grösser die Auswahl an Gütern, desto schwieriger fällt uns der Kaufentscheid.*

Preisänderungen können den Nutzen eines Gutes entscheidend beeinflussen. Sinken die Handygebühren, wird Telefonieren attraktiver. Steigt der Benzinpreis, werden die Vorteile des Autofahrens kleiner. Diesen Zusammenhang bezeichnet man als «Gesetz der Nachfrage». Je tiefer also der Preis, desto eher sind wir bereit, etwas zu kaufen und damit steigt die nachgefragte Menge, also diejenige Menge, die benötigt wird, um die Nachfrage zu decken. Umgekehrt gilt: je höher der Preis, desto kleiner die nachgefragte Menge. Dieser Vorgang kann grafisch wie folgt dargestellt werden:

**Nachfragekurve**

**Die Nachfragekurve**

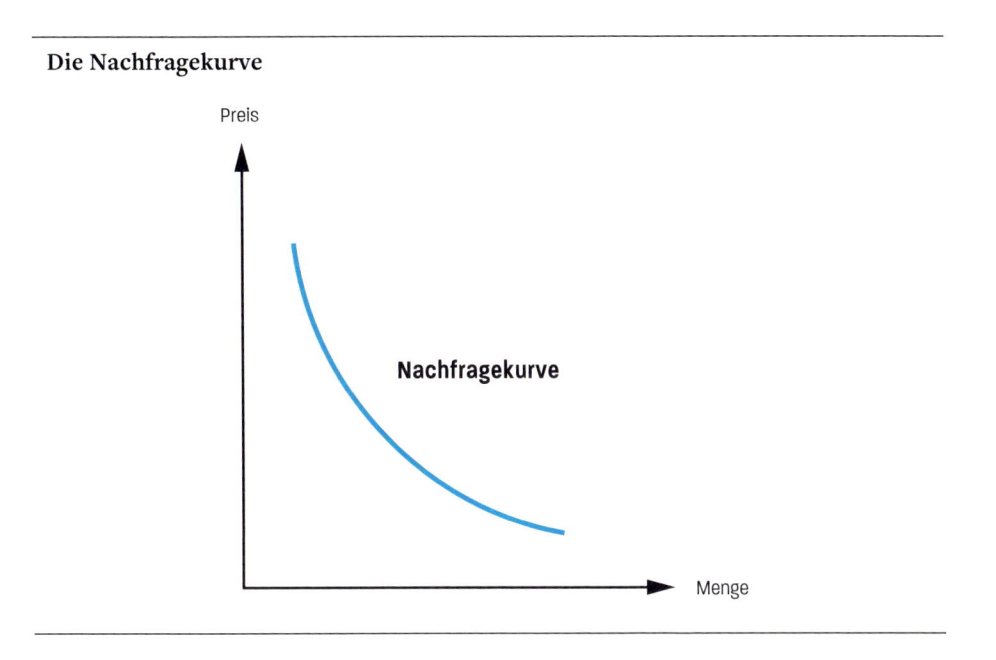

▶ **Lernauftrag 1:** Die Bedürfnispyramide nach Maslow kennen und vergleichen (siehe Seite 209).

**Das weiss ich jetzt!**

7.1 Wie definiert sich Markt?
7.2 Was ist ein Bedürfnis?
7.3 Welche Bedeutung haben unsere Bedürfnisse für die Wirtschaft?
7.4 Zu welcher Bedürfnisart zählt man Produkte wie Schmuck und Autos?
7.5 Zu welcher Bedürfnisart zählt man Einrichtungen wie Spitäler und Schulen?
7.6 Was kann unseren Kaufentscheid massgeblich beeinflussen?
7.7 Was passiert mit der Nachfrage, wenn die Preise sinken?
7.8 Was passiert mit der nachgefragten Menge, wenn die Preise steigen?

## Angebot

**Güterarten** Die Menschen befriedigen ihre Bedürfnisse mit Gütern. Man unterscheidet grundsätzlich zwischen wirtschaftlichen und freien Gütern. Die freien Güter heissen so, weil sie allen ohne Bezahlung zur Verfügung stehen. Dazu gehören: Luft, Wasser, Sonnenlicht, Berge usw. Wirtschaftliche Güter sind beschränkt vorhanden und kosten etwas. Wie die folgende Übersicht zeigt, werden die wirtschaftlichen Güter in diverse Unterkategorien aufgeteilt.

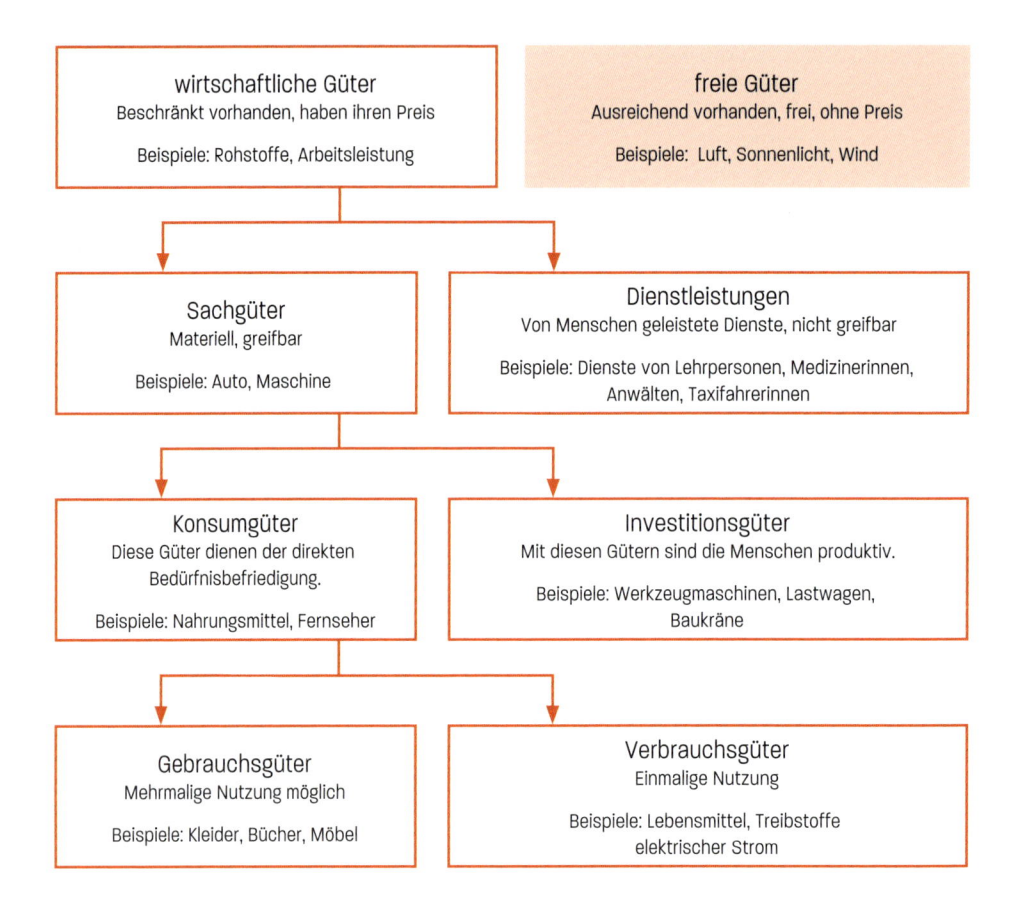

```
┌─────────────────────────────────┐      ┌─────────────────────────────────┐
│     wirtschaftliche Güter       │      │          freie Güter            │
│ Beschränkt vorhanden, haben     │      │ Ausreichend vorhanden, frei,    │
│         ihren Preis             │      │         ohne Preis              │
│ Beispiele: Rohstoffe,           │      │ Beispiele: Luft, Sonnenlicht,   │
│         Arbeitsleistung         │      │             Wind                │
└─────────────────────────────────┘      └─────────────────────────────────┘
              │         │
      ┌───────┘         └────────┐
      ▼                          ▼
┌──────────────────┐      ┌─────────────────────────────────────┐
│    Sachgüter     │      │         Dienstleistungen            │
│ Materiell,       │      │ Von Menschen geleistete Dienste,    │
│ greifbar         │      │ nicht greifbar                      │
│ Beispiele:       │      │ Beispiele: Dienste von Lehrpersonen,│
│ Auto, Maschine   │      │ Medizinerinnen, Anwälten,           │
│                  │      │ Taxifahrerinnen                     │
└──────────────────┘      └─────────────────────────────────────┘
      │         │
┌─────┘         └─────┐
▼                     ▼
┌──────────────────┐      ┌─────────────────────────────────────┐
│   Konsumgüter    │      │         Investitionsgüter           │
│ Diese Güter      │      │ Mit diesen Gütern sind die Menschen │
│ dienen der       │      │ produktiv.                          │
│ direkten         │      │ Beispiele: Werkzeugmaschinen,       │
│ Bedürfnis-       │      │ Lastwagen, Baukräne                 │
│ befriedigung.    │      │                                     │
│ Beispiele:       │      │                                     │
│ Nahrungsmittel,  │      │                                     │
│ Fernseher        │      │                                     │
└──────────────────┘      └─────────────────────────────────────┘
      │                           │
      ▼                           ▼
┌──────────────────┐      ┌─────────────────────────────────────┐
│  Gebrauchsgüter  │      │         Verbrauchsgüter             │
│ Mehrmalige       │      │ Einmalige Nutzung                   │
│ Nutzung möglich  │      │ Beispiele: Lebensmittel,            │
│ Beispiele:       │      │ Treibstoffe, elektrischer Strom     │
│ Kleider, Bücher, │      │                                     │
│ Möbel            │      │                                     │
└──────────────────┘      └─────────────────────────────────────┘
```

Kapitel 7 | Markt und Konsum

So, wie es eine Nachfragekurve gibt, gibt es auch eine Angebotskurve. Die Frage lautet: Wie reagiert die angebotene Menge, wenn sich der Preis verändert? Steigt der Preis, lohnt es sich für die Anbieter, mehr von diesem Gut anzubieten, da sich der Ertrag erhöht. Kurz: Steigt der Preis, steigt die angebotene Menge. Ein Beispiel: Steigen die Preise für E-Bikes, werden mehr E-Bikes auf dem Markt angeboten, denn das Geschäft ist nun für die Produzenten interessant.

**Angebotskurve**

**Die Angebotskurve**

*Wenn die Preise für E-Bikes steigen, bietet der Markt mehr E-Bikes an.*

**Das weiss ich jetzt!**

7.9 Welche Güter unterscheidet man grundsätzlich?

7.10 Wie unterscheidet man die wirtschaftlichen Güter?

7.11 Was ist der Unterschied zwischen Gebrauchsgütern und Verbrauchsgütern?

7.12 Nennen Sie je ein Beispiel von
a) Konsumgütern
b) Investitionsgütern.

7.13 Was passiert mit der Angebotsmenge, wenn der Preis steigt?

7.14 Was passiert mit dem Preis, wenn die Angebotsmenge sinkt?

**Marktgleichgewicht**

In der Grafik unten sind die Nachfragekurve und die Angebotskurve zusammengeführt. Man sieht, dass es zwischen den beiden Kurven einen Schnittpunkt gibt. In diesem Schnittpunkt entspricht die angebotene Menge der nachgefragten Menge. Das heisst: Es wird also gleich viel angeboten wie nachgefragt; der Bedarf der Nachfrager kann gedeckt werden, und die Anbieter bleiben nicht auf ihrer Ware sitzen. Es besteht ein Marktgleichgewicht.

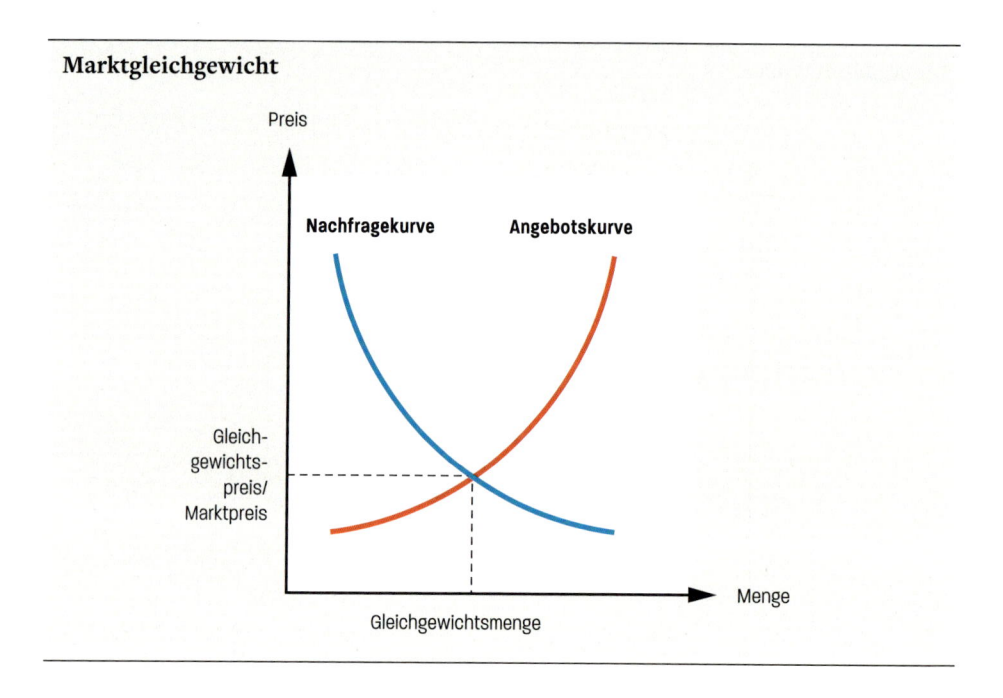

**Marktgleichgewicht**

*Grafik: Preis-Mengen-Diagramm mit Nachfragekurve (fallend) und Angebotskurve (steigend); Schnittpunkt markiert den Gleichgewichtspreis/Marktpreis und die Gleichgewichtsmenge.*

**Veränderung des Marktgleichgewichts**

Das beschriebene Marktgleichgewicht ist ein Idealzustand, der sich aber rasch verändern kann. Nehmen wir an, dass beispielsweise plötzlich weniger Gemüse auf den Markt kommt. Wie verändert sich nun das Marktgleichgewicht? Die Konsumentinnen und Konsumenten möchten weiterhin ihre gewohnte Menge Gemüse kaufen. Es wird also mehr Gemüse nachgefragt als angeboten. Damit kommt es zu einem sogenannten Nachfrageüberhang. Viele Konsumentinnen und Konsumenten sind bereit, mehr für das Gemüse zu bezahlen, somit steigen die Preise. Jetzt werden die Gemüsebäuerinnen und -bauern wieder mehr Gemüse auf den Markt bringen. Andere Produzenten werden in den Markt einsteigen und ebenfalls Gemüse anbieten. Dieser Prozess wird so lange andauern, bis sich angebotene Menge und nachgefragte Menge wieder entsprechen, bis also wieder Marktgleichgewicht herrscht.

▶ **Lernauftrag 2:** Veränderung des Marktgleichgewichts grafisch darstellen (siehe Seite 210).

**Das weiss ich jetzt!**

7.15 Wann spricht man von einem Marktgleichgewicht?

7.16 Wie verändern sich Preis und abgesetzte Menge,
  a) wenn bei gleichem Angebot die Nachfrage zunimmt/abnimmt?
  b) wenn bei gleichbleibender Nachfrage das Angebot zunimmt/abnimmt?

## 7.2 Wirtschaftskreislauf

Bisher haben wir nur den Austausch von Gütern, Dienstleistungen und Geld auf Märkten betrachtet, mit dem die Menschen ihre Bedürfnisse befriedigen. Nun betrachten wir die Volkswirtschaft als Ganzes anhand zweier Modelle: dem Modell des einfachen Wirtschaftskreislaufs und dem Modell des erweiterten Wirtschaftskreislaufs.

*Modelle*

### Einfacher Wirtschaftskreislauf

Der einfache Wirtschaftskreislauf beschreibt das Zusammenspiel der beiden wichtigsten Wirtschaftsteilnehmenden: der Haushalte und der Unternehmen.

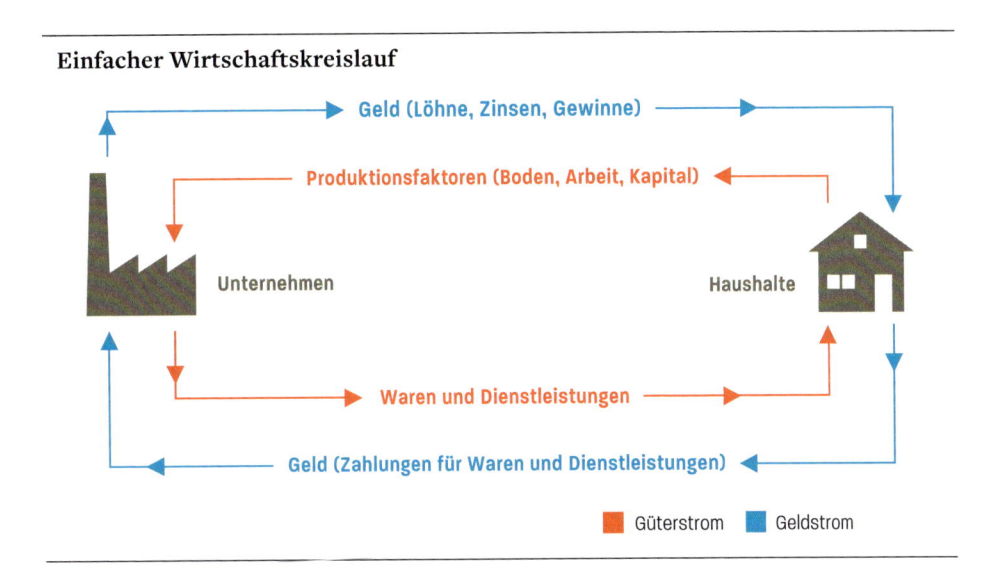

**Einfacher Wirtschaftskreislauf**

- Geld (Löhne, Zinsen, Gewinne)
- Produktionsfaktoren (Boden, Arbeit, Kapital)
- Unternehmen — Haushalte
- Waren und Dienstleistungen
- Geld (Zahlungen für Waren und Dienstleistungen)

Güterstrom | Geldstrom

Im inneren Kreislauf (rot) werden Waren und Dienstleistungen gegen sogenannte Produktionsfaktoren ausgetauscht. Die Unternehmen produzieren Waren (z. B. Uhren) und Dienstleistungen (z. B. Fusspflege). Die Haushalte kaufen die Waren bzw. nehmen die Dienstleistung in Anspruch. Bei diesem Teil des Güterstroms sind die Unternehmen Anbieter und die Haushalte Nachfrager. Im zweiten Teil des Güterstroms sind die Haushalte Anbieter und die Unternehmen Nachfrager. Die Haushalte bieten Produktionsfaktoren an: Arbeit, Boden und Kapital. Ohne diese Produktionsfaktoren könnten die Unternehmen nicht existieren. Die Haushalte erhalten dafür Geld in Form von Löhnen, Zinsens und Gewinnbeteiligung. Ein Beispiel: Frau Gomez arbeitet in einem Uhrengeschäft als Verkaufsleiterin. Sie stellt somit dem Unternehmen den Produktionsfaktor Arbeit zur Verfügung. Dafür erhält sie vom Uhrengeschäft Geld in Form von Lohn.

*Güterstrom*

**Geldstrom** Beim Geldstrom (blau) fliesst Geld in beide Richtungen: Die Haushalte bezahlen für die Güter und Dienstleistungen. Und die Unternehmen bezahlen Geld für die ihnen zur Verfügung gestellten Produktionsfaktoren.

## Erweiterter Wirtschaftskreislauf

Beim erweiterten Wirtschaftskreislauf kommen drei Akteure hinzu: der Staat, die Banken und das Ausland. Die folgende Darstellung zeigt die Geldströme zwischen den fünf Akteuren. Der Güterstrom ist nicht abgebildet.

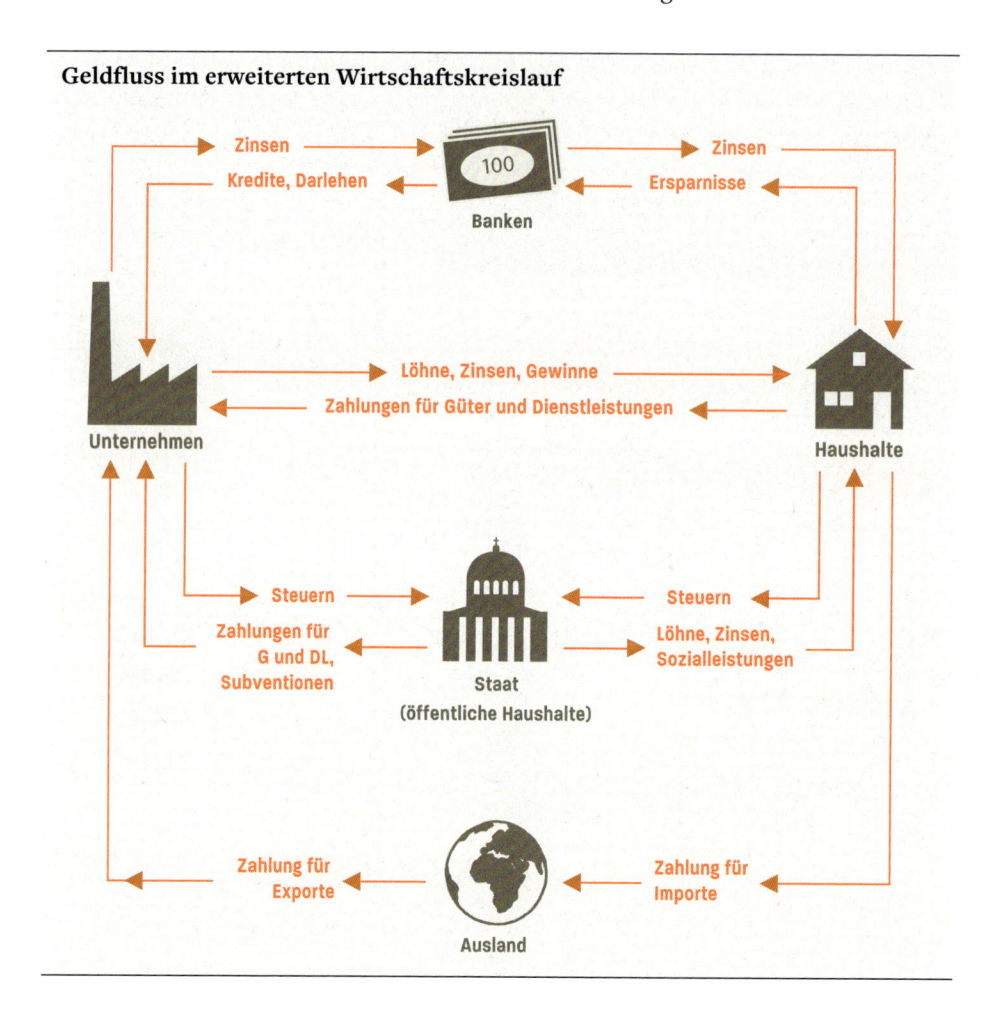

**Geldfluss im erweiterten Wirtschaftskreislauf**

**Staat** Der Staat erhält von den Unternehmen und Haushalten Geld in Form von Steuern. Mit diesem Geld finanziert er einerseits Güter (z. B. Schulhäuser), die er von den Unternehmen bezieht. Andererseits bezahlt er Löhne (z. B. für Lehrpersonen) und Sozialleistungen an die Haushalte, beispielsweise Beiträge an die AHV. Weiter vergibt er sogenannte Subventionen (Unterstützungsbeiträge) und macht Direktzahlungen an Landwirtschaftsbetriebe.

**Banken** Ein weiterer Akteur sind die Banken. Sie nehmen die Spargelder der Haushalte entgegen und verleihen diese als Darlehen und Kredite an Unternehmen, Staat und Private. Als Gegenleistung vergüten die Banken Zinsen an die Haushalte und verlangen Zinsen von ihren Schuldnern. Banken sind aber auch normale Unternehmen, die Dienstleistungen zur Verfügung stellen, Löhne und Steuern zahlen.

Die heutige Wirtschaft ist international sehr vernetzt, wobei kleine und rohstoffarme Länder wie die Schweiz in besonderem Masse vom Aussenhandel abhängig sind. Daher muss auch das Ausland als Akteur betrachtet werden. Einzelne Unternehmen verkaufen einen Grossteil ihrer Güter ins Ausland, so zum Beispiel die Pharma-, Maschinen- und Uhrenindustrie. Die Zahlungen für diesen Export fliessen also vom Ausland an inländische Unternehmen. Doch es gibt auch einen Geldstrom von den Haushalten ans Ausland, weil viele Haushalte nicht nur inländische, sondern auch ausländische Waren beziehen.

*Ausland*

*Die Schweizer Wirtschaft ist sehr stark vom Aussenhandel abhängig. Nicht nur Güter, auch Dienstleistungen werden exportiert.*

Modelle können immer nur einen Teil der Zusammenhänge abbilden; sie vereinfachen und klammern bestimmte Aspekte aus. So auch die beiden Wirtschaftskreisläufe. Für eine Gesamtbetrachtung müssen auch andere Aspekte einbezogen werden.

*Ganzheitliche Sicht*

---

**Weiterführende Fragen**
- Wie wirkt sich die wirtschaftliche Tätigkeit auf unsere Umwelt aus?
- Wie gehen wir mit Ressourcen wie Wasser, Boden und Luft um?
- Wer profitiert vom aktuellen System? Wer sind die Verlierer?
- Wie wirkt sich die Arbeit auf unsere Gesundheit aus?

---

▶ **Lernauftrag 3:** Fragen zur ganzheitlichen Sicht diskutieren (siehe Seite 211).

---

**Das weiss ich jetzt!**

7.17 Welche beiden Akteure stehen beim einfachen Wirtschaftskreislauf im Zentrum?

7.18 Was versteht man unter Produktionsfaktoren?

7.19 Welche drei Akteure kommen beim erweiterten Wirtschaftskreislauf hinzu?

7.20 Welche Rollen spielen die Banken?

7.21 Weshalb ist im erweiterten Wirtschaftskreislauf auch das Ausland ein wichtiger Akteur?

## Produktionsfaktoren

Wer etwas produziert, muss Mittel dazu haben. In der Wirtschaftssprache nennt man diese Mittel Produktionsfaktoren. Dazu gehören die Ressourcen Arbeit und Wissen, Boden und Umwelt sowie Kapital. Diese Produktionsfaktoren wurden bereits in den beiden Wirtschaftskreisläufen erwähnt; hier werden sie nun genauer erläutert.

**Übersicht der Produktionsfaktoren**

| Boden/Umwelt | Arbeit/Wissen | Kapital |
|---|---|---|
| – Rohstoffträger<br>– Nährstoffträger<br>– Betriebsstandort<br>– Infrastrukturträger<br>– Tourismuslandschaft<br>– Anlageobjekt | – Körperliche Arbeit<br>– Geistige Arbeit<br>– Maschinelle Arbeit<br>– Ausbildung/Qualifikation<br>– Fähigkeiten/Erfahrung | – Geldkapital (Bargeld, Buchgeld)<br>– Sachkapital (Gebäude, Maschinen, Werkzeuge, Fahrzeuge) |

**Boden/Umwelt**  Mit den Begriffen «Boden/Umwelt» werden natürliche Ressourcen bezeichnet: Boden zur landwirtschaftlichen Nutzung, Bodenschätze (z.B. Kohle, Erdöl, Gas), Bauland usw. Auch die Tourismuslandschaft mit Bergen, Seen und Flüssen gehört dazu.

**Arbeit/Wissen**  Unter «Arbeit» versteht man sowohl körperliche als auch geistige Tätigkeiten, die finanziell entlöhnt werden. Da die Schweiz über wenige natürliche Rohstoffe verfügt, ist eine gute Ausbildung und ständige Weiterbildung sehr wichtig für den wirtschaftlichen Erfolg. Wissen und Können der Arbeitenden stellen somit eine wichtige Ressource dar.

**Kapital**  Wie die beiden Wirtschaftskreisläufe zeigen, braucht es für die Herstellung von Gütern und Dienstleistungen auch Kapital. Dazu gehört neben dem Geldkapital auch das Sachkapital wie Gebäude, Maschinen, Werkzeuge, Fahrzeuge usw., das die Produktion ermöglicht.

*Für die Herstellung von Produkten braucht es oftmals erhebliche natürliche Ressourcen, wie das Beispiel der EMS-Chemie in Domat/Ems bei Chur zeigt.*

▶ **Lernauftrag 4:** Produktionsfaktoren für ein neues Produkt zusammenstellen (siehe Seite 211).

## Wirtschaftssektoren

Teilt man die Unternehmen nach ihren Tätigkeitsgebieten ein, erhält man folgende drei Wirtschaftssektoren:

**Sektoren**

**Wirtschaftssektoren**

|  | 1. Sektor (**Primärsektor**) | 2. Sektor (**Sekundärsektor**) | 3. Sektor (**Tertiärsektor**) |
|---|---|---|---|
|  | Gewinn von Rohstoffen/Beschaffung von Naturgütern | Herstellung, Verarbeitung und Veredelung von Gütern | Verteilung von Gütern/Anbieten von Dienstleistungen |
| **Branchen** | Landwirtschaft Bergbau Fischerei Forstwirtschaft | Handwerk Industrie Bauwirtschaft Energie- und Wasserversorgung | Banken Gastgewerbe Handel und Reparatur Verwaltung Gesundheitswesen Bildung usw. |

Wie das Liniendiagramm zeigt, hat sich die Schweiz im 19. Jahrhundert nach und nach von einer Agrar- zu einer Industriegesellschaft entwickelt. Im 20. Jahrhundert erfolgte dann der Wandel hin zur Dienstleistungsgesellschaft. Heute arbeiten nur noch sehr wenige Personen im 1. Sektor, während über sieben von zehn Arbeitstätigen im 3. Sektor beschäftigt sind.

**Strukturwandel**

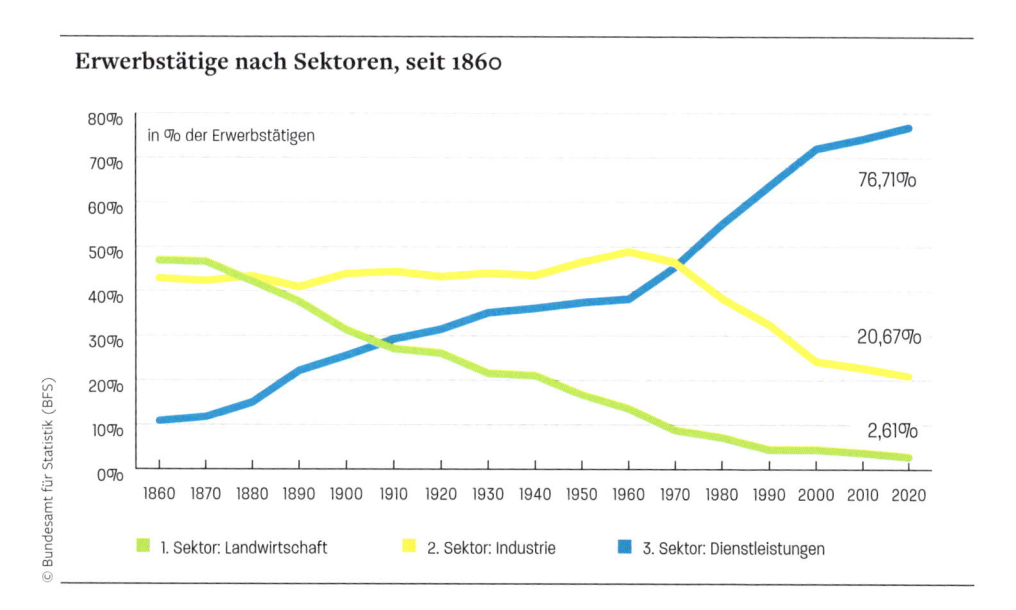

**Erwerbstätige nach Sektoren, seit 1860**

- 1. Sektor: Landwirtschaft – 2,61%
- 2. Sektor: Industrie – 20,67%
- 3. Sektor: Dienstleistungen – 76,71%

© Bundesamt für Statistik (BFS)

**Das weiss ich jetzt!**

7.22 Weshalb sind Hausfrauen bzw. Hausmänner im wirtschaftlichen Sinne nicht erwerbstätig?

7.23 Was ist mit Sachkapital gemeint?

7.24 In welchem Wirtschaftssektor sind Sie tätig?

7.25 Welcher Sektor hat in den letzten 170 Jahren viele Arbeitskräfte verloren, in welchem Sektor wurden viele Arbeitsstellen geschaffen?

## 7.3 Messung des wirtschaftlichen Wohlstands

### Wohlstand und Wohlfahrt

Im Alltag verknüpft man menschliches Wohlergehen oftmals direkt mit dem Wohlstand. Das würde bedeuten, dass es Menschen in reichen Ländern automatisch besser geht als in armen Ländern. So pauschal kann man das aber nicht sagen. Zwar hängen Wohlstand und die sogenannte Wohlfahrt zusammen, doch ist die Wohlfahrt nicht alleine vom Wohlstand abhängig.

**Wohlfahrt** — Unter Wohlfahrt versteht man das Wohlergehen des einzelnen Menschen und damit seine Lebensqualität. Dazu gehört, dass die Existenzbedürfnisse (Nahrung, Wohnung, Kleider, Gesundheit) befriedigt werden können. Zur Wohlfahrt zählt aber auch die allgemeine Zufriedenheit der Menschen. Sie hängt also nicht alleine vom materiellen Lebensstandard ab.

**Wohlstand** — Unter Wohlstand versteht man den materiellen Lebensstandard. Den Wohlstand kann man im Gegensatz zur Wohlfahrt für jedes Land ziemlich genau berechnen. Wie das geht, zeigt der folgende Abschnitt.

### Bruttoinlandprodukt (BIP)

**Messgrösse BIP** — Als Standardmass zur Errechnung des Wohlstands eines Landes hat sich international das Bruttoinlandprodukt (BIP) durchgesetzt. Das BIP misst den Marktwert aller in einem Jahr produzierten Güter und geleisteten Dienste. 2020 betrug das BIP der Schweiz gut 700 Milliarden Franken. 2010 lag das BIP der Schweiz bei rund 600 Milliarden Franken. Innerhalb von zehn Jahren ist das BIP also um mehr als 16 Prozent gewachsen.

**Reales und nominales BIP** — Beim Vergleich der BIP-Zahlen muss man die Inflation, also die Teuerung, berücksichtigen. Wenn die Zahlen um die Inflation (Teuerung) korrigiert sind, spricht man vom «realen BIP». Ist die Inflation nicht herausgerechnet, spricht man vom «nominalen BIP». Für das oben erwähnte Beispiel bedeutet das: Das nominale BIP der Schweiz ist von 2010 bis 2020 um mehr als 16 Prozent gewachsen. Doch das reale BIP ist tatsächlich bloss um rund 5 Prozent gestiegen.

**BIP pro Kopf** — Aufschlussreich ist auch der BIP-Vergleich mit anderen Ländern. Dabei kann man wegen der unterschiedlichen Bevölkerungszahl nicht mit den absoluten Zahlen, sondern muss mit dem sogenannten BIP pro Kopf rechnen. Man dividiert also das BIP durch die Bevölkerungszahl der Länder.

**Reales BIP pro Kopf der Schweiz seit 1900**
**In CHF zu Preisen von 2015**

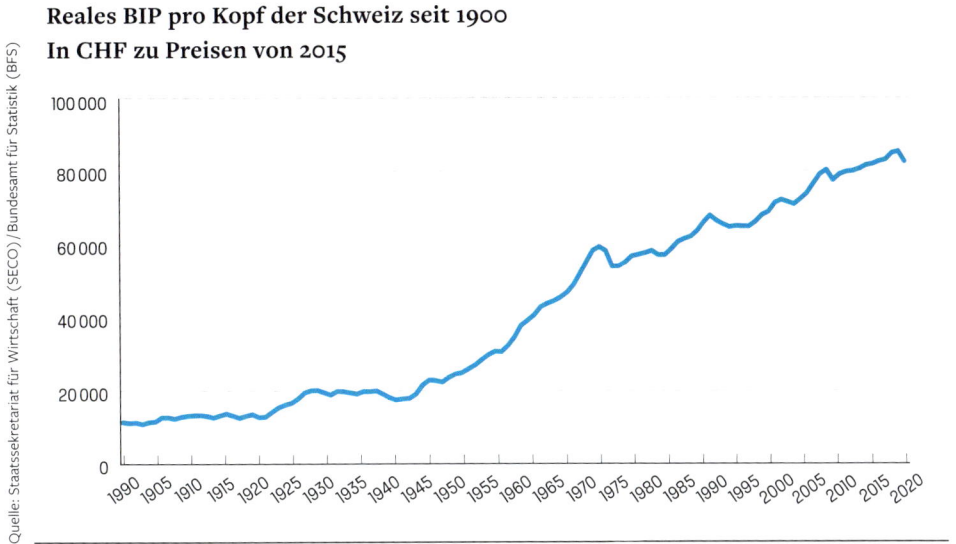

*Quelle: Staatssekretariat für Wirtschaft (SECO) / Bundesamt für Statistik (BFS)*

Entwicklung Schweiz

Wie die Grafik zeigt, hat in der Schweiz das BIP pro Kopf seit 1899 stark zugenommen. Diesen langfristigen Anstieg des Wohlstands nennt man Wirtschaftswachstum. Das Diagramm macht auch deutlich, dass die Entwicklung der gesamtwirtschaftlichen Lage, der sogenannten Konjunktur, nicht gleichmässig verlief. So war das Wachstum bis 1945 relativ bescheiden. Ab 1945 geht die Kurve dann steil nach oben. Die verschiedenen Einbrüche und Erholungen nennt man Konjunkturschwankungen. Solche erkennt man um 1970, 1990 und 2008.

Wirtschaftswachstum
Konjunktur

Beim internationalen Vergleich verwendet man das BIP pro Kopf und rechnet mit einer einheitlichen Währung, meist mit US-Dollar. Der folgende Vergleich mit ausgewählten Ländern macht deutlich, dass die Schweiz zur Gruppe der wohlhabenden Länder gehört.

Ländervergleich

**Reales BIP pro Kopf 2020**
**In USD zu Preisen von 2017, kaufkraftbereinigt**

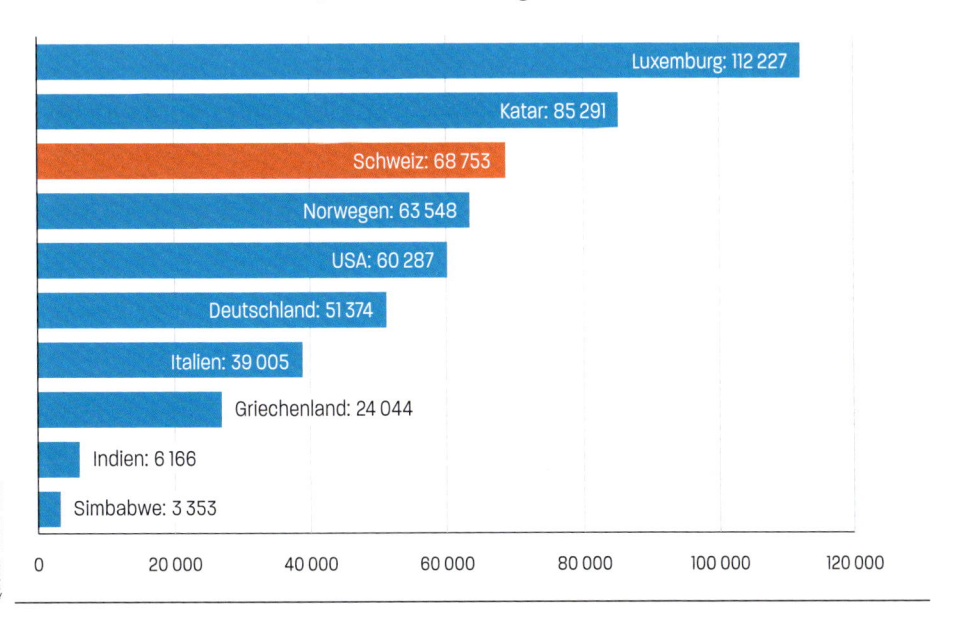

- Luxemburg: 112 227
- Katar: 85 291
- Schweiz: 68 753
- Norwegen: 63 548
- USA: 60 287
- Deutschland: 51 374
- Italien: 39 005
- Griechenland: 24 044
- Indien: 6 166
- Simbabwe: 3 353

*Quelle: World Bank*

## Einkommensverteilung

**Lorenzkurve**  Das BIP pro Kopf ist eine Durchschnittsgrösse und hat daher eine beschränkte Aussagekraft. Das BIP sagt nichts aus über die Einkommensverteilung in einer Volkswirtschaft. Diese Information kann die sogenannte Lorenzkurve liefern. Sie wurde vom amerikanischen Statistiker Max Otto Lorenz entwickelt. Die Lorenzkurve zeigt grafisch auf, wie Einkommen und Vermögen in einem Land verteilt sind. Die diagonale gerade Linie in der Grafik unten zeigt die Gleichverteilung, also den theoretischen Idealzustand. Sind Einkommen und Vermögen ungleich verteilt, bekommt die Gerade einen «Bauch». Es gilt: Je «bauchiger» die Linie ist, desto ungleicher sind Einkommen und Vermögen in einem Land verteilt.

**Entwicklung Schweiz**  Lorenzkurve der Schweiz 2018

*Quelle: Bundesamt für Statistik (BFS)*

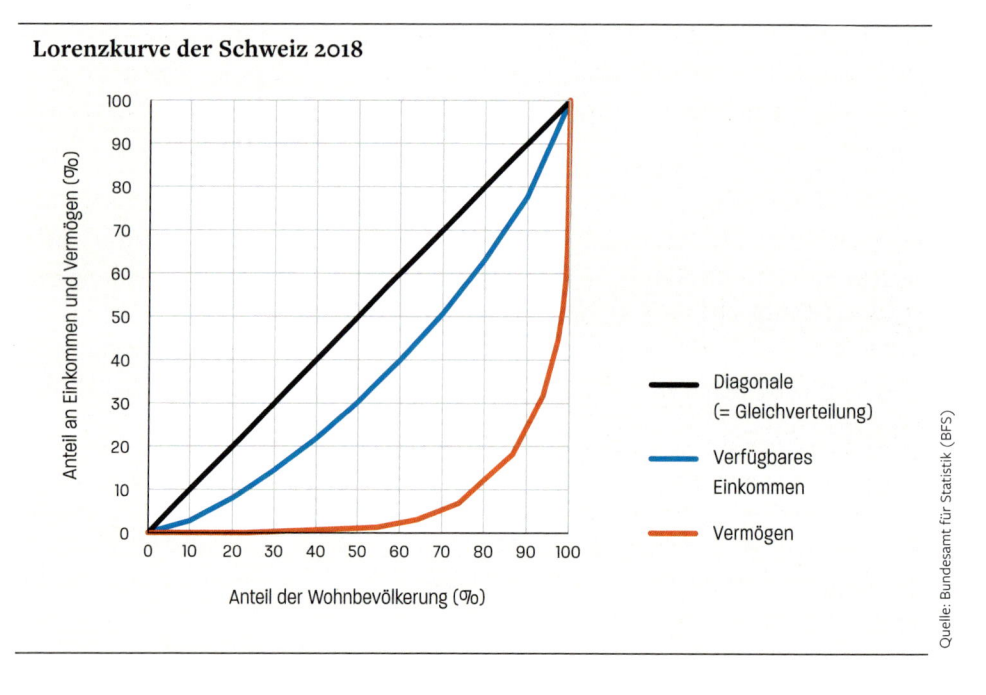

**Lorenzkurve Schweiz**  Die blaue Linie zeigt, dass in der Schweiz 20 Prozent der Bevölkerung über 40 Prozent des gesamten Einkommens verdienen, während 20 Prozent lediglich 10 Prozent erwerben. Die rote Linie zeigt die Verteilung des Vermögens. Hier fällt auf, dass sie sehr «bauchig» ist. Das Vermögen ist also in der Schweiz sehr ungleich verteilt: Über 50 Prozent der Haushalte haben überhaupt kein Vermögen, während rund 5 Prozent im Besitz von 70 Prozent des Vermögens sind.

---

**Das weiss ich jetzt!**

7.26 Was versteht man unter Wohlstand?

7.27 Was wird mit dem BIP gemessen?

7.28 Wie nennt man das BIP, wenn die Teuerung berücksichtigt ist?

7.29 Weshalb muss man beim Ländervergleich mit dem BIP pro Kopf rechnen?

7.30 Wann spricht man von Wirtschaftswachstum?

7.31 Was zeigt die Lorenzkurve auf?

## 7.4 Rolle des Staates

### Wirtschaftsformen

Weil die Volkswirtschaft eng mit der Politik verbunden ist, verfügt jede Gesellschaft über eine staatlich geregelte Wirtschaftsordnung, die festlegt, wie die Wirtschaft in einem Land funktionieren soll. Die beiden Extreme bilden zwei völlig gegensätzliche Systeme. Die beiden Systeme unterscheiden sich folgendermassen:

*Gegensätzliche Systeme*

**Wirtschaftssysteme**

| Freie Marktwirtschaft | Zentrale Planwirtschaft |
|---|---|
| Keine staatlichen Eingriffe | Totale staatliche Kontrolle |
| Im Zentrum stehen die Freiheit und das Interesse jeder einzelnen Person. Das Gewinnstreben ist der Motor der Wirtschaft. Man geht davon aus, dass das Streben nach persönlichem Nutzen den Nutzen der Gemeinschaft fördert. | Die Steuerung der Volkswirtschaft erfolgt über eine staatliche Bürokratie. Was produziert werden soll, entscheidet eine staatliche Planstelle. Anreiz bilden nicht Gewinn und Nutzen, sondern Auszeichnung und Strafen. |

### Soziale Marktwirtschaft

Die beiden Wirtschaftssysteme in der reinen Form sind nirgends anzutreffen. In den westlichen Demokratien hat sich eine sozial gesteuerte Marktwirtschaft durchgesetzt. Dabei nimmt sich der Staat das Recht, ergänzend ins Marktgeschehen einzugreifen. In der sozialen Marktwirtschaft übernimmt der Staat folgende Aufgaben:

*Staat als Akteur*

| | | |
|---|---|---|
| **Rechtssicherheit herstellen und garantieren** | Der Staat muss ein Rechtssystem bereitstellen, das die Eigentumsrechte und Vertragsrechte klar regelt. Er muss diese Rechte durchsetzen und damit für Rechtssicherheit sorgen. In Ländern mit schwacher Rechtssicherheit (z. B. in Diktaturen) behindern Willkür und Korruption die wirtschaftliche Entwicklung. | *Aufgaben des Staates* |
| **Infrastruktur bereitstellen** | Die Wirtschaft ist auf eine gute Infrastruktur angewiesen. Dazu gehören ein gut ausgebautes Strassen- und Schienennetz, Versorgung mit Elektrizität, rasches Internet und ein gute Gesundheitsversorgung. Eine schlechte Infrastruktur verhindert in machen Länder die wirtschaftliche Entwicklung, obwohl beispielsweise viele Rohstoffe vorhanden sind. | |
| **Für gute Bildung sorgen** | Der Erfolg einer Volkswirtschaft hängt wesentlich von gut ausgebildeten Arbeitskräften ab. Der Staat muss also für eine fundierte, wirkungsvolle Aus- und Weiterbildung sorgen. In der Schweiz gilt die Bildung als «wichtigster Rohstoff des Landes». | |

| | |
|---|---|
| **Schwächere schützen** | Er muss dafür sorgen, dass faire Arbeitsbedingungen herrschen und die schwächeren Akteure im Markt geschützt werden. In Ländern ohne genügenden staatlichen Schutz der Schwächeren werden Menschen oftmals ausgebeutet (z. B. Kinderarbeit). |
| **Marktversagen korrigieren** | Der Staat muss bei einem Marktversagen korrigierend eingreifen. Nachfolgend wird erklärt, welche Arten von Marktversagen existieren. |

*Laut der Internationalen Arbeitsorganisation (ILO) arbeiten weltweit über 150 Millionen Kinder, zum Teil unter ausbeuterischen Bedingungen.*

**Marktversagen** Im Normalfall regelt der freie Markt das Angebot und die Nachfrage sowie die Verteilung der Güter und die Preise. Doch es gibt Bedingungen, unter denen dieses Zusammenspiel schlecht oder überhaupt nicht funktioniert. In solchen Fällen muss der Staat in die Wirtschaft eingreifen. Es lassen sich folgende drei Arten vom Marktversagen unterscheiden: Monopolmacht, externe Kosten und öffentliche Güter.

## Marktversagen

| **Monopol** | **Externe Kosten** | **Öffentliche Güter** |
|---|---|---|
| Ist ein Unternehmen auf einem bestimmten Markt der einzige Anbieter, spricht man von einem Monopol. Wegen der fehlenden Konkurrenz kann dieser Anbieter die Preise und Mengen weitgehend selbst festsetzen. Mögliche Staatseingriffe:<br>– *Wettbewerbskommission*<br>  Diese geht gegen Absprachen zwischen Unternehmen (Kartellen) vor und bekämpft den Missbrauch der Marktmacht einzelner Unternehmen.<br>– *Preisüberwacher* | Externe Kosten trägt nicht der Verursacher, sondern die Allgemeinheit. Das wichtigste Beispiel in diesem Bereich ist die Umweltverschmutzung. Mögliche Staatseingriffe:<br>– *Nachsorge*<br>  z. B. Kläranlage, Kehrichtverbrennung<br>– *Verbote*<br>  z. B. Verbot von FCKW<br>– *Verursacherprinzip*<br>  Dieses kann über Lenkungsabgaben (z. B. $CO_2$-Abgabe) oder über Entsorgungsgebühren durchgesetzt werden. | Das sind Güter, die alle benützen können, deren Kosten aber niemand alleine tragen will. Wenn im Winter durch Schnee die Strassen unbenutzbar werden, möchte kein Transportunternehmen für alle anderen die Strassen freiräumen. Möglicher Staatseingriff:<br>– Der Staat stellt die öffentlichen Güter zur Verfügung und bezahlt diese durch Steuereinnahmen. |

## Wirtschaftspolitik

Der Staat muss also mit diversen Massnahmen dafür sorgen, dass eine Marktwirtschaft reibungslos funktioniert und dass möglichst viele Menschen von einer hohen Lebensqualität profitieren können. Die Umsetzung der Massnahmen erfolgt über die Wirtschaftspolitik. Darunter versteht man alle Staatsaktivitäten, die das Wirtschaftsleben direkt oder indirekt beeinflussen.

In der Schweiz orientiert sich die Wirtschaftspolitik an folgenden vier Zielen: hoher Wohlstand, tiefe Arbeitslosigkeit, stabile Preise und gesunde Staatsfinanzen. Heute werden auch die Umweltqualität und die Verteilungsgerechtigkeit (sozialer Ausgleich) zu den wirtschaftspolitischen Zielen gezählt.

*Ziele der Wirtschaftspolitik*

**Übersicht Ziele der Wirtschaftspolitik**

gute Umweltqualität

| hoher Wohlstand | tiefe Arbeitslosigkeit |
| stabile Preise | gesunde Staatsfinanzen |

Finanzstabilität

sozialer Ausgleich

### Hoher Wohlstand

Entscheidend für die Höhe des Wohlstands ist das langfristige Wachstum, das der Staat positiv zu beeinflussen versucht (z.B. durch Investitionen in die Bildung oder die Infrastruktur). Allerdings wächst die Wirtschaft nicht linear, sondern folgt sogenannten Konjunkturzyklen.

*Wachstum und Konjunktur*

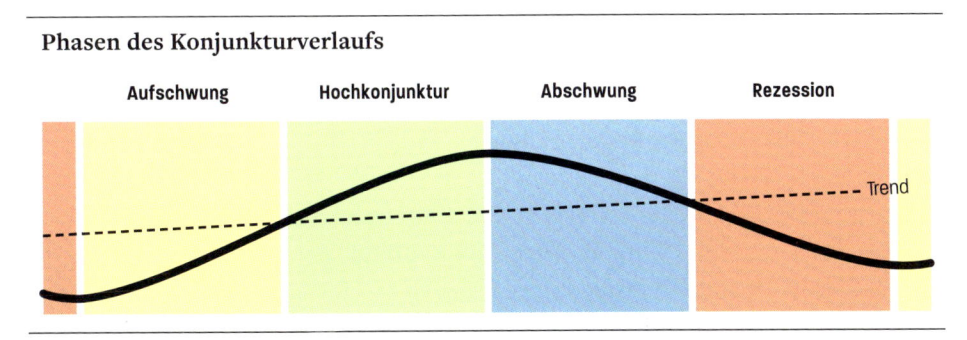

**Phasen des Konjunkturverlaufs**

Aufschwung — Hochkonjunktur — Abschwung — Rezession — Trend

Grosse Konjunkturschwankungen haben unerwünschte volkswirtschaftliche Folgen (z.B. Arbeitslosigkeit). Der Staat versucht daher, grosse Schwankungen abzudämpfen. Bei einem Wirtschaftsabschwung (Rezession) kann der Staat beispielsweise versuchen, Staatsaufträge auszuweiten, um Arbeitsplätze zu sichern. Oder er gewährt Steuererleichterungen, damit mehr Geld für Konsum und Inves-

*Konjunkturpolitik*

titionen zur Verfügung steht. In wirtschaftlich guten Zeiten (Aufschwung / Hochkonjunktur) verpflichtet der Staat beispielsweise die Unternehmen, Arbeitsbeschaffungsreserven für Investitionen in Notlagen zu bilden.

### Tiefe Arbeitslosigkeit

Die Arbeitslosenzahlen der Schweiz sind im Vergleich mit anderen europäischen Ländern gering.

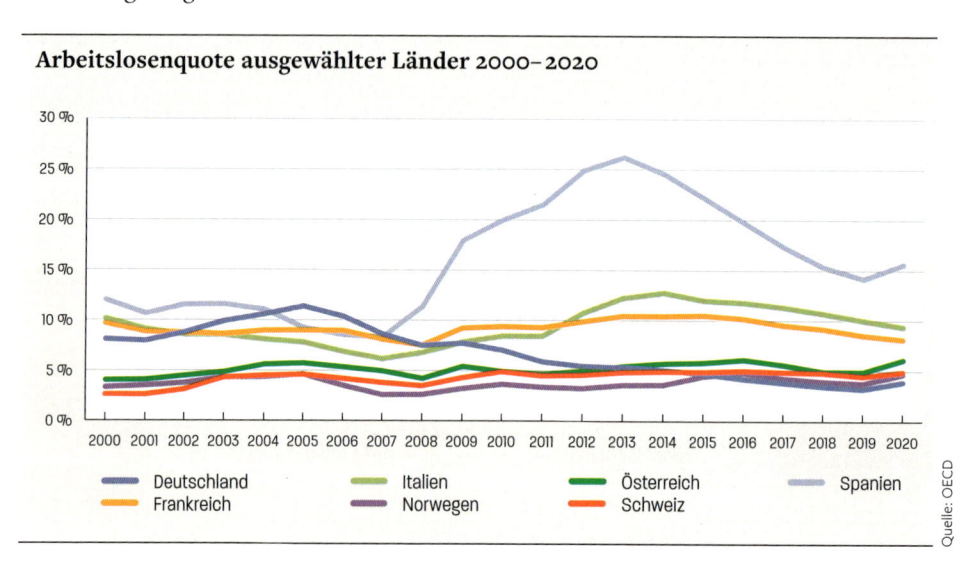

**Arbeitslosenquote ausgewählter Länder 2000–2020**

Deutschland, Italien, Österreich, Spanien, Frankreich, Norwegen, Schweiz

Quelle: OECD

**Massnahmen gegen Arbeitslosigkeit** — Um bei Rezessionen Kündigungen zu vermeiden, kann der Staat Kurzarbeit erlauben, um Auftragsengpässe zu überbrücken. Kurzarbeit ist die wirtschaftlich bedingte vorübergehende Reduzierung oder die vollständige befristete Einstellung der Arbeit in einem Betrieb bei weiterlaufenden Arbeitsverträgen.

### Stabile Preise

**Inflation** — «Das Leben wird immer teurer!» Diesen Satz hört man oft von älteren Leuten. Und tatsächlich: Das allgemeine Preisniveau ist über die Jahre stetig gestiegen. Um 1950 kostete ein Liter Milch noch 50 Rappen, heute um die 1.60 Franken, also über dreimal so viel. Wenn das allgemeine Preisniveau laufend ansteigt, spricht man von Teuerung, der Fachbegriff heisst «Inflation». Steigen hingegen nur einzelne Preise, handelt es sich um normale Preisschwankungen.

**Kaufkraft** — Die Kaufkraft definiert, wie viel ich mit einer bestimmten Geldmenge kaufen kann. Man fragt sich also: Was kann ich für CHF 100 kaufen? Bei einer Inflation verliert das Geld an Wert und die Kaufkraft sinkt.

**Teuerungsausgleich** — Nehmen wir an, eine Angestellte verdient CHF 5000 pro Monat und wir haben eine jährliche Teuerung von 2 Prozent. Die Kaufkraft der CHF 5000 sinkt damit auf CHF 4900. Nehmen wir weiter an, dass der Lohn über zehn Jahre hinweg gleich bleibt und die Inflation (Teuerung) jedes Jahr 2 Prozent beträgt. In diesem Fall läge die Kaufkraft der CHF 5000 nach zehn Jahren noch bei rund CHF 4000. Damit der Lohn nicht an Kaufkraft verliert, wird in der Regel die Teuerung jährlich ausgeglichen. Bei einer Teuerung von 2 Prozent erhöht sich also in unserem Beispiel der Lohn auf CHF 5100. Damit bleibt die Kaufkraft gleich.

Will man heutige Löhne mit Löhnen von früher vergleichen, muss man zwischen Nominallohn und Reallohn unterscheiden. Ein Rechenbeispiel: Eine junge Primarlehrerin verdiente um 1970 rund CHF 2500, heute rund CHF 5000. Die Teuerung in den 50 Jahren beträgt 100 Prozent. Beim Lohnvergleich gilt folgende Rechnung: Nominallohn minus Teuerung = Reallohn. Der heutige Nominallohn von CHF 5000 entspricht also dem Reallohn von CHF 2500 vor 50 Jahren.

**Nominallohn**
**Reallohn**

Die allgemeine Teuerung, also die Inflation, wird in der Schweiz mit einem sogenannten Warenkorb berechnet. In diesem Warenkorb werden verschiedene Waren und Dienstleistungen von privaten Haushalten erfasst und gewichtet. Der Warenkorb umfasst die durchschnittlichen Ausgaben eines Haushalts. Er wird alle fünf Jahre angepasst. Wie die Grafik zeigt, sind die Bereiche Wohnen und Energie sowie Gesundheitspflege die grössten Ausgabeposten.

**Warenkorb**

**Hauptgruppen und ihre Gewichtung im Landesindex der Konsumentenpreise 2022**

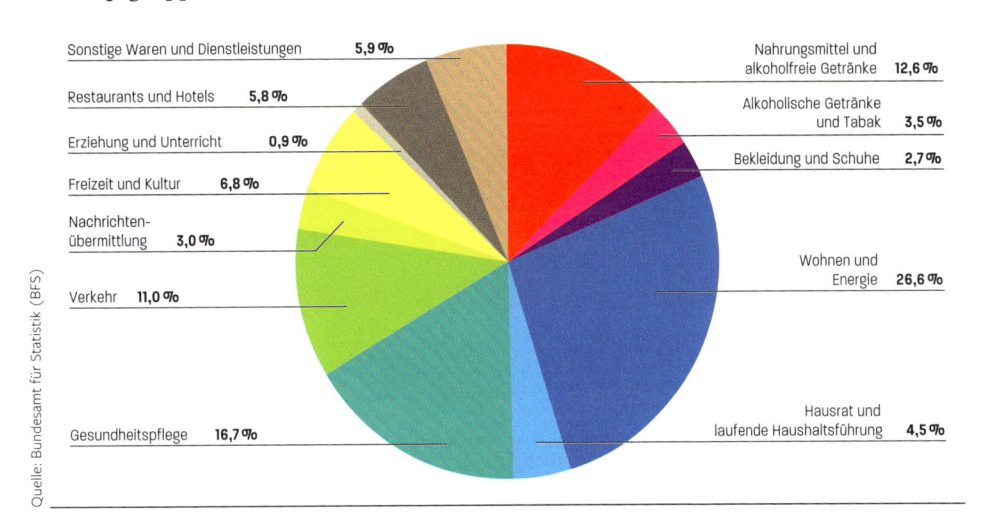

- Sonstige Waren und Dienstleistungen 5,9 %
- Restaurants und Hotels 5,8 %
- Erziehung und Unterricht 0,9 %
- Freizeit und Kultur 6,8 %
- Nachrichtenübermittlung 3,0 %
- Verkehr 11,0 %
- Gesundheitspflege 16,7 %
- Nahrungsmittel und alkoholfreie Getränke 12,6 %
- Alkoholische Getränke und Tabak 3,5 %
- Bekleidung und Schuhe 2,7 %
- Wohnen und Energie 26,6 %
- Hausrat und laufende Haushaltsführung 4,5 %

Quelle: Bundesamt für Statistik (BFS)

Der sogenannte Landesindex für Konsumentenpreise (LIK) misst die Preisentwicklung der im Warenkorb erfassten Produkte und Dienstleistungen. Er zeigt an, wie viel mehr oder wie viel weniger Geld für dieselbe Warenmenge ausgegeben werden muss. Diese Information ist wichtig für das Festlegen der Mieten und Renten sowie des Teuerungsausgleichs bei den Löhnen.
Der LIK arbeitet mit Durchschnittswerten. Er bildet also nicht den Einzelfall ab. So geben zum Beispiel die Haushalte sehr unterschiedliche Beträge für das Wohnen, die Kleider oder die Bildung aus.

**Landesindex der Konsumentenpreise (LIK)**

## Gesunde Staatsfinanzen

**Staatsverschuldung** — Im Ausland hat die Schweiz das Image eines reichen Landes. Weniger bekannt ist, dass der Staat Schweiz auch Schulden hat. International stehen wir aber in der «Schulden-Rangliste» mit knapp CHF 200 Milliarden Staatsschulden noch gut da. Trotzdem: Das sind rund CHF 25 000 pro Einwohnerin und Einwohner. Und darin sind die privaten Schulden nicht eingerechnet. Wie die folgende Grafik zeigt, ist die Staatsverschuldung ab 1990 stark angestiegen. Seit 2004 nimmt sie dann wieder ab. Grund dafür ist vor allem die sogenannte Schuldenbremse.

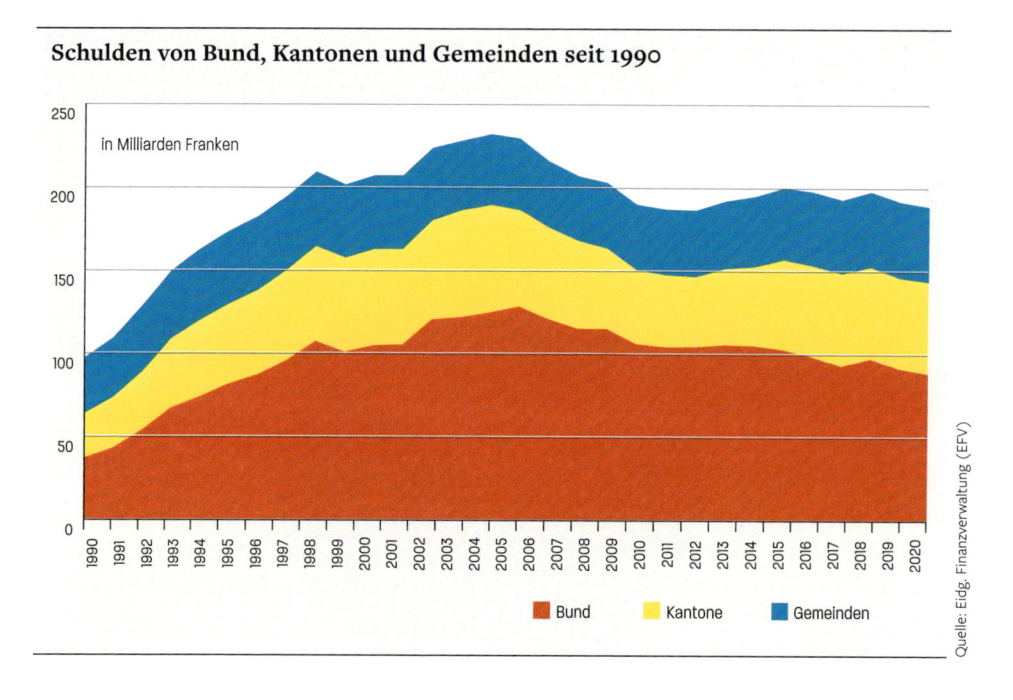

**Schulden von Bund, Kantonen und Gemeinden seit 1990**
in Milliarden Franken

■ Bund ■ Kantone ■ Gemeinden

Quelle: Eidg. Finanzverwaltung (EFV)

**Schuldenbremse** — Um die steigende Verschuldung zu stoppen, haben die Stimmberechtigten im Jahr 2001 einer Schuldenbremse zugestimmt. Diese verlangt, dass Überschüsse zum Schuldenabbau verwendet werden müssen. Seit Einführung der Schuldenbremse im Jahr 2003 konnte man die Schulden um rund 24 Milliarden Franken abbauen.

▶ **Lernauftrag 5:** Armut in der reichen Schweiz (siehe Seite 212).

---

**Das weiss ich jetzt!**

7.32 Was wird durch die Marktwirtschaft gefördert?

7.33 Was ist ein wichtiges Ziel der sozialen Marktwirtschaft?

7.34 Welche drei Formen von Marktversagen gibt es?

7.35 Welche Ziele verfolgt die Schweizer Wirtschaftspolitik?

7.36 Wie nennt man einen starken Wirtschaftsabschwung?

7.37 Wie hat sich die Arbeitslosigkeit in der Schweiz seit 2001 entwickelt?

7.38 Wann spricht man von Inflation?

7.39 Was ist das Ziel der Schuldenbremse?

# 7.5 Finanzierung der Staatstätigkeit

Wie die Unternehmen und Privatpersonen hat auch der Staat Einnahmen und Ausgaben. Im Unterschied zu einer Firma kommen aber die Einnahmen nicht vom Verkauf von Waren und Dienstleistungen auf dem freien Markt, sondern von Steuern und Gebühren. Und die meisten staatlichen Ausgaben sind durch Gesetze bestimmt. Somit ist das Budget eines Staates eng definiert.

Die staatlichen Strukturen umfassen in der Schweiz drei Ebenen: Bund, Kantone, Gemeinden. Wenn im Folgenden also von Staat gesprochen wird, sind immer alle diese Ebenen gemeint. Ein anderer Ausdruck ist die «öffentliche Hand».

**Bund, Kantone, Gemeinden**

## Einnahmen und Ausgaben des Bundes

Die folgende Grafik zeigt die Einnahmen und Ausgaben des Bundes in Millionen Franken. Die Gesamthöhe beläuft sich auf einen Betrag von über 75 Milliarden Franken pro Jahr. Zum Vergleich: Die Migros mit rund 100 000 Angestellten macht einen Umsatz von gut 30 Milliarden Franken (2021); beim Pharmakonzern Novartis mit etwa 100 000 Angestellten beträgt der Umsatz rund 50 Milliarden Franken (2021).

**Staatsfinanzierung**

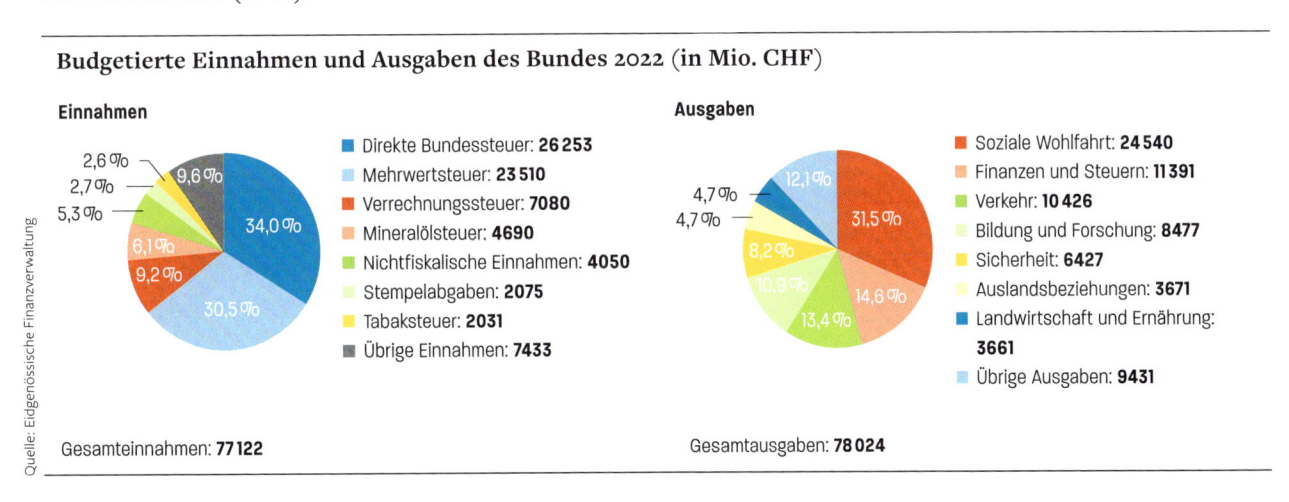

**Budgetierte Einnahmen und Ausgaben des Bundes 2022 (in Mio. CHF)**

Einnahmen
- Direkte Bundessteuer: **26 253** (34,0 %)
- Mehrwertsteuer: **23 510** (30,5 %)
- Verrechnungssteuer: **7080** (9,2 %)
- Mineralölsteuer: **4690** (6,1 %)
- Nichtfiskalische Einnahmen: **4050** (5,3 %)
- Stempelabgaben: **2075** (2,7 %)
- Tabaksteuer: **2031** (2,6 %)
- Übrige Einnahmen: **7433** (9,6 %)

Gesamteinnahmen: **77 122**

Ausgaben
- Soziale Wohlfahrt: **24 540** (31,5 %)
- Finanzen und Steuern: **11 391** (14,6 %)
- Verkehr: **10 426** (13,4 %)
- Bildung und Forschung: **8477** (10,9 %)
- Sicherheit: **6427** (8,2 %)
- Auslandsbeziehungen: **3671** (4,7 %)
- Landwirtschaft und Ernährung: **3661** (4,7 %)
- Übrige Ausgaben: **9431** (12,1 %)

Gesamtausgaben: **78 024**

Quelle: Eidgenössische Finanzverwaltung

Die soziale Wohlfahrt ist der grösste Ausgabeposten. Darunter fallen Zahlungen an Altersversicherung, die Invalidenversicherung, an die Prämienverbilligung und Ausgaben im Bereich Migration. Beim Verkehr entfallen rund 60 Prozent auf den Schienenverkehr und den öffentlichen Verkehr, die restlichen knapp 40 Prozent auf den Strassenverkehr. Für die Bildung und Forschung gibt der Bund rund 8 Milliarden Franken aus. Hier kommen aber noch die Beiträge der Kantone und Gemeinden hinzu.

**Staatsausgaben**

**Staatseinnahmen** Für manche Leistungen kann der Staat etwas verlangen. Man spricht in diesem Zusammenhang von Gebühren. Beispiele sind: Abfallgebühren, Passgebühren und die Autobahngebühren (Vignette). Die Einnahmen aus den Gebühren reichen aber bei Weitem nicht aus, um alle Staatsausgaben zu finanzieren. Das meiste Geld kommt, wie die Grafik zeigt, von der Mehrwertsteuer und der direkten Bundessteuer.

## Formen und Arten der Besteuerung

Das schweizerische Steuersystem ist kompliziert, denn es gibt viele verschiedene Steuerarten: Einkommens- und Vermögenssteuer, Verrechnungssteuer, Mehrwertsteuer, Motorfahrzeugsteuer, Hundesteuer, Tabaksteuer, Alkoholsteuer u. a.

Hinzu kommt, dass man Steuern an die Gemeinden, an den Kanton und den Bund bezahlen muss. Bei der Form der Besteuerung gibt es die wichtige Unterscheidung zwischen direkten und indirekten Steuern.

### Direkte und indirekte Steuern

**Direkte Steuern** Direkte Steuern sind Abgaben, die direkt bei den steuerpflichtigen Personen erhoben werden. Die Steuerpflichtigen müssen in der sogenannten Steuererklärung über ihr Einkommen und Vermögen Auskunft geben. Danach wird der Steuerbetrag festgelegt. Die direkten Steuern berücksichtigen die wirtschaftliche Leistungsfähigkeit der Steuerpflichtigen: Personen mit hohem Einkommen müssen überproportional mehr Steuern bezahlen als Personen mit tiefem Einkommen.

> **Wichtige direkte Steuern**
> - Bund: Einkommenssteuer (direkte Bundessteuer)
> - Kantone und Gemeinden: Einkommens- und Vermögenssteuer, Erbschaftssteuer, Liegenschaftssteuer

**Indirekte Steuern** Indirekte Steuern sind Abgaben, die auf den Kauf einer Ware (Geräte, Esswaren, Kleider usw.) oder den Konsum einer Ware (z. B. Alkohol, Tabak) erhoben werden. Diese Steuern nennt man Verbrauchssteuern. Weiter gibt es sogenannte Besitzsteuern. Beispiele dafür sind die Hundesteuer und die Motorfahrzeugsteuer. Bei allen indirekten Steuern wird die wirtschaftliche Leistungsfähigkeit der Steuerpflichtigen nicht berücksichtigt. Alle müssen also gleich viel bezahlen.

> **Wichtige indirekte Steuern**
> - Bund: Mehrwertsteuer (MWST), Tabaksteuer, Alkoholsteuer, Mineralölsteuer, Zölle
> - Kantone: Motorfahrzeugsteuer, Hundesteuer

*Wer raucht, muss für den Tabakkonsum eine indirekte Steuer bezahlen. Bei einem Päckchen Zigaretten zu CHF 9 beträgt die Verbrauchssteuer rund 50 Prozent, also rund CHF 4.50.*

## Steuersatz

Der Steuersatz bestimmt die Höhe der Steuern. Wenn der Steuersatz fest ist, spricht man von proportionalen Steuern; bei einem veränderlichen Steuersatz von progressiven Steuern.

Bei den proportionalen Steuern ist der Steuersatz immer gleich. Ein Beispiel dafür ist die Mehrwertsteuer (MWST). Hier beträgt der aktuelle Steuersatz 7,7 Prozent. Wer einen Laptop für CHF 1000 Franken, muss CHF 77 Mehrwertsteuer bezahlen. Kostet der Laptop CHF 2000 beträgt die MWST doppelt so viel, also CHF 154.

**Proportionale Steuern**

Bei den progressiven Steuern verändert sich der Steuersatz je nach Berechnungsgrundlage. So werden beispielsweise die direkten Steuern auf Vermögen und Einkommen progressiv besteuert. Man spricht von der sogenannten Steuerprogression.

**Progressive Steuern**

Eine proportionale Steuer würde die Kaufkraft von Personen mit tiefen Löhnen stärker einschränken als diejenige von Personen mit hohen Einkommen. Deshalb werden die Steuersätze nach Höhe des Einkommens abgestuft. Wie die Tabelle auf der nächsten Seite zeigt, müssen aufgrund der Steuerprogression Personen mit hohem Einkommen einen höheren Steuersatz bezahlen als solche mit tiefem Einkommen. Dasselbe gilt auch für das Vermögen. Die Steuerprogression führt zu einer Umverteilung zwischen Reich und Arm und damit zu einem sozialen Ausgleich. Die Besteuerung aufgrund der wirtschaftlichen Leistungsfähigkeit ist in der Bundesverfassung festgelegt.

**Steuerprogression**
**BV 127 Abs. 2**

**Beispiel Steuerprogression**

Steuerbelastung mit direkter Bundessteuer sowie Kantons-, Gemeinde- und Kirchensteuer einer unselbstständig erwerbenden Person ohne Kinder und ohne Vermögen in der Stadt Bern, 2021.

| Bruttolohn CHF | Steuern CHF | Steuerbelastung in % |
|---|---|---|
| 30 000 | 2297 | 7,2 |
| 50 000 | 6370 | 11,7 |
| 100 000 | 18 570 | 16,9 |
| 200 000 | 53 096 | 24,0 |

Quelle: swisstaxcalculator.estv.admin.ch/#/calculator/income-wealth-tax

▶ **Lernauftrag 6:** Steuerbelastung in verschiedenen Kantonen berechnen und vergleichen (siehe Seite 212).

---

**Das weiss ich jetzt!**

7.40 Was sind die beiden wichtigsten Einnahmequellen des Bundes?

7.41 Für welche beiden Bereiche gibt der Bund am meisten aus?

7.42 Weshalb ist die Einkommenssteuer eine direkte Steuer?

7.43 Weshalb ist die Alkoholsteuer eine indirekte Steuer?

7.44 Wie ist der Steuersatz bei proportionalen Steuern?

7.45 Wie wirkt sich die Steuerprogression auf die prozentuale Steuerbelastung aus?

7.46 Was soll mit der Steuerprogression erreicht werden?

## Verrechnungssteuer und Mehrwertsteuer

### Verrechnungssteuer

Die Verrechnungssteuer hat das Ziel, dass die Steuerpflichtigen ihr Einkommen und Vermögen korrekt angeben. Tun sie dies nicht, spricht man von Steuerhinterziehung. Das Verfahren ist einfach: Die Geldinstitute müssen 35 Prozent der Zinserträge direkt an den Bund abliefern. Die Kundinnen und Kunden erhalten also nur 65 Prozent des Zinses. Hat zum Beispiel eine Kundin bei einer Bank CHF 10 000 auf einem Sparkonto und erhält dafür 2 Prozent Zins, macht das CHF 200. Von diesem Kapitalertrag bekommt sie aber nur 65 Prozent, also CHF 130 ausbezahlt. Die restlichen CHF 70 gehen direkt an den Bund. Die Kontoinhaberin hat nun zwei Möglichkeiten:

– Sie gibt das Konto und den Zinsertrag in der Steuererklärung an und bekommt so die Verrechnungssteuer vom Staat zurückerstattet.

– Sie verschweigt das Konto und die Zinsen. Damit verliert sie einen Teil des Kapitalertrags, denn die Verrechnungssteuer bleibt beim Bund.

Die zweite Möglichkeit lohnt sich nicht, denn die abgezogene Verrechnungssteuer ist höher als der Betrag, den man als Vermögens- und Einkommenssteuer bezahlen muss. Das nachfolgende Beispiel erklärt den Ablauf.

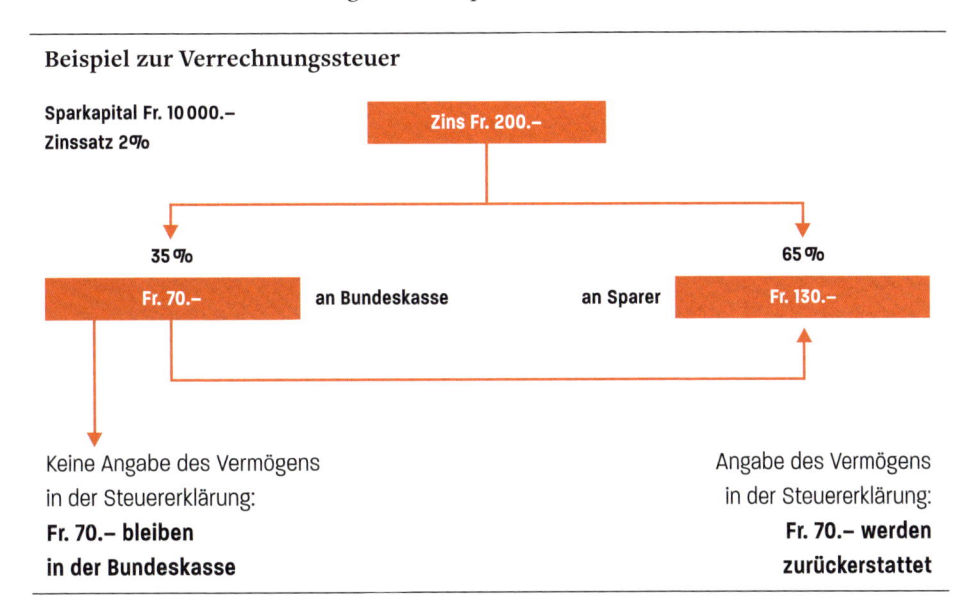

**Beispiel zur Verrechnungssteuer**

Sparkapital Fr. 10 000.–
Zinssatz 2%

Zins Fr. 200.–

35% → Fr. 70.– an Bundeskasse
65% → an Sparer Fr. 130.–

Keine Angabe des Vermögens in der Steuererklärung:
**Fr. 70.– bleiben in der Bundeskasse**

Angabe des Vermögens in der Steuererklärung:
**Fr. 70.– werden zurückerstattet**

### Mehrwertsteuer

Mit Einnahmen von über 60 Millionen Franken pro Tag ist die Mehrwertsteuer die grösste Einnahmequelle des Bundes. Wenn wir im Möbelhaus einkaufen, im Restaurant essen oder uns beim Coiffeur die Haare schneiden lassen, bezahlen wir die Mehrwertsteuer, eine indirekte Steuer auf Waren und Dienstleistungen. Das Möbelhaus, das Restaurant und der Coiffeur-Shop bezahlt die Steuer an die Steuerverwaltung. Die Steuersätze können laufend angepasst werden. Aktuelle gelten folgende Sätze:

> **Mehrwertsteuer**
> 
> – Normalsatz von 7,7 Prozent für Güter des täglichen Bedarfs
> – Reduzierter Satz von 2,5 Prozent für Nahrungsmittel, Zeitungen, Bücher, Medikamente u. a.
> – Sondersatz von 3,7 Prozent für Beherbergungen, z. B. Übernachtung im Hotel

Keine Mehrwertsteuer wird erhoben auf Leistungen im Gesundheitswesen, in den Bereichen Erziehung, Unterricht, Kinder- und Jugendbetreuung, Bankendienstleistungen sowie Vermietung von Bauten und Wohnungen.

Das folgende Beispiel zeigt, dass die Konsumentinnen und Konsumenten die gesamte Mehrwertsteuer bezahlen.

**Beispiel zur Mehrwertsteuer (MWST)**

Ein Fabrikant stellt Stoffe her und verkauft diese für CHF 1077 (inkl. MWST). Auf den Warenwert von CHF 1000 zahlt er CHF 77 MWST

| Rechnungsbetrag | CHF | 1077 | |
|---|---|---|---|
| Warenwert | CHF | 1000 | |
| MWST (7,7 %) | CHF | 77 | |
| Vorsteuer | CHF | 0 | |
| **MWST Fabrikant** | **CHF** | **77** | (an Eidg. Steuerverwaltung abzuliefern) |

Eine Schneiderin fertigt aus diesen Stoffen Kleider an. Insgesamt erzielt sie beim Verkauf der Kleider einen Erlös von CHF 2154 (inkl. MWST).
Die MWST beträgt also CHF 154.
Von diesem Geld können die CHF 77 des Fabrikanten abgezogen werden, weil diese schon an die Steuerverwaltung abgeliefert wurden.

| Rechnungsbetrag | CHF | 2154 | |
|---|---|---|---|
| Warenwert | CHF | 2000 | |
| MWST (7,7 %) | CHF | 154 | |
| Vorsteuer | – CHF | 77 | |
| **MWST Schneiderin** | **CHF** | **77** | (an Eidg. Steuerverwaltung abzuliefern) |

Die Kleider der Schneiderin gelangen in ein Modegeschäft. Dieses verkauft die Kleider für insgesamt CHF 4308 (inkl. MWST).
Die MWST beträgt nun insgesamt CHF 308. Davon können wiederum die schon verrechneten MWST-Beträge abgezogen werden (also: minus CHF 154; diesen Betrag haben der Fabrikant und die Schneiderin zusammen schon bezahlt).

| Rechnungsbetrag | CHF | 4308 | |
|---|---|---|---|
| Warenwert | CHF | 4000 | |
| MWST (7,7 %) | CHF | 308 | |
| Vorsteuer | – CHF | 154 | |
| **MWST Modegeschäft** | **CHF** | **154** | (an Eidg. Steuerverwaltung abzuliefern) |

▶ **Lernauftrag 7:** Eine Collage mit Quittungen und MWST-Sätzen erstellen (siehe Seite 213).

*Der genaue Betrag der Mehrwertsteuer ist auf den Quittungen und Rechnungen angegeben. Netto bedeutet ohne MWST, brutto mit MWST.*

## Steuererklärung

Damit die Höhe der Steuer ermittelt werden kann, müssen die Steuerpflichtigen jedes Jahr eine Steuererklärung ausfüllen. Dazu erhalten sie von der Steuerbehörde Formulare mit der Aufforderung, diese bis zu einem bestimmten Zeitpunkt einzureichen. Die Angaben dieser sogenannten Selbstdeklaration müssen wahrheitsgetreu und korrekt sein. Wer Einkommen oder Vermögen verschweigt, begeht Steuerhinterziehung und muss mit Straf- und Nachsteuern rechnen.

**Selbstdeklaration**

Alle steuerpflichtigen Personen erhalten eine Wegleitung. Darin ist beschrieben, wie die Steuererklärung auszufüllen ist und welche Unterlagen eingereicht werden müssen. Am besten legt man während des Jahres die nötigen Unterlagen systematisch ab, so etwa den Lohnausweis, Bank- und Postkontoauszüge, Belege zu Einzahlungen in die Säule 3a oder auch zu Ausgaben der Berufskosten.

**Wegleitung**

Heute kann man die Steuererklärung fast überall elektronisch ausfüllen – entweder online oder mit einem speziellen Programm der kantonalen Steuerverwaltung. Dabei sieht man, wie hoch die Steuer voraussichtlich sein wird.

**Online-Steuererklärung**

Wer die Steuererklärung aus irgendwelchen Gründen nicht bis zum vorgegebenen Zeitpunkt einreichen kann, muss ein Gesuch an die Steuerbehörde richten und um eine Fristverlängerung bitten. Wer keine Steuererklärung einreicht, muss mit einer Ordnungsbusse rechnen. Die Steuer wird dann vom Steueramt festgelegt. Dabei riskiert die steuerpflichtige Person, zu viel Steuern zu bezahlen.

**Gesuch um Fristerstreckung**

**Aufbau der Steuererklärung**

Die Unterlagen für die Steuererklärung sind in jedem Kanton etwas anders ausgestaltet. In der Grobstruktur sind sie jedoch wie folgt aufgebaut:

---

**Aufbau der Steuererklärung**

| Einkommen | Vermögen |
|---|---|
| + Lohn (evtl. Ersatzeinkommen) | + Sparkapital |
| + Nebeneinkommen | + Wertschriften |
| + Erträge aus Vermögen (z. B. Sparheftzinsen) | + Fahrzeuge |
|  | + Liegenschaften |
| − Berufsauslagen | − Private Schulden |
| − Versicherungsprämien (Personenversicherungen) | − Hypothekarschulden |
| − Sozialabzüge | − Steuerfreier Betrag |
| − Schuldzinsen |  |
| = Steuerbares Einkommen | = Steuerbares Vermögen |

*Steuererklärungen können auch elektronisch ausgefüllt werden.*

---

**Das weiss ich jetzt!**

7.47 Was ist das Ziel der Verrechnungssteuer?

7.48 Wie hoch ist
 a) der Normalsatz
 b) der reduzierte Satz bei der MWST?

7.49 In welchem Rhythmus muss die Steuererklärung eingereicht werden?

7.50 Was passiert, wenn man die Steuererklärung nicht einreicht?

# Lernaufträge

**L1  Die Bedürfnispyramide von Maslow analysieren und vergleichen**

- Suchen Sie im Internet nach der Bedürfnispyramide des amerikanischen Psychologen Abraham Maslow.
- Beantworten Sie folgende drei Fragen:
    - Von welchem Menschenbild ging Maslow aus?
    - Zu welcher Falschinterpretation kann die starre Pyramidenform verleiten?
    - Was zählte Maslow zu den Existenzbedürfnissen? Was zur Selbstverwirklichung?
- Vergleichen Sie die Bedürfnispyramide von Maslow mit den aufgeführten Bedürfnisarten (siehe Seite 182). Was ist gleich? Was ähnlich? Was ist unterschiedlich?

**Kompetenzen: Sie können ...**

- aufgrund von Internetrecherchen die Bedürfnispyramide von Maslow analysieren,
- erkennen, dass es unterschiedliche Modelle für die Erklärung der menschlichen Bedürfnisse gibt.

## L2 Veränderung des Marktgleichgewichts grafisch darstellen

- Studieren Sie das erste Beispiel «Verschiebung der Nachfragekurve» und die dazugehörige Grafik.
- Erstellen Sie nun für das zweite Beispiel «Verschiebung der Angebotskurve» eine analoge Grafik.

*Beispiel 1: Verschiebung der Nachfragekurve*

Ein Trendprodukt kommt auf den Markt. Bei gleichem Angebot dehnt sich die Nachfrage von $N_1$ zu $N_2$ aus. Dadurch steigt der Preis vom $P_1$ zu $P_2$. Doch es kann auch mehr von diesem Produkt verkauft werden. Damit dehnt sich die Menge von $M_1$ zu $M_2$ aus.

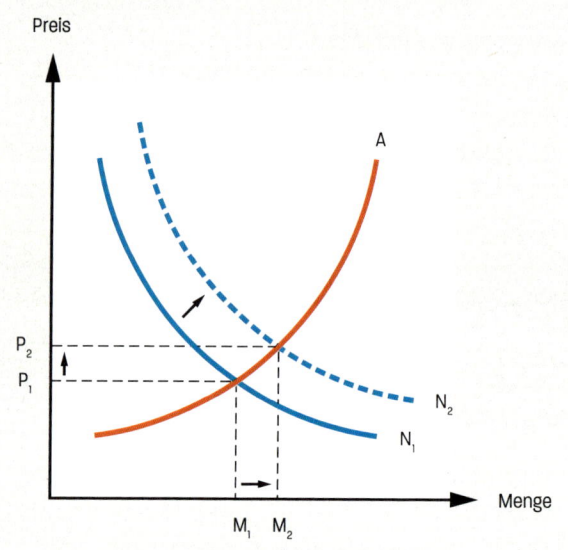

*Beispiel 2: Verschiebung der Angebotskurve*

Aufgrund einer sehr guten Ernte wird der Markt mit Tomaten überschwemmt. Das Angebot dehnt sich bei gleichbleibender Nachfrage von $A_1$ zu $A_2$ aus. Um die Tomaten verkaufen zu können, wird der Preis von $P_1$ auf $P_2$ gesenkt. Dadurch werden mehr Tomaten als vorher gekauft.

**Kompetenzen: Sie können ...**

- die Zusammenhängen bei Veränderungen des Marktgleichgewichts erkennen,
- die Veränderungen grafisch korrekt darstellen.

**L3** **Fragen zur ganzheitlichen Sicht diskutieren**

- Bilden Sie eine Gruppe von drei oder vier Personen.
- Diskutieren Sie in der Gruppe zwei Themen zum Stichwort «Ganzheitliche Sicht» (siehe Seite 189).
- Jedes Gruppenmitglied macht sich Notizen zur Diskussion.
- Nach rund zehn Minuten begibt sich jedes Gruppenmitglied in eine neue Gruppe.
- Berichten Sie in der neuen Gruppe, worüber Sie diskutiert haben und welche Erkenntnisse aus der Diskussion entstanden.

**Kompetenzen: Sie können ...**

- das Wirtschaftsleben aus einer ganzheitlichen Sicht betrachten,
- auch kritische Punkte des Wirtschaftssystems erkennen.

**L4** **Produktionsfaktoren für ein neues Produkt zusammenstellen**

- Bilden Sie eine Gruppe von drei oder vier Personen.
- Definieren Sie ein Produkt, das sie herstellen möchten. Beispiele: Bier, T-Shirt, Zelt, Schokolade, Erdbeeren usw.
- Notieren Sie, welche Produktionsfaktoren benötigt werden, um das neue Produkt herzustellen.
- Vergleichen Sie Ihre Lösungen mit anderen Gruppen. Stellen Sie Fragen, diskutieren Sie.

**Kompetenzen: Sie können ...**

- die Produktionsfaktoren in einem konkreten Beispiel anwenden,
- erkennen, welche Herausforderungen bei der Herstellung eines Produkts zu bewältigen sind.

### L5 Armut in der reichen Schweiz

- Gestalten Sie in einer Gruppe von drei bis vier Personen ein Plakat zum Thema «Armut in der reichen Schweiz».
- Arbeiten Sie mit Text, Bildern, Grafiken usw.
- Wählen Sie einen der folgenden Aspekte aus:
  - ▸ Wer ist arm? Definition, Ausmass und Betroffene von Armut
  - ▸ Ursachen und Auswirkungen von Armut in der Schweiz
  - ▸ Prävention und Hilfe
- Stellen Sie die Plakate gegenseitig vor und beantworten Sie Fragen dazu.

**Kompetenzen: Sie können ...**

- Fakten, Formen, Ursachen und Folgen von Armut selbstständig erarbeiten,
- das Thema «Armut in der reichen Schweiz» differenziert und umfassend darstellen.

### L6 Steuerbelastung in verschiedenen Kantonen berechnen und vergleichen

- Erstellen Sie eine Tabelle mit der Steuerbelastung in folgenden zehn Schweizer Kantonen: Aargau, Basel, Bern, Genf, Luzern, Schwyz, Solothurn, St. Gallen, Zug und Zürich.
- Errechnen Sie dazu die Steuerbeträge mit dem Steuerrechner der eidgenössischen Steuerverwaltung. Wählen Sie das aktuelle Jahr: *hep-verlag.ch/gesellschaft-a-link3*
- Geben Sie folgende Daten ein: Zivilstand: ledig; Anzahl Kinder: 0; Konfession: keine.
- Geben Sie bei «Erstverdienereinkommen Bruttolohn» für jeden Kanton folgende vier Beträge ein: CHF 30 000 / 50 000 / 100 000 und 200 000. Lassen Sie die anderen Felder frei.
- Erstellen Sie nun eine Tabelle mit folgenden Spalten: Kanton / Bruttolohn / Steuer in CHF / Steuer in Prozent.
- Halten Sie zum Schluss stichwortartig wichtige Erkenntnisse zur Steuerbelastung in den zehn Kantonen fest.

**Kompetenzen: Sie können ...**

- die kantonalen Steuerbelastung mit dem Steuerrechner berechnen und vergleichen,
- wichtige Erkenntnisse daraus ableiten.

**L7** **Eine Collage mit Quittungen und MWST-Sätzen erstellen**

- Erstellen Sie in einer Gruppe von drei oder vier Personen auf einem Flipchart-Bogen eine Collage zum Thema MWST-Sätze.
- Bringen Sie dazu verschiedene Quittungen aus Einkäufen mit.
- Sortieren Sie die Quittungen wie folgt: Steuersatz 7,7%/3,7%/2,5%/MWST-frei.
- Gestalten Sie nun das Plakat, indem Sie die Quittungen geordnet nach den vier Gruppen aufkleben und ein paar passende Bilder hinzufügen.
- Präsentieren Sie Ihr Plakat einer anderen Gruppe oder der ganzen Klasse. Beantworten Sie Fragen.
- Hinweis: Ab und zu steht auf den Quittungen statt MWST auch die Abkürzung Ust. (= Umsatzsteuer).

**Kompetenzen: Sie können ...**

- die verschiedenen MWST-Sätze anhand von Quittungen unterscheiden,
- die MWST-Sätze als Collage visualisieren.

# Kapitel 8
## Globale Herausforderungen

Was ist für Sie die grösste Herausforderung der Menschheit? Bezogen auf die jetzige Zeit nennen viele von uns sicher die Coronapandemie. In Umfragen weit vorne platziert sind jeweils der Klimawandel, die Bevölkerungszunahme, die Flüchtlingsbewegung, die Kluft zwischen Arm und Reich, die Altersvorsorge sowie die Arbeitslosigkeit. Dieses «Problem-Ranking» hängt natürlich auch von der Lebenssituation und vom Lebensraum der befragten Personen ab. Eine Familie im Kriegsland Syrien plagen andere Sorgen als die Rentnerinnen und Rentner in der Schweiz. Und die jungen Menschen der Bewegung «Fridays for Future» haben eine andere Lebensperspektive als ihre Grosseltern. Trotz diesen Unterschieden: Für die grossen globalen Herausforderungen braucht es Lösungen. Der gute Wille allein genügt nicht, es braucht auch Taten und konkrete Änderungen, vielleicht auch unbequeme.

**Sie lernen in diesem Kapitel,**

– was die Ursachen und Folgen der Kluft zwischen Arm und Reich sind,

– wie man das Wohlstandsgefälle verringern kann,

– welche Ziele die schweizerische Entwicklungspolitik verfolgt,

– welche Herausforderungen aufgrund des Bevölkerungswachstums bestehen,

– wie sich die Bevölkerung in der Schweiz entwickelt und entwickelt hat,

– wie eng heute Ökonomie und Ökologie verknüpft sind,

– welche internationalen Organisationen sich wofür einsetzen.

*«Wer heute nicht mithilft, die Weltprobleme zu lösen, macht sich dafür verantwortlich, dass sie morgen nicht mehr lösbar sind.»*

Walter Ludin

## 8.1 Wohlstand und Armut

### Kluft zwischen Arm und Reich

Die Kluft zwischen armen und reichen Ländern, zwischen Menschen, die jeden Tag ums Überleben kämpfen müssen, und Menschen, die im Überfluss leben, gehört zu einer der grössten Herausforderungen der Menschheit. Die Unterschiede zwischen Entwicklungsländern und Industrieländern sind enorm. Während beispielsweise das BIP pro Kopf im ostafrikanischen Land Somalia rund 800 Franken beträgt, liegt es in der Schweiz bei fast 82 000 Franken. Die einzelnen Länder befinden sich auf sehr unterschiedlichen Entwicklungsstufen, wie folgende Karte zeigt. Gut ersichtlich ist, dass sich die meisten schwach entwickelten, armen Länder auf dem afrikanischen Kontinent befinden.

**Enorme Unterschiede**

**Entwicklungsstand in den Ländern der Welt**

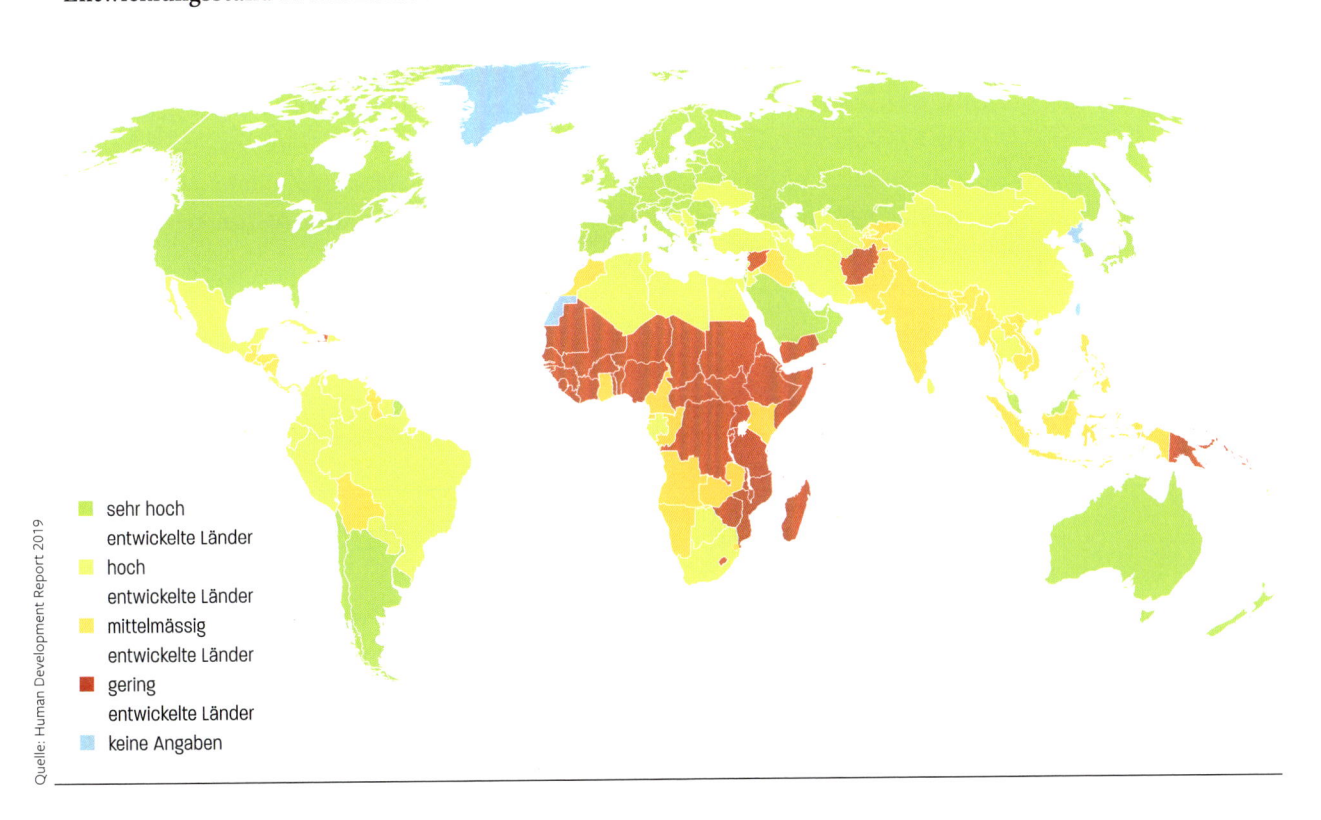

- sehr hoch entwickelte Länder
- hoch entwickelte Länder
- mittelmässig entwickelte Länder
- gering entwickelte Länder
- keine Angaben

Quelle: Human Development Report 2019

## Ursachen und Folgen

**Ursachen** Die Ursachen für diese grosse Kluft zwischen armen und reichen Ländern sind vielschichtig und vielfältig. Im Wesentlichen sind folgende Faktoren verantwortlich:

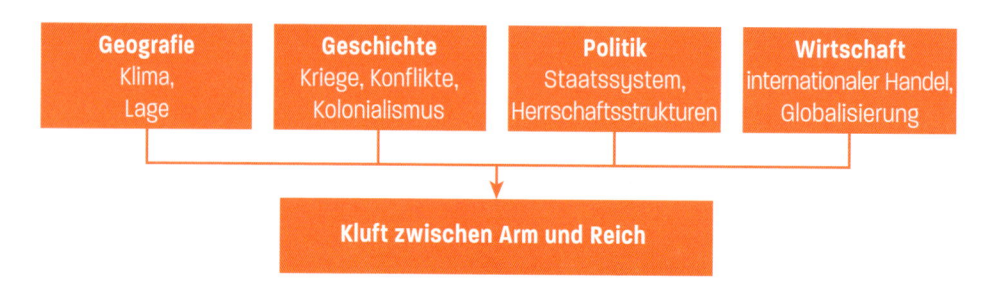

| Geografie | Geschichte | Politik | Wirtschaft |
|---|---|---|---|
| Klima, Lage | Kriege, Konflikte, Kolonialismus | Staatssystem, Herrschaftsstrukturen | internationaler Handel, Globalisierung |

→ **Kluft zwischen Arm und Reich**

Dass gewisse Länder bis heute in grosser Armut verharren, hat verschiedene Ursachen. Neben politischen Missständen und Korruption hat die lange Kolonialzeit bei einigen Ländern wirtschaftliche Abhängigkeiten geschaffen, was bis heute eine gesunde wirtschaftliche Entwicklung behindert. Auch die Zollpolitik einiger Industrieländer wirkt sich negativ aus, denn durch Handelsschranken werden die Exportmöglichkeiten von Entwicklungsländern stark eingeschränkt.

**Folgen** Zu einem Leben in Würde gehören ausreichende Ernährung, ein Wohnort, Gesundheit, Bildung und ein Auskommen. Doch Millionen von Menschen fehlen diese Lebensgrundlagen – sie leben in absoluter Armut. Nach Berechnungen der Weltbank ist ein Mensch extrem arm, wenn ihm nicht mehr als USD 1.25 pro Tag zur Verfügung stehen. Diese Menschen müssen nicht nur hungern, sie sind auch vom gesellschaftlichen Leben weitgehend ausgeschlossen. Zudem haben sie keine Möglichkeit, ihr Leben eigenverantwortlich zu gestalten. Weitere Folgen sind:

**Armutsfolgen**
- Flucht der Landbevölkerung in die Städte
- hohes Bevölkerungswachstum
- gesundheitliche Probleme
- Zerstörung der natürlichen Lebensgrundlagen
- Zunahme der Kriminalität
- kaum Bildungsmöglichkeiten
- hohe Arbeitslosigkeit
- soziale Unruhen und offene Konflikte
- Migration in die wohlhabenden Industriestaaten (siehe Seite 223, Migration)

*Die Migration nach Europa ist auch eine Folge der grossen Kluft zwischen Arm und Reich.*

## Massnahmen

Um das Wohlstandsgefälle zu reduzieren, müssen wirtschaftliche, soziale und politische Strukturen verändert werden. Wichtig ist dabei, dass die Massnahmen auf allen Ebenen angesetzt werden – auf der lokalen, der nationalen und der internationalen.

*Neue Strukturen*

### Entwicklungspolitische Ziele

- Arme Länder stärken, damit sie sich selbst helfen können (Hilfe zur Selbsthilfe).
- Gesellschaftliche, politische und wirtschaftliche Rahmenbedingungen so gestalten, dass positive Entwicklungen möglich sind.
- Internationale wirtschaftliche Rahmenbedingungen so festlegen, dass sie fair sind und dazu beitragen, die Armut zu bekämpfen.

Die wohlhabenden Industrienationen tragen in der Bekämpfung der Armut eine besondere Verantwortung. Die Handelsschranken gegen Agrarimporte aus den Entwicklungsländern und die gängigen Subventionen für die eigene Landwirtschaft schädigen die Länder im Süden. Die Zollpolitik der Industrieländer und ihre Handelsbeschränkungen behindern den Aufbau von Industrie in der «Dritten Welt». Zudem flossen Fluchtgelder auch aus Entwicklungsländern auf Schweizer Bankkonten und waren dort durch das Bankgeheimnis geschützt.

*Verantwortung der Industrieländer*

Im September 2000 haben die Vereinten Nationen acht Millenniumsziele verabschiedet. Gemäss offiziellem Bericht der UNO von 2014 konnte das grosse Ziel, die Armut bis 2015 zu halbieren, bereits erreicht werden. 2015 beschloss die UNO-Vollversammlung, mit der Agenda 2030 einen Katalog von 17 Nachhaltigkeitszielen zu verabschieden. Der Katalog führt die zur Jahrtausendwende beschlossenen Millenniumsziele fort, nimmt aber dieses Mal sowohl Entwicklungs- und Schwellenländer als auch Industriestaaten in die Pflicht – also alle. Die Ziele bis zum Jahr 2000 wurden zwar teilweise erreicht, in vielen Teilen der Erde jedoch komplett verfehlt. Die Vereinten Nationen wollen mit diesen Zielen in den nächsten 15 Jahren Hunger und extreme Armut auf der ganzen Welt beseitigen.

*Millenniumsziele der UNO / Agenda 2030*

### 17 Ziele der Agenda 2030

- Keine Armut
- Kein Hunger
- Gesundheit und Wohlergehen
- Hochwertige Bildung
- Geschlechtergleichheit
- Sauberes Wasser und Sanitäreinrichtungen
- Bezahlbare und saubere Energie
- Menschenwürdige Arbeit und Wirtschaftswachstum
- Industrie, Innovation und Infrastruktur
- Weniger Ungleichheiten
- Nachhaltige Städte und Gemeinden
- Verantwortungsvoller Konsum und verantwortungsvolle Produktion
- Massnahmen zum Klimaschutz
- Leben unter Wasser
- Leben an Land
- Frieden, Gerechtigkeit und starke Institutionen
- Partnerschaften zur Erreichung der Ziele

## Entwicklungspolitik der Schweiz

**Verfassungsauftrag BV 54**

Die Bundesverfassung sieht vor, dass die Schweiz «zur Linderung von Not und Armut in der Welt, zur Achtung der Menschenrechte und zur Förderung der Demokratie, zu einem friedlichen Zusammenleben der Völker sowie zur Erhaltung der natürlichen Lebensgrundlagen» (BV 54) beiträgt. In der schweizerischen Entwicklungspolitik hat die Bekämpfung der Armut absolute Priorität. Dies steht im Einklang mit den Millenniumszielen der UNO sowie den Forderungen der Agenda 2030.

**Auftrag der EZA**

Die Entwicklungszusammenarbeit, kurz EZA, ist ein Bereich der schweizerischen Aussenpolitik. Durch die Förderung von Menschenrechten, Demokratie, Rechtsstaatlichkeit und einer nachhaltigen Wirtschaftsentwicklung soll die EZA zu Frieden und Stabilität und damit zur Erhöhung der weltweiten Sicherheit beitragen.

**Umsetzung der EZA**

Umgesetzt wird die EZA einerseits in Form von bilateraler Hilfe (Projekte und Programme vor Ort) sowie durch die Unterstützung von multilateralen Organisationen wie UNO und Hilfswerken, die sich im Bereich der Armutsbekämpfung engagieren.

**Hilfe zur Selbsthilfe**

Die Entwicklungszusammenarbeit hat zum obersten Ziel, die Länder so zu unterstützen, dass sie sich selbst helfen können. Es sollen also keine Abhängigkeiten geschaffen werden. Um diese Selbsthilfe zu fördern, spielt die Bildung, insbesondere auch die Berufsbildung, eine wichtige Rolle.

> **Beispiel eines Projekts**
>
> Mit einer öffentlich-privaten Partnerschaft in Asien sollen das Einkommen der Kleinbäuerinnen und -bauern und die Wasserproduktivität im Reisanbau erhöht werden. Dabei arbeitet die Direktion für Entwicklung und Zusammenarbeit (DEZA) mit der Hilfsorganisation Helvetas zusammen. Das Projekt soll in Indien, Pakistan, Tadschikistan, Kirgisistan, Myanmar und Madagaskar die Ernährungssicherheit, das Einkommen der Bäuerinnen und Bauern und die Wasserproduktivität steigern.

▶ **Lernauftrag 1:** Ursachen und Folgen der Kluft zwischen Arm und Reich analysieren und visualisieren (siehe Seite 244).

▶ **Lernauftrag 2:** Ein Projekt der schweizerischen Entwicklungszusammenarbeit präsentieren (siehe Seite 244).

---

**Das weiss ich jetzt!**

8.1 Was sind nebst der geografischen Lage weitere Ursachen für die Kluft zwischen armen und wohlhabenden Ländern?

8.2 Wir wirkt sich Armut auf den Alltag der Menschen aus? Nennen Sie drei Folgen.

8.3 Wie können die Industrieländer die Landwirtschaft in den Entwicklungsländern fördern?

8.4 Was ist das wichtigste Ziel der schweizerischen Entwicklungszusammenarbeit?

# 8.2 Menschen in Bewegung

## Bevölkerungsentwicklung

Im vergangenen Jahrhundert hat sich die Erdbevölkerung mehr als verdreifacht. Die unten stehende Grafik macht deutlich, dass vor allem nach 1950 die Bevölkerung sehr stark angestiegen ist. Heute leben rund 7,9 Milliarden Menschen auf diesem Planeten.

*Starker Anstieg*

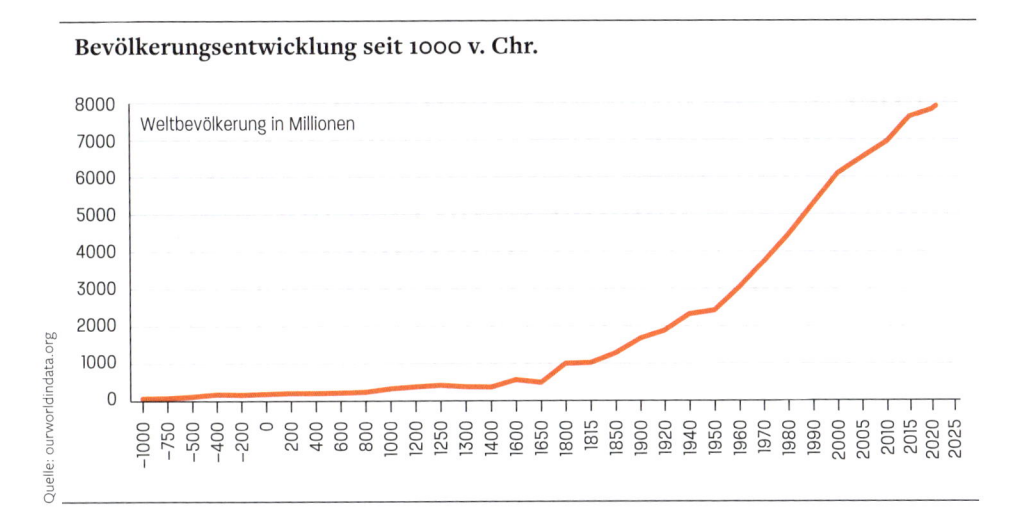

**Bevölkerungsentwicklung seit 1000 v. Chr.**

*Weltbevölkerung in Millionen*

*Quelle: ourworldindata.org*

Die UNO gibt alle zwei Jahre ihre Prognosen zur Bevölkerungsentwicklung bekannt. 2017 rechnete man mit einem Anstieg auf 11,2 Milliarden Menschen bis um das Jahr 2100. Die Schätzung von 2021 liegt bei 11 Milliarden. Der Grund für diese leichte Korrektur nach unten sind die sinkenden Geburtenzahlen. Nach der UNO-Prognose wird die durchschnittliche Geburtenrate bis 2050 von 2,5 auf 2,2 Kinder pro Frau fallen. Gleichzeitig könnte bis 2050 die statistische Lebensdauer von rund 64 Jahren auf über 72 Jahre steigen. In den am schwächsten entwickelten Ländern der Erde liegt die Lebenserwartung jedoch immer noch rund sieben Jahre unter dem Durchschnitt, vor allem aufgrund von Unterernährung, Krankheiten und Kriegen.

*Bevölkerungsprognose*

*Die Geburtenzahlen sinken, während die durchschnittliche Lebensdauer steigt.*

**Wachstum in Afrika** Nach Schätzungen der UNO wird sich die Bevölkerung in Afrika von heute knapp 1,3 Milliarden Menschen bis 2050 auf fast 2,5 Milliarden beinahe verdoppeln. Bis 2100 könnten dann schon über 4 Milliarden Menschen auf dem Kontinent leben. In Afrika bekommen Frauen durchschnittlich 4,2 Kinder. Das ist wesentlich mehr als der Durchschnitt der restlichen Welt. In Europa liegt der Durchschnitt bei 1,5 Kindern. Zugleich liegt die Bevölkerungsdichte in Europa noch deutlich über jener Afrikas.

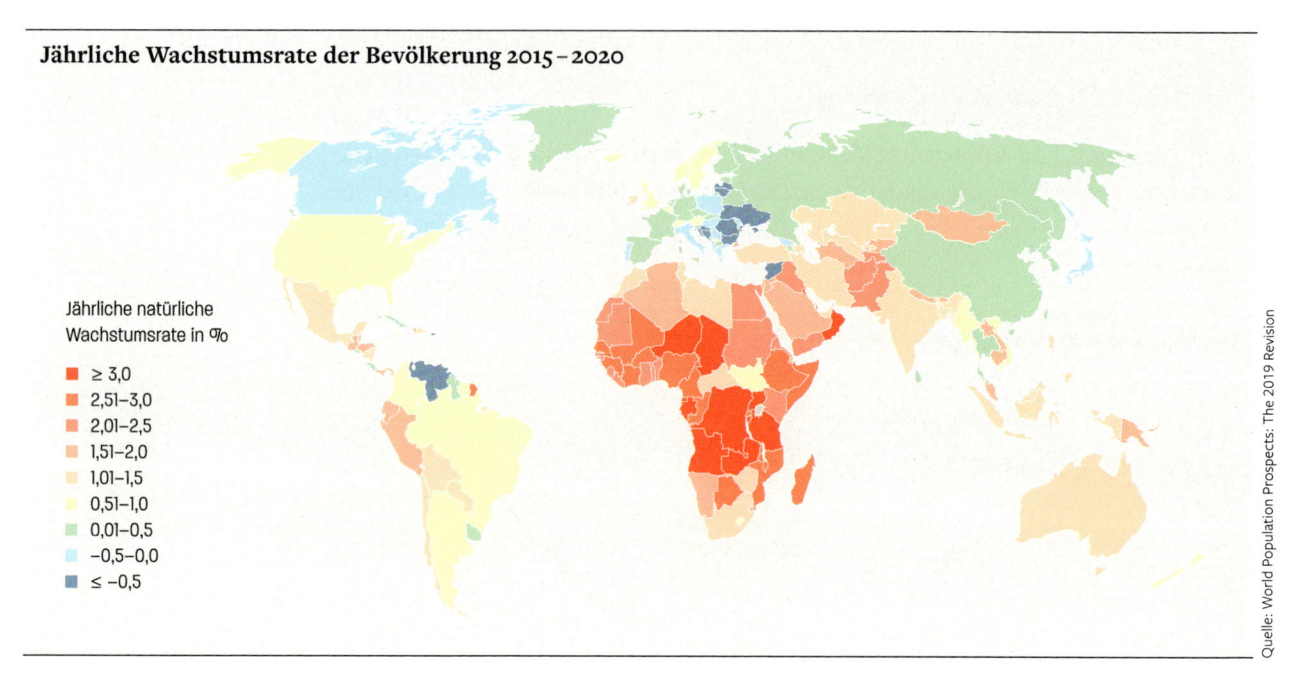

**Jährliche Wachstumsrate der Bevölkerung 2015 – 2020**

Jährliche natürliche Wachstumsrate in %
- ≥ 3,0
- 2,51–3,0
- 2,01–2,5
- 1,51–2,0
- 1,01–1,5
- 0,51–1,0
- 0,01–0,5
- −0,5–0,0
- ≤ −0,5

Quelle: World Population Prospects: The 2019 Revision

**Herausforderungen** Die rasante Zunahme der Erdbevölkerung stellt die Menschheit vor grosse Herausforderungen, die nur durch internationale Zusammenarbeit aller Staaten bewältigt werden können.

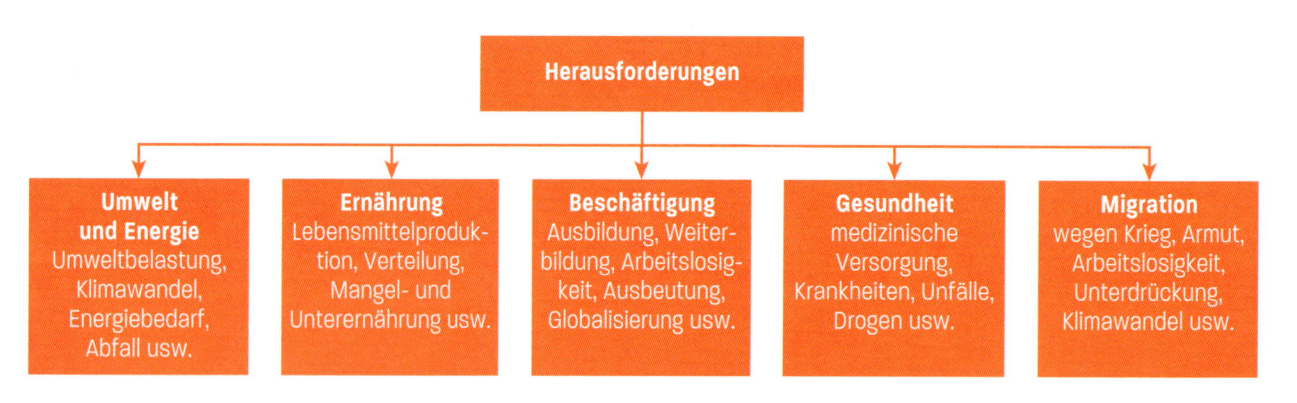

**Herausforderungen**

- **Umwelt und Energie**: Umweltbelastung, Klimawandel, Energiebedarf, Abfall usw.
- **Ernährung**: Lebensmittelproduktion, Verteilung, Mangel- und Unterernährung usw.
- **Beschäftigung**: Ausbildung, Weiterbildung, Arbeitslosigkeit, Ausbeutung, Globalisierung usw.
- **Gesundheit**: medizinische Versorgung, Krankheiten, Unfälle, Drogen usw.
- **Migration**: wegen Krieg, Armut, Arbeitslosigkeit, Unterdrückung, Klimawandel usw.

▶ **Lernauftrag 3:** Massnahmen zur Bewältigung der Bevölkerungszunahme in Afrika ausarbeiten (siehe Seite 245).

**Das weiss ich jetzt!**

8.5 Wie hat sich Weltbevölkerung seit 1950 entwickelt?

8.6 Wo besteht heute das grösste Bevölkerungswachstum?

8.7 Wie viele Menschen werden nach UNO-Schätzungen im Jahr 2100 auf diesem Planeten leben?

8.8 In welchen Bereichen liegen nebst der Ernährung und der Gesundheit die grössten Herausforderungen?

## Migration

Unter Migration versteht man die Ein- und Auswanderung von Menschen. Dabei ist Migration keine Besonderheit unserer Zeit. Seit jeher sind einzelne Menschen, Familien, Gruppen oder ganze Völker von einer Region in andere gezogen. Ursachen waren die Suche nach Nahrungsmitteln, Naturkatastrophen, Kriege und Konflikte.

*Definition*

Bei den heutigen Migrationsgründen unterscheidet man zwischen sogenannten Push-Faktoren und Pull-Faktoren. Zu den Push-Faktoren zählt man Umstände, welche die Menschen von ihrem angestammten Lebensraum «wegdrücken», also vertreiben. Im Gegensatz dazu sind Pull-Faktoren «anziehende» Umstände, die also die Migration in ein spezifisches Land oder Gebiet attraktiv machen.

*Migrationsgründe*

| Push-Faktoren | Pull-Faktoren |
| --- | --- |
| – Kriege, Konflikte, Revolutionen | – Wohlstand, hoher Lebensstandard, Arbeitsplätze |
| – Verfolgung wegen politischer Einstellung, Religion oder Ethnie | – Garantie der Menschenrechte |
| – Natur- und Umweltkatastrophen | – Sicherheit vor Verfolgung und Unterdrückung |
| – Armut, Hunger, Arbeitslosigkeit und Hoffnungslosigkeit | – Demokratie mit Rechtssicherheit |
| – Ungerechtigkeit (Arm-Reich, Mann-Frau, Korruption u. a.) | – Toleranz gegenüber Religion, Kultur, Lebensformen |
| – Schlechte Bildungsmöglichkeiten | – Gute Bildungs- und Entwicklungsmöglichkeiten |

*Push-Faktor Krieg: die Stadt Rakka in Syrien.*

*Pull-Faktor Wohlstand: Westside-Shoppingcenter in Bern.*

Angesichts der aktuellen Diskussionen könnte der Eindruck entstehen, dass die globale Migration stark zugenommen hat. Doch tatsächlich ist der Anteil an Migranten seit 1960 auf einem Niveau zwischen drei und vier Prozent relativ stabil geblieben. Man schätzt, dass heute rund 250 Millionen Menschen eine neue Heimat suchen; im Verhältnis zur Weltbevölkerung sind das rund 3,4 Prozent. Die meisten davon verlassen ihr Land aus wirtschaftlichen Gründen. Gut 20 Millionen von ihnen gelten als Flüchtlinge, weil sie wegen ihrer politischen Einstellung, ihrer ethnischen Zugehörigkeit oder ihrer Religion verfolgt werden.

*Stabile globale Migration*

## Bevölkerung in der Schweiz

### Bevölkerungsentwicklung

**Bevölkerungswachstum (CH)**

Ende 2020 leben über 8,8 Millionen Menschen in der Schweiz. Davon ist ein Viertel ausländischer Herkunft. Mit einer Dichte von über 200 Personen pro Quadratkilometer zählt die Schweiz zur Gruppe der sehr dicht besiedelten Länder. Wie die folgende Grafik zeigt, hat sich die Bevölkerung der Schweiz innerhalb von 100 Jahren mehr als verdoppelt.

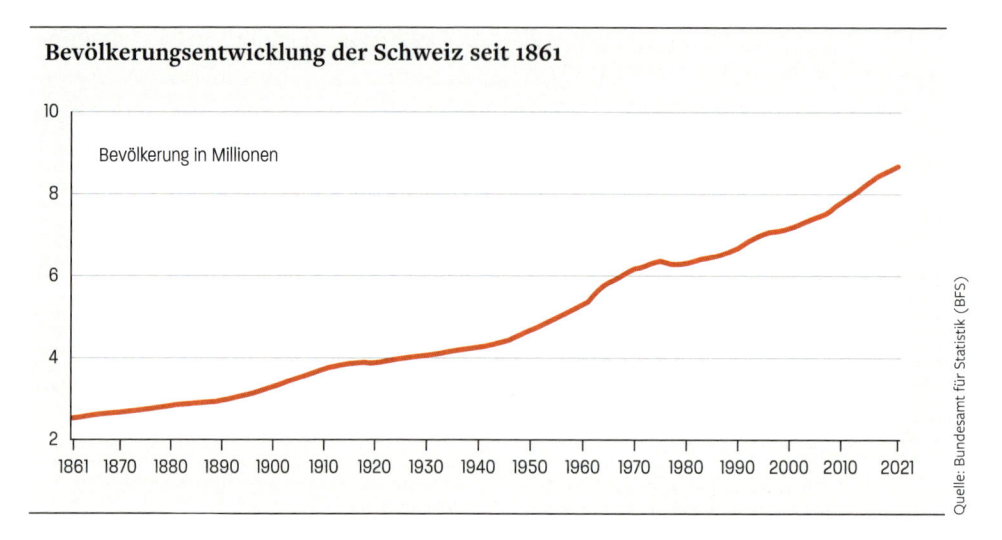

**Bevölkerungsentwicklung der Schweiz seit 1861**

Quelle: Bundesamt für Statistik (BFS)

**Altersaufbau**

In der Schweiz wird der Anteil an Menschen über 50 Jahren im Verhältnis zu jüngeren Personen weiter zunehmen. Ursachen dafür sind die rückläufigen oder nur schwach steigenden Geburtenzahlen einerseits und die Zunahme der Lebenserwartung andererseits. Heute liegt die durchschnittliche Lebenserwartung für Frauen bei 85 Jahren und für Männer bei 81 Jahren. Vor 100 Jahren starben die Menschen in der Schweiz im Durchschnitt mit 50 Jahren.

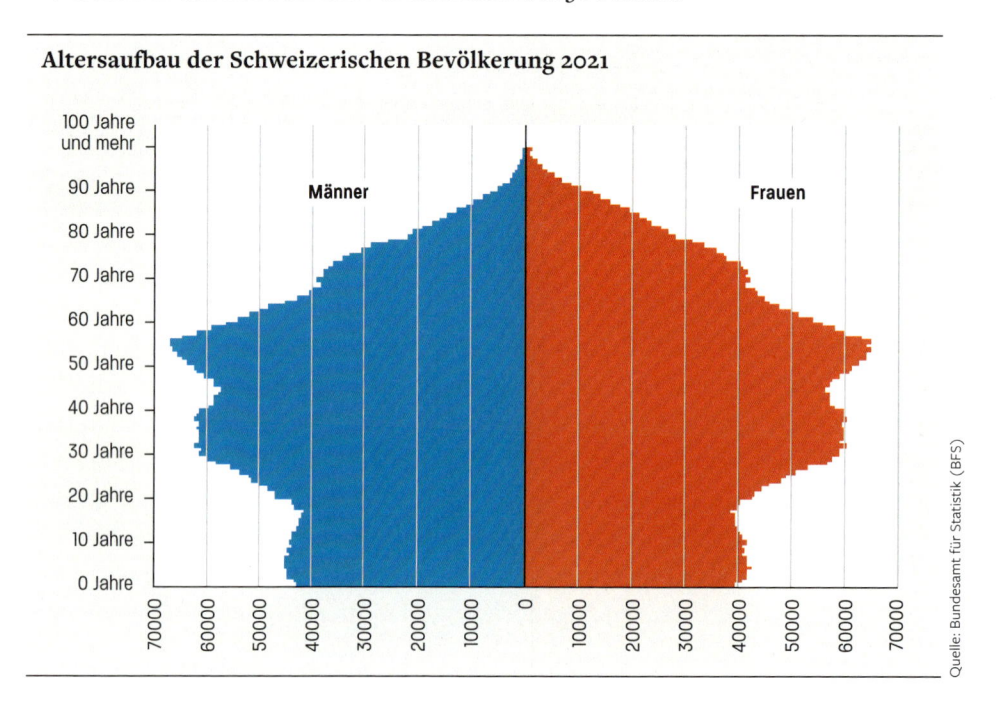

**Altersaufbau der Schweizerischen Bevölkerung 2021**

Quelle: Bundesamt für Statistik (BFS)

## Die Schweiz als Einwanderungsland

«Immigration» ist der Fachbegriff für Zuwanderung. Die Auswanderung bezeichnet man als Emigration. Die Menschen, die zu- oder auswandern, nennt man Migrantinnen und Migranten.

*Immigration*

Mit einem Anteil von 25 Prozent Ausländerinnen und Ausländern an der Gesamtbevölkerung hat die Schweiz im Vergleich zu anderen europäischen Staaten einen hohen Anteil von zugewanderten Menschen. Bei den Migrationsgründen steht an erster Stelle die Erwerbstätigkeit. Ein kleiner Teil kommt über das Asylverfahren in die Schweiz, wie folgende Grafik zeigt.

*Zuwanderung in die Schweiz*

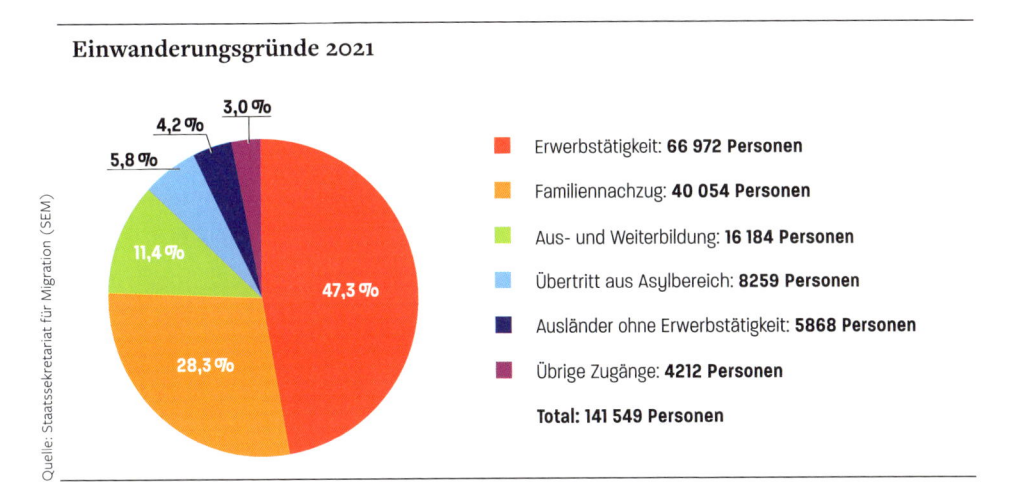

**Einwanderungsgründe 2021**

- Erwerbstätigkeit: **66 972 Personen** — 47,3 %
- Familiennachzug: **40 054 Personen** — 28,3 %
- Aus- und Weiterbildung: **16 184 Personen** — 11,4 %
- Übertritt aus Asylbereich: **8259 Personen** — 5,8 %
- Ausländer ohne Erwerbstätigkeit: **5868 Personen** — 4,2 %
- Übrige Zugänge: **4212 Personen** — 3,0 %
- Total: **141 549 Personen**

Quelle: Staatssekretariat für Migration (SEM)

Im Jahr 2002 trat zwischen der Schweiz und der Europäischen Union (EU) die Personenfreizügigkeit als Teil der bilateralen Verträge in Kraft. Damit haben die Staatsangehörigen der EU-Länder das Recht erhalten, in die Schweiz einzureisen und sich hier aufzuhalten, sofern sie eine Arbeitsstelle haben oder ihren Lebensunterhalt selbst bestreiten können. Umgekehrt können Schweizer und Schweizerinnen in den EU-Staaten arbeiten und wohnen. Diese Personenfreizügigkeit und die gute Wirtschaftslage haben zu einem Anstieg der Zuwanderung aus der EU geführt. Die folgende Grafik macht deutlich, dass bis 2008 die Zuwanderung vor allem aus Deutschland stark anstieg.

*Personenfreizügigkeit EU*

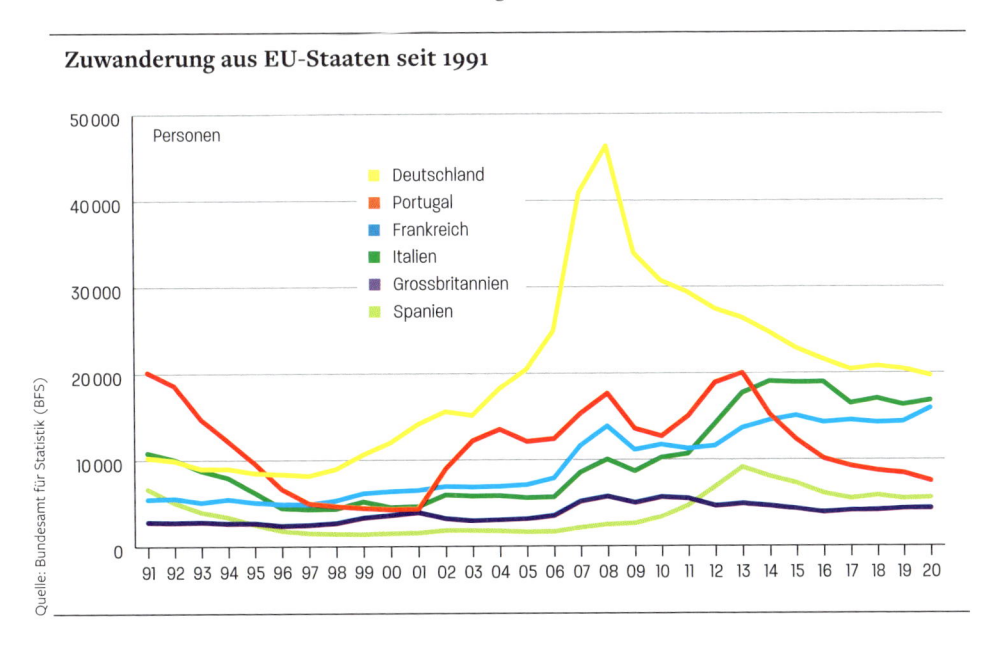

**Zuwanderung aus EU-Staaten seit 1991**

Länder: Deutschland, Portugal, Frankreich, Italien, Grossbritannien, Spanien

Quelle: Bundesamt für Statistik (BFS)

## Arbeitsmarkt

**Duales System**    Mit der Arbeitsmarktpolitik will die Schweiz dafür sorgen, dass die einheimische Wirtschaft genügend qualifizierte Leute findet. Dabei wendet sie für die Zulassung ausländischer Arbeitskräfte ein duales System an.

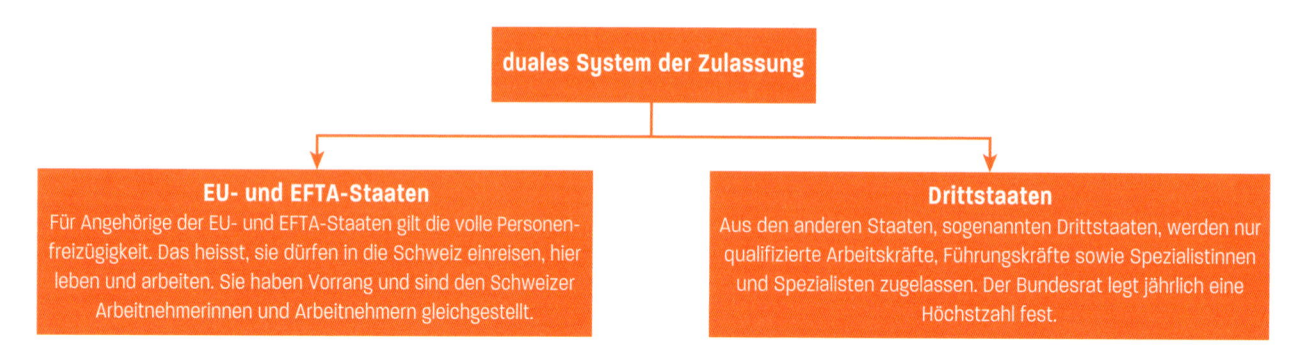

**duales System der Zulassung**

**EU- und EFTA-Staaten**
Für Angehörige der EU- und EFTA-Staaten gilt die volle Personenfreizügigkeit. Das heisst, sie dürfen in die Schweiz einreisen, hier leben und arbeiten. Sie haben Vorrang und sind den Schweizer Arbeitnehmerinnen und Arbeitnehmern gleichgestellt.

**Drittstaaten**
Aus den anderen Staaten, sogenannten Drittstaaten, werden nur qualifizierte Arbeitskräfte, Führungskräfte sowie Spezialistinnen und Spezialisten zugelassen. Der Bundesrat legt jährlich eine Höchstzahl fest.

**Beschäftigungsbereiche**    Ausländische Arbeitskräfte sind vorwiegend im Gastgewerbe und Tourismus, im Gesundheitswesen und Sozialwesen sowie in der Baubranche tätig. Diese Beschäftigungsbereiche sind auf Arbeitskräfte aus dem Ausland angewiesen, da sonst viele Stellen gar nicht besetzt werden könnten. Hinzu kommen Spezialistinnen und Spezialisten, die man aus dem Ausland benötigt. Die ausländischen Arbeitskräfte tragen wesentlich zum Wirtschaftswachstum und damit zum Wohlstand aller bei.

## Aufenthalts- und Niederlassungsbewilligungen

Der Aufenthaltsstatus wird mit dem Bundesgesetz über die Ausländerinnen und Ausländer geregelt. Bei den Bewilligungen für den Aufenthalt und die Niederlassung in der Schweiz gibt es verschiedene Kategorien. Drei der wichtigsten sind in folgender Tabelle dargestellt.

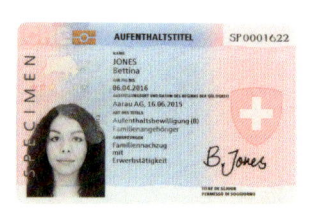

**Drei häufige Aufenthalts- und Niederlassungsbewilligungen**

| | |
|---|---|
| **Aufenthaltsbewilligung B** | Fünf Jahre gültig; wird nach Vorlage eines Arbeitsvertrages mit einer Dauer von mindestens einem Jahr oder unbefristet erteilt. |
| **Niederlassungsbewilligung C** | Wird in der Regel nach einem ordnungsgemässen und ununterbrochenen Aufenthalt von fünf bis zehn Jahren in der Schweiz erteilt. Das Aufenthaltsrecht ist unbeschränkt und darf nicht an Bedingungen geknüpft werden. |
| **Kurzaufenthaltsbewilligung L** | Wird auf Vorlage eines Arbeitsvertrages von weniger als einem Jahr erteilt. Die Gültigkeit der Bewilligung entspricht der Dauer des Arbeitsvertrags. Für Inhaber besteht die Möglichkeit der Verlängerung und der Erneuerung der Bewilligung, ohne das Land verlassen zu müssen. |

## Flüchtlinge und Asyl

**Flüchtlingsbegriff**    Als Flüchtling gilt eine Person, die in ihrem Heimatstaat oder im Land, in dem sie zuletzt wohnte, aus folgenden Gründen ernsthafte Nachteile erleiden muss: wegen ihrer Religion oder Nationalität, wegen ihrer politischen Anschauung, wegen ihrer Zugehörigkeit zu einer bestimmten sozialen Gruppe oder aus rassistischen Gründen (z. B. Hautfarbe). Diese Umstände werden in der Schweiz als Asylgrund akzeptiert. Wirtschaftliche Not, Krieg und Hunger berechtigen hingegen in der Schweiz nicht zu einem dauerhaften Aufenthalt.

Mit ihrer Asylpolitik will die Schweiz verfolgten Menschen Schutz bieten und ein sicheres Leben ermöglichen. Das Staatssekretariat für Migration (SEM) prüft jedes Asylgesuch individuell. Dabei wird darauf geachtet, ob die Asylgründe glaubhaft sind und der Flüchtlingsstatus gemäss Asylgesetz gegeben ist. Asylsuchende, deren Gesuch abgelehnt wird, die jedoch nicht in ihr Heimatland zurückkehren können, erhalten eine vorläufige Aufnahme. Zwei Beispiele dafür sind: *Asylpolitik*

- Eine Rückschaffung ist nicht zumutbar wegen Krieg oder einer schwerwiegenden persönlichen Notlage.
- Die Wegweisung ist nicht möglich, beispielsweise weil sich das Herkunftsland weigert, eigene Staatsangehörige aufzunehmen.

### Einbürgerung

In der Schweiz werden Einbürgerungen durch die Gemeinden vollzogen. Wer das Gemeindebürgerrecht bekommt, ist automatisch Bürger oder Bürgerin der Schweiz. Die Gemeinden müssen sich beim Einbürgerungsverfahren nach den gesetzlichen Vorgaben von Bund und Kanton richten. Geprüft werden die Gesuche entweder durch den Gemeinderat, durch eine spezielle Einbürgerungskommission oder durch die Gemeindeversammlung. Wird eine Einbürgerung abgelehnt, muss dies begründet werden. *Verfahren*

Der Bund definiert folgende Voraussetzung für eine Einbürgerung: *Voraussetzungen*

**Voraussetzungen für Einbürgerung**
- Zehn Jahre Aufenthalt in der Schweiz
- Erfolgreiche Integration, das heisst insbesondere Kenntnisse einer Landessprache, Respektierung der Bundesverfassung sowie Teilnahme am Wirtschaftsleben und/oder Erwerb von Bildung
- Vertrautheit mit den schweizerischen Lebensverhältnissen
- Keine Gefährdung der inneren oder äusseren Sicherheit der Schweiz

*Nach erfolgreicher Einbürgerung erhält man den Schweizer Pass.*

## Die Schweiz als Auswanderungsland

### Auswanderungsgründe

**Broterwerb** Die Schweiz war lange Zeit ein Agrarland und konnte nicht allen Menschen ein Einkommen sichern. So gingen viele junge Männer als Söldner in ausländische Heere. Das Söldnerwesen versprach Abenteuer und gutes Geld. Der Kriegsdienst war jedoch auch ein äusserst gefährlicher Broterwerb; viele starben auf den Schlachtfeldern. Ein Überbleibsel dieser «militärischen Auswanderung» ist die Päpstliche Schweizergarde im Vatikan.

**Hungersnot** Nach dem Ausbruch des indonesischen Vulkans Tambora im April 1815 wurde es in der Schweiz 2,5 °C kälter, und es gab viel Regen. Ein Grossteil der Ernte fiel aus, und in der Folge kam es zu einer Hungersnot. Diese und andere Krisen zwangen etliche Schweizer Familien zur Auswanderung. Die meisten gingen nach Nordamerika, wo Orte wie New Glarus, New Bern und Engelberg gegründet wurden.

**Streben nach Wohlstand** Doch nicht nur wegen Armut verliessen viele die Schweiz: Ab 1850 kam es zu einer Auswanderungsform, die mehr Wohlstand zum Ziel hatte. Berufsleute wie Konditoren, Baufachleute, Käser, Kaufleute, Hoteliers und Bankiers zogen weg und versuchten ihr Glück in fernen Ländern. Ein bekanntes Beispiel ist die amerikanische Automarke Chevrolet («Chevy»), die 1911 vom Schweizer Auswanderer Louis Chevrolet aus La Chaux-de-Fonds gegründet wurde.

### Auslandschweizer

Heute leben rund 770 000 Schweizerinnen und Schweizer im Ausland. Über 70 Prozent davon sind Doppelbürger. Der grösste Teil davon lebt in Europa, gefolgt von Amerika und Asien. Auslandschweizerinnen und Auslandschweizer können vom Ausland aus ihre politischen Rechte wahrnehmen, sofern sie mindestens 18 Jahre alt, urteilsfähig und bei einer Schweizer Vertretung registriert sind.

▶ **Lernauftrag 4:** Die Auswirkungen der demografischen Entwicklung in der Schweiz untersuchen (siehe Seite 246).

▶ **Lernauftrag 5:** Den Altersaufbau der Schweiz mit anderen Ländern vergleichen (siehe Seite 247).

---

**Das weiss ich jetzt!**

8.9 Was versteht man unter Migration?

8.10 Was bezeichnet man im Zusammenhang mit der Migration als Push-Faktoren?

8.11 Wie hat sich die Schweizer Bevölkerung seit 1920 entwickelt?

8.12 Wie hat sich die Lebenserwartung der Schweizer Bevölkerung verändert?

8.13 Was ist der Grund für die Zunahme der Zuwanderung ab 2002?

8.14 In welchen Branchen finden sich verhältnismässig viele ausländische Arbeitskräfte?

8.15 Auf welcher politischen Ebene finden in der Schweiz die Einbürgerungen statt?

8.16 Wo leben die meisten ausgewanderten Schweizerinnen und Schweizer?

## 8.3 Ökonomie und Ökologie

### Unterschied zwischen Ökonomie und Ökologie

Bei der Ökonomie handelt es sich um die Lehre der Wirtschaft. Es geht dabei um das Zusammenspiel zwischen Investitionen, Arbeitsaufwand und dem daraus resultierenden Gewinn. Wenn Sie sich ein Stück Metall für CHF 5 kaufen, dieses in einer halben Stunde verzieren und es anschliessend für CHF 50 verkaufen, dann haben Sie ökonomisch gewirtschaftet. Sie haben mit einem geringen Aufwand einen hohen Gewinn erzielt.

*Ökonomie*

Die Ökologie hingegen ist die Lehre vom Zusammenspiel der Lebewesen in der Natur. In der Natur kommt es nicht auf den Gewinn an. Für die meisten Lebewesen geht es lediglich um das Überleben und die Fortpflanzung. Es herrscht dabei ein fein abgestimmtes ökologisches Gleichgewicht. Der Abbau von grossen Mengen Rohstoffen oder die Emissionen von Treibhausgasen verändern dieses ökologische Gleichgewicht. Die Ökologie kann also unter der Ökonomie leiden.

*Ökologie*

### Ökologischer Fussabdruck

Wer über eine Wiese geht oder dem Strand entlangspaziert, hinterlässt Spuren in Form von Fussabdrücken. Auch bei unserem täglichen Konsum hinterlassen wir Spuren in der Umwelt, denn für die Herstellung von Produkten braucht es Ressourcen wie Erdöl, Kohle, Holz, Wasser, Luft usw. Um die Grösse dieser Fussabdrücke zu berechnen, wurde der sogenannte ökologische Fussabdruck erfunden. Er zeigt, wie viele Ressourcen ein bestimmter Lebensstil verbraucht, und gibt die Fläche an, die zur Produktion dieser Ressourcen notwendig wäre. Ist diese Fläche grösser als die tatsächlich verfügbare Fläche, leben wir über unsere Verhältnisse. Unser Bedarf ist dann grösser als die Ressourcen, die uns langfristig zur Verfügung stehen. Die Schweiz mit ihrem hohen Lebensstandard verbraucht überdurchschnittlich viele natürliche Ressourcen.

Bis im Jahr 2100 rechnet man mit einem Anstieg der Erdbevölkerung auf 11 Milliarden Menschen. Mehr Menschen bedeuten mehr Ressourcenverbrauch. Doch schon heute verbrauchen wir insgesamt zu viele Rohstoffe. Will die Menschheit überleben, muss sie sich also nachhaltig verhalten. Nachhaltigkeit meint, dass nicht mehr verbraucht wird, als langfristig wieder bereitgestellt werden kann. Die Definition der UNO lautet: «Eine nachhaltige Entwicklung ist eine Entwicklung, welche die Bedürfnisse der Gegenwart befriedigt, ohne zu riskieren, dass zukünftige Generationen ihre eigenen Bedürfnisse nicht mehr befriedigen können.»

*Nachhaltige Entwicklung*

## Wie viele Erden verbrauchen wir?

| USA | Australien | Deutschland | Schweiz | Grossbritannien | Spanien | Indien |
|---|---|---|---|---|---|---|
| 5,0 | 4,6 | 2,9 | 2,8 | 2,6 | 2,5 | 0,8 |

*Quelle: Global Footprint Network 2021*

*Würden alle Bewohnerinnen und Bewohner der Welt den Lebensstil des Durchschnittsschweizers wählen, bräuchte es 2,8 Planeten, um den Ressourcenbedarf zu decken.*

**Biokapazität**    Die Natur ist ein Wunderwerk. Denn trotz zahlreichen Verschmutzungen und Zerstörungen durch die Menschen bringt sie ständig Rohstoffe hervor (z. B. Holz) und baut Schadstoffe ab (z. B. $CO_2$). Diese Fähigkeit nennt man Biokapazität. Ist der ökologische Fussabdruck jedoch höher als die Biokapazität, wirkt dies umweltzerstörend. Sind der Fussabdruck und die Biokapazität im Gleichgewicht, spricht man von einer positiven nachhaltigen Entwicklung.

**Import von Biokapazität**    Das zunehmende Missverhältnis zwischen ökologischem Fussabdruck und Biokapazität bedeutet, dass wir unseren Konsum zunehmend mit dem Import von Biokapazität, das heisst mittels Einfuhr von natürlichen Ressourcen aus anderen Ländern und durch den Export von Abfallstoffen wie Kohlendioxid decken. Allein deshalb ist es der Schweiz möglich, so viel zu konsumieren, ohne das eigene Naturkapital drastisch zu übernutzen.

Unser Energieverbrauch macht zwei Drittel des ökologischen Fussabdrucks aus und ist damit viel bedeutender als alle anderen genutzten Ressourcen. Der Fussabdruck des Energiebereichs ist zudem jener, der in den letzten Jahrzehnten weitaus am stärksten gewachsen ist.

*Unser Lebensstil hinterlässt zerstörerische Spuren.*

## Energiebedarf

Nach heutigen Erkenntnissen wird die Weltbevölkerung bis zum Jahr 2040 auf über neun Milliarden Menschen ansteigen, die alle Energie benötigen. Selbst bei einem gleichbleibenden Pro-Kopf-Verbrauch würde dies einen dramatischen Anstieg des Energieverbrauchs und damit einen raschen Abbau der natürlichen Ressourcen sowie eine Vervielfachung der Emissionen nach sich ziehen.

*Steigender Energieverbrauch*

In den Industrieländern steigt der Energieverbrauch seit Mitte der 1970er-Jahre kaum noch an, zum Teil sinkt er sogar. Der Anteil der Nicht-Industrieländer am Weltwirtschaftswachstum hat sich seit den 1990er-Jahren fast verdoppelt. Länder wie China oder Indien benötigen zurzeit weit mehr Energie für die Erstellung ihres Bruttoinlandprodukts als die Industrieländer.

*Weltenergieverbrauch*

Der Energiehunger der Welt wird zu über 75 Prozent durch die nichterneuerbaren fossilen Energieträger Erdöl, Erdgas und Kohle gestillt. Dies führt zu einem weiter steigenden Ausstoss von Kohlendioxid, der grösstenteils für die globale Erwärmung verantwortlich gemacht wird. Deshalb gehört die Zukunft den erneuerbaren Energiequellen (z. B. Sonne, Wind, Geothermie).

Welche Rolle der Atomstrom in einer Übergangsperiode spielen wird, ist schwer abzuschätzen. Befürworterinnen und Befürworter betonen die saubere Energieform, während die Gegner auf die problematische Lagerung von Atommüll während Jahrtausenden hinweisen.

Auch in der Schweiz ist der Energieverbrauch in den letzten Jahrzehnten stark gestiegen. Auffallend ist die starke Abhängigkeit von nichterneuerbaren Energieträgern:

*Energieverbrauch der Schweiz*

**Endenergieverbrauch 1910–2020 nach Energieträgern**

Quelle: Bundesamt für Energie (BFE)

- Erdölbrennstoffe
- Treibstoffe
- Elektrizität
- Gas
- Kohle und Koks
- Holz und Holzkohle
- Fernwärme
- Industrieabfälle
- Übrige erneuerbare Energien

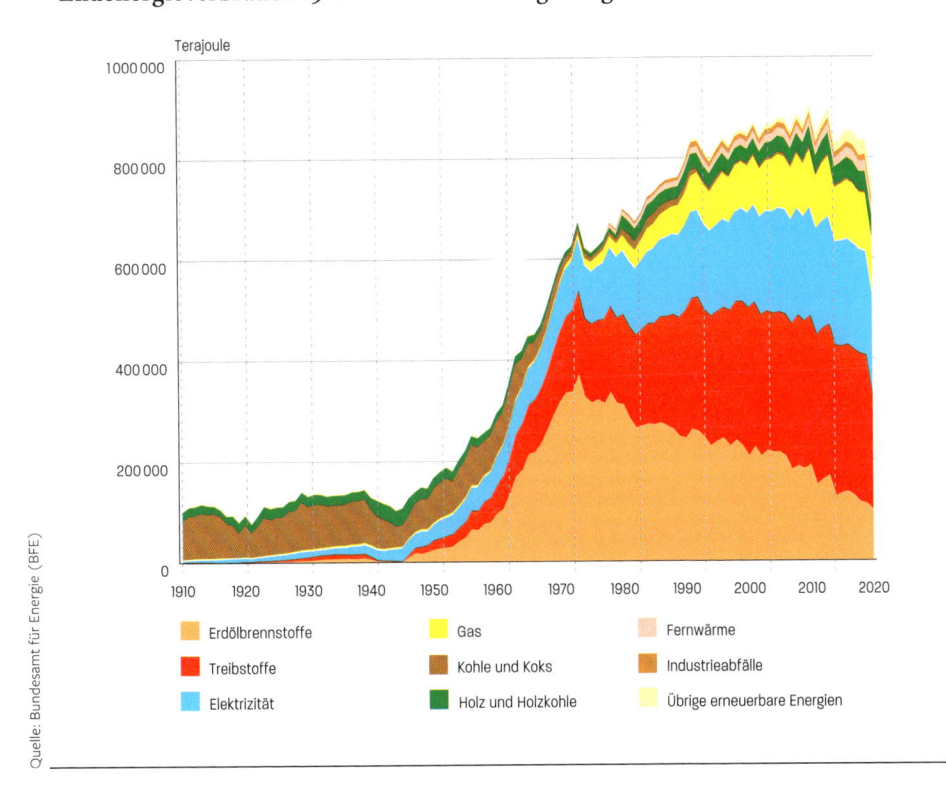

## Ressourcenverbrauch am Beispiel Wasser

Wasser ist die Quelle allen Lebens. Die Oberfläche unseres Planeten besteht zu zwei Dritteln aus Wasser. Von den weltweiten Wasserreserven sind 97 Prozent Salzwasser. Von den restlichen 3 Prozent Süsswasser ist das meiste in den Eiskappen der Pole, in Gletschern sowie in der Atmosphäre und im Boden gebunden. Nur 0,3 Prozent der gesamten Süsswasservorräte sind als Trinkwasser verfügbar. Die Versorgung mit Trinkwasser ist ein zentrales Grundbedürfnis des Menschen. Wasser wird auch zum Bewässern in der Landwirtschaft, zur Hygiene, zur sanitären Versorgung oder für die industrielle Verarbeitung verwendet.

*Trinkwassermangel* — Seit 1940 hat sich der globale Wasserverbrauch verfünffacht. Er steigt weltweit überproportional, gemessen am Bevölkerungswachstum.

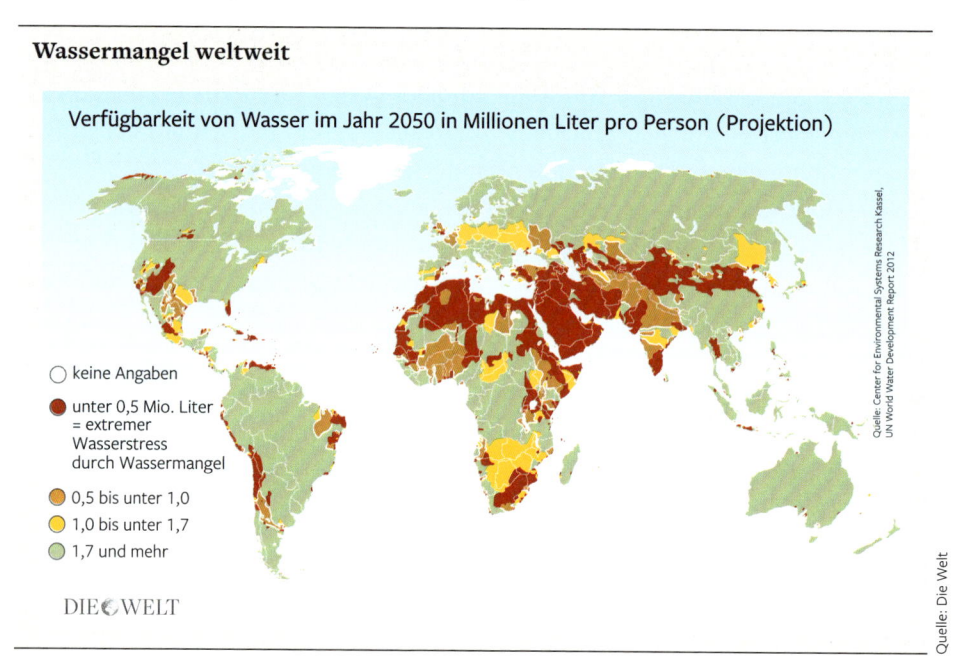

**Wassermangel weltweit**

Verfügbarkeit von Wasser im Jahr 2050 in Millionen Liter pro Person (Projektion)

- keine Angaben
- unter 0,5 Mio. Liter = extremer Wasserstress durch Wassermangel
- 0,5 bis unter 1,0
- 1,0 bis unter 1,7
- 1,7 und mehr

Quelle: Center for Environmental Systems Research Kassel, UN World Water Development Report 2012

Quelle: Die Welt

*Wasserverbrauch* — Der Verbrauch in den einzelnen Ländern unterscheidet sich stark: US-Amerikaner verbrauchen mehr als doppelt so viel Wasser wie Europäer. Am wenigsten Wasser haben Menschen in Afrika zur Verfügung.

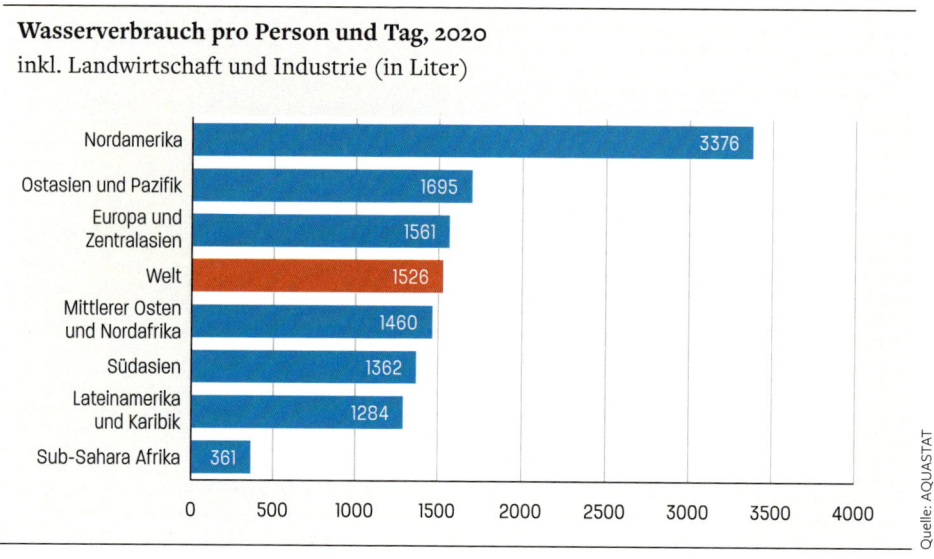

**Wasserverbrauch pro Person und Tag, 2020**
inkl. Landwirtschaft und Industrie (in Liter)

| Region | Liter |
|---|---|
| Nordamerika | 3376 |
| Ostasien und Pazifik | 1695 |
| Europa und Zentralasien | 1561 |
| Welt | 1526 |
| Mittlerer Osten und Nordafrika | 1460 |
| Südasien | 1362 |
| Lateinamerika und Karibik | 1284 |
| Sub-Sahara Afrika | 361 |

Quelle: AQUASTAT

Wie in einem Haushalt der Stadt Bern das Wasser verwendet wird, zeigt folgende Grafik. Mehr als ein Viertel des Trinkwassers verbrauchen wir für die Klospülung.

**Trinkwasserverwendung**

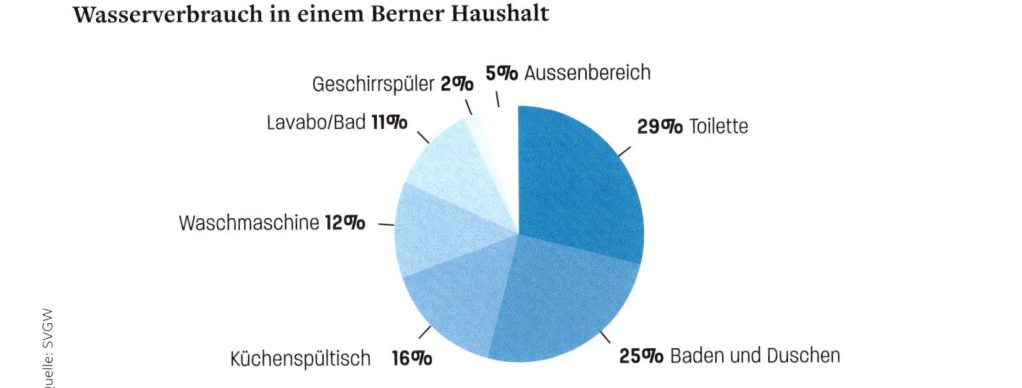

**Wasserverbrauch in einem Berner Haushalt**

- Geschirrspüler 2%
- 5% Aussenbereich
- Lavabo/Bad 11%
- 29% Toilette
- Waschmaschine 12%
- Küchenspültisch 16%
- 25% Baden und Duschen

Quelle: SVGW

Das Grundnahrungsmittel Wasser wird zunehmend zu einem kostbaren Gut, das wir zurzeit noch im Überfluss besitzen und auch dementsprechend brauchen, um das in anderen Teilen der Welt aber jetzt schon gestritten wird. Seit Längerem schon beschäftigt uns die Frage, ob das Wasser einen Wert hat und somit vermarktbar wird oder ob alle Menschen auf dieser Erde ein Grundrecht auf kostenloses Wasser haben.

**Kostbares Gut**

**Weitere Fakten zum Thema**
- Über 2,2 Mrd. Menschen haben keinen Zugang zu sauberem Trinkwasser.
- Prognose 2050: Mehr als 5 Mrd. Menschen könnten unter Wasserknappheit leiden, falls keine Massnahmen ergriffen werden.
- 3 Mrd. Menschen sind an keine Kanalisation angeschlossen.
- Etwa 0,5 Mrd. Menschen leidet unter Krankheiten, die auf verschmutztes Wasser zurückzuführen sind.
- In Entwicklungsländern sterben jedes Jahr zirka 3 Mio. Menschen durch verunreinigtes Wasser, mehrheitlich Kinder unter 5 Jahren.
- Sauberes Wasser ist jetzt ein Menschenrecht. Die Vereinten Nationen haben den Anspruch auf reines Wasser in die Allgemeine Erklärung der Menschenrechte aufgenommen.

▶ **Lernauftrag 6:** Den eigenen ökologischen Fussabdruck berechnen und Massnahmen ableiten (siehe Seite 247).

---

8.17 Was misst der ökologische Fussabdruck?

8.18 Was ist gemeint mit Biokapazität?

8.19 Weshalb kann man beim Lebensstil in der Schweiz nicht von einer positiv nachhaltigen Entwicklung sprechen?

8.20 Was ist in Bezug auf den Klimawandel das Problem der heutigen Energieerzeugung?

**Das weiss ich jetzt!**

## Klimawandel

**Der natürliche Treibhauseffekt**

Der Treibhauseffekt bewirkt die Erwärmung eines Planeten durch Treibhausgase und Wasserdampf in der Atmosphäre. Der Treibhauseffekt ist absolut notwendig für das Leben auf der Erde. Die durchschnittliche Temperatur an der Erdoberfläche beträgt +15 °C, ohne den natürlichen Treibhauseffekt läge sie bei −18 °C. In der Erdatmosphäre bewirken Treibhausgase wie Wasserdampf, Kohlenstoffdioxid und Methan seit Bestehen der Erde einen Treibhauseffekt, der einen entscheidenden Einfluss auf die Klimageschichte der Vergangenheit und das heutige Klima hat.

Diese Gase funktionieren wie eine Membran, die die kurzwellige Strahlung der Sonne nahezu ungehindert passieren lässt und die langwellige Strahlung der Erdoberfläche teilweise zurückhält.

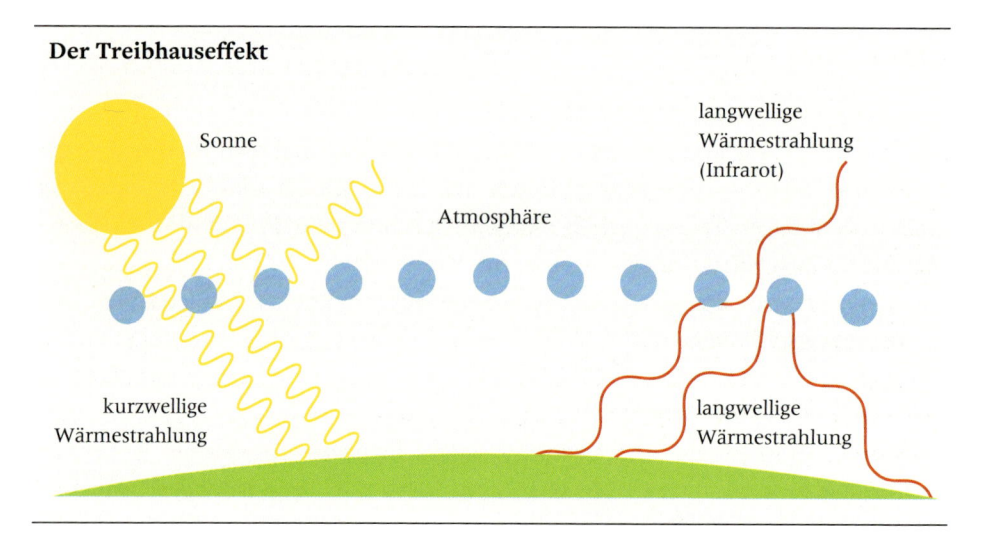

**Der Treibhauseffekt**

Sonne — kurzwellige Wärmestrahlung — Atmosphäre — langwellige Wärmestrahlung (Infrarot) — langwellige Wärmestrahlung

**Der anthropogene Treibhauseffekt**

Seit der industriellen Revolution verstärkt der Mensch den natürlichen Treibhauseffekt durch den Ausstoss von Treibhausgasen. Man bezeichnet dies als anthropogenen (vom Menschen verursachten) Treibhauseffekt. In der Wissenschaft herrscht weitgehend Einigkeit, dass die gestiegene Konzentration der vom Menschen in die Erdatmosphäre freigesetzten Treibhausgase die wichtigste Ursache der globalen Erwärmung ist, da ohne sie die gemessenen Temperaturen nicht zu erklären sind.

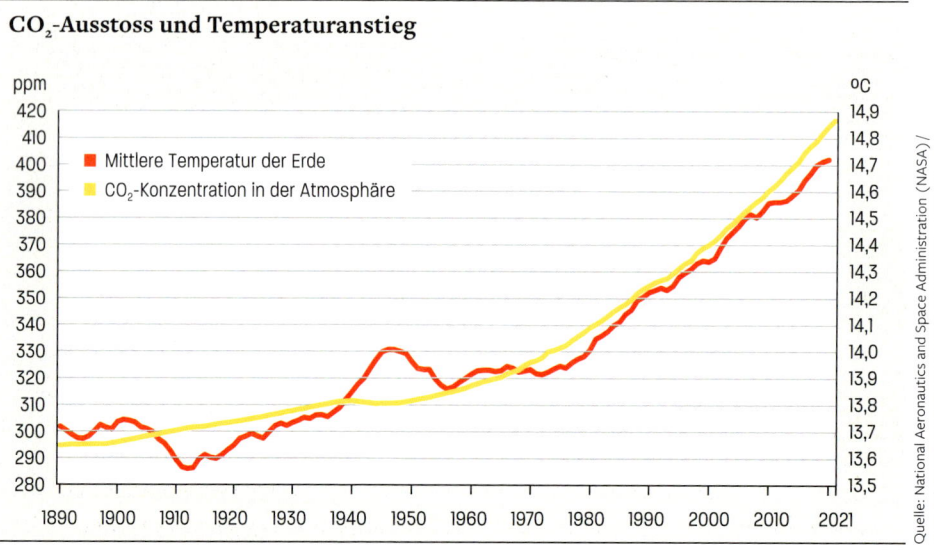

**$CO_2$-Ausstoss und Temperaturanstieg**

- Mittlere Temperatur der Erde
- $CO_2$-Konzentration in der Atmosphäre

Quelle: National Aeronautics and Space Administration (NASA) / National Oceanic and Atmospheric Administration (NOAA)

### Folgen der Klimaveränderung

Die erhöhte Konzentration von Treibhausgasen hat weltweit unterschiedliche Folgen. Manche Regionen werden heisser, andere trockener, wieder andere feuchter. Wetterextreme nehmen insgesamt zu. Starke Regenfälle und längere Trockenperioden sind bereits heute zu beobachten. Die Wassertemperatur der Ozeane steigt, was die Entstehung von Stürmen begünstigt. Die grossen Eismassen z. B. in Grönland schmelzen, wodurch der Meeresspiegel ansteigt. Es kommt zu Überflutungen. Zudem lässt bereits eine kleine Erhöhung der Wassertemperatur Korallen absterben. Am schlimmsten betroffen sind die ärmeren Länder. Reiche Industrieländer wie die Schweiz, Deutschland oder die USA können mit den Folgen des Klimawandels besser umgehen, weil sie eine gute Infrastruktur haben und finanziell besser ausgestattet sind.

### Folgen für die Schweiz

Auch die Schweiz ist vom Klimawandel betroffen. Seit 1864 ist die Temperatur um zwei Grad angestiegen. Bis 2060 könnte sie um weitere ein bis drei Grad zunehmen. Trocken- und Hitzeperioden werden dadurch immer häufiger, was zahlreiche problematische Veränderungen nach sich zieht. Es liegt also im Interesse der Schweiz, den $CO_2$-Ausstoss möglichst rasch zu vermindern.

**Gletscherschmelze**

Im Alpenraum zeigen sich die Folgen der Erderwärmung besonders dramatisch. Von 1850 bis Mitte der 1970er-Jahre verloren die Alpengletscher im Durchschnitt etwa die Hälfte ihres Volumens. Seitdem sind weitere 20 bis 30 Prozent des Eisvolumens geschmolzen. Forschungen zeigen, dass die meisten Alpengletscher noch in diesem Jahrhundert vollständig verschwinden werden.

**Permafrost**

Als Permafrost wird Untergrundmaterial bezeichnet, das dauerhaft (permanent) gefroren ist. Etwa ein Viertel der Landfläche der Erde ist Permafrostgebiet. Grosse Zonen liegen in den Polargebieten, aber auch im Hochgebirge, zum Beispiel in den Alpen, gibt es Permafrost. Taut der Frost durch die Erderwärmung nach und nach auf, wird der Boden instabil, und es kann zu Bergstürzen und Erdrutschen kommen.

*Bei höheren Temperaturen beginnt der Permafrost zu tauen, und es kann zu gefährlichen Erdrutschen kommen. Im Bild das Dorf Bondo (Graubünden) nach einem Bergsturz 2017.*

## Energiequellen

Energie ist der Motor der Wirtschaft. Und ohne Energie ist der Alltag undenkbar. Weil die Reserven für herkömmliche Energieträger wie Erdöl aber endlich sind und immer begehrter werden, wird die Suche und Nutzung alternativer Energiequellen vorangetrieben. Dies ist auch nötig, denn die weltweite Nachfrage nach Energie und der Verbrauch derselben steigen weiterhin markant an. Dazu kommt die Frage, inwiefern Kernenergie wegen ihres Gefahrenpotenzials eine Zukunft hat. Klar ist deshalb: Ein sorgsamer und verantwortungsvoller Umgang mit Energie wird weltweit die grosse Herausforderung der Zukunft sein. Nachfolgend werden fünf wichtige erneuerbare Energiequellen beschrieben.

### Erneuerbare Energiequellen

**Wasserkraft**

Die Wasserkraft ist zurzeit noch die wichtigste erneuerbare Energiequelle der Schweiz. Deren Nutzung mittels Lauf- und Speicherkraftwerken deckt rund 56 % des schweizerischen Strombedarfs. Wasserkraftwerke nutzen die natürliche oder künstlich erzeugte Strömung des Wassers mit Turbinen und Generatoren zur Stromproduktion.

**Windenergie**

Die Windenergie nutzt die kinetische Energie der bewegten Luftmassen. Zur Stromgewinnung wird die Windkraft mithilfe von Rotoren auf Turbinen umgelenkt. Windanlagen werden einzeln oder als Windparks errichtet. Die Nutzung der Windenergie befindet sich in der Schweiz noch in der Anfangsphase.

**Sonnenenergie**

Als Sonnenenergie oder Solarenergie bezeichnet man die Energie der Sonnenstrahlung. Diese Energie, die in Form von Licht und Wärme auf die Erdoberfläche trifft, kann aktiv durch Sonnenkollektoren zur Wärmeerzeugung (Warmwasser und Heizungsunterstützung) sowie durch Fotovoltaik-Anlagen zur Stromerzeugung genutzt werden.

**Erdwärme**

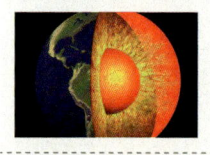

Als Geothermie wird jene Wärme bezeichnet, die im zugänglichen Teil der Erdkruste gespeichert und nutzbar ist. Geothermie kann etwa zum Heizen und Kühlen (Wärmepumpenheizung), aber auch zur Erzeugung von elektrischem Strom oder in einer Wärme-Kraft-Kopplung genutzt werden.

**Biomasse**

Biogas wird durch die Vergärung von Biomasse jeglicher Art hergestellt und ist brennbar. In Biogasanlagen können sowohl Abfälle als auch nachwachsende Rohstoffe vergoren werden. Eingesetzt werden kann das Gas zur Erzeugung von elektrischer Energie, für den Betrieb von Fahrzeugen oder zur Einspeisung in ein Gasversorgungsnetz.

▶ **Lernauftrag 7:** Fragen zu einem Film beantworten (siehe Seite 248).

---

**Das weiss ich jetzt!**

8.21 Was ist gemeint mit dem Ausdruck «anthropogener Treibhauseffekt»?

8.22 Was passiert, wenn die Eismassen in Grönland immer stärker abschmelzen?

8.23 Welche Folgen hat der Klimawandel für den Schweizer Alpenraum?

8.24 Welche erneuerbare Energiequelle ist für die Schweiz zurzeit die wichtigste?

## Politische Instrumente

Die Umweltverschmutzung – wie auch die globale Erwärmung als Folge – sind eine Form von Marktversagen (siehe Seite 196, Marktversagen). Um dieses zu korrigieren, stehen dem Staat verschiedene Möglichkeiten zur Verfügung:

**Umweltpolitische Instrumente**

| | |
|---|---|
| **Appelle** | Das Stromsparpotenzial ist enorm. Alle können ihren Teil zu umweltbewusstem Stromverbrauch beitragen, indem sie beispielsweise die elektronischen Geräte nicht im Stand-by-Modus laufen lassen und Apparate der besten Energieeffizienzklasse nutzen.<br>Aus den Appellen ergeben sich aber keine Verpflichtungen; der Druck, das Verhalten zu ändern, ist nicht sehr gross.<br><br>*Beispiele:*<br>– Bundesrätlicher Medienauftritt mit der Botschaft, die Eier mit weniger Wasser (Energie) zu kochen. |
| **Anreize** | Der Staat kann Anreize schaffen, damit sich die Menschen umweltgerecht verhalten.<br>Einerseits kann er das Verhalten der Menschen beeinflussen, wenn diese bei umweltschonendem Handeln Geld sparen können.<br><br>*Beispiele:*<br>– Weniger Mfz-Steuern für «saubere» Autos<br>– Individuelle Heizkostenabrechnung<br><br>Eine andere Möglichkeit ist die Umsetzung des Verursacherprinzips durch Lenkungsabgaben. Dies bedeutet, dass die Verursachenden die effektiven Kosten tragen müssen, die ihr Handeln verursacht. Eine $CO_2$-Abgabe zum Beispiel verteuert die fossilen Brenn- und Treibstoffe. Der grösste Teil der zusätzlichen Erträge wird der Bevölkerung wieder zurückerstattet.<br><br>*Beispiele:*<br>– Abfallentsorgung mit Gebühr<br>– $CO_2$-Abgabe<br>– LSVA (Leistungsabhängige Schwerverkehrsabgabe) |
| **Verbote/ Beschränkungen** | Der Staat beschränkt gewisse umweltbelastende Tätigkeiten oder verbietet problematische Stoffe.<br><br>*Beispiele:*<br>– FCKW-Verbot<br>– Verbot von energiefressenden Glühlampen<br>– Tempolimiten |
| **Nachsorge** | Der Staat lässt Umweltverschmutzung zu, beseitigt aber im Nachhinein die Schäden (z. B. mit Hilfe von Steuergeldern).<br><br>*Beispiele:*<br>– ARA (Abwasserreinigungsanlage)<br>– KVA (Kehrichtverbrennungsanlage) |

Wichtig in dieser ganzen Diskussion ist, dass der Staat durch sein Handeln zur Verbesserung der Energiebilanz beiträgt. Neben dem Einsatz der umweltpolitischen Instrumente kann er dies z. B. auch über Subventionen von erneuerbaren Energien (Wasser-, Solar-, Windkraft, Geothermie) tun.

## Nachhaltige Wirtschaftsentwicklung

Der Begriff der Nachhaltigkeit stammt ursprünglich aus der Forstwirtschaft. Hier ist gemeint, dass man nur so viel Holz schlagen soll, wie durch Wiederaufforstung nachwachsen kann.

**Nachhaltige Entwicklung**  Nachhaltigkeit steht im Gegensatz zur kurzsichtigen Ausbeutung von Ressourcen. Unter einer nachhaltigen Wirtschaftsentwicklung versteht man einen verantwortungsvollen, schonenden Umgang mit Ressourcen, der sich an den Bedürfnissen der zukünftigen Generationen orientiert.

**Globale Verantwortung**  Seit dem Erdgipfel 1992 in Rio de Janeiro hat die Staatengemeinschaft erkannt, dass eine nachhaltige Entwicklung nur durch internationale Zusammenarbeit und verbindliche Regeln erreicht werden kann. Daraus entstand das sogenannte Kyoto-Protokoll, das Zielwerte für den Ausstoss von Treibhausgasen festschreibt.

**Klimakonferenz Paris**  An der Klimakonferenz von Paris 2015 einigten sich die teilnehmenden Staaten, darunter auch die Schweiz, in einem Vertrag auf folgende Ziele:

**Klimaziele**
- Die Erderwärmung wird auf weniger als 2 °C begrenzt.
- Die Industrieländer unterstützen die Entwicklungsländer finanziell bei deren Massnahmen zur Reduktion der Erderwärmung.
- Ab 2050 wird nur noch so viel Treibhausgas ausgestossen, wie die Natur abbauen kann (Gleichgewicht zwischen ökologischem Fussabdruck und Biokapazität).

**Verschiedene Aspekte**  Eine wirksame nachhaltige Entwicklung umfasst neben ökologischen auch ökonomische und soziale Aspekte.

**Aspekte der Nachhaltigkeit**

| | |
|---|---|
| *Ökologische Nachhaltigkeit* | Die Natur und die Umwelt sollen für die nachkommenden Generationen erhalten bleiben. *Beispiele*: Artenvielfalt, Klimaschutz, schonender Umgang mit der natürlichen Umgebung |
| *Ökonomische Nachhaltigkeit* | Unsere Wirtschaft soll so angelegt sein, dass sie dauerhaft eine tragfähige Grundlage für Erwerb und Wohlstand bietet. *Beispiele*: Schutz der Ressourcen vor Ausbeutung, Schaffung von Arbeitsplätzen |
| *Soziale Nachhaltigkeit* | Die Gesellschaft soll sich so entwickeln, dass alle Mitglieder der Gemeinschaft an dieser Entwicklung teilhaben können. *Beispiele*: sozialer Ausgleich, lebenswerte Gesellschaft für alle |

**Das weiss ich jetzt!**

8.25  Welche Wirkung haben Appelle im Zusammenhang mit dem Umweltschutz?

8.26  Mit welchen zwei Anreizmöglichkeiten kann der Staat das Verhalten der Menschen beeinflussen?

8.27  Welche Aspekte umfasst eine nachhaltige Entwicklung?

## 8.4 Internationale Organisationen

Für die Lösung globaler Probleme braucht es internationale Organisationen und Konferenzen. Die wichtigsten werden nachfolgend kurz beschrieben.

### Regierungsorganisationen

**UNO**

Die Absicht, Kriege zu verhindern, stand als zentraler Punkt hinter der Gründung der UNO. Kurz nach dem Zweiten Weltkrieg trat am 24. Oktober 1945 die Charta (die «Verfassung») der Vereinten Nationen in Kraft. Die Charta soll mit Normen und Verhaltensregeln das friedliche Miteinander der Staaten der Welt regeln und dadurch «künftige Geschlechter vor der Geissel des Krieges bewahren». Die Schweiz ist seit 2002 Mitglied der UNO.

| United Nations Organization (**Vereinte Nationen, UNO**) | |
|---|---|
| **Ziel** | – Sicherung des Weltfriedens<br>– Einhaltung des Völkerrechts<br>– Schutz der Menschenrechte<br>– Förderung der internationalen Zusammenarbeit |
| **Bedeutung** | – Die UNO ist die einzige weltumspannende Organisation (193 Mitgliedsländer). Jedes Land kann sich Gehör verschaffen.<br>– Die UNO kann über den Sicherheitsrat mit friedenssichernden und friedenserzwingenden Massnahmen sowie mit Handelsembargos zu einer gewaltlosen Welt beitragen.<br>– Durch die verschiedensten Spezialorganisationen (z. B. UNICEF, UNHCR, WHO) macht die UNO die Welt ein bisschen menschlicher.<br>– Die UNO ist das «Gewissen» der Welt. |
| **Hauptsitz** | in New York |

*Rolle der UNO?*

## Organe der UNO

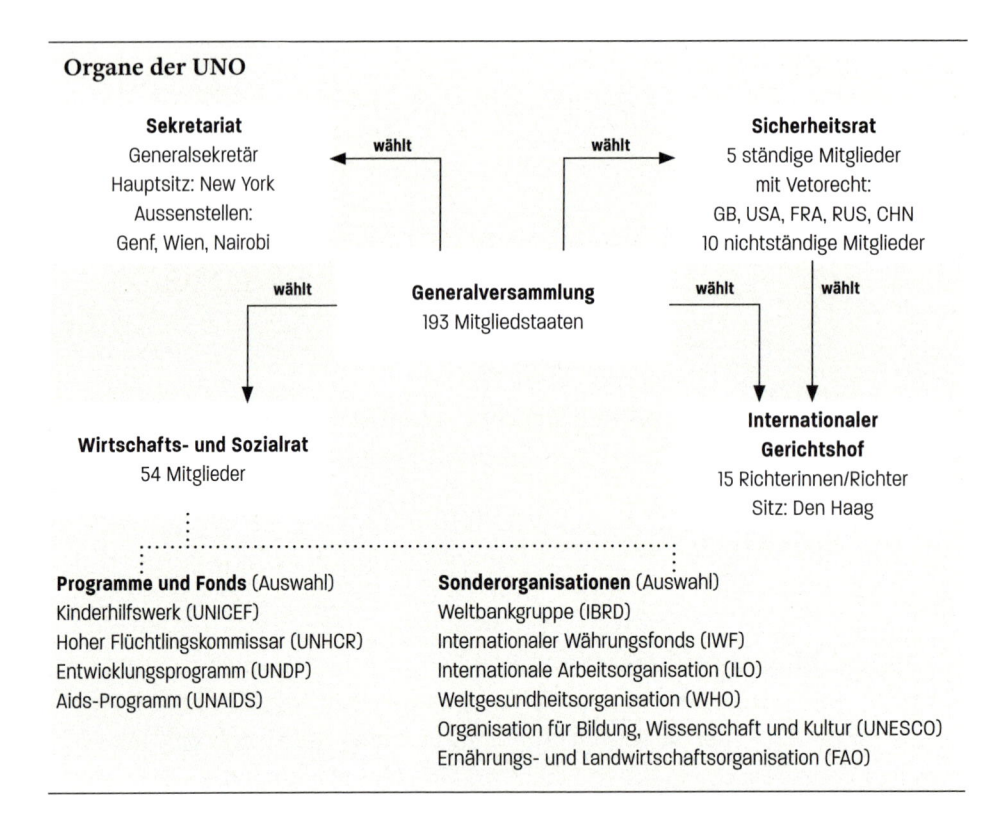

**Sekretariat**
Generalsekretär
Hauptsitz: New York
Aussenstellen:
Genf, Wien, Nairobi

← wählt | wählt →

**Sicherheitsrat**
5 ständige Mitglieder
mit Vetorecht:
GB, USA, FRA, RUS, CHN
10 nichtständige Mitglieder

**Generalversammlung**
193 Mitgliedstaaten

↓ wählt

**Wirtschafts- und Sozialrat**
54 Mitglieder

**Internationaler Gerichtshof**
15 Richterinnen/Richter
Sitz: Den Haag

**Programme und Fonds** (Auswahl)
Kinderhilfswerk (UNICEF)
Hoher Flüchtlingskommissar (UNHCR)
Entwicklungsprogramm (UNDP)
Aids-Programm (UNAIDS)

**Sonderorganisationen** (Auswahl)
Weltbankgruppe (IBRD)
Internationaler Währungsfonds (IWF)
Internationale Arbeitsorganisation (ILO)
Weltgesundheitsorganisation (WHO)
Organisation für Bildung, Wissenschaft und Kultur (UNESCO)
Ernährungs- und Landwirtschaftsorganisation (FAO)

## WTO

1947 wurde das Allgemeine Zoll- und Handelsübereinkommen GATT abgeschlossen, das etwa 50 Jahre später in die Gründung der Welthandelsorganisation WTO mündete. Das Ziel der WTO ist der freie Welthandel. Die Schweiz ist seit der WTO-Gründung im Jahr 1995 Mitglied.

**World Trade Organization (Welthandelsorganisation, WTO)**

| | |
|---|---|
| Ziel | – Freier Welthandel mit fairen Spielregeln<br>– Abbau von Handelshemmnissen und Zöllen |
| Bedeutung | – 164 Länder sind Mitglied der WTO; sie erwirtschaften gemeinsam mehr als 90 Prozent des Welthandelsvolumens<br>– Zuständig für die Streitschlichtung bei Handelskonflikten |
| Hauptsitz | in Genf |

## NATO

Der Nordatlantikpakt, ein militärisches Bündnis europäischer und nordamerikanischer Staaten, wurde 1949 unterzeichnet. Durch den Fall des «Eisernen Vorhanges» hat sich die sicherheitspolitische Lage in Europa grundlegend verändert. Die Folge sind Partnerschaftsprogramme (z. B. Partnerschaft für den Frieden) und die Osterweiterung der NATO. Die Schweiz ist als neutrales Land nicht Mitglied der NATO.

**North Atlantic Treaty Organization (Nordatlantikpakt, NATO)**

| | |
|---|---|
| Ziel | – Militärisches Verteidigungsbündnis zur Konfliktverhütung und Krisenbewältigung |

| | |
|---|---|
| Bedeutung | – 30 Länder sind Mitglied der NATO<br>– Seit 1994 «Partnerschaft für den Frieden (PfP)»: militärische Zusammenarbeit mit weiteren 21 Staaten (darunter die Schweiz)<br>– Unterstützung der europäischen Sicherheits- und Verteidigungspolitik<br>– Rüstungskontrolle, so viel Abrüstung wie möglich |
| Hauptsitz | in Brüssel |

## Nichtregierungsorganisationen (NGO)

### Amnesty International

Amnesty International wurde 1961 in London gegründet. Die Organisation setzt sich weltweit für Menschenrechte ein. Sie recherchiert Menschenrechtsverletzungen, betreibt Öffentlichkeits- und Lobbyarbeit und organisiert beispielsweise Brief- und Unterschriftenaktionen in Fällen von Folter oder drohender Todesstrafe.

**Amnesty International (AI)**

| | |
|---|---|
| Ziel | – Hilfe für politische Gefangene<br>– Bekämpfung der Menschenrechtsverletzungen |
| Bedeutung | – Weltweit über 1 Mio. Mitglieder<br>– Jährlicher Bericht über Verstösse von einzelnen Ländern gegen die Menschenrechte<br>– Die Arbeit von AI verhindert, dass politische Gefangene in Vergessenheit geraten.<br>– Symbol gegen Folter auf dieser Welt |
| Hauptsitz | in London |

### IKRK

1863 gründete Henri Dunant das IKRK, nachdem er vier Jahre vorher die Gräuel des Krieges bei der Schlacht von Solferino erlebt hatte (an einem Tag wurden 6000 Soldaten getötet und 25 000 verwundet). Grundlage bietet die Genfer Konvention, die Regeln für den Schutz von Personen, die nicht an den Kampfhandlungen teilnehmen, aufstellt.

**Internationales Komitee vom Roten Kreuz (IKRK)**

| | |
|---|---|
| Ziel | – Menschliches Leiden verhüten und lindern |
| Bedeutung | – Regeln für den Schutz von Personen, die nicht an den Kampfhandlungen teilnehmen (Verwundete, Kranke, Schiffbrüchige, Zivilpersonen)<br>– Betreuung von Gefangenen<br>– Suchdienst für Menschen, die während eines Konfliktes von ihren Familienangehörigen getrennt wurden<br>– Unterstützung der Zivilbevölkerung mit Soforthilfe (Nahrungsmittel, Kleider, Medikamente, Unterkünfte)<br>– Schutzsymbol |
| Hauptsitz | in Genf |

**WWF**

Der WWF wurde 1961 in der Schweiz gegründet. Er will der weltweiten Naturzerstörung Einhalt gebieten und eine Zukunft gestalten, in der Mensch und Natur in Harmonie leben.

**World Wide Fund For Nature (WWF)**

| | |
|---|---|
| **Ziel** | – Natur- und Umweltschutz |
| **Bedeutung** | – Weltweit über 5 Mio. Mitglieder (CH 270 000)<br>– Der WWF setzt sich weltweit ein für:<br>  ▸ die Erhaltung der biologischen Vielfalt der Erde,<br>  ▸ die nachhaltige Nutzung natürlicher Ressourcen,<br>  ▸ die Eindämmung von Umweltverschmutzung und schädlichem Konsumverhalten. |
| **Hauptsitz** | in Gland (VD) |

**Greenpeace**

Das Hauptanliegen von Greenpeace (1971 gegründet) ist der Umweltschutz. Greenpeace wurde vor allem durch Kampagnen gegen Kernwaffentests und Aktionen gegen den Walfang bekannt. Später konzentrierte sich die Organisation darüber hinaus auf weitere ökologische Probleme wie Überfischung, die globale Erwärmung, die Zerstörung von Urwäldern und die Gentechnik.

**Greenpeace**

| | |
|---|---|
| **Ziel** | – Schutz der Natur, der Umwelt und der Tiere |
| **Bedeutung** | – Weltweit 3 Mio. Mitglieder (CH 137 000)<br>– Umweltaktivismus mit viel medialem Echo z. B.:<br>  ▸ gegen Walfang<br>  ▸ gegen Atomkraft und Atommülltransporte<br>  ▸ gegen Gentechnikversuche |
| **Hauptsitz** | in Amsterdam |

Kapitel 8 | Globale Herausforderungen

## Internationalen Konferenzen

Neben Regierungsorganisationen und NGOs gibt es auch diverse internationale Konferenzen, an denen globale Herausforderungen diskutiert werden. Drei davon werden hier kurz vorgestellt.

| | |
|---|---|
| **G7-Gipfel** | Jährliches Treffen der sieben Industrieländer USA, Kanada, Japan, Grossbritannien, Deutschland, Frankreich und Italien. Vom Gipfel der ursprünglich acht wichtigsten Industrieländer wurde Russland 2014 ausgeschlossen. |
| **World Economic Forum (WEF)** | Das WEF veranstaltet als private Organisation jedes Jahr in Davos ein Treffen von Vertreterinnen und Vertretern aus Wirtschaft, Politik, Wissenschaft und Kultur. Verschiedene Kreise werfen dem WEF vor, dass es bloss ein elitärer Anlass der Mächtigen und Reichen sei und keinen wirklichen Beitrag zur Lösung der Weltprobleme leiste. |
| **Weltsozialforum (WSF)** | Das Weltsozialforum versteht sich als Gegenveranstaltung zum WEF. Ziel dieses Alternativ-Gipfels ist es, Strategien für eine gerechtere Welt zu entwerfen. |

*Der G7-Gipfel von Ende März 2022 in Brüssel stand ganz im Zeichen des Kriegs in der Ukraine.*

**Das weiss ich jetzt!**

8.28 Mit welchem Hauptziel wurde die UNO gegründet?
8.29 Wo befindet sich der UNO-Hauptsitz?
8.30 Was ist das Ziel der WTO?
8.31 Wo befindet sich der WTO-Hauptsitz?
8.32 Was ist das Ziel der NATO?
8.33 Weshalb ist die Schweiz nicht Mitglied beim Militärbündnis NATO?
8.34 Wofür setzt sich Amnesty International ein?
8.35 Wann und von wem wurde das IKRK gegründet?
8.36 Wie heissen die beiden internationalen Organisationen, deren Hauptziel der Schutz von Natur und Umwelt ist?
8.37 Wie heisst die Gegenveranstaltung zum WEF von Davos?

# Lernaufträge

**L1  Ursachen und Folgen der Kluft zwischen Arm und Reich analysieren und visualisieren**

- Bearbeiten Sie diesen Lernauftrag zu zweit oder in einer Gruppe.
- Halten Sie je eine Ursache für die Kluft zwischen Arm und Reich aus den Bereichen Geografie, Geschichte, Politik und Wirtschaft fest.
- Analysieren Sie, wie sich die vier ausgewählten Ursachen auf die Kluft zwischen Arm und Reich auswirken.
- Stellen Sie anschliessend die Ursachen und Folgen in einem Schaubild dar. Arbeiten Sie dabei mit stichwortartigen Notizen und grafischen Darstellungsmitteln (Linien, Pfeilen usw.).
- Diskutieren Sie: Welche politischen und wirtschaftlichen Massnahmen könnten die Kluft zwischen Arm und Reich verkleinern? Wer müsste was unternehmen? Welchen Beitrag könnte die Schweiz leisten?
- Mögliche Fortsetzung: Verfassen Sie aufgrund der Gruppenarbeit und Diskussion einen kurzen Text mit dem Titel «So können wir die Kluft zwischen Arm und Reich verkleinern».

**Kompetenzen: Sie können …**

- erkennen, welche Ursachen zur Kluft zwischen Arm und Reich führen,
- den Zusammenhang von Ursache und Folge analysieren und visualisieren.

**L2  Ein Projekt der schweizerischen Entwicklungszusammenarbeit präsentieren**

- Sie arbeiten bei diesem Lernauftrag mit der Methode «Gruppenpuzzle». Gehen Sie gemäss den folgenden Anweisungen vor.
- *Phase 1:*
  - Bilden Sie Stammgruppen von vier oder fünf Personen.
  - Jede Stammgruppe wählt auf der DEZA-Website ein Entwicklungsprojekt aus: *hep-verlag.ch/gesellschaft-a-link4*
  - Sprechen Sie innerhalb der Klasse ab, welche Stammgruppe welches Projekt übernimmt.
  - Bereiten Sie in Ihrer Stammgruppe das gewählte Projekt so auf, dass es anderen gut verständlich präsentiert werden kann. Mögliche Mittel: Plakat, Zettel mit Stichwörtern, Skizzen, Notizen auf Moderationskarten usw.
  - Da jedes Stammgruppen-Mitglied das Projekt anderen zu präsentieren hat, müssen sich alle gleichermassen vorbereiten.

- *Phase 2:*
  - Die Stammgruppen lösen sich auf und formieren sich neu zu Expertengruppen. Die Expertengruppe umfasst nun Vertreter bzw. Vertreterinnen aus allen Stammgruppen.
  - Die Experten und Expertinnen präsentieren ihr Projekt reihum und beantworten Fragen. Sie notieren sich Fragen, die sie nicht beantworten können.
- *Phase 3:*
  - Die Expertinnen und Experten versammeln sich in ihren Stammgruppen.
  - Sie schildern kurz, wie die Präsentation verlaufen ist, und klären dann mithilfe der Gruppe die nicht beantworteten Fragen.
- *Phase 4:*
  - In einer kurzen Schlussrunde werden im Plenum die noch nicht beantworteten Fragen geklärt.
  - Mögliche Feedbackrunde mit Antworten zur Frage «Was habe ich gelernt?»

**Kompetenzen: Sie können ...**

- mittels Internetrecherche Informationen sammeln und diese in der Gruppe für eine Kurzpräsentation aufbereiten,
- die wichtigsten recherchierten Informationen verständlich präsentieren.

### L3 Massnahmen zur Bewältigung der Bevölkerungszunahme in Afrika ausarbeiten

- Bilden Sie Gruppen von drei oder vier Personen.
- Verteilen Sie in der Klasse folgende Themen: Grundbildung/Berufsbildung/Gesundheit/Infrastruktur/Ernährung/Wirtschaft/Information.
- Jede Gruppe sammelt zur ihrem Thema Ideen, wie man die Bevölkerungszunahme bewältigen könnte.
- Stellen Sie Ihre Ideen in Form eines Mindmaps dar. Verwenden Sie dazu A3-Papier oder einen Flipchart-Bogen. Setzen Sie in die Mitte das Thema und notieren Sie auf die verschiedenen Äste stichwortartig Ihre Ideen.
- Diskutieren Sie in der Gruppe die Wichtigkeit der Massnahmen. Priorisieren Sie die Massnahmen mit 1./2./3./usw.
- Jede Gruppe präsentiert zum Schluss ihre Massnahmen der Klasse und beantwortet Fragen.

**Kompetenzen: Sie können ...**

- Massnahmen für die Bewältigung der Bevölkerungszunahme in Afrika ausarbeiten,
- Ihre Ideen in Form eines Mindmaps darstellen und anderen präsentieren.

L4 **Die Auswirkungen der demografischen Entwicklung in der Schweiz untersuchen**

- Sie arbeiten bei diesem Lernauftrag mit der Methode «Tischset», die auch unter der englischen Bezeichnung «Placemat» bekannt ist. Gehen Sie gemäss den folgenden Anweisungen vor.
- Bilden Sie Gruppen von vier Personen.
- Fertigen Sie auf einem Flipchart-Bogen die unten stehende Skizze an.
- Jede Person setzt sich an eine Seite des Tischsets und notiert ihre Ideen im entsprechenden Feld.
- Rotieren Sie im Uhrzeigersinn, bis jedes Gruppenmitglied wieder an seinem ursprünglichen Platz ist.
- Betrachten Sie nun gemeinsam, was auf dem Tischset steht. Stellen Sie gegenseitig Klärungsfragen.
- Vergleichen Sie anschliessend Ihr Tischset mit einer anderen Gruppe. Was ist gleich? Was ist ähnlich? Wo gibt es Unterschiede?
- Fotografieren Sie die beiden Tischsets und fertigen Sie aus beiden eine Zusammenfassung in digitaler Form an.

*Gestaltungsvorlage*

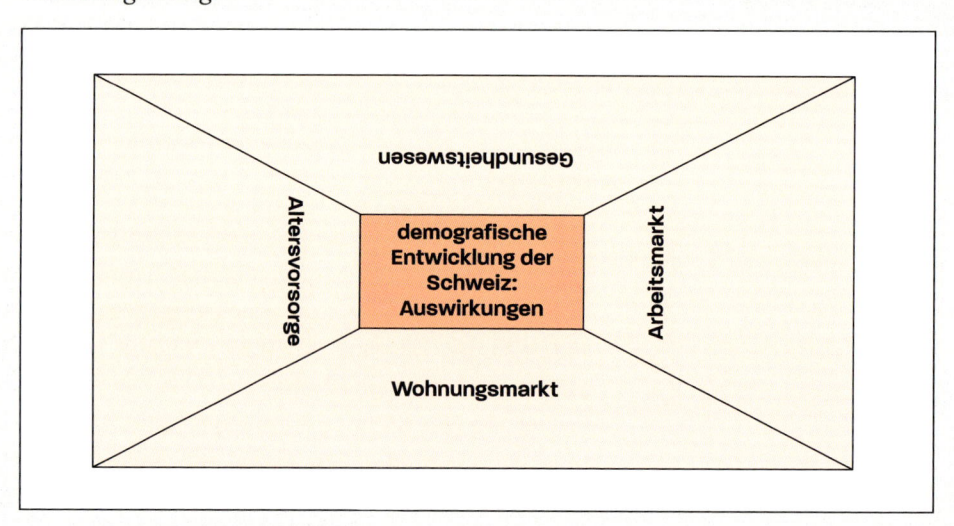

**Kompetenzen: Sie können ...**

- verschiedene Auswirkungen der demografischen Entwicklung der Schweiz erkennen,
- ein Thema mit der Placemat-Methode bearbeiten.

**L5  Den Altersaufbau der Schweiz mit anderen Ländern vergleichen**

- Bilden Sie Gruppen von vier bis sechs Personen. Bestimmen Sie jemanden, der für die Gesprächsleitung zuständig ist (Moderator/Moderatorin).
- Suchen Sie im Internet nach Darstellungen des Altersaufbaus eines der folgenden Länder: Kenia, Indien, Japan, USA, Island, Australien und Katar.
- Diskutieren Sie die demografische Struktur des ausgewählten Landes miteinander. Beantworten Sie folgende Fragen:
  - Wo gibt es Ähnlichkeiten und wo Unterschiede zur Schweiz?
  - Was könnten die Gründe dafür sein?
  - Vor welchen Herausforderungen steht der ausgewählte Staat?
  - Was bedeutet die demografische Struktur für das Alltagsleben?
- Der Moderator oder die Moderatorin fasst für das Plenum zusammen, welche Antworten in der Gruppe gefunden wurden.

**Kompetenzen: Sie können …**

- den Altersaufbau verschiedener Länder untersuchen,
- in der Gruppe Fragen zu den demografischen Strukturen beantworten.

**L6  Den eigenen ökologischen Fussabdruck berechnen und Massnahmen ableiten**

- Errechnen Sie Ihren persönlichen ökologischen Fussabdruck mit folgendem Footprint-Rechner: *wwf.ch/de/nachhaltig-leben/footprintrechner*
- Geben Sie bei Fragen, die Sie nicht genau beantworten können, einen Durchschnittswert oder eine Schätzung ein.
- Am Schluss erhalten Sie Ihren persönlichen Footprint und Tipps zur Veränderung Ihres Lebensstils. Vergleichen Sie Ihr Resultat mit anderen und diskutieren Sie über die vorgeschlagenen Tipps.
- Wählen Sie eine konkrete Massnahme aus, die Sie in nächster Zeit umsetzen wollen.
- Berichten Sie zu einem späteren Zeitpunkt (nach zwei Wochen, nach einem Monat) in der Klasse über Ihre Erfahrungen bei der Umsetzung der Massnahme.

**Kompetenzen: Sie können …**

- Ihren ökologischen Fussabdruck errechnen und diesen mit anderen vergleichen,
- aufgrund des Resultats Veränderung in Ihrem Lebensstil ableiten und mindestens eine Massnahme umsetzen.

L7 **Fragen zu einem Film beantworten**

- Schauen Sie sich zu zweit oder in der Gruppen folgenden Film an: «Bergwelt Schweiz: Aletschgletscher – Das grosse Schmelzen (1/5)».
- Der Film dauert rund zehn Minuten.
- Beantworten Sie die unten stehenden Fragen zum Film.
- Vergleichen Sie Ihre Antworten mit einer anderen Gruppe; korrigieren Sie falsche Antworten.

| Nr. | Frage |
|---|---|
| 1 | Wie entsteht ein Gletscher? |
| 2 | Wie kommt das Eis ins Tal hinunter? |
| 3 | Welches sind die fünf Hauptteile eines Gletschers? |
| 4 | Wie lang und dick ist der Aletschgletscher? |
| 5 | Was ist die Hauptursache für die starke Gletscherschmelze? |
| 6 | Wozu verwenden die ETH-Forscher ihre Messdaten? |
| 7 | Was passiert in Gebieten, wo Gletscher abschmelzen? |
| 8 | Was für Folgen hat die Gletscherschmelze für die Schweiz? |
| 9 | Was sind die weltweiten Auswirkungen? |
| 10 | Wie kann man Gletscher nachhaltig schützen? |

**Kompetenzen: Sie können ...**

- den Inhalt eines Films erfassen und Fragen beantworten,
- Ihre Antworten mit anderen überprüfen und allfällige Korrekturen anbringen.

# Kapitel 9
# Wohnen und Zusammenleben

Wie sehen Ihre Zukunftspläne aus? Wie möchten Sie wohnen? In einer eigenen Wohnung? Oder lieber in einer WG? Mit wem möchten Sie zusammenleben? Und wie sieht es mit Ihrer Familienplanung aus? – Mit solchen Fragen sind wir mitten im Thema dieses Kapitels. Sie erhalten viele Informationen über das Wohnen und das Zusammenleben, Informationen, die für Sie vielleicht schon bald wichtig sein können – Lernen für das Leben also.

**Sie lernen in diesem Kapitel,**

- welche Wohnformen und welche Formen des Zusammenlebens es gibt,
- was es alles zu beachten gilt, wenn man Mieterin oder Mieter ist,
- was die rechtlichen Folgen einer Ehe sind,
- welche Rechte und Pflichten Eltern und deren Kinder haben,
- welche Auswirkungen eine Scheidung hat,
- wie das schweizerische Erbrecht ausgestaltet ist.

*«Sobald wir mit einem anderen Menschen zusammenleben, sollten wir diesen mit Achtung und Liebe behandeln.»*

*Dalai Lama*

## 9.1 Wohnen

### Wohnformen

Heute gibt es sehr viele verschiedene Wohnformen und Wohnmöglichkeiten. Bei der Wahl sind die persönlichen Bedürfnisse, das Alter, die Lebensform (alleine, mit oder ohne Familie usw.), der Arbeitsort und die finanziellen Möglichkeiten wichtige Entscheidungsfaktoren. Diese verändern sich im Laufe eines Lebens.

Junge Menschen in der Ausbildung leben häufig noch bei den Eltern. Das sogenannte «Hotel Mama» (oder «Hotel Papa») hat viele Vorteile: Die Wohnkosten sind tief, das Essen ist eingekauft und zubereitet, die Wäsche wird gemacht, die familiären Kontakte sind vorhanden. Dafür muss man sich in der Regel mit einem Zimmer begnügen, auf die anderen Familienmitglieder Rücksicht nehmen, und man ist immer noch unter Obhut und Kontrolle der Eltern.

**Junge Menschen**

Mit dem Abschluss der Lehre oder des Studiums beginnt eine neue Lebensphase, und damit werden neue Wohnformen gesucht. Aus finanziellen Gründen entscheiden sich viele für eher kleinere Wohnungen. Man wohnt in einem Singlehaushalt, zu zweit als Paar oder schliesst sich mit Freunden zu einer Wohngemeinschaft (WG) zusammen. Ein Wohnungs- oder Hauskauf kommt für die meisten in dieser Lebensphase noch nicht in Frage.

**Übergangszeit**

*Bei der Entscheidung für eine Wohnform muss man vieles bedenken.*

## Wohnungssuche

**30-Prozent-Faustregel** — Der Wegzug aus dem Elternhaus ist ein wichtiger Schritt in die Eigenständigkeit. Die Wohnungssuche muss gut geplant sein und ist mit einigem Aufwand verbunden. Zu einer zentralen Aufgabe gehört das Einschätzen der finanziellen Möglichkeiten. Als Faustregel gilt: Die Kosten für die Miete inklusive Nebenkosten sollte nicht mehr als 30 Prozent des Einkommens betragen. Bei einem Bruttoeinkommen von CHF 4500 pro Monat ergibt es also wenig Sinn, Wohnungen mit Kosten von über CHF 2000 zu besichtigen – ausser man kann die Mietkosten aufteilen.

**Vorgehen** — Es empfiehlt sich, bei der Wohnungssuche verschiedene Kanäle zu benutzen: Internet, Zeitungsinserate, Anschlagbretter usw. Auch anderen zu erzählen, dass man eine Wohnung sucht, und selbst ein Inserat auszuhängen oder aufzugeben, sind Möglichkeiten.

**Chiffre-Inserate** — Oftmals werden Wohnungen unter einer Chiffre angeboten. Bei solchen Chiffre-Inseraten muss man sich schriftlich bewerben. Ein überzeugendes, freundliches Schreiben erhöht die Erfolgschancen.

## Umzug

Nicht umsonst heisst es: «Gut geplant ist halb gezügelt.» Die entscheidende Arbeit bei einem Umzug fällt vor dem Umzug an. Eine gute Vorbereitung spart Zeit, Stress, Ärger und Geld. Die folgenden Tipps helfen, den Umzug erfolgreich zu gestalten.

**Tipps für den Umzug**

- Frühzeitig an der Arbeitsstelle die rechtlich zustehenden freie Tage anmelden
- Bei verschiedenen Zügelfirmen Offerten einholen
- Falls man auf professionelle Hilfe verzichtet: Helfende und Fahrzeug organisieren
- Stabiles Verpackungsmaterial in genügender Menge organisieren
- Material vor dem Umzugstag gut verpacken
- Kisten und Säcke anschreiben («Küche», «Bad», «Zimmer links» usw.)
- Parkplätze bei der alten und neuen Wohnung für den Tag des Umzugs reservieren
- Über Adressänderungen informieren: Ämter, Arbeitsplatz, Versicherungen, Verwandte, Bekannte usw.
- Zählerstand von Strom, Gas, Wasser und Heizung in der alten und neuen Wohnung notieren oder abfotografieren

## Mietvertrag und Mietantritt

Das Gesetz sieht für den Mietvertrag keine besondere Form vor. Der Vertrag kann also schriftlich oder auch mündlich abgeschlossen werden. Aus Beweisgründen empfiehlt sich die schriftliche Form. In der Regel kommt ein Mietverhältnis durch das Unterzeichnen eines Mustermietvertrags zustande.

**Form des Mietvertrags**

*Am besten schliesst man Mietverträge schriftlich ab.*

Unterzeichnen mehrere Mieter und Mieterinnen den Vertrag – beispielsweise bei einer WG –, so haften alle solidarisch (gemeinsam) für sämtliche Verbindlichkeiten wie Mietzins, Nebenkosten, Schäden usw.

**Solidarhaftung**

Vermieterinnen und Vermieter müssen die Wohnung oder das Haus zum vereinbarten Termin in einem zum vertragsmässigen Gebrauch geeigneten Zustand übergeben. Und sie haben dafür zu sorgen, dass der Zustand während der Mietzeit erhalten bleibt. Ist beispielsweise die Küche beim Einzug noch nicht benutzbar, kann der Mieter oder die Mieterin eine Mietzinsreduktion verlangen.

**Übergabe**
**OR 256, 256a**

Beim Mietantritt sollte man die Wohnung oder das Haus gemeinsam besichtigen, die Mängel in einem Wohnungsübergabe-Protokoll festalten und dieses unterschreiben. Die Mängelliste ist zwar keine gesetzliche Pflicht, doch damit kann beim Auszug nachgewiesen werden, welche Mängel bereits beim Einzug vorhanden waren.

**Mängelliste**

Häufig verlangen die Vermieter und Vermieterinnen den Abschluss einer Privathaftpflichtversicherung, die Schäden in der Wohnung oder im Haus übernimmt.

**Privathaftpflichtversicherung**

Oftmals wollen Vermieterinnen und Vermieter eine finanzielle Sicherheit in Form einer sogenannten Mietkaution. Das Gesetz schreibt vor, dass maximal drei Monatszinsen verlangt werden dürfen. Der Vermieter muss das Geld auf einem Sparkonto oder Depot hinterlegen, das auf den Namen des Mieters bzw. der Mieterin läuft.
Diese Kaution gilt bis ein Jahr nach Beendigung des Mietverhältnisses. Erst danach kann die Mieterin oder der Mieter die Rückerstattung verlangen.

**Kaution**
**OR 257e**

## Pflichten und Rechte der Mieterinnen und Mieter

**Pflichten**

*Zahlungstermin und Nebenkosten OR 257 ff.*

Sofern kein anderer Zeitpunkt vereinbart wurde, muss der Mietzins – und allenfalls auch die Nebenkosten – jeweils am Monatsende bezahlt werden. Die Nebenkosten umfassen die Ausgaben des Vermieters für Heizung, Warmwasser, Hauswartung und ähnliche Betriebskosten. In der Regel wird eine jährliche Nebenkostenabrechnung erstellt. Der Vermieter muss dem Mieter auf Verlangen Einsicht in die Rechnungsbelege gewähren.

*Sorgfalt und Rücksichtnahme OR 257f*

Die Mieterinnen und Mieter müssen die Räume sorgfältig gebrauchen. Zudem sind sie dazu verpflichtet, auf die Hausbewohnerinnen und Hausbewohner sowie auf die Nachbarschaft Rücksicht zu nehmen. Abnützungen wie der Materialverschleiss bei Küchengeräten oder das Verfärben der Wände gelten als normale Abnützungen. Wenn jedoch die Wände wegen starken Rauchens verfärben, können die Mieter für den Schaden haftbar gemacht werden.

*Meldepflicht OR 257g*

Die Mieter und Mieterinnen müssen Mängel melden. Wird ein Mangel nicht gemeldet und entsteht daraus für den Vermieter ein Schaden, so haften die Mieterinnen und Mieter für diesen Schaden.

*Hausordnung*

Die Mieter und Mieterinnen haben sich an die Hausordnung zu halten. Meistens ist die Hausordnung ein fester Bestandteil des Mietvertrags.

*Kleine Mängel OR 259*

Kleine Mängel müssen die Mieterinnen und Mieter selbst beheben und bezahlen. Dazu gehören zum Beispiel das Auswechseln von Glühbirnen, die Reparatur von Steckdosen und Türschlössern sowie das Ersetzen des Duschschlauchs, der WC-Brille oder des Dampfabzugsfilters. Falls im Mietvertrag der sogenannte kleine Unterhalt nicht geregelt ist, gilt bei den Kosten ein Richtwert von CHF 150 bis 250 pro Einzelfall.

*Für kleinere Arbeiten wie das Auswechseln von Glühbirnen sind die Mieterinnen und Mieter selbst zuständig.*

**Rechte**

Mittelschwere (z. B. defekte Wasch- und Abwaschmaschine) und schwerwiegende Mängel (z. B. Heizung funktioniert nicht), die der Mieter nicht selbst zu beseitigen hat, müssen der Vermieterin mitgeteilt werden. Aus Beweisgründen ist eine schriftliche Mitteilung empfehlenswert. Wird der Mangel nicht oder zu spät mitgeteilt und entsteht dadurch weiterer Schaden am Mietobjekt, wird der Mieter schadenersatzpflichtig.

*Mittlere und grössere Mängel OR 259–259i*

Hat der Mieter einen Mangel ordnungsgemäss gemeldet und für dessen Behebung einen Termin festgelegt, den die Vermieterin nicht einhält, hat der Mieter folgende Rechte:

**Rechte des Mieters bei Nichtbeseitigung von Mängeln**
- Der Mieter hat, solange der Mangel nicht behoben ist, Anspruch auf eine verhältnismässige Herabsetzung des Mietzinses (Mietzinsreduktion).
- Hat der Mangel Schäden zur Folge, kann der Mieter Schadenersatzforderungen an die Vermieterin stellen.
- Der Mieter kann den Mietzins bei einer vom Kanton bezeichneten Stelle hinterlegen (Voraussetzungen OR 259g).
- Der Mieter kann mittelschwere Mängel durch eine Fachperson beheben lassen, die anfallenden Reparaturkosten bezahlen und mit dem nächsten Mietzins verrechnen. Er muss gegebenenfalls belegen, dass die Reparatur nicht zu teuer war. Bei diesem Vorgehen ist Vorsicht geboten!
- Bei schwerwiegenden Mängeln kann der Mieter das Mietverhältnis fristlos kündigen.

Erneuerungen (z. B. alte Fenster werden ersetzt) oder Änderungen (z. B. Einbau eines Lifts) durch die Vermieterin müssen für den Mieter zumutbar sein. Die Arbeiten sind so zu organisieren, dass der Mieter möglichst nicht gestört wird.

*Erneuerungen und Änderungen durch Vermieter OR 260*

Der Mieter kann Erneuerungen und Änderungen vornehmen, wenn die Vermieterin schriftlich zugestimmt hat. Den ursprünglichen Zustand muss er in diesem Fall beim Auszug nur dann wiederherstellen, wenn dies schriftlich vereinbart worden ist.

*Erneuerungen und Änderungen durch Mieter OR 260a*

Weist das Mietobjekt wegen der Eigeninvestition des Mieters einen erheblichen Mehrwert auf (z. B. Decken und Zimmerwände täfeln), hat er beim Auszug Anspruch auf eine Entschädigung, sofern die Vermieterin der entsprechenden Änderung schriftlich zugestimmt hat.

*Mehrwert*

Mieterinnen und Mieter dürfen ihre Wohnung oder ihr Haus ganz oder teilweise untervermieten, sofern der Vermieter dies erlaubt. Die Erlaubnis kann aber nur unter bestimmten Bedingungen verweigert werden, so zum Beispiel, wenn dem Vermieter erhebliche Nachteile aus der Untervermietung entstehen würden.

*Untermiete OR 262*

## Kündigung und Auszug

**Dauer des Mietverhältnisses**
OR 255, 266 ff.

Mietverhältnisse können befristet oder unbefristet sein. Befristete Mietverhältnisse laufen automatisch am Ende der festen Vertragsdauer aus. Unbefristete Mietverhältnisse müssen schriftlich gekündigt werden.

**Kündigungsfristen und Kündigungstermine**
OR 266 ff.

In vielen Verträgen ist heute vereinbart, dass die Kündigung auf jedes Monatsende möglich ist, nicht aber auf Ende Dezember. In allen anderen Fällen sind folgende Fristen und Termine zu beachten:

- Wohnungen: Kündigungsfrist von drei Monaten auf einen ortsüblichen Termin, z. B. auf 30. April oder auf 30. September.
- Möblierte Zimmer und Einstellplätze: Kündigungsfrist von zwei Wochen auf Ende einer einmonatigen Mietdauer.

Damit eine Kündigung auf den gewünschten Termin gilt, muss sie rechtzeitig beim Vermieter oder bei der Vermieterin eintreffen. Wer seine Wohnung auf Ende April kündigen will, sollte die Kündigung bereits Mitte Januar wegschicken, damit sie bis 31. Januar sicher beim Vermieter eintrifft. Trifft die Kündigung zu spät ein, gilt sie erst auf den nächstmöglichen Kündigungstermin, zum Beispiel auf den 30. September.

**Vorzeitiger Auszug**
OR 264

Wer dem Vermieter einen zumutbaren neuen Mieter vorschlägt, kann die Wohnung vorzeitig und ausserterminlich verlassen. Der Nachmieter oder die Nachmieterin muss zahlungsfähig und bereit sein, den Mietvertrag zu den gleichen Bedingungen zu übernehmen. Wer vorzeitig auszieht, ohne eine Ersatzmieterin oder einen Ersatzmieter zu finden, muss den vollen Mietzins bis zum nächstmöglichen Kündigungstermin bezahlen.

**Vermieterkündigung**
OR 266l, 266n, 266o

Wenn die Vermieterinnen und Vermieter kündigen, müssen sie ein amtliches Formular verwenden; ein gewöhnlicher Brief reicht dafür nicht aus. Mit dem Formular werden die Mieter und Mieterinnen über den Kündigungsschutz informiert. Bei Ehepaaren muss die Kündigung beiden Eheleuten separat zugestellt werden. Werden diese Formvorschriften nicht eingehalten, ist die Kündigung nichtig, also ungültig.

**Wechsel des Eigentümers**
OR 261

Bei einem Eigentümerwechsel gilt der Grundsatz, dass ein Kauf die Miete nicht bricht; das Mietverhältnis läuft also normal weiter. Die neue Eigentümerin kann jedoch das Mietverhältnis unter Einhaltung der dreimonatigen Kündigungsfrist auf den ortsüblichen Termin kündigen, sofern sie dringenden Eigenbedarf geltend macht.

**Rückgabe der Wohnung**
OR 267

Die Mieter und Mieterinnen müssen die Wohnung oder das Haus in dem Zustand zurückgeben, der sich aus dem vertragsmässigen Gebrauch ergibt. Das bedeutet, dass sie nicht für die normale Abnützung haften. Die Haftung gilt nur für absichtlich oder fahrlässig verursachte Schäden, beispielsweise für eine verschmierte Wand im Kinderzimmer. Bei der Berechnung des Schadens wird die Lebensdauer der beschädigten Sache berücksichtigt. Ein Wandanstrich hat etwa die Lebensdauer von acht Jahren. Zieht man nach vier Jahren aus und ist zu diesem Zeitpunkt bereits ein Wandanstrich nötig, werden die Kosten für den Neuanstrich hälftig aufgeteilt. Nach acht Jahren muss der Mieter nichts mehr bezahlen.

*Am Ende der Mietzeit haftet der Mieter nur für Schäden, die er fahrlässig oder absichtlich verursacht hat.*

## Mieterschutz

Zum Schutz der Mieterinnen und Mieter hat der Bund Vorschriften gegen Missbräuche im Mietwesen erlassen. Drei wichtige Mieterschutzregelungen werden nachfolgend genauer erklärt.

```
                    Mieterschutzregelungen
           ┌─────────────────┼─────────────────┐
           ▼                 ▼                 ▼
      Schutz vor         Anfechtung        Erstreckung
    missbräuchlichen   missbräuchlicher        des
       Mietzinsen        Kündigungen      Mietverhältnisses
```

### Schutz vor missbräuchlichen Mietzinsen

In manchen Regionen und Städten der Schweiz gibt es nur wenige freie Wohnungen. Entsprechend gross ist die Versuchung, überhöhte Mietzinse zu verlangen. Die staatlichen Vorschriften sollen Missbräuche verhindern. Mietzinse sind missbräuchlich, **Missbräuchliche Mietzinse OR 296, 296a**

– wenn der Vermieter dadurch einen übersetzten Ertrag erzielt oder

– wenn sie auf einem offensichtlich übersetzten Kaufpreis beruhen.

Nicht missbräuchlich sind Mietzinse, wenn sie im Rahmen der orts- oder quartierüblichen Mietzinse liegen. Auch Kostensteigerungen aufgrund der Erhöhung des Hypothekarzinssatzes sowie Mehrleistungen der Vermieterin oder des Vermieters, beispielsweise durch den Einbau einer neuen Küche, rechtfertigen Mietzinserhöhungen. **Nicht missbräuchliche Mietzinse OR 269a**

| | |
|---|---|
| Mietzinserhöhungen<br>OR 269 d | Die Vermieter und Vermieterinnen können den Mietzins jederzeit auf den nächstmöglichen Kündigungstermin erhöhen. Die Erhöhung muss aber mindestens zehn Tage vor Beginn der Kündigungsfrist mitgeteilt und begründet werden. Dazu muss ein vom Kanton bewilligtes Formular verwendet werden. |
| Anfechtung der Mietzinserhöhung<br>OR 270 b | Die Mieterinnen und Mieter können Mietzinserhöhungen innerhalb von 30 Tagen nach der Ankündigung bei der zuständigen Schlichtungsbehörde anfechten. Erhalten sie Recht, darf ihnen in den nächsten drei Jahren nicht gekündigt werden. |

**Anfechtung missbräuchlicher Kündigungen**

| | |
|---|---|
| Anfechtung der Kündigung<br>OR 271, 271 a | Eine Kündigung ist anfechtbar, wenn sie gegen Treu und Glauben verstösst. Dazu gehören unter anderem folgende Kündigungen: |

| | |
|---|---|
| **Missbräuchliche Kündigung** | – Der Vermieter kündigt, weil die Mieterin gerechtfertigte Ansprüche stellt. Beispiel: Die Mieterin reklamiert wegen zu hoher Heizkosten. Daraufhin wird ihr aus Rache gekündigt.<br>– Der Mieterin wird während eines Schlichtungs- oder Gerichtsverfahrens im Zusammenhang mit dem Mietverhältnis gekündigt.<br>– Dem Mieter wird vor Ablauf der dreijährigen Sperrfrist nach Abschluss eines Schlichtungs- oder Gerichtsverfahrens gekündigt. |
| **Nicht missbräuchliche Kündigung** | – Bei dringendem Eigenbedarf der Vermieterin<br>– Bei Zahlungsrückstand des Mieters<br>– Bei schwerer Verletzung der Pflicht des Mieters zur Sorgfalt und Rücksichtnahme |

Um die Kündigung anzufechten, müssen die Mieter und Mieterinnen innerhalb von 30 Tagen nach Erhalt der Kündigung bei der Schlichtungsbehörde ein Anfechtungsbegehren einreichen. Wird diese Frist verpasst, gilt die Kündigung.

*Schlange stehen für eine Wohnung in der Stadt Zürich.*

### Erstreckung des Mietverhältnisses

Wenn die Beendigung der Miete einen Härtefall darstellt, können Mieterinnen und Mieter eine Erstreckung des Mietverhältnisses verlangen. Dies trifft etwa dann zu, wenn eine Familie in einer gewohnten Umgebung bleiben möchte, damit die Kinder die Schule nicht wechseln müssen. Ein Härtefall würde auch bei einem älteren Ehepaar vorliegen, das auf eine günstige und behindertengerechte Wohnung angewiesen ist.

*Erstreckung des Mietverhältnisses OR 272 ff.*

Will man das Mietverhältnis erstrecken, muss man innerhalb von 30 Tagen nach Empfang der Kündigung bei der Schlichtungsbehörde ein Anfechtungsbegehren einreichen. Bei Wohnungen kann das Mietverhältnis um maximal vier Jahre erstreckt werden. Beim Entscheid werden die Interessen des Vermieters gegen die Interessen des Mieters abgewogen.

*Anfechtungsbegehren*

Eine Erstreckung ist nicht möglich, wenn beispielsweise die Vermieterin in Zahlungsverzug ist oder die Pflichten zur Sorgfalt und Rücksichtnahmen schwer verletzt hat.

Beim Mieterinnen- und Mieterverband erhält man Merkblätter, Musterbriefe Adressen sowie persönliche Beratung: *mieterverband.ch*.

*Unterlagen und Beratung*

▶ **Lernauftrag 1:** Eine Checkliste für den Umzug erstellen (siehe Seite 272).

▶ **Lernauftrag 2:** Fallbeispiele zum Thema Wohnen analysieren und die Rechtslage beurteilen (siehe Seite 272).

---

**Das weiss ich jetzt!**

9.1 Wie hoch sollten die Mietkosten maximal sein? Nennen Sie die Faustregel.

9.2 Was ist der Vorteil eines schriftlichen Mietvertrags im Gegensatz zu einer mündlichen Vereinbarung?

9.3 Weshalb sollte man eine Mängelliste erstellen?

9.4 Warum sollten Mieter und Mieterinnen Mängel immer melden?

9.5 Welche Möglichkeiten haben Mieter und Mieterinnen, wenn ein mittelgrosser oder grösserer Mangel nicht behoben wird, obwohl dieser gemeldet wurde?

9.6 Was ist bei einer Untervermietung nötig?

9.7 Was ist die Folge, wenn eine Wohnungskündigung zu spät eintrifft?

9.8 Welche Formvorschrift muss der Vermieter bei einer Kündigung beachten?

9.9 An wen müssen Anfechtungen von Mietzinserhöhungen und Kündigungen adressiert sein?

9.10 Wie lange kann ein Mietverhältnis bei Wohnungen höchstens erstreckt werden?

## 9.2 Zusammenleben

### Formen des Zusammenlebens

**Grundlagen** — Grundlagen einer guten Partnerschaft sind Achtung, Respekt sowie Gleichberechtigung in allen Lebensbereichen. Auf die Gleichberechtigung in der Politik mussten die Schweizer Frauen lange warten. Erst 1971 erhielten sie das Stimm- und Wahlrecht auf eidgenössischer Ebene. Auf Gemeinde- und Kantonsebene wurde die politische Mitbestimmung sogar erst 1990 vollständig durchgesetzt. Heute sind die Frauen auf allen Ebenen in politischen Ämtern vertreten.

*Mit den Wahlen vom Herbst 2019 stieg der Frauenanteil im Nationalrat auf über 40 Prozent.*

**Gleichberechtigung BV 8** — Seit 1981 ist die Gleichberechtigung von Mann und Frau in der Bundesverfassung verankert:

- Mann und Frau sind gleichberechtigt.
- Das Gesetz sorgt für ihre rechtliche und tatsächliche Gleichstellung, vor allem in Familie, Ausbildung und Arbeit.
- Mann und Frau haben Anspruch auf gleichen Lohn für gleichwertige Arbeit.

Trotz dieses Artikels in der Bundesverfassung ist die Gleichstellung von Mann und Frau noch nicht in allen Lebensbereichen verwirklicht.

**Gesellschaftlicher Wandel** — Die Formen des Zusammenlebens haben sich in den vergangenen Jahrzehnten stark verändert. Immer mehr Menschen leben alleine. Zusätzlich zur klassischen Familie sind zudem neue Formen des Zusammenlebens entstanden: Wohngemeinschaften, Paare ohne Trauschein, Alleinerziehende und sogenannte Patchworkfamilien.

Aus rechtlicher Sicht werden heute zwei Formen des Zusammenlebens zweier Personen in einer Partnerschaft unterschieden: die Ehe und das Konkubinat.

**Rechtsformen**

```
        Formen des Zusammenlebens
           /              \
      Konkubinat          Ehe
```

## Konkubinat

Das Zusammenleben zweier Menschen in einer eheähnlichen Gemeinschaft wird Konkubinat (Ehe ohne Trauschein) genannt. Das Konkubinat hat sich in der zweiten Hälfte des 20. Jahrhunderts stark verbreitet, obschon es anfänglich in einigen Kantonen gesetzlich noch verboten war. Heute wird das Zusammenleben ohne Trauschein auch als Ehe auf Probe betrachtet, wobei nicht nur junge Menschen im Konkubinat leben, sondern auch viele ältere Menschen davon Gebrauch machen.

**Ehe ohne Trauschein**

**Vor- und Nachteile des Konkubinats**

| Vorteile: | – Die Gründung und Auflösung des Konkubinats erfolgt ohne Formalitäten.<br>– Im Konkubinat sind meistens beide Partner erwerbstätig. Da sie nicht verheiratet sind, werden die Einkommen getrennt besteuert, was zu Einsparungen bei den Steuern führen kann.<br>– Rentnerinnen und Rentner erhalten zwei ganze Altersrenten (200 Prozent) statt eine auf 150 Prozent gekürzte Altersrente (wie dies bei einem Ehepaar der Fall ist).<br>– Im Konkubinat lässt sich ausprobieren, ob das Zusammenleben klappt. Sollte es nicht klappen, ist die Auflösung eines Konkubinats einfach. |
|---|---|
| Nachteile: | – Während der Dauer und vor allem bei der Auflösung des Konkubinats sind beide Partner rechtlich nicht geschützt. Das Gesetz enthält keine Bestimmungen zum Konkubinat.<br>– Beim Tod eines Konkubinatspartners hat der Lebensgefährte keinen Erbanspruch und kann keine Ansprüche auf eine AHV geltend machen. |

Um sich rechtlich gegenseitig besser abzusichern, sollten die Konkubinatspartner mit einer schriftlichen Vereinbarung (Konkubinatsvertrag) für den Fall einer Trennung oder eines Todesfalles vorsorgen.

**Konkubinatsvertrag**

> **Wichtige Elemente des Konkubinatsvertrags**
> - Wohnen (Unterzeichnung des Mietvertrages, Aufteilung der Miete)
> - Eigentumsverhältnisse (Gegenstände, Mobiliar, Neuanschaffungen)
> - Aufteilung der Haushaltskosten, Lebensunterhaltskosten, Schulden
> - Gegenseitige Absicherung, Unterstützung und Begünstigung
>   (z. B. Testament, Lebensversicherung)
> - Regelung zur Auflösung des Konkubinats

## Ehe

### Weg zur Ehe

**Verlobung / Verlöbnis**
**ZGB 90**

Das gegenseitige Heiratsversprechen wird als Verlobung bzw. als Verlöbnis bezeichnet. Dieses Versprechen ist an keine Formvorschrift gebunden, kommt ohne die Mitwirkung des Staates zustande, stellt aber einen Vertrag dar. Worte, Briefe, gezielte Geschenke, Ringwechsel, ein Fest usw. genügen als Verlobungsbeweis. Ob letztlich geheiratet wird, steht den Verlobten frei.

**Auflösung der Verlobung**
**ZGB 91–93**

Wird ein Verlöbnis aufgelöst, können gegenseitige Geschenke zurückgefordert werden. Dies gilt für kostspielige Geschenke wie z. B. eine Perlenkette, nicht jedoch für gewöhnliche Gelegenheitsgeschenke. Hat einer der Verlobten in guten Treuen Aufwendungen in Hinblick auf die Eheschliessung getätigt (z. B. Buchung der Hochzeitsreise), so kann er bei der Auflösung des Verlöbnisses vom anderen einen angemessenen Beitrag verlangen.

**Ehefähigkeit**

In der Schweiz herrscht analog der Allgemeinen Erklärung der Menschenrechte von 1948, Art. 16, Abs. 2 Ehefreiheit: «Eine Ehe darf nur im freien und vollen Einverständnis der künftigen Ehegatten geschlossen werden.»

**Ehehindernisse**
**ZGB 94, 95, 96**

| Voraussetzungen für die Ehe | Ehehindernisse |
| --- | --- |
| Heiraten ist möglich, <br> – wenn beide mindestens 18-jährig und urteilsfähig sind; <br> – wenn beide urteilsfähig sind. <br><br> Wenn eine der Personen das Schweizer Bürgerrecht nicht besitzt, muss sie nachweisen, dass sie sich bis zur Trauung in der Schweiz aufhalten darf. | Heiraten ist nicht möglich, <br> – wenn beide Personen in gerader Linie verwandt sind oder eine Adoptivverwandtschaft besteht (ZGB 95); <br> – wenn eine Person bereits verheiratet ist (Doppelehe, Bigamie) oder in einer eingetragenen Partnerschaft lebt (ZGB 96); <br> – wenn eine Person nicht urteilsfähig ist; <br> – wenn man mit der Heirat die Zulassungsbestimmungen für Ausländerinnen und Ausländer umgehen will (Scheinehe); <br> – wenn eine Person oder beide zur Heirat gezwungen werden (Zwangsheiraten). |

**Gesuch stellen**

Reicht man beim Zivilstandsamt das Heiratsgesuch ein, muss das Formular «Vorbereitung der Eheschliessung» vollständig ausgefüllt sein. Je nach Situation müssen verschiedene Dokumente vorgelegt werden, wobei die Informationen des entsprechenden Zivilstandsamts zu beachten sind. Nach der Übergabe der

Dokumente muss beim Zivilstandsamt persönlich bestätigt werden, dass alle Voraussetzungen erfüllt werden. Anschliessend prüft das Zivilstandsamt das Gesuch und teilt dem Paar schriftlich mit, ob die Heirat möglich ist.

**Wirkungen der Ehe**

Durch die Trauung verbinden sich eine Frau und ein Mann bzw. zwei Frauen oder zwei Männer zu einer ehelichen Gemeinschaft. Diese bringt Rechte und Pflichten mit sich. Die Ehegatten verpflichten sich beispielsweise, das Wohl der Gemeinschaft zu wahren und für ihre Kinder gemeinsam zu sorgen (Unterhalt und Erziehung). Eigene Interessen müssen zurückgestellt werden. Weiter schulden die Eheleute einander Treue und Beistand.

*Rechte und Pflichten der Ehegatten ZGB 159*

Durch die seit 2013 geltenden Regelungen zum Namens- und Bürgerrecht wird die Gleichstellung der Ehegatten gewährleistet. Jeder Ehegatte behält seinen Ledignamen. Die Brautleute können jedoch den Ledignamen der Braut oder jenen des Bräutigams als gemeinsamen Familiennamen tragen.
Doppelnamen wie beispielsweise Meier Kuster können bei der Heirat nicht mehr gebildet werden. Führt eine Person bereits einen Doppelnamen, so darf sie diesen weiterhin verwenden.
Der sogenannte Allianzname mit Bindestrich, wie zum Beispiel Kuster-Meier, ist allerdings weiterhin erlaubt. Der Allianzname ist kein amtlicher Name und wird nicht im Zivilstandsregister eingetragen; er kann aber im Alltag verwendet und auf Antrag in der Identitätskarte und im Pass eingetragen werden.

*Familienname ZGB 160*

Die Ehepartner bestimmen gemeinsam die eheliche Wohnung. Für Kündigung oder Verkauf der Familienwohnung ist die ausdrückliche Zustimmung beider Ehegatten erforderlich.

*Eheliche Wohnung ZGB 162, 169*

*Durch die Heirat verpflichten sich die Ehepartner, das Wohl der Gemeinschaft zu wahren und allenfalls eigene Interessen zurückzustellen.*

| | |
|---|---|
| **Unterhalt der Familie**<br>ZGB 163 | Die beiden Ehegatten übernehmen gemeinsam die Verantwortung für die Familie und sorgen, ihren Möglichkeiten entsprechend, für deren Unterhalt. Es gibt keine gesetzlich vorgeschriebene Rollenverteilung. Die Ehepartner bestimmen gemeinsam, wie die Aufteilung zwischen Erwerbstätigkeit und Haushaltsführung gestaltet wird. |
| **Betrag zur freien Verfügung**<br>ZGB 164 | Der Ehepartner, der den Haushalt führt und die Kinder betreut, hat Anspruch auf einen angemessenen Betrag zur freien Verfügung. Diese Regelung soll verhindern, dass der haushaltführende Ehepartner finanziell benachteiligt wird, weil er zugunsten der Hausarbeit ganz oder weitgehend auf ein eigenes Einkommen verzichtet. Über den Verwendungszweck besteht keine Auskunftspflicht. |
| **Vertretung der ehelichen Gemeinschaft**<br>ZGB 166 | Für die laufenden Bedürfnisse (z. B. Wohnungskosten, Nahrung, Kleider, Arzt und Medikamente) kann jeder Ehegatte die eheliche Gemeinschaft alleine rechtsgültig vertreten. Bei solchen Schulden haften beide Ehegatten gemeinsam (solidarisch). Für grössere Geschäfte (z. B. Kauf teurer Möbel, Aufnahme eines Bankkredites) haftet der unbeteiligte Ehepartner hingegen ohne seine Zustimmung in der Regel nicht. |
| **Beruf und Gewerbe der Ehegatten**<br>ZGB 167 | Beide Ehepartner können erwerbstätig sein. Jeder hat aber auf die Interessen des andern und das Wohl der Gemeinschaft Rücksicht zu nehmen. |
| **Auskunftspflicht**<br>ZGB 170 | Die Ehepartner müssen sich gegenseitig über ihr Einkommen, Vermögen und ihre Schulden Auskunft geben. Gegenseitiges Vertrauen und Offenheit in finanziellen Belangen ist eine unabdingbare Voraussetzung für die Festlegung der Unterhaltsbeiträge einer Familie. |
| **Ehe für alle**<br>ZGB 94 | Gleichgeschlechtliche Paare können seit dem 1. Juli 2022 heiraten oder ihre eingetragene Partnerschaft in eine Ehe umwandeln. |
| **Samenspende**<br>ZGB 255a | Die Schweiz erlaubt die Samenspende nur verheirateten Paaren. Mit der Öffnung der Ehe wird die gesetzlich geregelte Samenspende in der Schweiz auch verheirateten Frauenpaaren erlaubt. Dabei ist vorgeschrieben, dass der Spender in das Samenspenderregister eingetragen wird. Anonyme Samenspenden bleiben weiterhin verboten. Dasselbe gilt für die Eizellenspende und die Leihmutterschaft. |
| **Eingetragene Partnerschaft**<br>PartG | Nach der Öffnung der Ehe für gleichgeschlechtliche Paare können keine neuen eingetragenen Partnerschaften mehr geschlossen werden. Paare, die bereits in einer solchen leben, können diese weiterführen oder durch eine gemeinsame Erklärung beim Zivilstandsamt in eine Ehe umwandeln. |

▶ **Lernauftrag 3:** Die Gleichstellung von Mann und Frau in der Schweiz untersuchen, beurteilen und Massnahmen formulieren (siehe Seite 273).

---

**Das weiss ich jetzt!**

9.11 Was sind Grundlagen einer guten Partnerschaft?

9.12 Welche zwei Rechtsformen des Zusammenlebens werden heute unterschieden?

9.13 Was sind die beiden rechtlichen Voraussetzungen für eine Ehe?

9.14 Wer ist zuständig für den Unterhalt der Familie?

9.15 Worauf müssen verheiratete Paare bei der Erwerbstätigkeit Rücksicht nehmen?

# Kindesverhältnis

## Entstehung des Kindesverhältnisses

Das Kindesverhältnis klärt die Frage, wer im rechtlichen Sinn der Vater und wer die Mutter eines Kindes ist.

**ZGB 252 ff.**

| Entstehung des Kindesverhältnisses | |
|---|---|
| **zwischen Mutter und Kind:**<br>– durch Geburt<br>– durch Adoption | **zwischen Vater und Kind:**<br>– bei einem ehelichen Kind: durch Ehe mit der Mutter des Kindes<br>– bei einem ausserehelichen Kind: durch freiwillige Anerkennung oder durch ein Vaterschaftsurteil<br>– durch Adoption, wenn beide gemeinsam ein fremdes Kind annehmen |

## Wirkung des Kindesverhältnisses

Das Kind verheirateter Paare erhält den von den Eltern gewählten gemeinsamen Familiennamen. Das Bürgerrecht übernimmt das Kind von dem Elternteil, dessen Namen es trägt.

**Familienname und Bürgerrecht**
**ZGB 270, 271**

Die Unterhaltspflicht der Eltern umfasst die Kosten für Pflege, Erziehung und Ausbildung des Kindes. Die Eltern haben für den Unterhalt zu sorgen, bis es volljährig ist. Dauert die Ausbildung über die Volljährigkeit hinaus, so müssen die Eltern bis zu einem ordentlichen Abschluss für den Unterhalt aufkommen. Diese Pflicht gilt jedoch nur, soweit den Eltern der Unterhalt zugemutet werden kann.

**Unterhaltspflicht**
**ZGB 276, 277**

Die Kinder stehen unter elterlicher Sorge, solange sie unmündig sind. Während der Ehe üben die Eltern die elterliche Sorge gemeinsam aus. Bei geschiedenen und getrennt lebenden Paaren gilt seit 2014 grundsätzlich das gemeinsame Sorgerecht. Das Gericht kann jedoch die elterliche Sorge einem Elternteil alleine zuteilen.

**Elterliche Sorge**
**ZBG 296 – 298a**

*Die Eltern tragen gemeinsam die Verantwortung für das Wohl ihrer Kinder.*

| | |
|---|---|
| **Rechte und Pflichten in der Erziehung ZGB 301** | Die Eltern haben das Recht und die Pflicht, die nötigen erzieherischen Entscheidungen zu treffen. Dabei muss stets das Wohl des Kindes im Vordergrund stehen. Das Kind seinerseits muss den Eltern gehorchen. Doch die Eltern gewähren dem Kind mit zunehmendem Alter und fortgeschrittener Reife entsprechende Freiheiten. In wichtigen Angelegenheiten – beispielsweise bei der Berufswahl – nehmen sie Rücksicht auf die Meinung und Bedürfnisse ihrer Kinder. Das Kind darf ohne Einwilligung seiner Eltern nicht ausziehen. Die Eltern dürfen es aber auch nicht zum Auszug zwingen. |
| **Recht auf Ausbildung ZGB 302** | Das Kind hat das Recht auf eine angemessene schulische und berufliche Ausbildung, die seinen Fähigkeiten und Wünschen entspricht. Die Eltern müssen im Zusammenhang mit der Ausbildung ihres Kindes mit den Schulen zusammenarbeiten. |
| **Kindesvermögen ZGB 318 ff.** | Solange den Eltern die elterliche Sorge zusteht, haben sie das Recht und die Pflicht, das Kindesvermögen zu verwalten. Die Eltern dürfen die Erträge aus dem Kindesvermögen für den Unterhalt, die Erziehung und die Ausbildung des Kindes verwenden. Das Kindesvermögen selbst darf nur verwendet werden, wenn die Kinderschutzbehörde (KESB) dies bewilligt. |
| **Arbeitserwerb des Kindes und Taschengeld ZGB 323** | Das Kind kann über seinen Arbeitserwerb, sein Erspartes und sein Taschengeld selbst verfügen. Solange das Kind bei seinen Eltern oder bei einem Elternteil lebt, kann ein angemessener Beitrag an die Haushaltskosten verlangt werden. |

## Das weiss ich jetzt!

9.16 Wodurch entsteht das Kindesverhältnis zwischen Mutter und Kind?

9.17 Wie lange müssen die Eltern für den Unterhalt der Kinder mindestens aufkommen?

9.18 Wer hat in einer Ehe das elterliche Sorgerecht?

9.19 Welcher Grundsatz gilt bei erzieherischen Entscheidungen?

9.20 Was müssen die Eltern bei der Berufswahl ihrer Kinder berücksichtigen?

9.21 Wer entscheidet über die Verwendung von Vermögen der Kinder?

9.22 Wer verfügt über den Lohn von Kindern, die eine Lehre absolvieren?

9.23 Unter welchen Umständen können Beiträge an die Haushaltskosten verlangt werden?

## Scheidung

Eine Ehe kann nicht wie andere Verträge in gegenseitigem Einverständnis aufgelöst werden – sie muss gerichtlich geschieden werden. Auf diese Weise soll verhindert werden, dass sich bei der Auflösung der Ehe eine Seite übermässige Vorteile verschafft.

Seit dem Jahr 2000 gibt es im Schweizer Recht die Scheidung auf gemeinsames Begehren. Wie der Name bereits andeutet, sind in diesem Fall beide Ehegatten bereit, in die Scheidung einzuwilligen. In einer Konvention werden umfassende Einigungen über die Scheidungsfolgen festgehalten. Das Gericht prüft diese auf Mängel und genehmigt sie, sofern sie in Ordnung ist. In der Schweiz werden fast 90 Prozent aller Scheidungen auf gemeinsames Begehren vollzogen.

**Scheidung auf gemeinsames Begehren ZGB 111**

Sind sich die Ehegatten über die Scheidung als solche nicht einig, so bleibt dem scheidungswilligen Ehegatten die Möglichkeit, eine einseitige Scheidungsklage gegen den anderen Gatten zu erheben.
Nach einer zweijährigen Trennungszeit oder aufgrund schwerwiegender Gründe, die eine Fortsetzung der Ehe unzumutbar machen, wird die Scheidung gerichtlich durchgesetzt.

**Scheidung auf Klage ZGB 114, 115**

**Folgende Punkte müssen geklärt werden:**

- Nachehelicher Unterhalt
- Elterliche Sorge
- Unterhaltsbeiträge an Kinder
- Güterrecht (Errungenschaftsbeteiligung)
- Erbrecht

Anstelle einer Scheidung kann auch eine gerichtliche Trennung verlangt werden.

*In der Schweiz wird heute fast jede zweite Ehe geschieden. Durch die güterrechtliche Auseinandersetzung wird dabei geregelt, wer welchen Anteil des Vermögens erhält.*

## Trennung statt Scheidung

**Trennung in gegenseitigem Einvernehmen ZGB 117, 118**

Solange sich die Ehegatten über die Bedingungen des Getrenntlebens einig sind, müssen sie nicht zwingend an ein Gericht gelangen. Es steht ihnen frei, eine schriftliche Trennungsvereinbarung aufzusetzen und gemeinsam zu unterzeichnen oder mündliche Absprachen zu treffen.

**Gerichtlich genehmigte Trennungsvereinbarung**

Unter Umständen kann es sinnvoll oder gar notwendig sein, eine Trennungsvereinbarung gerichtlich genehmigen zu lassen. So können beispielsweise in Trennung lebende Personen nur Sozialhilfe oder Alimentenbevorschussung beantragen, wenn sie eine gerichtlich genehmigte Trennungsvereinbarung vorweisen können.

**Rechtliche Auswirkungen einer Trennung**

- Getrennt lebende Ehepaare gelten rechtlich weiterhin als verheiratet.
- Für gemeinsame Kinder haben getrennt lebende Eltern weiterhin gemeinsam das Sorgerecht, die Trennungsvereinbarung regelt die elterliche Obhut.
- Eine Trennung hat keine Änderung des Güterstandes zur Folge.
- Getrennt lebende Ehepaare werden in der Regel separat besteuert.
- Eine Trennung ist in der Regel unbefristet und kann jederzeit aufgehoben werden.

## Errungenschaftsbeteiligung

Die Errungenschaftsbeteiligung ist der ordentliche oder gesetzliche Güterstand der Ehe. Sie tritt beim Abschluss der Ehe automatisch in Kraft, wenn die Ehepartner nichts anderes vereinbart haben. Rund 95 Prozent aller Ehen in der Schweiz leben unter diesem Güterstand. Darin werden die Vermögensverhältnisse der Eheleute während der Ehe und bei deren Auflösung geregelt.

**Durch die Errungenschaftsbeteiligung geregelte Fragen**

- Wem gehört was?
- Wer verfügt über welches Vermögen?
- Wer haftet für welche Schulden?
- Wer verwaltet das Vermögen?
- Wer nutzt bzw. behält die Erträge?
- Wie sieht die Aufteilung bei der Auflösung der Ehe aus?

**Eigengut ZGB 198**

Das Vermögen von Frau und Mann vor der Ehe wird als Eigengut bezeichnet. Erbschaften und Schenkungen während der Ehe werden zum Eigengut gerechnet.

**Errungenschaft ZGB 197**

Während der Ehe gebildete Vermögen (z.B. aus Arbeitserwerb oder Bankzinsen) gehören zur Errungenschaft. Während der Ehe kann jeder Ehepartner sein Eigengut und seine Errungenschaft selbstständig verwalten und darüber verfügen. Für seine Schulden haftet jeder Ehegatte alleine.

Bei Auflösung der Ehe kommt es zur güterrechtlichen Auseinandersetzung, die wie folgt geregelt ist:

**Güterrechtliche Auseinandersetzung**

### Güterrechtliche Auseinandersetzung bei Errungenschaftsbeteiligung

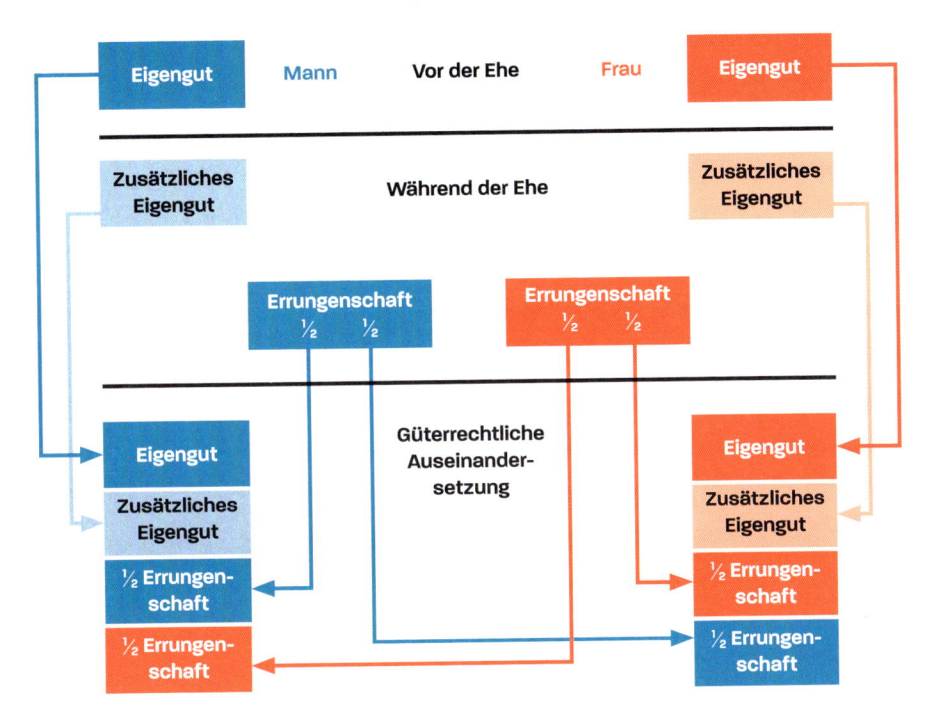

| | Mann | Vor der Ehe | Frau | |
|---|---|---|---|---|
| Eigengut | | | | Eigengut |
| Zusätzliches Eigengut | | Während der Ehe | | Zusätzliches Eigengut |
| | Errungenschaft ½ ½ | | Errungenschaft ½ ½ | |
| Eigengut | | Güterrechtliche Auseinandersetzung | | Eigengut |
| Zusätzliches Eigengut | | | | Zusätzliches Eigengut |
| ½ Errungenschaft | | | | ½ Errungenschaft |
| ½ Errungenschaft | | | | ½ Errungenschaft |

- Jeder Ehegatte behält sein Eigengut (= Eigengut vor der Ehe plus zusätzliches Eigengut während der Ehe).
- Von der Errungenschaft werden allfällige Schulden abgezogen. Was übrig bleibt, bildet den Errungenschaftsvorschlag.
- Jeder Ehegatte behält die Hälfte seines Vorschlages und hat Anspruch auf die Hälfte des Vorschlages des anderen Ehegatten. (ZGB 215)
- Sind die Schulden grösser als das Vermögen, ist die Rede von einem Rückschlag. Diesen hat jeder Ehegatte alleine zu tragen.

Neben der Errungenschaftsbeteiligung gibt es noch die Gütergemeinschaft und die Gütertrennung. Beide Güterstände benötigen einen Ehevertrag.
Während in der Gütergemeinschaft der grösste Teil des Familienvermögens gemeinsam verwaltet wird, existiert bei der Gütertrennung kein gemeinsames Vermögen.

**Weitere Güterstände ZGB 221 ff. / 247 ff.**

---

**Das weiss ich jetzt!**

9.24 Wie wird eine Ehe aufgelöst?

9.25 Welche möglichen Scheidungsformen gibt es?

9.26 Was sind die Vorteile einer Trennung im Vergleich zur Scheidung?

9.27 Was regelt die Errungenschaftsbeteiligung?

9.28 Was ist der Unterschied zwischen Eigengut und Errungenschaft?

9.29 Was passiert mit allfälligen Schulden der Eheleute?

## Erbrecht

**Allgemeines**

Das Erbrecht bestimmt, wer beim Tod einer Person (Erblasser) erbberechtigt ist und wie die Erbschaft zwischen dem überlebenden Ehegatten (sofern der Erblasser verheiratet war) und den übrigen Erben geteilt wird.

Wenn die Schulden grösser sind als das Vermögen, kann man die Erbschaft ausschlagen.

**Testament**

Mithilfe eines Testaments kann der Erblasser (handlungsfähige Person) über einen bestimmten Teil seines Erbes frei verfügen. Folgende Formen des Testaments sieht das Gesetz vor:

| Formen des Testaments | |
|---|---|
| Handgeschriebenes Testament | Von Anfang bis Schluss von Hand geschrieben inklusive Ort, Datum und Unterschrift |
| Öffentlich beurkundetes Testament | Unter Mitwirkung von zwei Zeugen vor einem Notar oder einer Urkundsperson unterschrieben |
| Nottestament | Wird in einer Notlage in Anwesenheit von zwei Zeugen mitgeteilt und später zu Protokoll gegeben |

**Gesetzliche Erben nach Stämmen ZGB 457 ff.**

Die gesetzlichen Erben werden in Stämme eingeteilt. Zuerst erbt der 1. Stamm (Nachkommen). Nur wenn keine Nachkommen vorhanden sind, erbt der elterliche und allenfalls der grosselterliche Stamm.

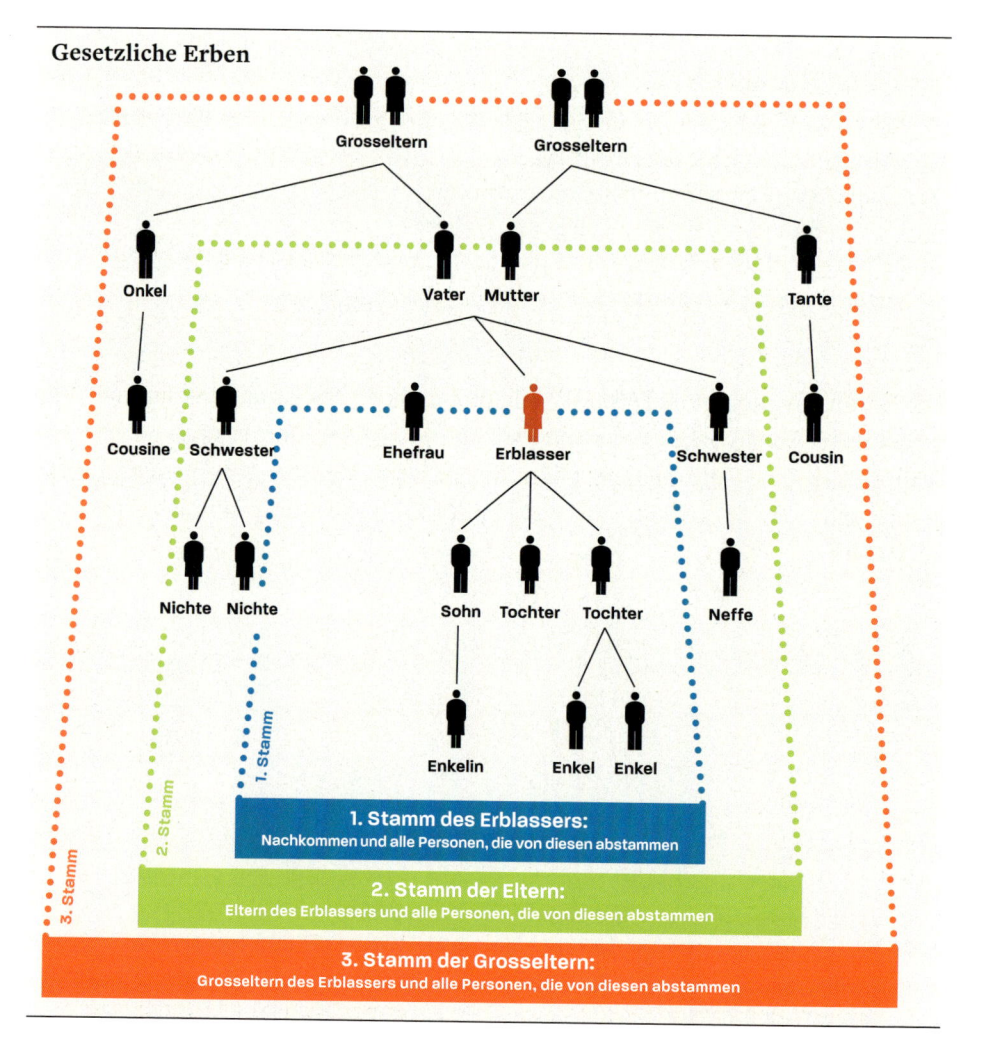

**Gesetzliche Erben**

- **1. Stamm des Erblassers:** Nachkommen und alle Personen, die von diesen abstammen
- **2. Stamm der Eltern:** Eltern des Erblassers und alle Personen, die von diesen abstammen
- **3. Stamm der Grosseltern:** Grosseltern des Erblassers und alle Personen, die von diesen abstammen

Wenn beim Tod einer Person kein Testament und kein Erbvertrag vorliegt, tritt die gesetzliche Erbfolge ein.

**Grundsätze zur gesetzlichen Erbfolge**
ZGB 457–459, 462

**Gesetzliche Erbfolge**
- Zuerst sind die Kinder erbberechtigt. Ist ein Kind bereits verstorben, treten an seine Stelle seine Nachkommen (z. B. Enkel). Sobald mindestens ein Erbe im ersten Stamm vorhanden ist, gehen alle anderen Stämme leer aus.
- Sind keine Erben im ersten Stamm vorhanden, so fällt die Erbschaft je zur Hälfte an die Mutter- und die Vaterseite. Falls ein Elternteil bereits verstorben ist, geht die Erbschaft zu gleichen Teilen an die Nachkommen der Eltern (Geschwister des Erblassers).
- Sind keine Nachkommen und keine Erben im elterlichen Stamm vorhanden, so gelangt die Erbschaft an den Stamm der Grosseltern und deren Nachkommen. Mit diesem Stamm hört die Erbberechtigung der Verwandten auf.
- Der überlebende Ehegatte erbt immer.
  ▸ Er hat Anspruch auf die Hälfte der Erbschaft, wenn Nachkommen vorhanden sind.
  ▸ Wenn er mit dem elterlichen Stamm zu teilen hat, hat der überlebende Ehegatte Anrecht auf drei Viertel der Erbschaft.
  ▸ Sind nur Erben im grosselterlichen Stamm vorhanden, erbt der überlebende Ehegatte alles.

Der Erblasser kann durch Testament oder Erbvertrag die gesetzlichen Erbansprüche der Kinder, des überlebenden Ehegatten sowie seiner Eltern verändern, indem er sie auf den Pflichtteil (minimaler, gesetzlich vorgeschriebener Anteil) setzt. Der Pflichtteil ist ein Bruchteil des gesetzlichen Erbanspruches.

**Pflichtteilsrecht**
ZGB 471

Der Teil des Nachlasses, über den der Erblasser frei bestimmen kann, heisst «frei verfügbare Quote». Dieser Anteil wird mit dem revidierten Erbrecht Anfang 2023 vergrössert. Der Erblasser kann damit freier über seinen Nachlass bestimmen. Die Pflichtteile werden reduziert.

**Frei verfügbare Quote**

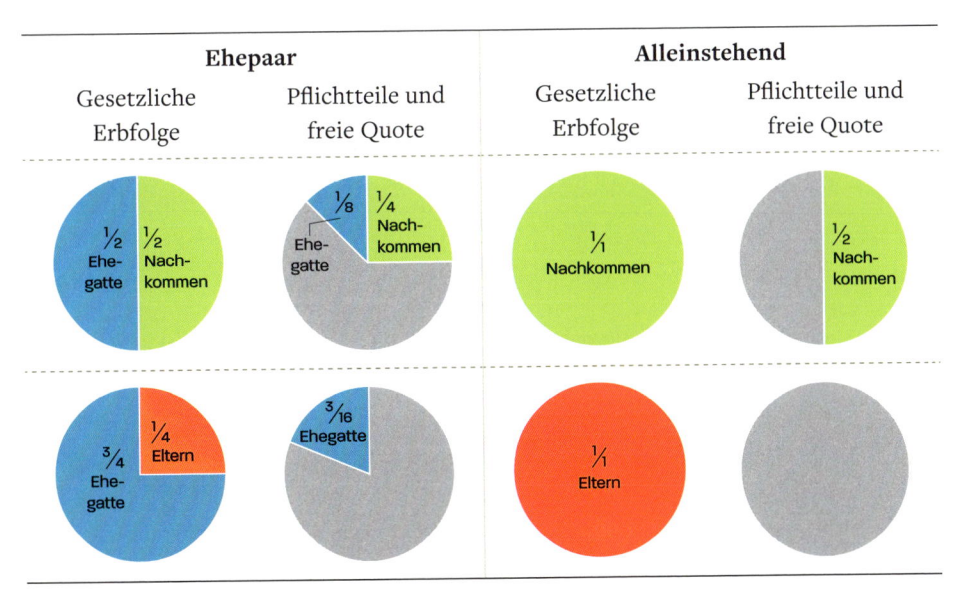

| Ehepaar | | Alleinstehend | |
|---|---|---|---|
| Gesetzliche Erbfolge | Pflichtteile und freie Quote | Gesetzliche Erbfolge | Pflichtteile und freie Quote |
| ½ Ehegatte / ½ Nachkommen | ⅛ Ehegatte / ¼ Nachkommen | 1/1 Nachkommen | ½ Nachkommen |
| ¾ Ehegatte / ¼ Eltern | 3/16 Ehegatte | 1/1 Eltern | |

▸ **Lernauftrag 4:** Fallbeispiele zum Thema Zusammenleben analysieren und die Rechtslage beurteilen (siehe Seite 274).

**Das weiss ich jetzt!**

9.30 Was schreibt das Gesetz bei einem selbst verfassten Testament vor?

9.31 Wer zählt zum ersten Stamm eines verstorbenen Familienvaters?

9.32 Wie kann der Erblasser gesetzliche Erben auf den Pflichtteil setzen?

9.33 Wann kann man eine Erbschaft ausschlagen?

# Lernaufträge

**L1 Eine Checkliste für den Umzug erstellen**

- Erstellen Sie in einer Gruppe eine detaillierte, praxistaugliche Checkliste für den Umzug.
- Halten Sie Informationen zu folgenden Punkten fest: Was / Wer / Wo / Wann / Wie sowie allfällige Kosten.
- Konsultieren Sie auch das Internet. Dort finden Sie zahlreiche Tipps und To-do-Listen.
- Vergleichen Sie Ihren Entwurf mit einer anderen Gruppe. Ergänzen Sie Ihre Liste und verfassen Sie die finale Fassung.

**Kompetenzen: Sie können …**

- erkennen, was es bei einem Umzug alles zu tun gibt,
- eine detaillierte, praxistaugliche Checkliste für den Umzug erstellen.

**L2 Fallbeispiele zum Thema Wohnen analysieren und die Rechtslage beurteilen**

- Lesen Sie folgende acht Situationen genau durch.
- Beantworten Sie die Fragen und begründen Sie diese mithilfe von Gesetzesartikeln.

| Nr. | Situation |
| --- | --- |
| 1 | Regina und Beat haben endlich eine Wohnung gefunden. Der Mietzins beträgt CHF 1500 pro Monat. Beim Unterzeichnen des Mietvertrags verlangt die Vermieterin eine Kaution in der Höhe von CHF 6000. **Wie beurteilen Sie diese Forderung?** |
| 2 | Die 22-jährige Sabrina wohnt in einem Mehrfamilienhaus und hört oft lautstark Musik. Schon mehrmals haben sich die Nachbarn bei ihr beschwert, ohne Erfolg. Nun wenden sich die Nachbarn an die Hausverwaltung. **Was kann die Hausverwaltung tun?** |
| 3 | Es ist Winter. In der Wohnung von Adrian funktioniert die Heizung seit zwei Tagen nicht mehr. Er hat den Schaden gleich am ersten Tag gemeldet. Doch auch am dritten Tag geschieht nichts. Daher wohnt er vorübergehend bei einem Kollegen. **Wie sieht die Rechtslage aus? Was kann Adrian tun?** |
| 4 | Familie Gruber wohnt seit zehn Jahren in der gleichen Wohnung. Sie entschieden sich damals für diese Wohnung, weil ihre Kinder nicht weit zur Schule haben und die Arbeitsplätze der Eltern sehr nahe liegen. Nun erhalten Sie die Kündigung. **Die Familie möchte nicht ausziehen. Was kann Sie tun?** |

| Nr. | Situation |
|---|---|
| 5 | Anna und Ben haben sich getrennt und kündigen daher die gemeinsame Wohnung. Dabei können sie den vereinbarten Kündigungstermin nicht einhalten. Trotzdem möchten beide die Wohnung so rasch wie möglich verlassen.<br>**Wie sieht die rechtliche Lage aus? Was können die beiden tun?** |
| 6 | Herr Neumann hat in seiner Wohnung auf eigene Rechnung und ohne Rücksprache mit der Vermieterin Wandschränke einbauen lassen. Beim Auszug verlangt diese nun, dass die Wandschränke wieder entfernt werden.<br>**Kann die Vermieterin das Entfernen der Schränke verlangen? Wie sieht die Rechtslage aus?** |
| 7 | Marc Meier hat in seiner Altbauwohnung ein paar Reparaturen vorgenommen: Dichtung beim Duschschlauch und zwei Glühbirnen ersetzt, Abflussrohr in der Küche gereinigt und ein Türschloss repariert. Er schickt der Hausverwaltung eine Rechnung für die Arbeit und das Material in der Höhe von CHF 67.50.<br>**Wie kann die Hausverwaltung regieren?** |
| 8 | Jonas möchte zu seiner Freundin ziehen. Daher kündigt er seine 2-Zimmer-Wohnung. Als Kündigungstermin gilt der 30. September. Er schickt seine Kündigung am 29. Juni mit B-Post weg. Das Schreiben trifft am 3. Juli bei der Hausverwaltung ein.<br>**Muss die Hausverwaltung die Kündigung akzeptieren? Wie sieht die Rechtslage aus?** |

**Kompetenzen: Sie können ...**

- Fallbeispiele zum Thema Wohnen analysieren und Fragen korrekt beantworten,
- Ihre Antworten mit dem Recht begründen.


**L3 Die Gleichstellung von Mann und Frau in der Schweiz untersuchen, beurteilen und Massnahmen formulieren**

- Bilden Sie Gruppen von drei oder vier Personen. Achten Sie darauf, dass wenn möglich beide Geschlechter in den Gruppen vertreten sind.
- Untersuchen Sie, in welchen Bereichen die Gleichstellung zwischen Mann und Frau in der Schweiz noch nicht ganz verwirklicht ist. Bereiche sind: Familie, Beruf und Politik. Wählen Sie zusätzlich einen vierten Lebensbereich aus.
- Konsultieren Sie verschiedene Internetquellen. Achten Sie darauf, wie unterschiedlich die Gleichstellung beurteilt wird und welche Fakten genannt werden.
- Visualisieren Sie die wichtigsten Erkenntnisse mithilfe der Gestaltungsvorlage.
- Leiten Sie aufgrund Ihrer Erkenntnisse konkrete Massnahmen ab.
- Vergleichen Sie Ihre Ergebnisse mit einer anderen Gruppe. Diskutieren Sie: Was ist gleich oder ähnlich? Wo gibt es Unterschiede? Was können Gründe für diese Unterschiede sein?

**Kompetenzen: Sie können ...**

- das Thema «Gleichstellung von Mann und Frau» anhand verschiedener Quellen untersuchen,
- Ihre Erkenntnisse anschaulich visualisieren und konkrete Massnahmen ableiten.

**L4 Fallbeispiele zum Thema Zusammenleben analysieren und die Rechtslage beurteilen**

– Lesen Sie die folgenden Situationen genau durch.
– Beantworten Sie die Fragen.

| Nr. | Situation |
|---|---|
| 1 | Pierre hat Claudia zur Verlobung ein Motorrad im Wert von CHF 9000 geschenkt. Nun kommt es zur Trennung, weil Claudia einen anderen Mann kennengelernt hat. Pierre verlangt von Claudia die Rückgabe des Motorrads. **Kann Pierre das Geschenk zurückverlangen? Wie sieht die Rechtslage aus?** |
| 2 | Yasmina und ihr Freund Kaya möchten heiraten. Beide sind 22-jährig, in der Schweiz aufgewachsen und leben hier. Die Eltern von Yasmina sind gegen diese Heirat. Sie haben für ihre Tochter nämlich einen anderen Mann ausgewählt. **Können die Eltern die Heirat verbieten? Wie sieht die Rechtslage aus?** |
| 3 | Nadja und Markus sind verheiratet. Nadja hat am Wohnort ihren Traumjob gefunden. Nun eröffnet Markus ihr, dass er im 100 km entfernten Basel eine Stelle antreten könnte, bei welcher er fast das Doppelte des bisherigen Lohns verdienen würde. Er möchte, dass beide nach Basel umziehen. **Kann Markus auf dem Umzug beharren und von Nadja verlangen, ihren Job aufzugeben? Wie sieht die Rechtslage aus?** |
| 4 | Saskia und Vera sind seit drei Jahren ein Paar. Saskia hat eine 5-jährige Tochter. Sie haben kürzlich ihre Partnerschaft eintragen lassen und möchten nun ein Kind adoptieren. **Wie sieht die Rechtslage aus?** |
| 5 | Die 18-jährige Jasmina hat ein halbes Jahr vor Abschluss ihrer gymnasialen Ausbildung die Schule abgebrochen. Sie sucht nun eine Lehrstelle als Informatikerin. Ihre Eltern sind davon gar nicht begeistert und weigern sich, weiterhin Unterhalt zu bezahlen. **Können die Eltern den Unterhalt verweigern? Wie sieht die Rechtslage aus?** |
| 6 | Julian absolviert eine Lehre als Automobil-Fachmann. Er ist im dritten Lehrjahr und wohnt seit einem Monat in einer WG. Seine Eltern verlangen von ihm weiterhin Unterhaltskosten von CHF 200. **Muss Julian weiterhin Unterhalt bezahlen? Wie sieht die Rechtslage aus?** |
| 7 | Die beiden 16-jährigen Zwillingsschwestern Emma und Lea haben oft Streit mit den Eltern. Nun wollen sie ausziehen und bei ihrer Tante wohnen. Die Eltern sind dagegen. **Dürfen die beiden ausziehen? Wie sieht die Rechtslage aus?** |
| 8 | Sebastian und Graziella sind seit acht Jahren verheiratet. Sie haben sich nach und nach auseinandergelebt und beantragen daher im gegenseitigen Einvernehmen die Scheidung. Sebastian hat Bargeld im Wert von CHF 400 000 und Graziella Schmuck im Wert von CHF 80 000 in die Ehe eingebracht. Von seinen Eltern hat Sebastian CHF 300 000 geerbt. Während der Ehe hat er CHF 60 000 angespart; seine Frau CHF 150 000. **Wie sieht die güterrechtliche Auseinandersetzung aus?** |

| Nr. | Situation |
|---|---|
| 9 | Bei der Heirat verfügt Niklaus über persönliche Gegenstände im Wert von CHF 60 000; seine Frau Elisabeth über solche von CHF 70 000. Das Vermögen von Niklaus beträgt CHF 80 000, dasjenige von Elisabeth CHF 90 000. Nach vier Jahren wird die Ehe geschieden. Während der Ehe hat aufgrund von Kapitalerträgen das Vermögen von Elisabeth um CHF 30 000 und dasjenige von Niklaus um CHF 25 000 zugenommen. **Wie sieht die güterrechtliche Auseinandersetzung aus?** |
| 10 | Das Eigengut von Thomas betrug bei der Eheschliessung CHF 15 000. Seine Frau Edith hatte zum gleichen Zeitpunkt Eigengut in der Höhe von CHF 12 000. Die Errungenschaft von Thomas beläuft sich auf CHF 35 000, die von Edith auf CHF 40 000. Thomas stirbt durch einen Arbeitsunfall. **Wie viel erbt ihre Tochter Isabel?** |

## Kompetenzen: Sie können ...

- Fallbeispiele zum Thema Zusammenleben analysieren und Fragen korrekt beantworten,
- Ihre Antworten mit dem Recht begründen.

# Kapitel 10
# Arbeit und Zukunft

Schon bald stehen Sie am Ende Ihrer Lehre. Das ist ein guter Zeitpunkt, sich mit der beruflichen Zukunft auseinanderzusetzen. Dazu gehören eine Standortbestimmung, das Recherchieren auf dem Stellenmarkt sowie das Abklären von Weiterbildungsmöglichkeiten. Sie haben Vorteile, wenn Sie wissen, wie man sich erfolgreich bewirbt, wie ein Vorstellungsgespräch abläuft, und wenn Sie die rechtlichen Aspekte von Arbeitsverträgen kennen. Solche Themen stehen im Zentrum dieses Kapitels.

**Sie lernen in diesem Kapitel,**

- welche Weiterbildungsmöglichkeiten es gibt,
- wie man eine berufliche Standortbestimmung vornimmt,
- wie man sich erfolgreich um eine Stelle bewirbt,
- wie ein Vorstellungsgespräch abläuft,
- welche Formen von Arbeitsverträgen es gibt,
- was die Rechte und Pflichten der Arbeitnehmenden und der Arbeitgebenden sind.

*«Man sollte nie so viel arbeiten, dass man zum Leben keine Zeit mehr hat.»*

unbekannt

## 10.1 Berufliche Zukunft

### Grund- und Weiterbildung

Das schweizerische Bildungssystem bietet zahlreiche Möglichkeiten der Grund- und Weiterbildung. Wie die folgende Darstellung zeigt, besteht zwischen den verschiedenen Ausbildungs- und Weiterbildungsgängen eine hohe Durchlässigkeit.

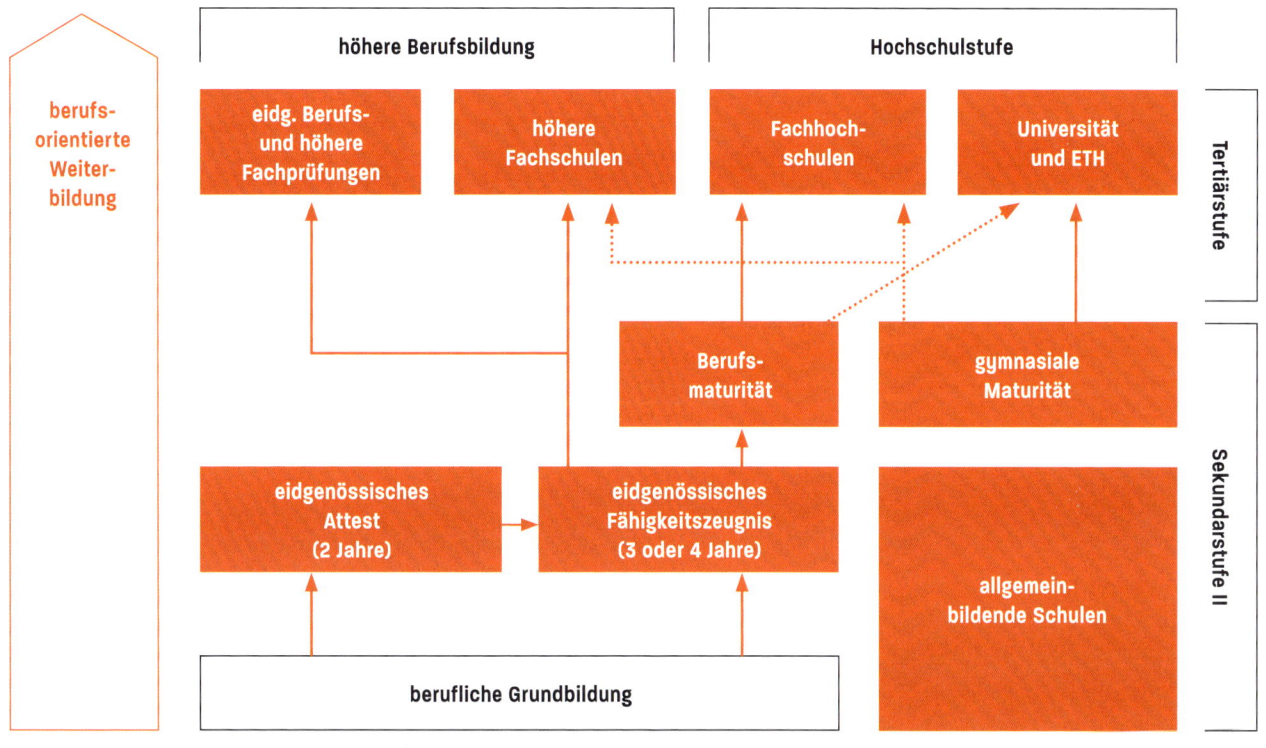

*Weiterbildungsmöglichkeiten nach der beruflichen Grundbildung.*

Wer eine berufliche Grundbildung abgeschlossen hat, kann den Weg über die berufsorientierte Weiterbildung oder jenen über die Fachhochschule wählen. Für das Studium an der Fachhochschule braucht es die Berufsmaturität. Bei der Weiterbildungsvariante über die höhere Berufsbildung ist sie nicht nötig.

**Zwei Wege**

Die Zeiten sind vorbei, als man nach der Berufsausbildung praktisch das ganze Berufsleben auf demselben Beruf arbeitete. Deshalb ist heute das lebenslange Lernen von grosser Bedeutung. Gemäss dem Bundesamt für Statistik (BFS) besuchen über 60 Prozent der Schweizer Bevölkerung regelmässig Weiterbildungen. Dabei sind beruflich orientierte Veranstaltungen am meisten gefragt.

**Lebenslanges Lernen**

## Laufbahnplanung

### Standortbestimmung

Jede Laufbahnplanung sollte mit einer Standortbestimmung beginnen, denn vom Ergebnis einer solchen Analyse hängt es wesentlich ab, welche zukünftige Berufsrichtung man einschlägt. Bei der Standortbestimmung geht es darum, die Motivation, die Interessen, Kompetenzen und Ziele zu analysieren. Als Methode eignet sich dazu am besten das Beantworten von Leitfragen.

**Leitfragen für die berufliche Standortbestimmung**

| Motivation | Interessen |
|---|---|
| – Weshalb möchte ich …? | – Was interessiert mich beruflich? |
| – Was sind meine Bedürfnisse? | – Was interessiert mich ausserberuflich? |
| – Was ist mir wichtig? | – Wovon möchte ich mehr erfahren? |

| Kompetenzen | Ziele |
|---|---|
| – Was sind meine fachlichen Stärken? | – Was sind meine beruflichen Ziele? |
| – Was sind meine überfachlichen Stärken? | – Was sind meine privaten Ziele? |
| – Was möchte ich noch entwickeln? | – Wo möchte ich in zehn Jahren stehen? |

Weitere Informationen zur Laufbahnplanung unter: *berufsberatung.ch*.

### Stellensuche

Nach der Standortbestimmung kann man sich auf die Stellensuche konzentrieren. Dabei empfiehlt es sich, verschiedene Kanäle und Möglichkeiten zu nutzen.

**Möglichkeiten und Kanäle bei der Stellensuche**

| | |
|---|---|
| **Persönliches Netzwerk** | Freunden, Bekannten und Verwandten erzählen, dass man eine Stelle sucht. Umfragen zeigen, dass viele Stellen aufgrund direkter Kontakte besetzt werden. |
| **Stelleninserate** | Im Internet oder in Zeitungen gezielt nach Stelleninseraten suchen und prüfen, ob sie zur Standortbestimmung passen. |
| **Öffentliche Berufs-, Studien- und Laufbahnberatung** | Die Kantone bieten kostenlos Information und Beratung zu Fragen rund um Ausbildung, Beruf und Laufbahn an. Adressen unter: *berufsberatung.ch*. |
| **Regionale Arbeitsvermittlungszentren RAV** | Auch die kantonalen RAV unterstützen Stellensuchende mit Unterlagen und persönlicher Beratung. |
| **Spontanbewerbung** | Eine Bewerbung einreichen, ohne dass eine Stelle ausgeschrieben ist. Eine Spontanbewerbung hat mehr Erfolg, wenn sie direkt an eine Person gerichtet ist. Bei Spontanbewerbungen reicht es, wenn man das Bewerbungsschreiben und den Lebenslauf zustellt. |

Wichtig: Man sollte sich nur auf Stellen bewerben, bei denen die verlangten Anforderungen und Berufserfahrungen mehrheitlich mit den eigenen Qualifikationen übereinstimmen.

▶ **Lernauftrag 1:** Eine berufliche Standortbestimmung vornehmen (siehe Seite 299).

## Stellenbewerbung

Personalverantwortliche, heute oftmals HR-Manager (HR = human resources) genannt, nehmen sich für ein Bewerbungsdossier bei einer ersten Durchsicht nur ein paar Minuten Zeit. Der erste Eindruck ist also entscheidend. Gemäss einer Umfrage lesen sie zuerst den Bewerbungsbrief und den Lebenslauf. Dabei achten sie vor allem darauf, wie gut sich der Inhalt auf die Stelle bezieht sowie auf Übersichtlichkeit und Korrektheit. Negativ fallen ins Gewicht: schlechte Darstellung, Rechtschreibefehler, falsche Namen, floskelhafte Formulierungen und Lücken beim Lebenslauf.

### Bewerbungsdossier

Ein vollständiges Bewerbungsdossier enthält: den Bewerbungsbrief, den tabellarischen Lebenslauf mit Foto und als Beilagen Kopien des Berufsabschlusses, von Diplomen, Arbeitszeugnissen sowie von Schul- und Ausbildungszeugnissen. Auf Verlangen sind auch beizulegen: Leumundszeugnis, Auszug aus dem Zentralstrafregister, Handschriftprobe.

### Bewerbungsbrief

Das Verfassen eines überzeugenden Bewerbungsbriefes ist eine anspruchsvolle Aufgabe. Doch der Einsatz lohnt sich, denn der Brief entscheidet weitgehend, ob man zu einem Vorstellungsgespräch eingeladen wird. Auf folgende Punkte ist ganz besonders zu achten:

- Gestaltung nach den Grundsätzen der Geschäftskorrespondenz mit einer klaren inhaltlichen Struktur (siehe Seite 282).
- Bezug auf das Stelleninserat
- Fehlerfeie Sprache sowie korrekte Namen, Berufsbezeichnungen und Daten (den Text anderen zum Gegenlesen geben)
- Kompetenzen beschreiben, statt bewerten. (Statt: «Mit diesen Modellen kenne ich mich perfekt aus.» Besser: «Mit diesen Modellen durfte ich bereits Erfahrungen sammeln.»)
- Aussagekräftige, klare Sprache statt Floskeln. Floskeln sind überflüssige Äusserungen, die keinen oder nur geringen Informationsgehalt haben.
- Umfang von maximal einer A4-Seite

▶ **Lernauftrag 2:** Musterbriefe aus dem Internet prüfen und bewerten (siehe Seite 299).

## Kommentiertes Orientierungsbeispiel Bewerbungsbrief

| | |
|---|---|
| individuell gestaltete Absenderadresse | **Benedikt Beispiel**<br>Jupiterstrasse 255 | 3015 Bern | 078 644 98 XX | benedikt.beispiel@bluewin.ch |
| Anschrift | Multicar Garage<br>Herr Max Maier<br>Hauptstrasse 123<br>3400 Burgdorf |
| Ort, Datum | Bern, 30. Januar 20XX |
| Brieftitel | **Bewerbung als Automobil-Fachmann** |
| Anrede | Sehr geehrter Herr Maier |
| Bezug auf die Stelle | Sie suchen auf den Sommer 20XX einen Automobil-Fachmann EFZ für Ihren Multimarkenbetrieb in Burgdorf. Die Ausschreibung spricht mich sehr an, daher bewerbe ich mich um die Stelle. |
| aktuelle Tätigkeit | Noch bis Juni 20XX absolviere ich die berufliche Grundbildung Fachrichtung Personenwagen bei der Touring-Garage in Bern. Die Garage ist wie Ihr Betrieb ein Multimarken-Autohaus und führt diverse deutsche Automarken. |
| Erfahrungen, Kompetenzen | Während meiner Ausbildung konnte ich das nötige Fachwissen aufbauen und durfte vielfältige praktische Erfahrungen sammeln. Auch habe ich gelernt, wie man selbstständig und verantwortungsbewusst Aufträge bearbeitet. Sie dürfen von mir zudem eine hohe Leistungsbereitschaft, gute Englischkenntnisse und eine kundenorientierte Haltung erwarten. |
| spezielle Kompetenz | Die von Ihnen im Inserat verlangten Grundkenntnisse in der Elektromobilität habe ich an der Berufsfachschule und in einem Weiterbildungskurs erworben. Hinzu kommen meine Erfahrungen mit dem VW e-up meiner Eltern. |
| Hinweis auf Einladung | Ich freue mich, wenn Sie an meiner Bewerbung interessiert sind und mich zu einem Vorstellungsgespräch einladen. |
| Grussformel Unterschrift | Freundliche Grüsse<br>**Benedikt Beispiel** |
| Beilagen | Lebenslauf<br>Kopie Arbeitszeugnis<br>Kopie Schulzeugnisse |

Rand links 3 cm        Rand rechts 2 cm

## Lebenslauf

Der Lebenslauf ist das zweite wichtige Dokument des Bewerbungsdossiers. Der Lebenslauf dient in erster Linie als Informationsblatt. Er gibt Auskunft über Personalien, Aus- und Weiterbildung, Berufspraxis, Kenntnisse und Kompetenzen sowie ausserberufliche Tätigkeiten und Interessen.

Für das Dokument existieren verschiedene Bezeichnungen wie Lebenslauf, Personalienblatt, Beiblatt u.a. International durchgesetzt hat sich die lateinische Bezeichnung «Curriculum Vitae», meist abgekürzt mit CV. **Bezeichnung**

Früher wurde der Lebenslauf in der Regel wie ein Brief verfasst. Heute ist die tabellarische Form mit stichwortartigen Angaben üblich (siehe Seite 284). Zu achten ist auf eine einheitliche, übersichtliche Darstellung. **Form**

Der erste Teil beinhaltet die eigentlichen Personalien. Anschliessend folgen nach Themen geordnet die weiteren Angaben. Für die Bereiche Schulen, Ausbildung und Berufspraxis gibt es folgende Gliederungsvarianten: **Aufbau**

- chronologisch: von der Vergangenheit zur aktuellen Situation, also beginnend mit dem ältesten Datum (z.B. Primarschule),
- anti-chronologisch: von der Gegenwart in die Vergangenheit, also beginnend mit der aktuellen Tätigkeit.

Bei der Gliederung gibt es nicht die Standardvariante. Jedoch wird heute bei den Angaben zu Schule, Ausbildung und Berufspraxis häufig die antichronologische Gliederung gewählt. Die anderen Bereiche werden thematisch gruppiert.

Die Aufzählung sollte keine Lücken aufweisen, denn Lücken lösen Fragen aus. **Vollständigkeit**

Die Angaben zur Dauer stehen links und werden einheitlich in Zeitblöcken angegeben. Dabei genügen Monate und Jahre, zum Beispiel 08.2021–07.2022. Ist eine Tätigkeit noch nicht abgeschlossen, schreibt man «seit XX.XXXX». **Zeitblöcke**

Das Foto ist ebenfalls ein zentraler Bestandteil der Bewerbung. Das Bild muss aktuell und von professioneller Qualität sein. Private Aufnahmen mit dem Smartphone oder Bilder aus dem Fotoautomaten genügen nicht. Hier lohnt es sich, etwas Geld zu investieren **Foto**

Mit Referenzen meint man Personen, die Auskunft über einen geben können. Diese Personen werden in der Regel erst nach dem Vorstellungsgespräch kontaktiert. Daher ist es nicht nötig, die Kontaktdaten von Referenzpersonen schon im Bewerbungsdossier anzugeben. Es genügt der Hinweis, dass man beim Vorstellungsgespräch eine Liste mit Referenzpersonen überreichen werde. **Referenzen**

Die Angaben zum Eintritt und zur Kündigungsfrist können für die Personalverantwortlichen wichtige Planungs- und Entscheidungsgrundlagen sein. **Eintritt**

Nicht in den Lebenslauf gehören Angaben zur Religion, Gesundheit, Politik, zu den Eltern sowie zu den Lohnvorstellungen. **Keine Angaben**

**Orientierungsbeispiel Lebenslauf**

## CV Benedikt Beispiel

**Personalien**

| | |
|---|---|
| Vorname, Name | Benedikt Beispiel |
| Wohnadresse | Jupiterstrasse 255, 3015 Bern |
| E-Mail | benedikt.beispiel@bluewin.ch |
| Mobile | 078 644 98 XX |
| Geburtsdatum | 16. Januar 2005 |
| Heimatort | Grenchen SO |
| Zivilstand | ledig |

**Ausbildung**

| | |
|---|---|
| seit 08.2020 | Berufliche Grundbildung als Automobil-Fachmann Abschluss mit Fähigkeitsausweis EFZ im Juni 2023 |

**Berufspraxis**

| | |
|---|---|
| seit 08.2020 | Lehre bei der Touring-Garage in Bern Fachrichtung Personenwagen |

**Schulen**

| | |
|---|---|
| 08.2017–07.2020 | Sekundarschule Langenthal |
| 08.2011–07.2017 | Primarschule in Langenthal |

**Weiterbildung**

| | |
|---|---|
| 10.2020 / 5 Tage | BMW-Sicherheitssysteme, BMW-Werk München |
| 11.2021 / 3 Tage | Herausforderung Elektromobilität, AGVS-Kurs |

**Sprachen**

Deutsch: Muttersprache, sehr gute Kenntnisse
Französisch: Grundkenntnisse mündlich
Englisch: gute Kenntnisse mündlich und schriftlich

**Qualifikationen**

Informatik-Diplom ICT Smart-User SIZ
Führerausweis Kategorie B

**Interessen**

Technik: Oldtimer-Motorräder, Raumfahrt
Sport: Biken, Klettern, Handball

**Referenzen**

Gerne überreiche ich Ihnen beim Vorstellungsgespräch eine Liste mit Referenzpersonen.

**Eintritt**

Auf 1. August 2023 oder nach Vereinbarung (keine Kündigungsfrist)

▶ **Lernauftrag 3:** Den eigenen Lebenslauf erstellen (siehe Seite 300).

## Vorstellungsgespräch

Das Vorstellungsgespräch – in der Fachsprache auch Interview genannt – ist nach dem Einreichen des Bewerbungsdossiers der zweite wichtige Schritt im Anstellungsverfahren. Auch hier gilt: Der erste Eindruck zählt. Das Gespräch bietet die Möglichkeit, sich persönlich zu präsentieren und die Personalverantwortlichen davon zu überzeugen, dass man die geeignete Person für die Stelle ist. Eine seriöse Vorbereitung erhöht die Erfolgschancen.

| | | |
|---|---|---|
| **Termin bestätigen** | Es empfiehlt sich, Termin und Zeit des Gesprächs schriftlich zu bestätigen. Bei dieser Gelegenheit kann erwähnt werden, dass man sich auf das Gespräch freut. | Vorbereitung |
| **Informationen sammeln** | Informationen über die Firma oder die Behörde finden sich im Internet und in Broschüren. Die Notizen kann man zum Gespräch mitnehmen. Auch sollte man sich die wichtigsten Namen merken. | |
| **Sich auf Fragen vorbereiten** | Vorstellungsgespräche laufen zwar unterschiedlich ab, doch bei den meisten werden bestimmte Standardfragen gestellt. Auf diese sollte man sich gut vorbereiten (siehe Seite 286). | |
| **Eigene Fragen notieren** | Die Gespräche bieten auch die Gelegenheit, eigene Fragen zu stellen. Am besten legt man eine Frageliste an und nimmt diese zum Gespräch mit (siehe Seite 286). | |
| **Reise planen** | Unpünktlichkeit bei einem Vorstellungstermin ist ein No-go. Die Anreise muss deshalb gut vorbereitet sein. Ein allzu frühes Erscheinen, beispielsweise bereits eine Stunde vor dem Gespräch, ist jedoch zu vermeiden. | |
| **Äussere Erscheinung vorbereiten** | Bei der Kleidung gilt die Regel, dass die Kleidung etwa dem entsprechen sollte, was man am zukünftigen Arbeitsplatz tragen würde. Ausgenommen davon sind natürlich spezifische Arbeitskleider. Wichtig ist, dass man einen gepflegten Eindruck macht (Kleidung, Schuhe, Frisur usw.). | |
| **Sich positiv einstellen** | Jede Person ist vor einem Vorstellungsgespräch angespannt. Die Nervosität und Unsicherheit kann dadurch vermindert werden, indem man sich positiv auf das Gespräch einstellt und sich auf seine Stärken konzentriert. | |

**Ablauf**  Die meisten Vorstellungsgespräche laufen strukturiert nach einem festgelegten Plan ab. Doch es gibt auch offene Formen. So kann es sein, dass man durch die Firma geführt und dabei den Angestellten vorgestellt wird. Aber auch bei solchen eher lockeren Formen wird das Auftreten, Kommunizieren und Verhalten beobachtet.

**Gesprächsphasen**  Viele Firmen arbeiten heute mit einheitlichen, strukturieren Abläufen und verwenden für die Gespräche einen sogenannten Interview-Leitfaden. Darin sind die einzelnen Schritte festgehalten und Fragen formuliert. Die üblichen Gesprächsphasen sind:

> **Gesprächsphasen eines Vorstellungsgesprächs**
> - Begrüssung und Small Talk
> - Gespräch mit Fragen und Antworten
> - Fragen der Kandidaten
> - Offene Punkte und weiteres Vorgehen
> - Verabschiedung

*Mit einer positive Ausstrahlung und Blickkontakt kann man bei Bewerbungsgesprächen Punkte holen.*

**Tipps zur Vorbereitung**

**Fragen, auf die man sich vorbereiten sollte**
- Weshalb haben Sie sich bei uns beworben?
- Was wissen Sie bereits über unser Unternehmen / unsere Institution?
- Wie sieht Ihr bisheriger beruflicher Werdegang aus?
- Welche beruflichen Ziele haben Sie?
- Wie würden andere Sie beschreiben?
- Welche Stärken und welche Schwächen würden andere nennen?
- Wann sind Sie mit Ihrer Arbeit zufrieden?
- Was macht für Sie ein gutes Team aus?
- Was sind Ihre Lohnvorstellungen?

| | |
|---|---|
| **Fragen, die man selbst stellen kann** | – Wie würde ich eingearbeitet?<br>– Wer wäre meine direkt vorgesetzte Person?<br>– Mit welchen Abteilungen würde ich zusammenarbeiten?<br>– Wie sieht das Tagesgeschäft aus?<br>– Welche Weiterbildungsmöglichkeiten gibt es?<br>– Wie sehen die weiteren Schritte aus?<br>– Wann erhalte ich von Ihnen Bericht? |
| **Fragen, die man nicht stellen sollte** | – Wann bekomme ich die erste Lohnerhöhung?<br>– Wann kann ich die ersten Ferien nehmen?<br>– Weshalb hat mein Vorgänger/meine Vorgängerin gekündigt?<br>– Wie hoch ist die Chance, dass ich den Job bekomme?<br>– Wer hat sich sonst noch auf die Stelle beworben? |
| **Fragen, die man nicht beantworten muss** | Fragen zur politischen Einstellung, zum Gesundheitszustand, zur Familienplanung, Religion und der sexuellen Orientierung sowie andere Fragen zum Privatleben ohne Bezug zur Stelle sind nicht erlaubt und müssen daher nicht beantwortet werden.<br><br>Rechtlicher Hintergrund: OR 328 b |

▶ **Lernauftrag 4:** Das Vorstellungsgespräch im Rollenspiel üben (siehe Seite 300).

## Das weiss ich jetzt!

10.1 Welche vier Bereiche sollten bei einer beruflichen Standortbestimmung abgeklärt werden?

10.2 Welche beiden Dokumente des Bewerbungsdossiers sind die wichtigsten?

10.3 Wie lange sollte ein Bewerbungsbrief maximal sein?

10.4 Was bedeutet CV auf deutsch?

10.5 Was gehört nicht in den Lebenslauf?

10.6 Wie kann man sich auf ein Vorstellungsgespräch vorbereiten?

10.7 Zu welchen Themen muss man bei einem Vorstellungsgespräch keine Auskunft geben?

## 10.2 Arbeitsverträge

### Rechtliche Grundlagen und Formen

**Rechtliche Grundlagen**

Arbeitsverträge regeln das Arbeitsverhältnis zwischen den arbeitgebenden und den arbeitnehmenden Personen. Unter anderem werden die Rechte und Pflichten der beiden Seiten festgehalten. Die Verträge beruhen auf diversen gesetzlichen Bestimmungen. Die drei wichtigsten sind das Obligationenrecht (OR), das Arbeitsgesetz (ArG) sowie Betriebsreglemente.

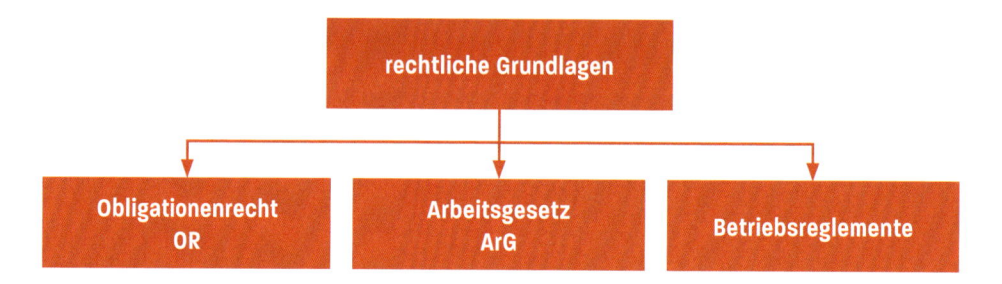

```
                    rechtliche Grundlagen
                    /        |         \
        Obligationenrecht  Arbeitsgesetz  Betriebsreglemente
              OR               ArG
```

| | |
|---|---|
| Obligationenrecht (OR) | Das OR enthält die grundsätzlichen Vorschriften über den Arbeitsvertrag. Es regelt die Entstehung des Vertrags, die Pflichten sowie die Beendigung des Arbeitsverhältnisses. |
| Arbeitsgesetz (ArG) | Das ArG enthält Normen über den Schutz der arbeitnehmenden Personen. So sind unter anderem geregelt: die Unfall- und Gesundheitsvorsorge, die Arbeits- und Ruhezeit, die Nacht- und Sonntagarbeit sowie der Schutz von schwangeren und jugendlichen Arbeitnehmenden. |
| Betriebsreglemente | Viele Unternehmen haben ein Firmen- oder Betriebsreglement. Dieses enthält Bestimmungen, die für alle Arbeitnehmenden im Betrieb gelten. Themen können sein: Arbeitszeitmodell, Überstunden, Geheimhaltung, Verhalten bei Unfall und Krankheit, Anspruch auf freie Tage usw. |

Bei den vertraglichen Vereinbarungen auf Arbeitsleistungen unterscheidet man zwischen dem Einzelarbeitsvertrag und dem Gesamtarbeitsvertrag.

## Einzelarbeitsvertrag (EAV)

### Inhalt und Form

Mit dem Einzelarbeitsvertrag verpflichten sich die Arbeitnehmerinnen und Arbeitnehmer, auf bestimmte oder unbestimmte Zeit für einen Arbeitgeber oder eine Arbeitgeberin zu arbeiten. Als Gegenleistung sind diese verpflichtet, einen entsprechenden Lohn zu bezahlen.

**Inhalt**
OR 319

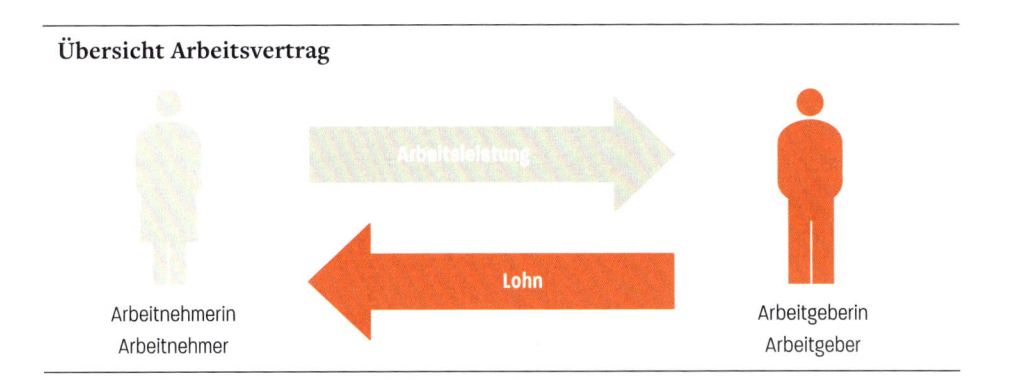

**Übersicht Arbeitsvertrag**

Arbeitnehmerin / Arbeitnehmer — Arbeitsleistung → Arbeitgeberin / Arbeitgeber
Arbeitgeberin / Arbeitgeber — Lohn → Arbeitnehmerin / Arbeitnehmer

Für den Einzelarbeitsvertrag ist keine besondere Form vorgeschrieben. Somit gelten auch mündliche Absprachen als abgeschlossener Arbeitsvertrag. Aus Beweisgründen ist es jedoch sinnvoll, den Vertrag in schriftlicher Form abzuschliessen. Bei einem unbefristeten Arbeitsverhältnis sind die Arbeitgeberinnen und Arbeitgeber verpflichtet, den Arbeitnehmenden über die wichtigsten Punkte der Vereinbarung zu informieren, so u. a. über den Lohn und die wöchentliche Arbeitszeit. Eine Besonderheit gilt beim Lehrvertrag: Dieser muss schriftlich abgeschlossen werden (OR 344 a).

**Form**
OR 320

Das unbefristete Arbeitsverhältnis beginnt mit einer Probezeit. Diese dauert einen Monat und kann auf maximal drei Monate verlängert werden.

**Probezeit**
OR 335 b

*Wer als Floristin bei einem Blumenladen angestellt ist, erhält als Gegenleistung für die Arbeit einen entsprechenden Lohn.*

### Pflichten der Arbeitnehmenden

Jedes Arbeitsverhältnis begründet gegenseitige Pflichten. Im Folgenden sind die wichtigsten Pflichten der arbeitnehmenden Personen beschrieben.

**Persönliche Arbeitsleistung OR 321**
Eine angestellte Person muss die vertraglich verabredete Arbeit selbst leisten. Sie kann also nicht während einer Woche ihren Bruder zur Arbeit schicken, um länger Ferien zu machen, auch wenn dieser die gleiche Ausbildung hat.

**Sorgfaltspflicht OR 321a**
Arbeitnehmende müssen die ihnen zugewiesenen Arbeiten sorgfältig und mit vollem Einsatz ausführen. Insbesondere Werkzeuge, Geräte, Material usw. müssen sie fachgerecht und schonend behandeln.

**OR 321e**
Für Schäden, die sie dem Arbeitergeber absichtlich oder fahrlässig zufügen, sind sie haftbar (Einschränkung OR 321e 2).
Die Privathaftpflichtversicherung zahlt keine Schäden am Arbeitsplatz!

**Treuepflicht OR 321a**
Von den Mitarbeitenden wird verantwortungsbewusstes, loyales und redliches Verhalten erwartet. Sie haben alles zu unterlassen, was dem Arbeitgeber einen Schaden zufügen kann. Fabrikations- und Geschäftsgeheimnisse sind während der Dauer des Arbeitsverhältnisses zu wahren, je nach Interesse des Arbeitgebers sogar darüber hinaus.
Nebentätigkeiten, welche die Leistungsfähigkeit der Arbeitnehmenden am Arbeitsplatz beeinträchtigen oder den Arbeitgeber konkurrenzieren, sind verboten.

*Arbeitnehmerinnen und Arbeitnehmer haben die ihnen zugewiesenen Arbeiten sorgfältig und mit vollem Einsatz auszuführen.*

**Rechenschafts- und Herausgabepflicht OR 321b**
Was die Arbeitnehmenden in Ausübung ihrer Tätigkeit für den Arbeitgeber von Drittpersonen erhalten, haben sie dem Arbeitgeber abzuliefern (z. B. Geld, nicht aber Trinkgeld).

Überstunden liegen vor, wenn über die vertraglich vereinbarte Arbeitszeit hinaus gearbeitet werden muss.

Arbeitnehmende können vom Arbeitgeber verpflichtet werden, Überstunden zu leisten, wenn sie aus betrieblichen Gründen notwendig und für die Arbeitnehmenden zumutbar sind (z. B. persönliche Leistungsfähigkeit und Gesundheit, familiäre Pflichten).

Die geleisteten Überstunden können durch Freizeit von gleicher Dauer abgegolten werden. Diese Kompensation kann vom Arbeitgeber nicht einseitig angeordnet werden; er braucht das Einverständnis der Arbeitnehmenden. Die Überstunden sollten in der Regel innerhalb von 14 Wochen kompensiert werden. Wird die Überstundenarbeit nicht durch Freizeit ausgeglichen, schuldet der Arbeitgeber der angestellten Person einen Lohnzuschlag von mindestens 25 Prozent.

Es ist Sache der Arbeitnehmenden, nachzuweisen, dass sie Überstunden geleistet haben. Der Anspruch auf Entschädigung verjährt innert fünf Jahren.

*Überstunden*
*OR 321c*

Arbeitnehmende haben die Weisungen des Arbeitgebers zu befolgen. Sie erledigen ihre Arbeit also nicht nach eigenem Gutdünken, sondern gemäss Anordnungen des Arbeitgebers.

Weisungen, welche die Leistungsfähigkeit der angestellten Person überfordern, schikanös sind, ihre Gesundheit gefährden oder sie in Gewissenskonflikte stürzen, muss sie nicht befolgen.

Allgemeine Anordnungen sind häufig in einer Betriebsordnung, in einem Pflichtenheft oder einer Stellenbeschreibung enthalten.

*Befolgung von Anordnungen und Weisungen*
*OR 321d*

### Pflichten der Arbeitgebenden

Der Arbeitgeber hat den Mitarbeitenden den vereinbarten Lohn jeweils auf Ende jedes Monats zu bezahlen, sofern nichts anderes üblich oder abgemacht worden ist.

Normalerweise müssen die Arbeitnehmenden zuerst den ganzen Monat arbeiten, bevor sie ihren Lohn erhalten. Gerät eine angestellte Person in eine Notlage, so muss ihr der Arbeitgeber auf Verlangen einen Vorschuss in der Höhe der geleisteten Arbeit bezahlen.

Die Mitarbeitenden haben Anspruch auf eine schriftliche Lohnabrechnung.

*Lohnzahlungspflicht*
*OR 322, 323*

Die Gratifikation ist eine Sondervergütung, die der Arbeitgeber bei gutem Geschäftsgang, guter Leistung der angestellten Person oder als Ansporn für die Zukunft freiwillig entrichtet. Manchmal ist sie im Arbeitsvertrag geregelt. Dann ist sie auch bei vorzeitigem Austritt anteilsmässig geschuldet.

*Gratifikation*
*OR 322d*

Im Gegensatz zur Gratifikation gilt der 13. Monatslohn als fester Lohnbestandteil und wird geschuldet. Bei einem Stellenwechsel während des Jahres hat die angestellte Person ebenfalls Anrecht auf eine Pro-rata-Zahlung desselben.

*13. Monatslohn*

Kann eine angestellte Person die Arbeit wegen begründeter Verhinderung nicht ausführen, so muss der Arbeitgeber für eine beschränkte Zeit den Lohn weiterbezahlen, sofern das Arbeitsverhältnis mehr als drei Monate gedauert hat.

*Lohnzahlung bei Verhinderung des Arbeitnehmers*
*OR 324a ff.*

Als begründete Verhinderung gelten die folgenden Ereignisse:

**Gründe für Lohnfortzahlung**
- Krankheit
- Unfall
- Obligatorischer Militärdienst
- Ausübung eines öffentlichen Amtes (z. B. Grossrat)
- Schwangerschaft und Geburt

Im ersten Dienstjahr beträgt die Lohnfortzahlungspflicht drei Wochen.

**Dauer der Lohnfortzahlungspflicht**

Um endlose Diskussionen zu vermeiden, haben Arbeitsgerichte Tabellen entwickelt (Berner, Basler und Zürcher Skala), die als Richtlinien für die Dauer der Lohnfortzahlungspflicht herangezogen werden können.

**Lohnfortzahlungspflicht**

| Dienstjahr | Berner Skala | Basler Skala | Zürcher Skala |
|---|---|---|---|
| 1. | 3 Wochen | 3 Wochen | 3 Wochen |
| 2. | 1 Monat | 2 Monate | 8 Wochen |
| 3. | 2 Monate | 2 Monate | 9 Wochen |
| 4. | 2 Monate | 3 Monate | 10 Wochen |
| 5. | 3 Monate | 3 Monate | 11 Wochen |
| 6. | 3 Monate | 3 Monate | 12 Wochen |
| 7. | 3 Monate | 3 Monate | 13 Wochen |
| 8. | 3 Monate | 3 Monate | 14 Wochen |
| 9. | 3 Monate | 3 Monate | 15 Wochen |
| 10. | 4 Monate | 3 Monate | 16 Wochen |

Diese Regelung gilt, wenn keine Versicherung – weder die kollektive Krankentaggeldversicherung im Betrieb noch die Unfallversicherung oder die Erwerbsersatzordnung – den Lohnausfall deckt.

**Arbeitsgeräte, Material und Auslagen OR 327, 327a**

Sofern nichts anderes vereinbart oder üblich ist, muss der Arbeitgeber den Arbeitnehmenden die notwendigen Arbeitsgeräte und Materialien bereitstellen. Stellen Arbeitnehmende mit Einverständnis der Arbeitgebenden Geräte oder Materialien selbst zur Verfügung, haben sie dafür eine angemessene Entschädigung zugute. Der Arbeitgeber hat der angestellten Person die Spesen zu ersetzen, die ihr durch die Ausführung der Arbeit entstehen, insbesondere dann, wenn es sich um auswärtige Arbeiten handelt.

**Schutz der Persönlichkeit des Arbeitnehmers OR 328, 328b**

Der Arbeitgeber hat die Persönlichkeit der Arbeitnehmenden zu schützen. Insbesondere muss er sexuelle Belästigung und Mobbing verhindern.
Der Arbeitgeber hat auf die Gesundheit der Arbeitnehmenden Rücksicht zu nehmen und alle zumutbaren und notwendigen Vorkehrungen zu treffen, um Unfälle und andere Gesundheitsgefährdungen zu verhindern.
Der Datenschutz muss gewährleistet werden.

*Die Arbeitgeber sind verpflichtet, die notwendigen Arbeitsgeräte und Materialen bereitzustellen.*

Der Mindestferienanspruch beträgt ab dem vollendeten 20. Altersjahr vier bezahlte Wochen (20 Arbeitstage) pro Jahr.

Der Arbeitgeber bestimmt den Zeitpunkt der Ferien und nimmt dabei auf die Wünsche der Arbeitnehmenden Rücksicht (so hat z. B. ein Familienvater Anrecht darauf, seine Ferien während der Schulferien beziehen zu können). Mindestens zwei Ferienwochen müssen der Arbeitnehmerin in einem zusammenhängenden Abschnitt gewährt werden.

Für ein unvollständiges Dienstjahr werden die Ferien anteilsmässig gewährt.

Ferien dürfen nicht durch Geldleistungen abgegolten werden, da sie der Erholung dienen (Ausnahme: Beendigung des Arbeitsverhältnisses).

**Ferien**
OR 329 a–d

Erkrankt oder verunfallt eine angestellte Person während der Ferien ernsthaft ohne eigenes Verschulden, sodass der Erholungszweck nicht mehr gewährleistet ist, bewirkt dies einen Unterbruch der Ferien. Die Person kann die entsprechenden Ferientage nachbeziehen, muss jedoch beweisen, dass sie krank war oder einen Unfall hatte. Sie sollte deshalb ihren Arbeitgeber sofort informieren und sich ein Arztzeugnis beschaffen.

**Krankheit und Unfall während der Ferien**

Viele Arbeitsverträge verlangen von den Angestellten, dass sie ab dem dritten Tag, den sie im Betrieb fehlen, ein Arztzeugnis vorlegen müssen. Der Arbeitgeber darf im Arbeitsvertrag aber festlegen, dass ein Zeugnis bereits ab dem ersten Tag nötig ist.

**Arztzeugnis**

Arbeitnehmende haben Anspruch auf freie Stunden und Tage. Es gelten in der Praxis recht einheitliche Richtlinien:

**Übliche freie Stunden und Tage**
OR 329

| Richtlinien für freie Tage (häufig im GAV geregelt) | |
|---|---|
| Eigene Heirat | 2 bis 3 Tage |
| Heirat eines engen Verwandten | 1 Tag |
| Geburt eines Kindes | 1 Tag |
| Tod eines Familienmitgliedes | 1 bis 3 Tage |
| Umzug | 1 Tag |
| Behördengang und Arztbesuch | nach Bedarf |

**Feiertage** Pro Jahr können die Kantone acht Feiertage den Sonntagen gleichstellen. Der 1. August (Bundesfeiertag) gilt als Feiertag.
Wenn im GAV/EAV geregelt, können Feiertage, die in die Ferien fallen, nachbezogen werden.

**Ausserschulische Jugendarbeit OR 329e** Jugendliche Arbeitnehmende bis zum 30. Altersjahr haben für ehrenamtliche leitende oder betreuende Tätigkeiten im Rahmen ausserschulischer Jugendarbeit (z. B. J+S-Kurse) Anspruch auf maximal fünf Arbeitstage unbezahlten Urlaub.

**Arbeitszeugnis OR 330a** Arbeitnehmende können jederzeit vom Arbeitgeber ein Zeugnis verlangen, das über die Art und Dauer des Arbeitsverhältnisses, die Stellung und Funktion im Betrieb sowie über ihre Leistungen und ihr Verhalten Auskunft gibt. Das Arbeitszeugnis muss inhaltlich klar, eindeutig und wahrheitsgetreu verfasst werden. Es darf keine falschen Angaben enthalten und sollte auf verschlüsselte Formulierungen verzichten (keine Codierungen).

**Arbeitsbestätigung** Bei Unstimmigkeiten zwischen den Vertragsparteien hat die angestellte Person das Recht auf eine Arbeitsbestätigung. Diese beinhaltet nur die Art und Dauer der Beschäftigung, äussert sich aber nicht über die Leistungen und das Verhalten des Arbeitnehmenden.

---

**Das weiss ich jetzt!**

10.8 Was sind die drei wichtigsten rechtlichen Grundlagen beim Arbeitsvertrag?

10.9 Worin besteht die Hauptpflicht der Arbeitnehmerinnen und Arbeitnehmer?

10.10 Wann haften arbeitnehmende Personen für Schäden?

10.11 Was ist die Hauptpflicht der Arbeitgeber und Arbeitgeberinnen?

10.12 Wie hoch muss nach OR 321c der Zuschlag bei Überstunden sein?

10.13 Wo ist festgehalten, wie lange die Pflicht zur Lohnfortzahlung bei Krankheit und Unfall besteht?

10.14 Wie viele Ferienwochen sind gesetzlich vorgeschrieben?

10.15 Worüber muss ein Arbeitszeugnis Auskunft geben?

## Beendigung des Arbeitsverhältnisses

Die Beendigung des Arbeitsverhältnisses ist abhängig vom Arbeitsvertrag. Ein befristeter Arbeitsvertrag endet ohne Kündigung mit Ablauf der Vertragszeit. Ein unbefristeter Arbeitsvertrag läuft so lange, bis eine der Parteien den Vertrag kündigt.

*Befristete und unbefristete Verträge*
*OR 334, 335*

### Ordentliche Kündigung

Soweit schriftlich nichts anderes vereinbart, gelten folgende Kündigungsfristen:

*Kündigungsfristen*
*OR 335 a–c*

**Kündigungsfristen**
- Während der Probezeit kann das Arbeitsverhältnis jederzeit mit sieben Tagen Kündigungsfrist gekündigt werden.
- Nach der Probezeit kann das Arbeitsverhältnis im 1. Dienstjahr mit einer Frist von einem Monat auf jedes Monatsende gekündigt werden.
- Im 2. bis 9. Dienstjahr kann das Arbeitsverhältnis mit einer Frist von zwei Monaten auf jedes Monatsende gekündigt werden.
- Ab dem 10. Dienstjahr kann das Arbeitsverhältnis mit einer Frist von drei Monaten auf jedes Monatsende gekündigt werden.

Die Kündigung kann mündlich mitgeteilt werden. Sie ist formlos gültig. Eine schriftliche, eingeschriebene Kündigung erleichtert jedoch den Beweis. Die Kündigung muss schriftlich begründet werden, falls dies von einer Vertragspartei gewünscht wird.
Das Kündigungsschreiben muss spätestens am letzten Tag vor Beginn der Kündigungsfrist im Besitze des Empfängers sein. Der Poststempel ist nicht massgebend. Es empfiehlt sich, die Kündigung rechtzeitig aufzugeben und sich allenfalls zu erkundigen, ob sie eingetroffen ist oder nicht.

*Form der Kündigung*
*OR 335*

Verspätete Kündigungen gelten auf den nächstmöglichen Kündigungstermin. Wird irrtümlicherweise mit einer zu kurzen Kündigungsfrist gekündigt, ist die Kündigung keinesfalls nichtig. Reklamiert der Empfänger nicht, gilt sie als angenommen. Reklamiert der Empfänger, wird die Kündigung automatisch auf den richtigen Zeitpunkt hin vollzogen.

*Verspätete Kündigungen*

### Missbräuchliche Kündigung

Kündigungen können missbräuchlich sein. In solchen Fällen kann ein Arbeitnehmer zwar nicht verlangen, dass er wieder eingestellt wird, aber er kann vom Arbeitgeber eine Entschädigung verlangen, die eine Richterin oder ein Richter festlegt und maximal sechs Monatslöhne beträgt. Dazu muss der Arbeitnehmer bis zum Ablauf der Kündigungsfrist beim Arbeitgeber schriftlich Einsprache erheben.

*OR 336 ff.*

**Beispiele missbräuchlicher Kündigungsgründe**
- Die Chefin erfährt, dass ein Angestellter homosexuell ist.
- Eine Arbeitnehmerin trägt aus religiöser Überzeugung ein Kopftuch.
- Ein Arbeitnehmer reklamiert, weil die gesetzlichen Sicherheitsvorschriften nicht eingehalten würden.
- Eine Arbeitnehmerin ist Mitglied einer Gewerkschaft.

### Kündigung zur Unzeit / Sperrfristen

OR 336c, 336d  Kündigungen können ungültig sein, wenn sie in eine Zeitspanne fallen, in welcher der Arbeitgeber oder die Arbeitgeberin nicht kündigen darf. Diese sogenannten Sperrfristen gelten aber erst nach der Probezeit.

Folgende Sperrfristen müssen Arbeitgebende beachten:

**Sperrfristen**

- *Militär-/Zivilschutzdienst/Zivildienst*
  während der Dienstleistung inklusive vier Wochen vorher und nachher
- *Krankheit/Unfall*
  im ersten Dienstjahr während 30 Tagen
  ab dem zweiten bis fünften während 90 Tagen
  ab dem sechsten während 180 Tagen
- *Schwangerschaft*
  während der Schwangerschaft und bis 16 Wochen nach der Geburt
- *Hilfsaktion im Ausland*
  während der Hilfsaktion (Voraussetzung Zustimmung Arbeitgeber)

Eine Kündigung, die während einer solchen Sperrfrist durch den Arbeitgeber ausgesprochen wird, ist nichtig. Sie hat keine Wirkung und muss nach Ablauf der Sperrfrist wiederholt werden.
Ist die Kündigung vor Beginn einer Sperrfrist erfolgt, ist sie gültig. Aber die Kündigungsfrist wird während der Dauer der Sperrfrist unterbrochen und läuft erst nachher wieder weiter.

*Während der Schwangerschaft und bis 16 Wochen nach der Geburt darf einer Arbeitnehmerin nicht gekündigt werden.*

## Fristlose Auflösung

Ein Arbeitsverhältnis kann auch fristlos aufgelöst werden. Eine fristlose Auflösung ist aber nur aus wichtigen Gründen zulässig. Ein solcher Grund ist beispielsweise gegeben, wenn die Fortsetzung des Arbeitsverhältnisses dem Kündigenden nicht mehr zugemutet werden kann.

OR 337 ff.

Gründe der Arbeitgebenden und der Arbeitnehmenden für eine fristlose Auflösung können sein:

Gründe

### Gründe Arbeitgebende

- Straftaten wie Diebstahl, Tätlichkeiten, sexuelle Belästigung, gefälschte Abrechnungen u. a.
- Schwarzarbeit und Geschäfte auf eigene Rechnung
- wiederholte unentschuldigte Verspätungen
- unerlaubtes Fernbleiben oder Verlassen des Arbeitsplatzes
- wiederholte Verstösse gegen das Betriebsreglement

### Gründe Arbeitnehmende

- Straftaten wie Tätlichkeiten, grobe Beleidigungen oder sexuelle Belästigung durch den Arbeitgeber
- Anstiftung der Angestellten zu strafbaren Handlungen, zum Beispiel Steuerhinterziehung
- Zahlungsunfähigkeit der Arbeitgeberin (OR 337 a)

Die fristlose Kündigung beendet das Arbeitsverhältnis und die Lohnzahlungspflicht per sofort. In der Regel erhält die gekündigte Person nur wenige Stunden Zeit, um den Arbeitsplatz zu räumen. Wird eine angestellte Person ohne wichtigen Grund fristlos entlassen, hat sie Anspruch auf Lohn bis zum Ablauf der ordentlichen Kündigungsfrist. Zudem kann sie eine Entschädigung von bis zu sechs Monatslöhnen geltend machen. Auch wenn eine fristlose Kündigung nicht gerechtfertigt ist, endet das Arbeitsverhältnis per sofort.

Folgen
OR 337 b, 337 c

Bei Streitigkeiten können sich die betroffenen Parteien an die kantonalen Schlichtungsbehörden wenden. Das Schlichtungsverfahren ist relativ unbürokratisch und bis zu einem Streitwert von CHF 30 000 kostenlos. Wird vor der Schlichtungsstelle keine Einigung erzielt, kann die Klage beim Arbeitsgericht eingereicht werden. Auch dort ist das Verfahren bis zu einem Streitwert von CHF 30 000 kostenlos.

Schlichtungsstellen
Arbeitsgericht

▶ **Lernauftrag 5:** Fallbeispiele zum Thema Arbeitsverträge analysieren und die Rechtslage beurteilen (siehe Seite 302).

---

**Das weiss ich jetzt!**

10.16 Für welche Situationen gelten bei der Kündigung Sperrfristen?

10.17 Welche Folgen hat eine fristlose Kündigung?

10.18 Worauf hat eine angestellte Person Anrecht, wenn ihr zu Unrecht fristlos gekündigt wird?

10.19 Wer ist als erste Instanz zuständig für Streitfälle zwischen Arbeitgebenden und Arbeitnehmenden?

## Gesamtarbeitsvertrag (GAV)

Der Gesamtarbeitsvertrag (GAV) wird zwischen Arbeitgeberverbänden und Arbeitnehmerorganisationen (Gewerkschaften) abgeschlossen, beispielsweise im Autogewerbe zwischen dem Autogewerbeverband und der UNIA.

**Inhalt OR 356**

Die Bestimmungen eines Gesamtarbeitsvertrages enthalten häufig günstigere Regelungen für die Arbeitnehmenden als das OR.

**Häufige Inhaltspunkte eines GAV**

- Mindestlohn
- Teuerungsausgleich
- Gratifikation
- Überzeitentschädigung
- Personalvorsorge
- Bezahlung des Lohnes bei Militärdienst, Krankheit und Unfall
- Arbeits- und Ruhezeit
- Ferien und Feiertage
- Kündigungsfristen

Ein Einzelarbeitsvertrag darf abweichende Bestimmungen zu einem Gesamtarbeitsvertrag aufweisen, aber nur zum Vorteil der Arbeitnehmenden. Bestimmungen des Einzelarbeitsvertrages, die dem Gesamtarbeitsvertrag widersprechen, sind nichtig (ungültig).

**Geltungsbereich, Allgemeinverbindlicherklärung (AVE)**

Grundsätzlich gelten die Bestimmungen eines Gesamtarbeitsvertrages nur für die Mitglieder des jeweiligen Arbeitgeberverbandes und der jeweiligen Arbeitnehmerorganisation, die den Vertrag ausgehandelt haben. Der Bundesrat oder der Regierungsrat eines Kantones kann allenfalls einen Gesamtarbeitsvertrag schweizweit oder für einen Kanton verbindlich erklären. Dann gilt dieser Vertrag obligatorisch für alle Arbeitgebenden und Arbeitnehmenden einer bestimmten Berufsgruppe.

**Bedeutung des GAV OR 357, 357a**

Die Vertragsparteien (Sozialpartner) müssen alle Bestimmungen einhalten und sind verpflichtet, den Arbeitsfrieden in Bezug auf alle Regelungen im GAV zu wahren (Friedenspflicht). Auf Kampfmassnahmen wie Streiks oder Aussperrungen wird während der Gültigkeit des GAV verzichtet.

# Lernaufträge

**L1  Eine berufliche Standortbestimmung vornehmen**

- Nehmen Sie für sich selbst eine berufliche Standortbestimmung vor.
- Halten Sie Ihre Überlegungen zu den vier Bereichen Motivation, Interessen, Kompetenzen und Ziele stichwortartig fest.
- Markieren Sie wichtige Schlüsselwörter.
- Besprechen Sie Ihre Standortbestimmung mit einer vertrauten Person.
- Verfassen Sie am Schluss ein kurzes Fazit Ihrer Erkenntnisse.

**Kompetenzen: Sie können ...**

- eine systematische berufliche Standortbestimmung vornehmen,
- aufgrund der Standortbestimmung ein aussagekräftiges Fazit formulieren.

**L2  Musterbriefe aus dem Internet prüfen und bewerten**

- Bilden Sie ein Team von zwei Personen.
- Suchen Sie auf Schweizer Websites nach Musterbriefen für das Bewerbungsschreiben. Wählen Sie mindestens drei Briefe aus.
- Untersuchen Sie die Mustervorlagen nach folgenden Kriterien:
    - Gliederung: Aufbau gemäss Orientierungsbeispiel (siehe Seite 282)?
    - Inhalt: Sind alle Briefteile vorhanden?
    - Form: Stimmen die Seitenränder und Zeilenabstände? Stimmt die Platzierung von Absender und Adresse? Passen Schrifttyp und Schriftgrösse?
    - Stellenbezug: Wie gut geht der Brief auf die Stelle ein?
    - Sprache: Sind Rechtschreibung, Zeichensetzung und Grammatik korrekt?
    - Stil und Ton: Sind die Briefe frei von floskelhaften Formulierungen? Sind sie im Ton sachlich, beschreibend oder eher bewertend, angeberisch?
- Bewerten Sie die Musterbriefe mit *sehr gut / brauchbar / unbrauchbar*.

**Kompetenzen: Sie können ...**

- die Qualität von Musterbriefen anhand von Kriterien beurteilen,
- entscheiden, welche Musterbriefe Sie verwenden können und welche nicht brauchbar sind.

**L3  Den eigenen Lebenslauf erstellen**

- Erstellen Sie Ihren eigenen Lebenslauf. Nehmen Sie dazu das Orientierungsbeispiel als Vorlage (siehe Seite 284).
- Sie können auch eigene Gestaltungselemente einbauen. Achten Sie jedoch darauf, dass die Seite ruhig wirkt und übersichtlich bleibt.
- Setzen Sie bei Positionen, die Sie noch nicht kennen, Platzhalter (XXX) ein.
- Tauschen Sie Ihren Entwurf mit anderen aus. Geben Sie sich gegenseitig Feedbacks zur Gestaltung und Wirkung sowie zum Aufbau und Inhalt.
- *Zusatzaufgabe 1:* Fertigen Sie ein gutes Porträtbild an. Möglichkeiten: a) Bild in einem Fotostudio machen lassen. b) Sich von jemanden mit einer guten Kamera fotografieren lassen und das Bild wenn nötig noch bearbeiten (Kontrast, Farben, Ausschnitt usw.)
- *Zusatzaufgabe 2:* Erstellen Sie für die Unterlagen, die Sie online versenden, eine digitale Unterschrift. Vorgehen: Unterschrift in schwarzer oder dunkelblauer Schrift auf ein weisses Blattes schreiben, abfotografieren, als Bilddatei abspeichern und evtl. zuschneiden. Die Unterschrift kann so als Bilddatei in alle digitalen Bewerbungsbriefe eingefügt werden. (Zum Versenden werden in der Regel PDF-Dateien erstellt.)

**Kompetenzen: Sie können ...**

- den eigenen Lebenslauf erstellen,
- den Entwurf aufgrund von Feedbacks überarbeiten und eine praxistaugliche finale Version erstellen.

**L4  Das Vorstellungsgespräch im Rollenspiel üben**

- Bilden Sie Gruppen zu fünf oder sechs Personen.
- Wählen Sie im Internet gemeinsam ein Stelleninserat aus, das Ihnen als Grundlage für das Rollenspiel dient.
- Verteilen Sie anschliessend folgende Rollen:
  ▸ Kandidatin/Kandidat
  ▸ HR-Managerin/HR-Manager
  ▸ HR-Assistentin/HR-Assistent
  ▸ zwei oder drei Beobachtungspersonen für das Feedback
- Vorgehen: Die Kandidatin bzw. der Kandidat studiert das Inserat und bereitet sich mithilfe der Tipps auf das Gespräch vor (siehe Seite 286). Die beiden HR-Personen bereiten sich mit dem Interview-Leitfaden (siehe rechte Seite) vor und richten den Gesprächsplatz ein. Die Beobachtungspersonen setzen sich etwas abseits und nehmen während des Gesprächs Notizen zu folgenden Leitfragen: *Was fällt mir positiv auf? Was könnte man noch verbessern?*
- Beginnen Sie mit dem Gespräch, sobald alle bereit sind. Es läuft nach der Struktur des Interview-Leitfadens ab; Dauer etwa 15 bis 20 Minuten.
- Gestalten Sie die Feedbackrunde wie folgt:
  ▸ Feedback der Beobachtungspersonen
  ▸ Eindrücke und Gefühle der Kandidatin bzw. des Kandidaten
  ▸ Eindrücke der HR-Personen und Schlussbewertung aufgrund des Interview-Leitfadens
- Formulieren Sie zum Schluss ihre wichtigsten Erkenntnisse.
- Spielen Sie – sofern die Zeit reicht – ein zweites Gespräch durch. Verteilen Sie dazu die Rollen neu.

## Interview-Leitfaden für das Vorstellungsgespräch

### Personalien

Vorname, Name: ......................................................................................................

Jahrgang: ......................................................................................................

Funktion, Aufgaben: ......................................................................................................

Adresse, PLZ/Ort: ......................................................................................................

Telefon / Mail: ......................................................................................................

### Interview

| Phasen | Inhalt / Fragen (Auswahl) | Notizen |
|---|---|---|
| Begrüssung Small Talk | – Begrüssung, Dank<br>– Vorstellung Anwesende<br>– Woher sind Sie angereist?<br>– Wie war die Reise?<br>– Wie gut kennen Sie unsere Gegend?<br>– Wie ist Ihr erster Eindruck von …<br>– (evtl. Anschlussfragen) | |
| Gespräch mit Fragen und Antworten | – Ablauf und Ziele aufzeigen<br>– Weshalb haben Sie sich beworben?<br>– Was wissen Sie über unsere Firma?<br>– (evtl. Ergänzungen seitens der Firma)<br>– Wie sieht Ihr bisheriger Werdegang aus?<br>– Welche beruflichen Ziele haben Sie?<br>– Wie würden andere Sie beschreiben?<br>– Welche Stärken und Schwächen würden andere nennen?<br>– Wann sind Sie mit Ihrer Arbeit zufrieden?<br>– Was macht für Sie ein gutes Team aus?<br>– (evtl. Fragen zum Fachwissen: EDV-Kenntnisse; Deutsch, Fremdsprachen, Arbeitsmethoden u. a.) | |
| Fragen der Kandidaten | – Welche Fragen haben Sie an uns?<br>–<br>– | |
| Offene Punkte, das weitere Vorgehen | – Lohnvorstellungen<br>– Arbeitsbeginn<br>– Referenzauskünfte<br>– Andere noch offene Punkte<br>– Nächste Schritte | |
| Verabschiedung | – Auf das Ende hinweisen<br>– Dank<br>– Alles Gute wünschen<br>– Verabschiedung<br>– Zur Tür begleiten | |

### Gesamteindruck

| Qualifikation für die Stelle: | -- | – | ? | + | ++ | Weiteres Interview nötig? |
|---|---|---|---|---|---|---|
| | ☐ | ☐ | ☐ | ☐ | ☐ | ☐ Ja   ☐ Nein |

**Kompetenzen: Sie können …**

- ein Vorstellungsgespräch im Rollenspiel möglichst praxisnah durchspielen,
- das Gespräch gemeinsam analysieren, Stärken und Schwächen erkennen und Erkenntnisse formulieren.

**L5  Fallbeispiele zum Thema Arbeitsverträge analysieren und die Rechtslage beurteilen**

- Arbeiten Sie zu zweit oder zu dritt.
- Lesen Sie folgende zehn Situationen genau durch.
- Beantworten Sie gemeinsam die Fragen.
- Vergleichen Sie am Schluss Ihre Antworten mit den Lösungen.

| Nr. | Situation |
|---|---|
| 1 | Eliane D. hat eine neue Stelle als Coiffeuse gefunden und soeben den Arbeitsvertrag zum Unterschreiben erhalten. Unter anderem steht im Vertrag: Probezeit: 8 Monate; Ferien: 3 Wochen pro Jahr; Überstunden ohne Lohnzuschlag. **Was stimmt nicht? Korrigieren Sie die Fehler und nennen Sie den entsprechenden OR-Artikel.** |
| 2 | Rolf B. renoviert im Auftrag seiner Malerfirma in einem Wohnblock das Treppenhaus. Dabei wird er von einem Mieter gebeten, doch auch seine Wohnung neu zu streichen. Rolf B. findet das Angebot verlockend und möchte die Wohnung nach Feierabend auf eigene Rechnung streichen. **Wie beurteilen Sie die Situation? Wie sieht die Rechtslage aus?** |
| 3 | Wegen eines dringenden Auftrags musste Bojan in den vergangenen Monaten 20 Überstunden leisten. Sein Chef verlangt von ihm, dass er die Überstunden durch Freizeit kompensiert. Bojan möchte sich die Stunden lieber auszahlen lassen. **Kann Bojan die Auszahlung verlangen? Wie sieht die Rechtslage aus?** |
| 4 | Fabienne Blume hat nach sechs Monaten ihre Stelle als Floristin gekündigt. Sie bittet ihren Chef um ein Arbeitszeugnis. Dieser sagt, nach so kurzer Zeit habe sie nur Anrecht auf eine Arbeitsbestätigung. **Wie bewerten Sie die Aussage des Chefs? Wie sieht die Rechtslage aus?** |
| 5 | Silvio M. hat erfahren, dass die Firma seines Bruders einen 13. Monatslohn ausbezahlt. Er geht daher zum Abteilungsleiter und verlangt, dass auch sein Betrieb einen 13. Monatslohn einführen soll. Dies sei gemäss OR Pflicht. **Wie beurteilen Sie die Forderung von Silvio? Wie sieht die Rechtslage aus?** |
| 6 | Carla Conte arbeitet seit einem Jahr bei derselben Firma. Leider konnte sie im vergangen Monat wegen einer Grippe zehn Tage lang nicht arbeiten. Bei der Kontrolle der Lohnabrechnung stellt sie fest, dass ihr für die zehn Krankheitstage kein Lohn ausbezahlt wurde. **Wie beurteilen Sie die Lohnabrechnung? Wie sieht die Rechtslage aus?** |
| 7 | Hanspeter K. hat eine neue Stelle als Maurer angetreten. Am ersten Arbeitstag wird er vom Polier darauf hingewiesen, dass er sich auf private Kosten einen Koffer mit den nötigen Werkzeugen anschaffen müsse. Entschädigung dafür gebe es aber keine; das sei in der Baubranche üblich so. **Wie beurteilen Sie die Aussage des Poliers? Wie sieht die Rechtslage aus?** |
| 8 | Rebecca Klein hat einen unbefristeten Vertrag abgeschlossen. Nach zwei Wochen realisiert sie, dass ihr die neue Stelle überhaupt nicht gefällt. Am Montag der dritten Woche teilt sie ihrer Chefin mit, dass sie kündigt und nur noch drei Tage arbeiten werde. **Ist diese Kündigung korrekt? Wie sieht die Rechtslage aus?** |

| Nr. | Situation |
|---|---|
| 9 | Lisa A. arbeitet seit acht Jahren, ihre Kollegin Renata Z. seit elf Jahren bei der Online-Handelsfirma Bruck AG. Mitte Mai wird beiden eine interessante Stelle bei einem deutschen Online-Handelsunternehmen angeboten.<br>**Auf welches Datum können die beiden ihr Arbeitsverhältnis frühestens beenden? Wie sieht die Rechtslage aus?** |
| 10 | Marco F. erzählt auf dem Betriebsausflug, dass er viel Sympathie für die streikenden Schülerinnen und Schüler habe und auch selbst regelmässig an Demos von «Fridays for Future» teilnehme. Kurze Zeit später erhält er vom Chef die Kündigung mit der Begründung, dass «für solche Gesinnungen kein Platz in seinem Betrieb» sei.<br>**Wie beurteilen Sie die Kündigung? Was kann Marco F. tun? Wie sieht die Rechtslage aus?** |

**Kompetenzen: Sie können …**

- Fallbeispiele zum Thema Arbeitsverträge analysieren und Fragen korrekt beantworten,
- Ihre Antworten mit rechtlichen Grundlagen begründen.

# Kapitel 11
## Grundlagen des Rechts

Wenn Sie ganz alleine auf einer einsamen Insel leben würden, könnten Sie Ihr Leben völlig frei gestalten. Kämen jedoch weitere Menschen auf die Insel, müssten Regeln für das Zusammenleben vereinbart werden. Dadurch würde die persönliche Freiheit eines jeden einzelnen Inselbewohners eingeschränkt. Genau das geschieht auch in einem Staat mit vielen Millionen Bürgerinnen und Bürgern: Zugunsten eines möglichst guten Zusammenlebens werden allgemein gültige Regeln erlassen, beispielsweise in Form von Gesetzen, und Verstösse dagegen sanktioniert.

**Sie lernen in diesem Kapitel,**

- was die wichtigsten Grundlagen unseres Rechtssystems sind,
- was das öffentliche Recht vom Privatrecht unterscheidet,
- wie beim Personenrecht zwischen natürlichen und juristischen Personen unterschieden wird,
- was das Recht bei Verträgen vorschreibt,
- was der Zweck des Strafrechts ist und welche Deliktarten und Sanktionen das Recht vorsieht.

*«Nicht das Recht des Stärkeren, sondern die Stärke des Rechts schafft internationale Sicherheit und Frieden.»*

*unbekannt*

## 11.1 Rechtsgrundlagen

### Aufgaben des Rechts

Das Recht ist ein System von Regeln. Die Regeln schreiben vor, wie sich Menschen in der Gemeinschaft verhalten sollen. Die Summe aller Regeln eines Staates nennt man Rechtsordnung. Die einzelnen Regeln heissen Rechtsnormen. Sie umfassen Rechte und Pflichten und dienen dazu, allen ein sicheres, friedliches Leben zu ermöglichen.

**Rechtsordnung / Rechtsnormen**

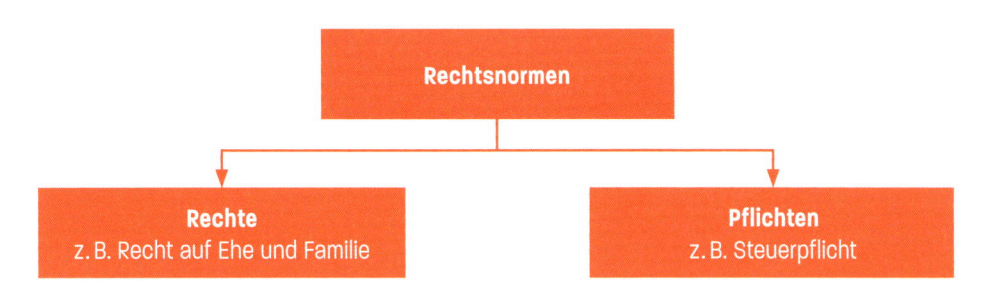

```
            Rechtsnormen
           /            \
        Rechte         Pflichten
z. B. Recht auf      z. B. Steuerpflicht
Ehe und Familie
```

Die Rechtsnormen schränken die persönliche Freiheit der Bürgerinnen und Bürger zugunsten eines guten Zusammenlebens zum Teil ein. Da nicht alle mit diesen Einschränkungen gleich gut umgehen können und Regeln ab und zu verletzt werden, erlässt der Staat zur Durchsetzung der Rechtsordnung Gebote und Verbote; und er verhängt Strafen.

**Gebote, Verbote, Strafen**

*Wer die Geschwindigkeitsregeln im Strassenverkehr missachtet, muss mit einer Strafe rechnen.*

**Hierarchie der Rechtsnormen**

Die verschiedenen Regeln sind zwar alle wichtig, doch sie haben nicht alle den gleichen Stellenwert. Die Rechtsordnung ist eingeteilt in die drei Stufen Verfassung, Gesetze, Verordnung. Man spricht auch von einer sogenannten Normenhierarchie.

### Hierarchie der Rechtsnormen

**Bundesverfassung**
Art. 63 Berufsbildung

Die Verfassung ist das Grundgesetz eines Staates. Sie beinhaltet die wichtigsten Leitlinien. Keine andere Rechtsnorm darf der Verfassung widersprechen.

Beispiel **BV 63**
¹ Der Bund erlässt Vorschriften über die Berufsbildung.
² Er fördert ein breites und durchlässiges Angebot im Bereich der Berufsbildung.

▼

**Gesetz**
Berufsbildungsgesetz (BBG)

Die Gesetze dienen der näheren Ausführung einzelner Verfassungsartikel. Deshalb haben alle Gesetze eine Grundlage in der Verfassung.

Beispiel **BBG 22**
³ Wer im Lehrbetrieb und in der Berufsfachschule die Voraussetzungen erfüllt, kann Freikurse ohne Lohnabzug besuchen. (...)

▼

**Verordnung**
Berufsbildungsverordnung (BBV)

Die Verordnungen dienen der näheren Ausführung einzelner Gesetze. Es gilt: ohne Gesetz keine Verordnung.

Beispiel **BBV 20**
¹ Freikurse und Stützkurse der Berufsfachschule sind so anzusetzen, dass der Besuch ohne wesentliche Beeinträchtigung der Bildung in beruflicher Praxis möglich ist. Ihr Umfang darf während der Arbeitszeit durchschnittlich einen halben Tag pro Woche nicht übersteigen.

## Öffentliches Recht und privates Recht

Die Rechtsordnung gliedert sich in die beiden Hauptgruppen öffentliches Recht und privates Recht.

### Öffentliches Recht

Das öffentliche Recht regelt die Rechtsbeziehungen der Bürgerinnen und Bürger zum Staat. Im öffentlichen Recht ist der Staat den Bürgern und Bürgerinnen übergeordnet. Das Allgemeininteresse des Staates steht somit über den Sonderinteressen des Einzelnen. Es gilt der Grundsatz: Gemeinnutz vor Eigennutz. Ein Beispiel: Wer mit seinem Fahrrad bei Rot über eine Kreuzung fährt, verstösst gegen das Strassenverkehrsgesetz, also gegen ein öffentliches Recht. Dafür kann der Staat eine Busse verhängen.

**Strafprozess**

Wer das öffentliche Recht verletzt, wird vom Staat via Staatsanwalt in einem Strafprozess angeklagt. Als rechtliche Grundlagen dient das Schweizerische Strafgesetzbuch (StGB). Darin ist geregelt, was strafbare Handlungen sind und welches Strafmass angewendet werden kann. Die Richterinnen und Richter entscheiden, ob der Angeklagte schuldig ist und wie hoch die Strafe ausfällt.

**Privates Recht**

Das private Recht, auch Zivilrecht genannt, regelt die Rechtsbeziehungen der Bürger und Bürgerinnen untereinander. Im privaten Recht stehen sich zwei oder mehrere gleichgestellte Personen gegenüber. Das private Recht hat im Alltag eine grössere Bedeutung als das öffentliche Recht. Die privatrechtlichen Gesetze sind im Zivilgesetzbuch (ZGB) und im Obligationenrecht (OR) festgehalten. Die beiden Gesetzbücher gehören zusammen, wobei das OR den fünften Teil des ZGBs bildet.

**Teile des Privatrechts**

| **Zivilgesetzbuch (ZGB)** | *Personenrecht* | Behandelt die Stellung des Menschen als Träger von Rechten und Pflichten. Hierbei wird unterschieden zwischen natürlichen und juristischen Personen. |
|---|---|---|
| | *Familienrecht* | Ordnet die persönlichen und finanziellen Beziehungen der Familienmitglieder. |
| | *Erbrecht* | Regelt die Rechtsnachfolge beim Tod. |
| | *Sachenrecht* | Regelt das Eigentum und den Besitz von Sachen. |
| **Obligationenrecht (OR)** | | Enthält hauptsächlich Bestimmungen über das Vertragsrecht (z. B. Kauf, Miete oder Arbeitsvertrag). |

In einem Zivilprozess geht es im Gegensatz zu einem Strafprozess um privatrechtliche Streitigkeiten. Der Staat greift nur ein, wenn eine Privatperson gegen eine andere Privatperson klagt. Welche der beiden Parteien recht hat, entscheidet das Gericht aufgrund der Bestimmungen im ZGB und im OR. Häufige Fälle sind Kauf-, Miet- und Arbeitsverträge sowie Erbstreitigkeiten und Scheidungen.

Zivilprozess

*Blick in einen Gerichtssaal.*

## Rechtsgrundsätze

Rechtsgrundsätze sind Rechtsnormen, die eine grundlegende, allgemeine Bedeutung für die Rechtsordnung haben.

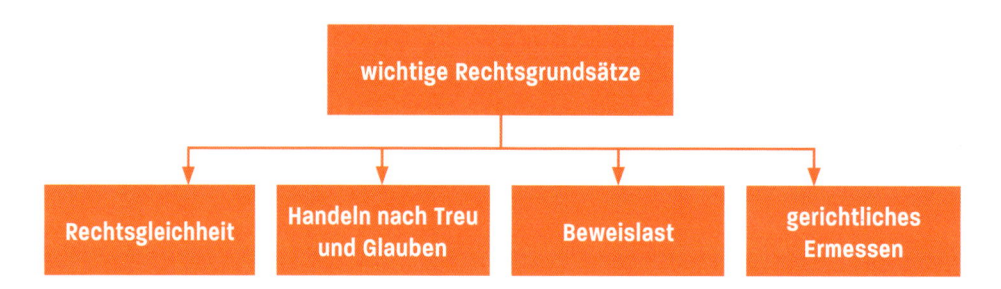

```
                    wichtige Rechtsgrundsätze
          ┌──────────────┬──────────────┬──────────────┐
  Rechtsgleichheit   Handeln nach    Beweislast    gerichtliches
                     Treu und Glauben              Ermessen
```

**Rechtsgleichheit BV 8**
Die Bundesverfassung legt fest, dass alle Menschen vor dem Gesetz gleich sind. Das heisst, dass niemand diskriminiert werden darf, beispielsweise wegen der Herkunft, des Geschlechts, des Alters oder wegen der religiösen oder politischen Überzeugung. Weiter ist im Artikel 8 der BV festgelegt, dass Mann und Frau gleichberechtigt sind.

**Handeln nach Treu und Glauben ZGB 2**
Dieser Grundsatz beinhaltet, dass man bei der Ausübung von Rechten und in der Erfüllung von Pflichten nach Treu und Glauben handeln muss. Verlangt wird also ein faires, ehrliches und korrektes Verhalten. Wer beispielsweise bei einem Kaufvertrag andere «übers Ohr haut», handelt nicht nach Treu und Glauben.

**Beweislast ZGB 8**
Wer vor Gericht etwas behauptet, muss das Behauptete beweisen. Daher sollten wichtige Beweisstücke aufbewahrt werden. Behauptet beispielsweise eine Mieterin, dass die Mietkaution nicht zurückbezahlt wurde, so muss sie dies mit Belegen (z. B. mit einem Kontoauszug) beweisen.

**Gerichtliches Ermessen ZGB 4**
Nicht immer sind die Rechtsnormen klar definiert. Es gibt auch solche, die sehr allgemein formuliert sind. In diesen Fällen beurteilen die Richter und Richterinnen die Sachlage nach gerichtlichem Ermessen. Ihre Entscheidungen müssen möglichst objektiv, angemessen und sachlich begründet sein. Grundlage der Entscheidungen bilden unter anderem Bundesgerichtsurteile.

---

**Das weiss ich jetzt!**

11.1 Wozu dient die Rechtsordnung?

11.2 In welche beiden Bereiche sind die Rechtsnormen aufgeteilt?

11.3 Mit welchen Mitteln kann der Staat die Rechtsordnung durchsetzen?

11.4 Wie sieht die schweizerische Normenhierarchie aus? Beginnen Sie mit der wichtigsten Stufe.

11.5 Welche Beziehung regelt
a) das öffentliche Recht
b) das Privatrecht?

11.6 Wo sind die Rechtsgrundlagen des Privatrechts zu finden?

11.7 Welcher wichtige Rechtsgrundsatz ist in der BV geregelt?

11.8 Was versteht man unter Beweislast?

## 11.2 Personenrecht

### Natürliche und juristische Personen

Im Personenrecht des ZGB wird zwischen natürlichen und juristischen Personen unterschieden. Natürliche Personen sind Menschen mit Geschlecht und Alter. Die Rechte und Pflichten sind vom Alter der Person abhängig.

**Natürliche Personen**

Juristische Personen sind keine Einzelmenschen, sondern künstlich geschaffene Verbindungen wie beispielsweise Vereine und Aktiengesellschaften (AG). Im rechtlichen Sinne sind sie als Ganzes juristische Personen und haben somit ebenfalls Rechte und Pflichten. Sie handeln durch ihre Organe: ein Verein durch den Vereinsvorstand, eine AG durch den Verwaltungsrat. Bei juristischen Personen sind die Rechte und Pflichten vom Alter unabhängig.

**Juristische Personen**

```
                    Personenrecht
                   /            \
      natürliche Personen     juristische Personen
      z. B. Eva Müller         z. B. Müller-Meier AG
      und Tom Meier
```

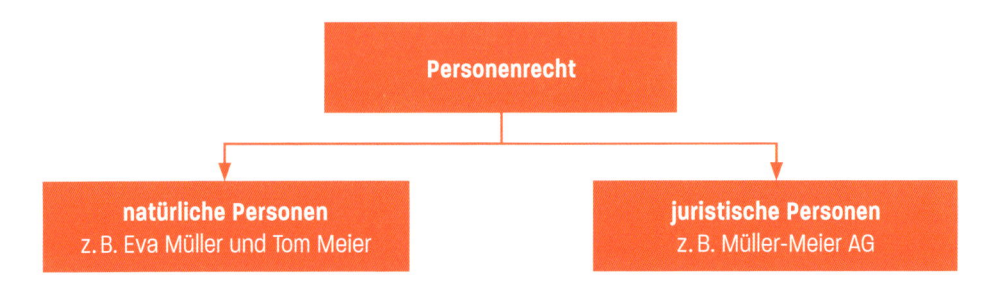

### Wichtige personenrechtliche Bestimmungen

| | |
|---|---|
| **Rechtsfähigkeit** <br> ZGB 11 | Die Rechtsfähigkeit ist die Fähigkeit, Rechte und Pflichten zu haben. Beispiele: Recht auf Leben, Schulpflicht, Steuerpflicht. Rechtsfähig sind alle Menschen, und zwar unabhängig vom Alter, Geschlecht, von der Herkunft oder vom Geisteszustand. (Tiere sind nicht rechtsfähig.) |
| **Handlungsfähigkeit** <br> ZGB 12, 13 | Die Handlungsfähigkeit ist die Fähigkeit, selbstständig Rechtsgeschäfte wie beispielsweise Verträge abzuschliessen. Die Handlungsfähigkeit gilt im Gegensatz zur Rechtsfähigkeit nicht für alle Menschen; man muss volljährig und urteilsfähig sein. Die handlungsfähige Person muss die Verantwortung für ihre Rechtshandlungen übernehmen. |
| **Volljährigkeit** <br> ZGB 14 | Volljährig sind in der Schweiz alle Personen, die das 18. Altersjahr vollendet haben. |
| **Religiöse Erziehung** <br> ZGB 303 | Alle Personen, die das 16. Altersjahr vollendet haben, können selbstständig über das religiöse Bekenntnis entscheiden. Bis zum 16. Altersjahr bestimmen die Eltern die Religion des Kindes. |

| | |
|---|---|
| **Urteilsfähigkeit**<br>ZGB 16 | Urteilsfähig ist, wer die Tragweite seiner Handlungen erkennen kann, wer also fähig ist, vernunftmässig zu handeln. Für die Urteilsfähigkeit ist kein Alter festgelegt. Sie muss von Fall zu Fall geprüft werden. Alle urteilsfähigen Personen sind deliktsfähig, das heisst, sie haften für Schäden, die aus einer widerrechtlichen Handlung entstehen (z. B. Diebstahl). |
| **Handlungsunfähigkeit**<br>ZGB 16, 18 | Handlungsunfähig sind Minderjährige, Menschen mit umfassender Beistandschaft (ZGB 398) sowie urteilsunfähige Personen. Urteilsunfähig beziehungsweise nicht urteilsfähig sind alle Personen, die wegen ihres Kindesalters oder infolge einer Geisteskrankheit, einer geistigen Behinderung, infolge eines Rausches oder ähnlicher Zustände (z. B. Schock oder Schlafwandel) unfähig sind, vernunftmässig zu handeln. Rechtsgeschäfte, die von urteilsunfähigen Menschen abgeschlossen werden, sind unwirksam (nichtig) und ein Verschulden ist ausgeschlossen. |
| **Beschränkte Handlungsunfähigkeit**<br>ZGB 19, 323 | Personen mit beschränkter Handlungsunfähigkeit sind zwar urteilsfähig, aber nur beschränkt handlungsfähig. So können beispielsweise Jugendliche unter 18 Jahren nur mit Zustimmung des gesetzlichen Vertreters (Eltern) einen Lehrvertrag abschliessen. Doch sie dürfen selbstständig mit dem eigenen Einkommen Kaufverträge abschliessen. |

**Handlungsfähigkeit**

### Das weiss ich jetzt!

11.9 Welche beiden Gruppen unterscheidet das Personenrecht?

11.10 Wer ist gemäss ZGB rechtsfähig?

11.11 Wer ist gemäss ZGB handlungsfähig?

11.12 Welches Alter gilt für die Urteilsfähigkeit?

11.13 Wer ist gemäss ZGB urteilsunfähig?

11.14 Was passiert mit Verträgen, die von urteilsunfähigen Personen abgeschlossen werden?

11.15 Ab welchem Altersjahr kann man die Religion selbst bestimmen?

## 11.3 Vertragsrecht

### Entstehung

Ein Vertrag kommt zustande, wenn zwei oder mehrere Person übereinstimmend gegenseitig den Willen dazu äussern. Der Wille zeigt sich beispielsweise durch die Kaufs- oder Verkaufsabsicht. Beide Parteien müssen dem Vertragsabschluss ausdrücklich mündlich oder schriftlich zustimmen. Als Zustimmung gilt jedoch auch eine stillschweigende, durch ein bestimmtes Verhalten angezeigte Absicht. Weiter gilt, dass sich die Vertragsparteien in den wesentlichen Punkten einig sind. Wesentliche Punkte sind der Gegenstand, die Menge und der Preis.

**Vertragsabschluss**
**OR 1**

Verträge dürfen nur von handlungsfähigen Personen abgeschlossen werden. Doch es gibt auch Ausnahmen von diesem Grundsatz. So können Jugendliche unter 18 Jahren ohne Einwilligung der Eltern Kaufverträge abschliessen, sofern sie den Kauf mit ihrem Lohn oder ihrem Taschengeld bezahlen (siehe Seite 312, beschränkte Handlungsunfähigkeit).

**Vertragsfähigkeit**
**ZGB 323**

### Vertragsformen

Die Vertragsparteien können frei entscheiden, mit wem und über was sie einen Vertrag abschliessen. Auch für die Form gibt es bei den meisten Verträgen keine gesetzlichen Vorgaben.

**Form der Verträge**
**OR 11**

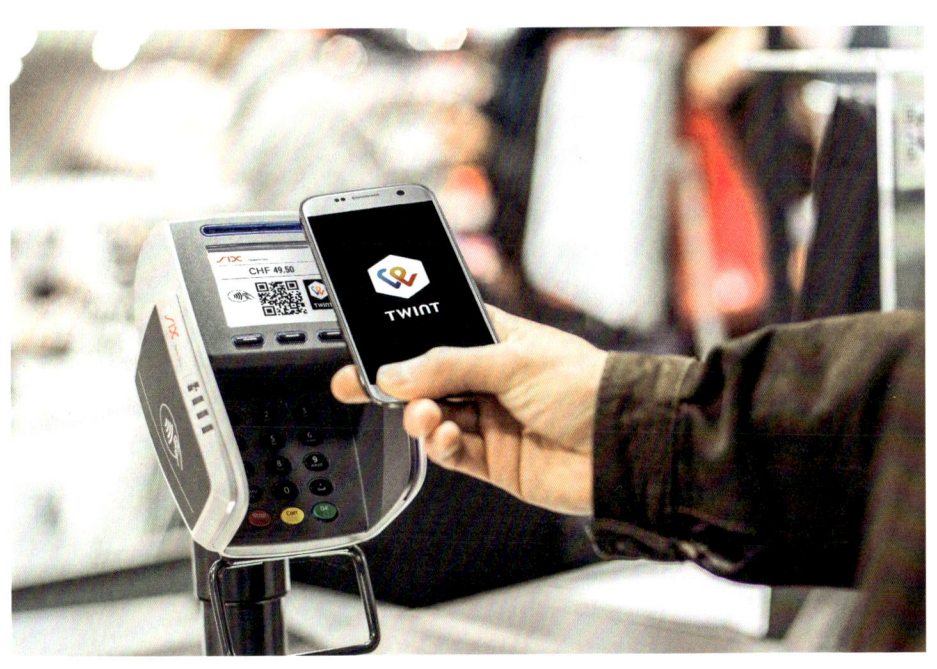

*Viele Verträge können stillschweigend durch ein zustimmendes Verhalten abgeschlossen werden, so zum Beispiel Kaufverträge.*

**Mündliche Verträge** Wo keine Formvorschrift besteht, können Verträge formlos abgeschlossen werden, das heisst mündlich oder stillschweigend durch ein zustimmendes Verhalten.

**Schriftliche Verträge** Bei wichtigen Verträgen sollte man aus Beweisgründen die Abmachungen schriftlich festhalten. Das Gesetz unterscheidet verschiedene Varianten der Schriftlichkeit.

| Varianten schriftlicher Verträge | |
| --- | --- |
| Einfache Schriftlichkeit | Der Vertrag muss schriftlich (von Hand oder PC) abgefasst werden und die eigenhändige Unterschrift des Verpflichteten aufweisen (z. B. bei einem Kaufvertrag der Käuferin und des Verkäufers). |
| Qualifizierte Schriftlichkeit | Der Vertrag erfordert neben der Unterschrift noch andere handschriftliche Vertragsbestandteile (z. B. beim Bürgschaftsvertrag bis CHF 2000 die Bürgschaftssumme). |
| Öffentliche Beurkundung | Der Vertrag wird unter Mitwirkung einer Urkundsperson (Notarin oder Notar) abgeschlossen. Die Urkundsperson fasst den Vertrag ab, lässt ihn von den Parteien unterschreiben und bestätigt mit der eigenen Unterschrift, dass der Inhalt dem Willen der Vertragsparteien entspricht (z. B. Ehevertrag, Erbvertrag, Wohnungs- und Hauskauf). |

## Vertragsinhalt

Grundsätzlich besteht Vertragsfreiheit. Das heisst, man kann jede Leistung in einem Vertrag verbindlich vereinbaren. Doch das Gesetz definiert auch Grenzen. So sagt das OR, welche Verträge nichtig sind und welche man anfechten kann.

**Nichtige Verträge** Nichtige Verträge sind rechtlich unwirksam und können daher nicht durchgesetzt werden.

| Beispiele nichtiger Verträge (OR 20) | |
| --- | --- |
| Unmöglicher Vertragsinhalt | Ein Vertrag ist unmöglich, wenn bereits bei Vertragsabschluss niemand in der Lage ist, die vertragliche Pflicht zu erfüllen (z. B. Ferienreise auf den Mars). |
| Widerrechtlicher/rechtswidriger Vertragsinhalt | Ein Vertrag ist rechtswidrig, wenn er gegen das Gesetz verstösst (z. B. Ware schmuggeln, mit Drogen dealen). |
| Unsittlicher Vertragsinhalt | Ein Vertrag ist unsittlich, wenn er gegen das allgemeine Rechtsempfinden, d.h. gegen die guten Sitten, verstösst (z. B. Frauenhandel, Vereinbarungen von Schmier- und Schweigegeldern). |

**Anfechtbare Verträge** Auch wenn ein Vertrag als anfechtbar gilt, ist er grundsätzlich zustande gekommen. Doch die benachteiligte Partei kann den Vertrag innerhalb eines Jahres anfechten. Sie muss der Gegenpartei erklären, dass sie die Abmachungen nicht einhalten wolle und Änderungen oder sogar die Aufhebung verlangen. Dabei muss sie die Gründe nennen.

### Beispiele anfechtbarer Verträge

**Wesentlicher Irrtum**
**OR 23, 24**
Ein wesentlicher Irrtum liegt dann vor, wenn der Irrtum so schwerwiegend ist, dass der Vertrag nicht abgeschlossen worden wäre, wenn der Irrende den wahren Sachverhalt gekannt hätte (z. B. vermeintlich echtes Bild erweist sich als Fälschung).

**Absichtliche Täuschung**
**OR 28**
Eine absichtliche Täuschung liegt bei der Vorspiegelung falscher Tatsachen oder beim bewussten Unterdrücken von Tatsachen vor (z. B. Unfallauto wird als unfallfrei verkauft).

**Drohung**
**OR 29**
Eine Drohung liegt vor, wenn eine Person einer anderen droht, ihr oder einer ihr nahestehenden Person im Falle des Nichtabschlusses eines bestimmten Vertrags Schaden zuzufügen (z. B. Person stimmt einem Liegenschaftsverkauf zu, weil ihr Leben bedroht wird).

**Übervorteilung**
**OR 21**
Eine Übervorteilung liegt vor, wenn zwischen der vereinbarten Leistung und der Gegenleistung ein krasses Missverhältnis besteht und wenn sich der Übervorteilte zur Zeit des Vertragsabschlusses in einer wirtschaftlichen oder persönlichen Notlage befunden hat (z. B. wenn eine Person dringend Geld braucht und jemand ihr ein Darlehen zu 20 Prozent Zins gewährt).

## Verjährung

In der Regel erlöschen vertragliche Vereinbarungen, indem sie erfüllt werden. Wenn eine Vereinbarung nicht erfüllt wird – wenn beispielsweise ein Darlehen nicht zurückbezahlt wird –, so verjährt die Forderung nach einer bestimmten Zeit. Nach dem Ablauf solcher Verjährungsfristen kann man einen Schuldner bzw. eine Schuldnerin nicht mehr zur Zahlung zwingen. Der Gläubiger bzw. die Gläubigerin verliert also Geld.

### Verjährungsfristen

*Verjährung OR 127, 128*

- 10 Jahre ist die allgemeine Verjährungsfrist,
- 5 Jahre bei Mietzinsen, Arztrechnungen, Rechnungen von Handwerkern sowie bei Lohnforderungen,
- 3 Jahre bei Bussen im Strassenverkehr,
- 2 Jahre bei Forderungen an Versicherungen.

**Das weiss ich jetzt!**

11.16 Über welche Punkte müssen sich Vertragsparteien einig sein?

11.17 Unter welchen Bedingungen dürfen auch Jugendliche unter 18 Jahren Kaufverträge abschliessen?

11.18 Welche Bedingungen gelten bei der einfachen Schriftlichkeit?

11.19 Welche Verträge sind gemäss OR 20 ungültig?

11.20 Innerhalb welcher Frist kann man Verträge anfechten?

11.21 Wie lange dauert gemäss OR die allgemeine Verjährungsfrist?

11.22 Welche Folgen hat eine Verjährung für einen Schuldner?

## 11.4 Strafrecht

Zweck des Strafrechts ist es, die wichtigsten Rechtsgüter der Menschen zu schützen. Dazu gehören unter anderem Leib und Leben, Freiheit, sexuelle Selbstbestimmung sowie Eigentum bzw. Vermögen. Verletzt jemand ein strafrechtlich geschütztes Rechtsgut, muss er mit Bestrafung rechnen. Es spielt dabei keine Rolle, ob einem der entsprechende Artikel des Strafgesetzes bekannt ist oder nicht. Die Kenntnis dieser Artikel wird vorausgesetzt, da es sich hier um die grundlegendsten Rechte der Menschen überhaupt handelt.

### Grundsätze des Strafrechts

**Keine Sanktion ohne Gesetz StGB 1** — Der wichtigste Grundsatz heisst «Keine Sanktion ohne Gesetz». Er legt fest, dass nur Personen bestraft werden können, die eine Tat begangen haben, die das Gesetz ausdrücklich mit Strafe oder Massnahme bedroht. Dieser Grundsatz ist ausserordentlich wichtig und wird deshalb im ersten Artikel des Strafgesetzbuches (StGB) explizit genannt. Seine Aufgabe ist es, die Bürgerinnen und Bürger vor Willkür zu schützen. Denn: Wenn nicht bekannt ist, was verboten ist, kann man auch nicht wissen, ob man etwas Ungesetzliches tut oder nicht.

**Keine Strafe ohne Schuld StGB 12** — Das heute geltende Strafrecht ist ein Schuldstrafrecht. Das bedeutet, dass Personen nur dann von einem Strafrichter verurteilt werden dürfen, wenn ihnen die Schuld für ihr Delikt nachgewiesen werden kann. Das Strafrecht kennt die beiden Schuldformen «Vorsatz» und «Fahrlässigkeit». Hat jemand ein Delikt nicht vorsätzlich begangen und kann ihm auch nicht Fahrlässigkeit nachgewiesen werden, trägt er keine Schuld. Ebenfalls nicht schuldfähig ist z. B. eine Person, die zum Zeitpunkt der Tat unzurechnungsfähig (nicht urteilsfähig) war.

**Strafmass StGB 47** — Es ist Aufgabe des Gerichts, das Strafmass festzulegen. Das Gesetz schreibt den Richterinnen und Richtern nur den Strafrahmen vor, an den sie sich zu halten haben. Für einen Mord liegt der Strafrahmen gemäss StGB zwischen 10 Jahren und einer lebenslänglichen Freiheitsstrafe. Es liegt nun an der Strafrichterin oder am Strafrichter zu entscheiden, welches Strafmass im Einzelfall angemessen ist. Bei der Festlegung der Strafe hat das Gericht das Verschulden des Täters, dessen Beweggründe, dessen Vorleben sowie die persönlichen Verhältnisse zu berücksichtigen.

## Deliktarten

Bei Offizialdelikten geht der Staat von sich aus gegen Straftäterinnen und Straftäter vor und wartet nicht zuerst auf die Anzeige der Geschädigten. Beispiele für Offizialdelikte sind Raub, Tötung, häusliche Gewalt, Vergewaltigung oder die meisten Vermögensdelikte.

**Offizialdelikt**

Bei Antragsdelikten hingegen erfolgt die Strafverfolgung gegen die Täterinnen und Täter nicht von Amtes wegen, sondern nur auf Anzeige des Geschädigten hin. Antragsdelikte bilden im schweizerischen Strafrecht die Ausnahme. Beispiele hierfür sind Diebstahl zum Nachteil eines Angehörigen, Ehrverletzung, Drohung und Hausfriedensbruch. Der Staat soll sich hier nicht ohne ausdrücklichen Willen des Geschädigten in Sachverhalte einmischen, die eher dem Privatbereich dieser Person zuzuordnen sind.

**Antragsdelikt**
StGB 30

## Strafen

Im schweizerischen Strafrecht gibt es drei Arten von Sanktionen: Freiheitsstrafe (bedingt oder unbedingt), Geldstrafe oder Busse.

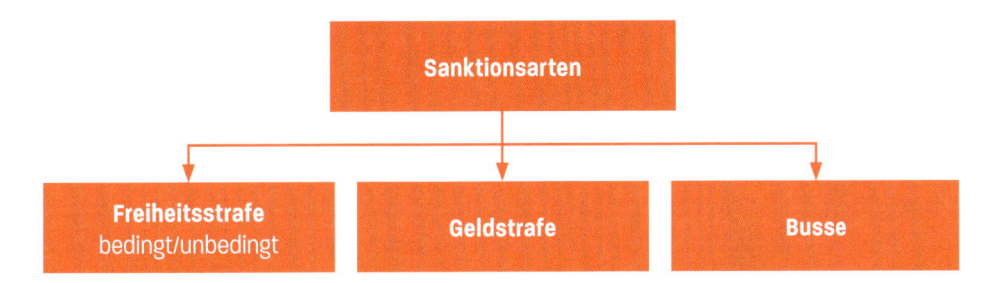

```
                    Sanktionsarten
           ┌────────────┼────────────┐
    Freiheitsstrafe   Geldstrafe    Busse
    bedingt/unbedingt
```

Die Dauer der Freiheitsstrafe beträgt zwischen drei Tagen und höchstens 20 Jahren. Wo es das Gesetz ausdrücklich bestimmt, dauert die Freiheitsstrafe lebenslänglich. Kürzere Freiheitsstrafen können in den Formen Halbgefangenschaft, elektronische Überwachung oder gemeinnützige Arbeit vollzogen werden. Bei der Halbgefangenschaft verbringt die verurteilte Person lediglich die Ruhe- und Freizeit in der Anstalt, sie kann also weiterhin einer Arbeit nachgehen oder eine Ausbildung absolvieren. Bei der elektronischen Überwachung trägt die verurteilte Person eine elektronische Fussfessel und sitzt die Strafe ausserhalb der Arbeitszeit im Hausarrest ab. Statt einer kurzen Freiheitsstrafe kann sie auch unentgeltlich gemeinnützige Arbeit leisten. Vier Stunden gemeinnützige Arbeit entsprechen einem Tag Freiheitsstrafe.

**Freiheitsstrafe**
StGB 40

*Wer einen Mord begeht, wird mit einer Freiheitsstrafe nicht unter zehn Jahren bis zu lebenslänglich bestraft. Das exakte Strafmass legt die Richterin oder der Richter fest. Im Bild die bernische Strafanstalt Thorberg.*

**Geldstrafe**
**StGB 34–36**

Die Geldstrafe kennt zwei Komponenten: die Anzahl Tagessätze (nach Verschulden) und die Höhe des Tagessatzes (nach persönlichen und finanziellen Verhältnissen). Falls Verurteilte die (unbedingte) Geldstrafe nicht bezahlen wollen oder können, tritt an die Stelle der Geldstrafe eine sogenannte Ersatzfreiheitsstrafe, wobei ein Tagessatz einem Tag Freiheitsstrafe entspricht.

**Busse**
**StGB 106**

Im Gegensatz zu einer Geldstrafe muss die verurteilte Person bei einer Busse eine fixe Geldsumme bezahlen. In der Regel beträgt die Busse maximal CHF 10 000.

## Massnahmen

Bei den Massnahmen wird unterschieden zwischen der Verwahrung, den therapeutischen Massnahmen und den anderen Massnahmen.

**Verwahrung**
**StGB 64**

Die Verwahrung ist die härteste Massnahme, bei der eine verurteilte Person unter Umständen nie mehr ihre Freiheit zurückerlangt. Sie sollte nur in Ausnahmefällen und als letztes Mittel ausgesprochen werden, beispielsweise dann, wenn die Sicherheit der Öffentlichkeit vor bestimmten, nicht therapierbaren Täterinnen und Tätern höher eingeschätzt wird als deren persönliche Freiheit.

**Therapeutische**
**Massnahmen**
**StGB 56 ff.**

Bei psychisch kranken oder drogenabhängigen Personen ist eine Freiheitsstrafe oft nicht sinnvoll. Deshalb werden auch therapeutische Massnahmen angeordnet.

**Andere Massnahmen**
**StGB 66 ff.**

Die Richterin oder der Richter kann als andere Massnahme z. B. ein Berufsverbot, die Veröffentlichung des Urteils, die Einziehung von Gegenständen (z. B. Raserauto) oder von Vermögenswerten anordnen.

## Jugendstrafrecht

**Jugendstrafgesetz**
**JStG**

Für Jugendlich im Alter zwischen 10 und 18 Jahren gilt das Jugendstrafrecht, das im Jugendstrafgesetz geregelt ist. Das Ziel ist, straffällig gewordene Jugendliche wieder in der Gesellschaft zu integrieren. Bei diesen jungen Leuten steht nicht die Bestrafung, sondern die Erziehungsabsicht im Vordergrund. Man will den Anlass einer Straftat nutzen, um ungünstige Entwicklungen durch «Nach-» Erziehung zu korrigieren.

Aber nicht nur bei der Strafe selbst, sondern bereits im Verfahren wird versucht, erzieherisch auf den straffälligen Jugendlichen einzuwirken. Zwar ist auch hier das Delikt der Ausgangspunkt. Aber stärker als bei Erwachsenen rückt im Verlauf des Verfahrens die Person des Jugendlichen in den Vordergrund. Die Frage eines Jugendrichters ist also nicht: «Wie schwer sind Tat und Verschulden?» (woraus sich dann die Höhe der Strafe ergibt), sondern sie lautet: «Muss man aus Tat und Person des Täters den Schluss ziehen, dass er zukünftig erhebliche Straftaten begehen wird? Gibt es geeignete erzieherische Massnahmen, um dieser Gefahr zu begegnen?» Zudem wird darauf geachtet, dass das Verfahren schnell abgeschlossen werden kann, sodass zwischen der begangenen Straftat und dem Antritt der Strafe, also der erzieherischen Massnahme, möglichst wenig Zeit vergeht.

Jugendliche, die zur Zeit der Tat 16 Jahre alt sind, können jedoch bei besonders schweren Delikten mit Freiheitsentzug bis zu vier Jahren bestraft werden.

**Freiheitsentzug JStG 25**

**Schweizer Jugendstrafrecht im Überblick**

| Alter | Strafen | Massnahmen | Besonderheiten |
| --- | --- | --- | --- |
| Unter 10 Jahren | Keine | Keine Massnahmen gemäss Jugendstrafrecht | Massnahmen der KESB (z. B. Erziehungsbeistand) sind möglich. |
| 10–14 Jahre | Nur Verweis oder eine persönliche Leistung bis max. 10 Tage möglich. | – Aufsicht<br>– Persönliche Betreuung<br>– Ambulante Behandlung<br>– Unterbringung | Strafbefreiung liegt im gerichtlichen Ermessen, z. B. wenn das Delikt geringfügig war, der Täter selber stark betroffen war oder schon von den Eltern oder Dritten bestraft worden ist. Sofern der Täter nicht zu einer unbedingten Freiheitsstrafe verurteilt wurde, kann ein Verfahren auch zugunsten einer Mediation (aussöhnende Vermittlung) eingestellt werden. |
| 15 Jahre | Nebst Verweis und persönlicher Leistung sind auch Bussen bis max. CHF 2000 und Freiheitsstrafen von max. 1 Jahr möglich. | | |
| 16–17 Jahre | Nebst Verweis und persönlicher Leistung sind Bussen bis max. CHF 2000 und in schweren Fällen Freiheitsstrafen bis zu 4 Jahren möglich. | | |

▸ **Lernauftrag 1:** Fallbeispiele zu den Themen Personenrecht und Vertragsrecht analysieren und die Rechtslage beurteilen (siehe Seite 320).

▸ **Lernauftrag 2:** Eigene Erfahrungen mit Bussen für Verstösse gegen das Strassenverkehrsgesetz (SVG) austauschen (siehe Seite 321).

▸ **Lernauftrag 3:** Die Schweizer Bussen für Vergehen im Strassenverkehr mit anderen Ländern vergleichen (siehe Seite 322).

**Das weiss ich jetzt!**

11.23 Was ist der Zweck des Strafrechts?
11.24 Wie lautet der wichtigste Grundsatz des Strafrechts?
11.25 Wer bestimmt
 a) den Strafrahmen
 b) das Strafmass?
11.26 Was für Sanktionsarten sieht das Strafrecht vor?
11.27 Wie können Freiheitsstrafen verbüsst werden?
11.28 Für welches Alter gilt das Jugendstrafgesetz?

# Lernaufträge

**L1** **Fallbeispiele zu den Themen Personenrecht und Vertragsrecht analysieren und die Rechtslage beurteilen**

- Arbeiten Sie zu zweit oder zu dritt.
- Lesen Sie folgende zehn Situationen genau durch.
- Beantworten Sie gemeinsam die Fragen.
- Vergleichen Sie am Schluss Ihre Antworten mit den Lösungen.

| Nr. | Situation |
|---|---|
| 1 | Herr Berger ist 30-jährig und von Beruf Drogist. Vor ein paar Jahren hat er sich bei einem Unfall schwere Verletzungen zugezogen und ist seither invalid. Nun möchte er sich selbstständig machen und eine eigene Drogerie eröffnen. **Darf Herr Berger sich selbstständig machen? Wie sieht die Rechtslage aus?** |
| 2 | Frau Z. ist Alkoholikerin und steht unter Beistandschaft. Nun hat sie CHF 26 000 geerbt. Mit dem Geld will sie ein Auto kaufen und schliesst daher ohne Rücksprache mit ihrem Beistand einen Kaufvertrag ab. **Wie beurteilen Sie die Situation? Wie sieht die Rechtslage aus?** |
| 3 | Die 17-jährige Fabienne kauft sich mit ihrem selbst verdienten Geld einen Laptop. Ihr Vater ist mit dem Entscheid nicht einverstanden und fordert seine Tochter auf, den Kauf rückgängig zu machen. **Kann der Vater dies verlangen? Wie sieht die Rechtslage aus?** |
| 4 | Anna ist 16 ½-jährig. Sie tritt einer religiösen Vereinigung bei, von der man weiss, dass sie ihre Mitglieder stark beeinflusst und von den Familien entfremdet. Die Eltern sind mit Annas Entscheid nicht einverstanden und fordern sie zum Austritt auf. **Können die Eltern das von Anna verlangen? Wie sieht die Rechtslage aus?** |
| 5 | Eine ältere, noch urteilsfähige Frau schreibt in ihrem Testament: «Meine Wohnung vermache ich meinem Kater Tigerli.» **Kann eine Katze als Erbin eingesetzt werden? Wie sieht die Rechtslage aus?** |
| 6 | Ein Nachtwandler stösst auf einem seiner nächtlichen Gänge eine brennende Kerze um. Dadurch entsteht ein Brand. Der Hauseigentümer verklagt ihn und verlangt die Bezahlung des Schadens. **Muss der Nachtwandler für den Schaden aufkommen? Wie sieht die Rechtslage aus?** |
| 7 | Der 12-jährige Fabian überredet den 5-jährigen Hugo, mit ihm zusammen von einer Autobahnbrücke Steine herunterzuwerfen. Dabei wird mit einem gemeinsam über das Brückengeländer gehobenen Stein ein Auto beschädigt. **Können die beiden Knaben zur Verantwortung gezogen werden? Wie sieht die Rechtslage aus?** |

| Nr. | Situation |
|---|---|
| 8 | Beat hat endlich das nötige Geld zusammen, um ein Auto zu kaufen. Eine Autohändlerin verkauft ihm einen rostigen Occasionswagen für CHF 8000. Nach ein paar Wochen merkt Beat, dass er mit diesem Auto einen Missgriff getätigt hat.<br>**Was kann Beat tun? Wie sieht die Rechtslage aus?** |
| 9 | Der 9-jährige Peter ist auf Shoppingtour. Es gelingt ihm, ein paar Games für Kinder und eine Hi-Fi-Anlage für CHF 280 zu erwerben. Die Eltern sind mit dem Kauf nicht einverstanden und fordern deshalb den Verkäufer auf, dass er die Ware zurücknimmt und das Geld zurückerstattet.<br>**Muss der Verkäufer auf die Forderung eingehen? Wie sieht die Rechtslage aus?** |
| 10 | Frau Mayer hat in Genf eine interessante neue Arbeitsstelle gefunden. Sie will deshalb ihr Haus in Thun verkaufen.<br>**Was für eine Vertragsform schreibt das OR für einen solchen Verkauf vor?** |

**Kompetenzen: Sie können ...**

- Fallbeispiele zu den Themen Personenrecht und Vertragsrecht analysieren und Fragen korrekt beantworten,
- Ihre Antworten mit rechtlichen Grundlagen begründen.

**L2   Eigene Erfahrungen mit Bussen für Verstösse gegen das Strassenverkehrsgesetz (SVG) austauschen**

- Bilden Sie eine Gruppe von vier bis sechs Personen.
- Tauschen Sie sich mit folgenden Leitfragen über Ihre Erfahrungen mit Bussen aus.
- Leifragen:
    ▸ Was war die Situation? (Wo? Wann? Wie? Wer? Weshalb? ...)
    ▸ Gegen welches Strassenverkehrsgesetz haben Sie verstossen?
    ▸ Wie wurden Sie gebüsst?
    ▸ Wie hoch war die Busse?
- Notieren Sie in Einzelarbeit mindestens eine wichtige Erkenntnis aus dem Erfahrungsaustausch.
- Teilen Sie die Erkenntnis den anderen Gruppenmitgliedern mit.

**Kompetenzen: Sie können ...**

- sich mit anderen über Ihre Erfahrungen mit Bussen für Verstösse gegen das SVG austauschen,
- aufgrund eines Erfahrungsaustausches wichtige Erkenntnisse ableiten.

**L3 Die Schweizer Bussen für Vergehen im Strassenverkehr mit anderen Ländern vergleichen**

- Bilden Sie Gruppen von drei oder vier Personen.
- Informieren Sie sich zuerst über das Schweizer Bussensystem.
- Halten Sie fest, welche Bussen für das Überschreiten von Höchstgeschwindigkeiten gelten.
- Wählen Sie anschliessend ein anderes Land aus und vergleichen Sie dessen Bussen für Überschreitungen von Höchstgeschwindigkeiten mit der Schweiz.
- Markieren Sie die wesentlichen Unterschiede.
- Präsentieren Sie das Resultat Ihres Vergleichs in einem Kurzvortrag.

**Kompetenzen: Sie können ...**

- mithilfe von Recherchen das Schweizer Bussensystem für Verstösse gegen das SVG mit anderen Ländern vergleichen,
- über das Resultat Ihres Vergleichs in einem Kurzvortrag informieren.

# Kapitel 12
Politische Karten

# Schweiz

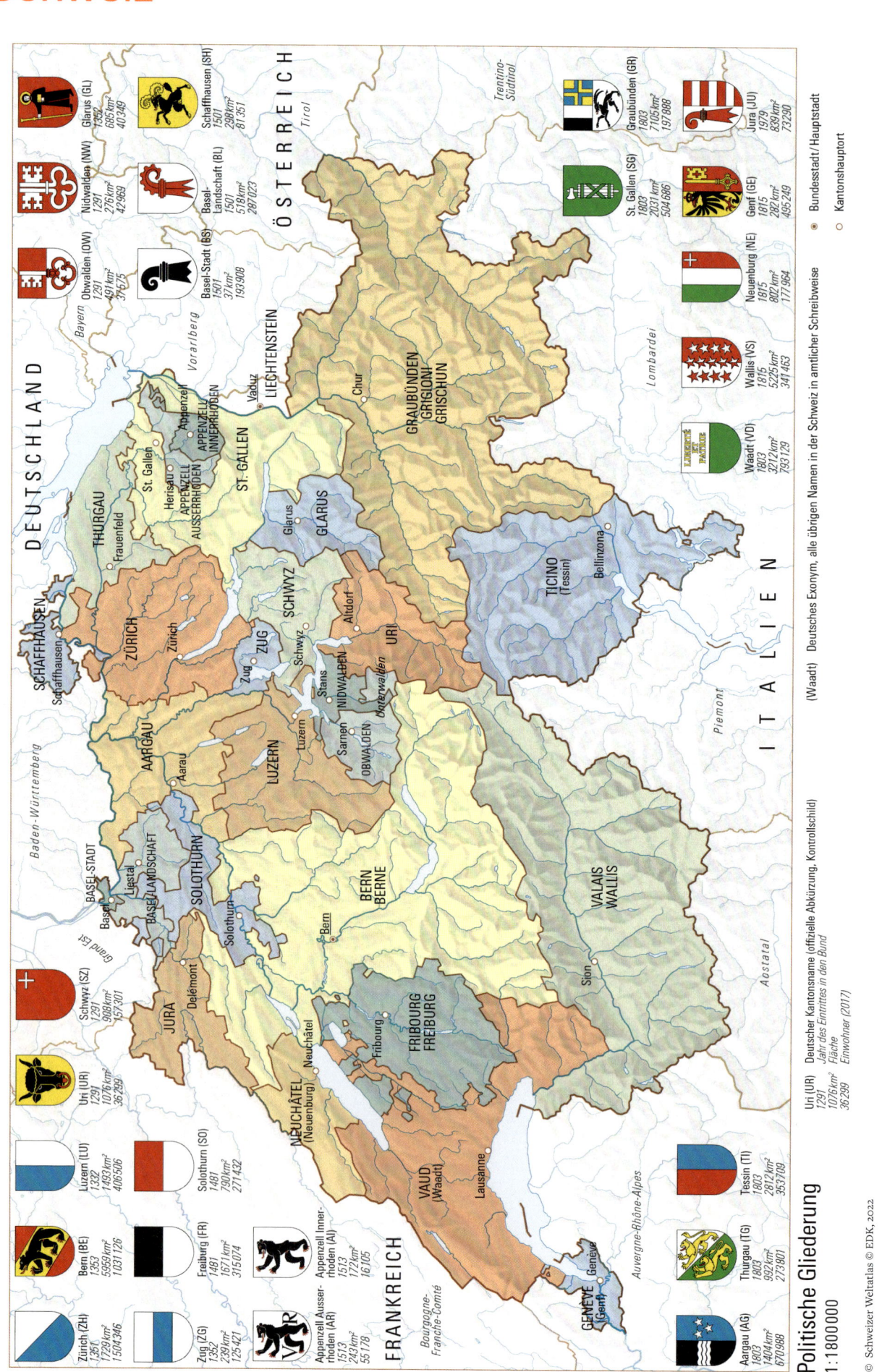

**Politische Gliederung**
1 : 1 800 000

Uri (UR)  Deutscher Kantonsname (offizielle Abkürzung, Kontrollschild)
1291  Jahr des Eintrittes in den Bund
1076 km²  Fläche
36 299  Einwohner (2017)

(Waadt)  Deutsches Exonym, alle übrigen Namen in der Schweiz in amtlicher Schreibweise

● Bundesstadt / Hauptstadt
○ Kantonshauptort

© Schweizer Weltatlas © EDK, 2022

### Kantone

- Zürich (ZH) 1351 — 1729 km² — 1 504 346
- Bern (BE) 1353 — 5959 km² — 1 031 126
- Luzern (LU) 1332 — 1493 km² — 406 506
- Uri (UR) 1291 — 1076 km² — 36 299
- Schwyz (SZ) 1291 — 908 km² — 157 301
- Obwalden (OW) 1291 — 491 km² — 37 675
- Nidwalden (NW) 1291 — 276 km² — 42 969
- Glarus (GL) 1352 — 685 km² — 40 349
- Zug (ZG) 1352 — 239 km² — 125 421
- Freiburg (FR) 1481 — 1671 km² — 315 074
- Solothurn (SO) 1481 — 790 km² — 271 432
- Basel-Stadt (BS) 1501 — 37 km² — 193 908
- Basel-Landschaft (BL) 1501 — 518 km² — 287 023
- Schaffhausen (SH) 1501 — 298 km² — 81 351
- Appenzell Ausserrhoden (AR) 1513 — 243 km² — 55 178
- Appenzell Innerrhoden (AI) 1513 — 172 km² — 16 105
- St. Gallen (SG) 1803 — 2031 km² — 504 686
- Graubünden (GR) 1803 — 7105 km² — 197 888
- Aargau (AG) 1803 — 1404 km² — 670 988
- Thurgau (TG) 1803 — 992 km² — 273 801
- Tessin (TI) 1803 — 2812 km² — 353 709
- Waadt (VD) 1803 — 3212 km² — 793 129
- Wallis (VS) 1815 — 5225 km² — 341 463
- Neuenburg (NE) 1815 — 802 km² — 177 964
- Genf (GE) 1815 — 282 km² — 495 249
- Jura (JU) 1979 — 839 km² — 73 290

# Europa

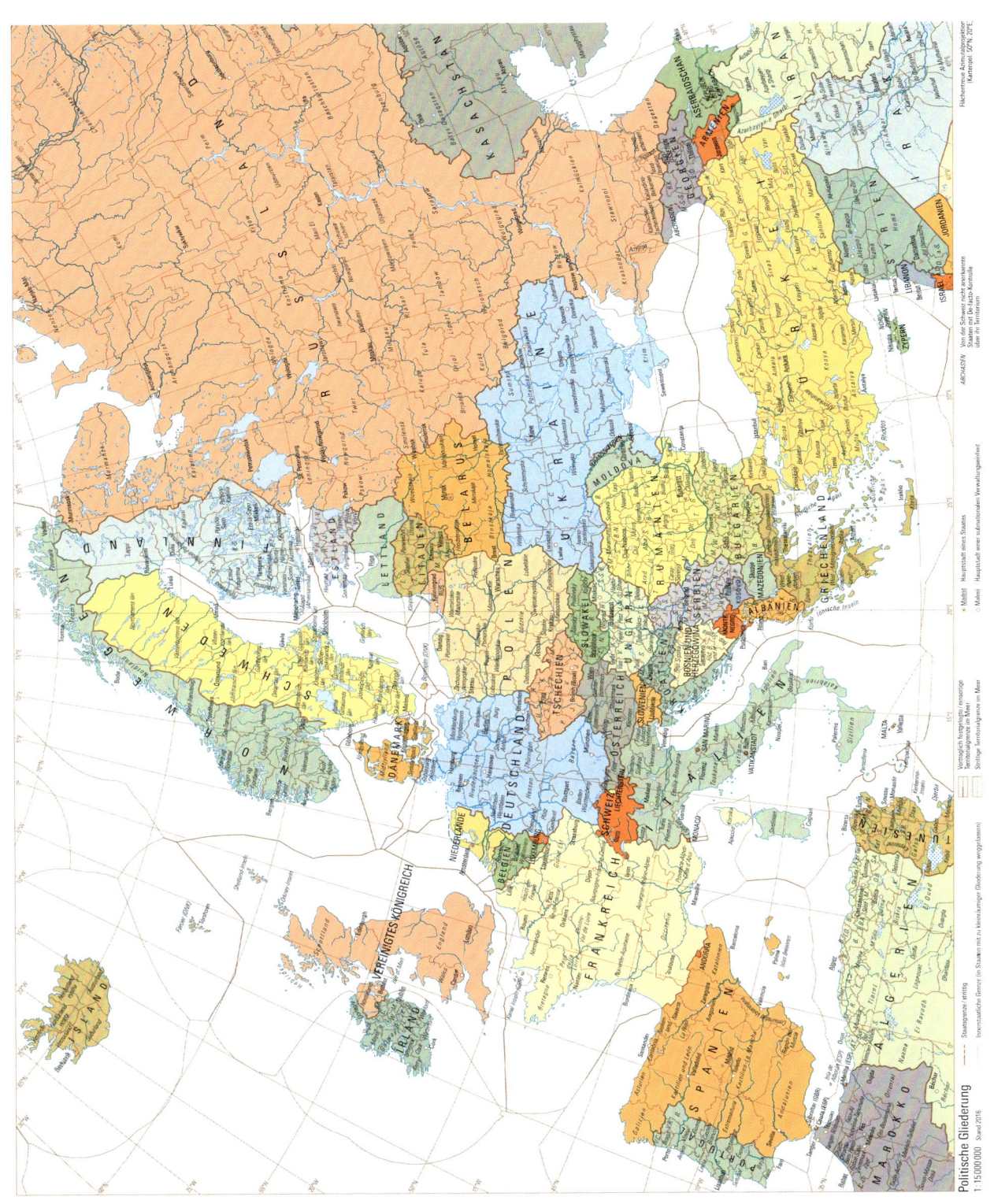

# Welt

Politische Gliederung
1 : 60 000 000

Kapitel 12 | Politische Karten

# Stichwortverzeichnis

**A**

Absichtliche Täuschung 315 *siehe auch* anfechtbarer Vertrag
Absolutes Mehr 101, 103 *siehe auch* Wahlrecht
Abstimmung 87, 100–101, 104, 105
Abstrakte Malerei 128 *siehe auch* Malerei
Abstrakter Expressionismus 129 *siehe auch* Malerei
Aktie 32–33 *siehe auch* Wertschrift
Aktives Wahlrecht 101 *siehe auch* Wahlrecht
Aktivgeschäft 29 *siehe auch* Geschäftsbank
Alkohol 61 *siehe auch* persönliche Risiken
Allgemeinverbindlicherklärung 298
Alte Eidgenossenschaft 148
Alters- und Hinterlassenenversicherung (AHV) 34, 64, 73–75, 99 *siehe auch* Sozialversicherung oder Altersvorsorge
Altersvorsorge 75 *siehe auch* Vorsorge
Amnesty International 112, 241 *siehe auch* Nichtregierungsorganisation (NGO)
Amt für Berufsbildung 11
Anfechtbarer Vertrag 314–315 *siehe auch* Vertragsform
 – Absichtliche Täuschung 315
 – Drohung 315
 – Übervorteilung 315
 – Wesentlicher Irrtum 315
Anfrage 39, 40 *siehe auch* Kaufvertrag
Angebot 184–185
Angebotskurve 185
Antragsdelikt 317 *siehe auch* Strafrecht
Apple Pay 38
Arbeit 190 *siehe auch* Produktionsfaktor
Arbeitgeberverband 111 *siehe auch* Verband
Arbeitnehmerverband 111 *siehe auch* Gewerkschaft
Arbeitsbestätigung 294 *siehe auch* Bewerbung
Arbeitslosengeld 72
Arbeitslosenversicherung (ALV) 34, 64, 72, 99 *siehe auch* Sozialversicherung oder Personenversicherung
Arbeitslosigkeit 197–198
Arbeitsmarkt 226
Arbeitsvertrag 288
 – Einzelarbeitsvertrag (EAV) 289
 – Gesamtarbeitsvertrag (GAV) 298
Arbeitszeit 14, 291–294
Arbeitszeugnis 294 *siehe auch* Bewerbung
Architektur 126, 132 *siehe auch* bildende Kunst
Armut 200, 217–220
Armutsfolgen 218
Arztzeugnis 293

Asyl 174, 226–227
 – Asylverfahren 98, 225
 – Aufenthalts- und Niederlassungsbewilligung 226
 – Flüchtling 170, 226–227
Asylverfahren 98, 225 *siehe auch* Asyl
Aufenthalts- und Niederlassungsbewilligung 226 *siehe auch* Asyl
Aufgabe des Staates 85
Ausbildung 9–11

**B**

Ballett 137 *siehe auch* Tanzkunst
Bank 28–30, 188, 205
 – Europäische Zentralbank 168
 – Geschäftsbank 29
 – Schweizerische Nationalbank (SNB) 28
Banküberweisung 36 *siehe auch* Zahlungsverkehr
Barkauf 43 *siehe auch* Finanzierungsart
Bedürfnis 181–182
Berufliche Grundbildung
 – Berufsbildung 9–19
Berufliche Vorsorge (BVG) 35, 76
Berufsbildung 9–15, 279
 – Berufliche Grundbildung 279
 – Berufsfachschule 9–10, 14–15
 – Grundbildung 279
 – Lehrbetrieb 9–12
 – Überbetriebliche Kurse (üK) 9–10
 – Weiterbildung 279
Berufsfachschule 9–10, 14 *siehe auch* Berufsbildung
Berufsunfallversicherung 35 *siehe auch* Versicherung
Berufsverband 10
Bestellung 39, 40 *siehe auch* Kaufvertrag
Betreibung 39
Bevölkerungsentwicklung 221–222, 224–225
 – Herausforderung 222
Bewegungsmangel 61 *siehe auch* persönliche Risiken
Bewerbung 281–284
 – Arbeitsbestätigung 294
 – Arbeitszeugnis 294
 – Bewerbungsbrief 281
 – Lebenslauf 283–284
 – Lehrzeugnis 15
 – Referenz 283
Bewerbungsbrief 281 *siehe auch* Bewerbung
Bezahlung 39, 41
Bilaterale Verträge 173–174
Bildende Kunst 125, 126–133 *siehe auch* Kunst
 – Architektur 126, 132
 – Bildhauerkunst 126, 133

 – Fotografie 126, 131
 – Grafik 126, 130
 – Malerei 126–128
Bildhauerkunst 126, 133 *siehe auch* bildende Kunst
 – Plastik 133
 – Skulptur 133
Biokapazität 230 *siehe auch* ökologischer Fussabdruck
Boden 190 *siehe auch* Produktionsfaktor
Bonus-Malus-Regelung 66
Breakdance 137
Brexit 170
Bruttoinlandprodukt (BIP) 192–193
Bruttolohn 34 *siehe auch* Lohn
Budget 35
 – Fixe Kosten 35
 – Schulden 35, 208
 – Variable Kosten 35
Bundesgericht 91, 95 *siehe auch* Judikative
Bundeskanzlerin/Bundeskanzler 94 *siehe auch* Bundesrat
Bundespräsident/Bundespräsidentin 93
Bundespräsidentin/Bundespräsident *siehe auch* Bundesrat
Bundesrat 91, 93–94, 101 *siehe auch* Exekutive
 – Bundeskanzlerin/Bundeskanzler 94
 – Bundespräsident/Bundespräsidentin 93
 – Bundesverwaltung 94
 – Departement 94
 – Kollegialitätsprinzip 93
 – Konkordanz 93
 – Zauberformel 115
Bundesstaat 88 *siehe auch* Staatsform
Bundesverfassung 10, 85, 89, 96–99, 310
Bundesverwaltung 94 *siehe auch* Bundesrat
Bürgerrecht 98

**C**

$CO_2$-Abgabe 196, 237
$CO_2$-Ausstoss 48, 234–235

**D**

Dadaismus 128 *siehe auch* Malerei
Darlehen 29, 43, 188
Darstellende Kunst 125, 134–139 *siehe auch* Kunst
 – Medienkunst 134, 138–139
 – Schauspielkunst 134
 – Tanzkunst 134, 137
Dauerauftrag 36 *siehe auch* Zahlungsverkehr
Debitkarte 37 *siehe auch* Zahlungsverkehr
Demokratie 86–87 *siehe auch* Regierungsform

Departement 94 *siehe auch* Bundesrat
- Eidgenössisches Departement des Innern (EDI) 94
- Eidgenössisches Departement für auswärtige Angelegenheiten (EDA) 94
- Eidgenössisches Departement für Umwelt, Verkehr, Energie und Kommunikation (UVEK) 94
- Eidgenössisches Departement für Verteidigung, Bevölkerungsschutz und Sport (VBS) 94
- Eidgenössisches Departement für Wirtschaft, Bildung und Forschung (WBF) 94
- Eidgenössisches Finanzdepartement (EFD) 94
- Eidgenössisches Justiz- und Polizeidepartement (EJPD) 94

Die Mitte 108
Dienstleistung 187, 191
Dienstleistungsgeschäft 30 *siehe auch* Geschäftsbank
Dienstleistungsgesellschaft 191
Digitale Zahlungsmittel 38
Diktatur 63, 87, 97 *siehe auch* Regierungsform
Direkte Steuer 202 *siehe auch* Steuer
Doppeltes Mehr 100 *siehe auch* Stimmrecht
Dramatik 140, 142 *siehe auch* Literatur
Dritte Säule 73, 76 *siehe auch* private Vorsorge
Drohung 315 *siehe auch* anfechtbarer Vertrag
Dubliner Abkommen 174 *siehe auch* bilaterale Verträge

## E

E-Banking 36 *siehe auch* Zahlungsverkehr
EFTA 226
Ehe 261, 262–264
Ehe für alle 264
Eigengut 268
Eigentumsvorbehalt 44 *siehe auch* Konsumkreditvertrag
Einbürgerung 227
Einfacher Wirtschaftskreislauf 187 *siehe auch* Wirtschaftskreislauf
Einfache Schriftlichkeit 314 *siehe auch* schriftlicher Vertrag
Eingetragene Partnerschaft 264
Einheitsstaat 88 *siehe auch* Staatsform
Einkaufstipps 48
Einkommensverteilung 194 *siehe auch* Lorenzkurve
Einzelarbeitsvertrag (EAV) 289 *siehe auch* Arbeitsvertrag
Emigration 225
Energie 199, 230–231
- Energiequellen 236
- Energieträger 231
- Energieverbrauch 231
- Energieversorgung 191
- Kernenergie 236

Entwicklungsland 217–219
Entwicklungspolitik 220
Entwicklungszusammenarbeit 220
Epik 140 *siehe auch* Literatur
Erbrecht 267, 270–271, 309 *siehe auch* privates Recht

Ernährung 61, 218
Errungenschaft 268
Errungenschaftsbeteiligung 268–269 *siehe auch* Güterstand
Ersatzlieferung 41 *siehe auch* Mängelrüge
Erweiterter Wirtschaftskreislauf 188 *siehe auch* Wirtschaftskreislauf
Erwerbsersatz
- Militärdienst 72
- Mutterschaft 72
- Vaterschaft 72
- Zivildienst 72

Erwerbsersatzordnung (EO) 34, 64, 72 *siehe auch* Sozialversicherung oder Personenversicherung
EU-Binnenmarkt 166, 173
Euro 165
Europäische Atomgemeinschaft Euratom (EAG) 165
Europäische Freihandelsassoziation EFTA 172
Europäische Gemeinschaften (EG) 165, 172
Europäische Gemeinschaft für Kohle und Stahl 165
Europäische Gerichtshof für Menschenrechte (EGMR) 171
Europäische Kommission 168
Europäische Menschenrechtskonvention (EMRK) 97, 171
Europäischer Gerichtshof für Menschenrechte (EGMR) 95
Europäischer Rat 168
Europäischer Wirtschaftsraum (EWR) 172
Europäisches Parlament 168–169
Europäische Union (EU) 161, 164–170
Europäische Wirtschaftsgemeinschaft (EWG) 165
Europäische Zentralbank 168
Europarat 88, 171
EU-Staaten 167
Evangelische Volkspartei (EVP) 109
Exekutive 89, 91, 93 *siehe auch* Bundesrat
Export 162, 188, 189
Expressionismus 127 *siehe auch* Malerei

## F

Fakultatives Referendum 104 *siehe auch* Referendum
Familienrecht 309 *siehe auch* privates Recht
FDP.Die Liberalen 108
Feiertag 294
Ferien 14, 293 *siehe auch* Pflichten der Arbeitgebenden
Film *siehe auch* Medienkunst
Filmkunst 138–139
Finanzierungsart 43–47
- Barkauf 43
- Darlehen 43
- Internetkauf 47
- Konsumkreditvertrag 43
- Kreditkauf 44
- Leasing 45
- Schulden 44

Fixe Kosten 35 *siehe auch* Budget
Fixkauf 41 *siehe auch* Lieferungsverzug
Flüchtling 170, 226–227 *siehe auch* Asyl

Föderalismus 88
Fonds 33 *siehe auch* Wertschrift
Fortschritt 159
Fotografie 126, 131 *siehe auch* bildende Kunst
Fraktion 92 *siehe auch* Parlament
Franchise 69–70
Frauenstimmrecht 115
Freiheitsrecht 97
Freiheitsstrafe 317 *siehe auch* Strafe
Fristlose Auflösung 297
- Arbeitsvertrag 288
Fristlose Kündigung
- Lehrvertrag 11–15

## G

G7-Gipfel 243 *siehe auch* internationale Konferenz
Geldanlage 31–33
- Konten 32
- Wertschrift 32–33

Geldinstitut 28–30 *siehe auch* Bank
Geldstrafe 317, 318 *siehe auch* Strafe
Geldstrom 187–188
Gemeinnützige Arbeit 317 *siehe auch* Strafe
Generalstreik 114
Generalversammlung der UNO 240
Gericht 91, 95
- Strafgericht 95
- Verwaltungsgericht 95
- Zivilgericht 95

Gesamtarbeitsvertrag (GAV) 298 *siehe auch* Arbeitsvertrag
Geschäftsbank 29 *siehe auch* Bank
- Aktivgeschäft 29
- Dienstleistungsgeschäft 30
- Grossbank 29
- Kantonalbank 29
- Passivgeschäft 29

Gesellschaftliche Risiken 59, 63 *siehe auch* Risiko
Gesetzgebungsprozess 113
Gewalt 62 *siehe auch* persönliche Risiken
Gewaltenteilung 87, 89–90
- Exekutive 89, 91
- Judikative 89, 91, 95, 168
- Legislative 89, 91, 92

Gewerkschaft 111 *siehe auch* Arbeitnehmerverband
Gleichberechtigung 260
Gleichstellung 260
Globalisierung 159–163
Grafik 126, 130 *siehe auch* bildende Kunst
Gratifikation 14, 291, 298 *siehe auch* Pflichten der Arbeitgebenden
Greenpeace 112, 242 *siehe auch* Nichtregierungsorganisation (NGO)
Grossbank 29 *siehe auch* Geschäftsbank
Grundbildung 9–15, 279 *siehe auch* Berufsbildung
Grundfreiheiten EU 165
Grundrecht 97, 233
Grundversicherung 69–70 *siehe auch* Versicherung
Grüne Partei der Schweiz (Grüne) 109
Grünliberale Partei Schweiz (GLP) 109
Güter 184, 187

Gütergemeinschaft 269 *siehe auch* Güterstand
Güterstand 268–269
– Errungenschaftsbeteiligung 268–269
– Gütergemeinschaft 269
– Gütertrennung 269
Güterstrom 187–188
Gütertrennung 269 *siehe auch* Güterstand

**H**

Haftpflichtversicherung 46, 64, 65–67
– Motorfahrzeughaftpflichtversicherung 64, 65
– Privathaftpflichtversicherung 64, 67, 253
Handelsblock 161
Handelspartner 163
Handelsschranke 159, 218
Handlungsfähigkeit 311–312 *siehe auch* Personenrecht
Hausratversicherung 64, 68 *siehe auch* Sachversicherung

**I**

Immigration 225
Import 159, 162, 188
Impressionismus 127
Indirekte Steuer 202 *siehe auch* Steuer
Inflation 192, 198–199 *siehe auch* Wirtschaftspolitik
Initiative 105
Instanzenweg 95 *siehe auch* Bundesgericht
Interessengruppe 106–112
– Nichtregierungsorganisation (NGO) 112, 241–242
– Partei 92, 106–110
– Verbände 111–112
Internationale Konferenz 243
– G7-Gipfel 243
– Weltsozialforum (WSF) 243
– World Economic Forum (WEF) 243
Internationaler Gerichtshof 240
Internationales Komitee vom Roten Kreuz (IKRK) 112, 241 *siehe auch* Nichtregierungsorganisation (NGO)
Internetkauf 47 *siehe auch* siehe auch Finanzierungsart
Invalidenversicherung (IV) 34, 64, 74–75 *siehe auch* Sozialversicherung oder Personenversicherung

**J**

Judikative 89, 91, 95, 168 *siehe auch* Bundesgericht
Jugendstrafrecht 318–319 *siehe auch* Strafrecht
Juristische Person 311 *siehe auch* Personenrecht

**K**

Kantonalbank 29 *siehe auch* Geschäftsbank
Kapital 190 *siehe auch* Produktionsfaktor
Kapitaldeckungsverfahren 76 *siehe auch* Pensionskasse
Kaskoversicherung 64, 68 *siehe auch* Sachversicherung
Kaufkraft 198 *siehe auch* Wirtschaftspolitik

Kaufvertrag 39–42, 47, 312
– Anfrage 39
– Bestellung 39
– Bezahlung 39, 41
– Lieferung 39, 41
– Offerte (Angebot) 39
– Quittung 39, 42
– Zahlungsverzug 39
Kausalhaftung 67 *siehe auch* Privathaftpflichtversicherung
Kaution 253 *siehe auch* Mietvertrag
Kernenergie 165, 236
Kindesverhältnis 265–266
Klimawandel 63, 234–235
Klimaziel 238
Kollegialitätsprinzip 93 *siehe auch* Bundesrat
Kommission 92, 112, 113 *siehe auch* Parlament
Kommunikation 17–19
Komödie 135
Konflikt 19, 63
Konjunktur 193, 197–198 *siehe auch* Wirtschaftspolitik
Konkordanz 93 *siehe auch* Bundesrat
Konkubinat 261–262
Konsumkreditvertrag 43 *siehe auch* Finanzierungsart
Konto 32 *siehe auch* Geldanlage
Krankenversicherung 64, 69–70 *siehe auch* Personenversicherung
Krankheit 14, 61, 288, 292–293 *siehe auch* persönliche Risiken
Kreativität 125
Kreditfähigkeit 45
Kreditkarte 36 *siehe auch* Zahlungsverkehr
Kreditkauf 44 *siehe auch* Finanzierungsart
Kubismus 128 *siehe auch* Malerei
Kultur 123–124
Kulturgeschichte 148–151
Kundenkarte 37 *siehe auch* Zahlungsverkehr
Kündigung 12, 256, 295–297
– Arbeitsvertrag 288
– Kündigungsfrist 295
– Lehrvertrag 11–15
– Mietvertrag 253
Kunst 125–126
– Bildende Kunst 125, 126–133
– Darstellende Kunst 125, 134–139
– Literatur 125, 140–143
– Musik 125, 144–151
Kyoto-Protokoll 238

**L**

Label 49
Lastschriftverfahren (LSV) 36 *siehe auch* Zahlungsverkehr
Laufbahnplanung 280
Leasing 45 *siehe auch* Finanzierungsart
Lebenslauf 283–284 *siehe auch* Bewerbung
Lebensmittellabel 49
Lebensversicherung 64, 76 *siehe auch* private Vorsorge
Legislative 89, 91, 92 *siehe auch* Parlament
Lehrbetrieb 9–12 *siehe auch* Berufsbildung
Lehrvertrag 11–15
Lehrzeugnis 15 *siehe auch* Bewerbung
Lerntipps 16

Lieferung 39, 41 *siehe auch* Kaufvertrag
– Annahmeverzug 39
– Lieferungsverzug 39, 41
– Mangelhafte Lieferung 39
Lieferungsverzug 39, 41 *siehe auch* Lieferung
– Fixkauf 41
– Mahnkauf 41
Literatur 125, 140–143 *siehe auch* Kunst
– Dramatik 140, 142
– Epik 140
– Lyrik 140, 143
Lobby 112, 241 *siehe auch* Interessengruppe
Lohn 14, 34
– Bruttolohn 34
– Mindestlohn 298
– Nettolohn 34
Lohnabrechnung 34
Lohnabzug 14, 34
Lohnfortzahlung 14, 292 *siehe auch* Pflichten der Arbeitgebenden
Lorenzkurve 194 *siehe auch* Einkommensverteilung
Lyrik 140, 143 *siehe auch* Literatur

**M**

Magisches Dreieck 32
Mahnkauf 41 *siehe auch* Lieferungsverzug
Majorzwahl 102–103
Malerei 126–128 *siehe auch* bildende Kunst
– Abstrakte Malerei 128
– Abstrakter Expressionismus 129
– Dadaismus 128
– Expressionismus 127
– Impressionismus 127
– Kubismus 128
– Pop-Art 129
– Surrealismus 129
Mangelhafte Lieferung 39 *siehe auch* Lieferung
Mängelliste 253 *siehe auch* Mietvertrag
Mängelrüge 41 *siehe auch* mangelhafte Lieferung
– Ersatzlieferung 41
– Minderung 41
– Wandelung 41
Markt 181–183
– Marktgleichgewicht 186
– Wettbewerb 49, 196
Marktgleichgewicht 186 *siehe auch* Markt
Marktversagen 196, 237
Massenmedien 90
Mediation 319
Medienkunst 134, 138–139 *siehe auch* darstellende Kunst
Mehrwertsteuer (MWST) 201, 202, 205–206 *siehe auch* Steuer
Menschenrecht 87, 220, 223, 233
Mieterschutz 257–259
Mieterverband 112, 259 *siehe auch* Verband
Mietvertrag 253
– Kaution 253
– Mängelliste 253
– Solidarhaftung 253
– Übergabe 253
Mietzins 253–254, 257

Migration 201, 218, 223, 225
- Pull-Faktor 223
- Push-Faktor 223

Militärdienst 72, 292 *siehe auch* Erwerbsersatzordnung (EO)

Millenniumsziele der UNO 219

Minderung 41 *siehe auch* Mängelrüge

Mindestlohn 298 *siehe auch* Lohn

Ministerrat 168-169

Motorfahrzeughaftpflichtversicherung 64, 65 *siehe auch* Haftpflichtversicherung

Mündlicher Vertrag 314 *siehe auch* Vertragsform

Musical 136 *siehe auch* Musik

Musik 125, 144-151 *siehe auch* Kunst

Mutterschaft 72 *siehe auch* Erwerbsersatzordnung (EO)

**N**

Nachfrage 181-183, 186

Nachfragekurve 183, 186

Nachhaltigkeit 219, 229-230
- Ökologisch 50, 230, 238
- Ökonomisch 238
- Sozial 238

Nationalrat 91, 102, 108, 110 *siehe auch* Parlament

Natürliche Person 311 *siehe auch* Personenrecht

Nebenkosten 252-254

Nettolohn 34 *siehe auch* Lohn

Neutralität 172

Nichtberufsunfallversicherung 35

Nichtberufsunfallversicherung (NBU) *siehe auch* Versicherung

Nichtiger Vertrag 314 *siehe auch* Vertragsform

Nichtregierungsorganisation (NGO) 112, 241-242
- Amnesty International 112, 241
- Greenpeace 112, 242
- Internationales Komitee vom Roten Kreuz (IKRK) 112, 241
- World Wide Fund for Nature (WWF) 112, 242

North Atlantic Treaty Organization (Nordatlantikpakt, NATO) 88, 104, 240-241 *siehe auch* Regierungsorganisation

**O**

Obligation 32 *siehe auch* Wertschrift

Obligationenrecht (OR) 10, 288-298, 309

Obligatorisches Referendum 104 *siehe auch* Referendum

Öffentliche Beurkundung 314 *siehe auch* schriftlicher Vertrag

Öffentliches Recht 308 *siehe auch* Rechtsordnung

Offerte (Angebot) 39, 40 *siehe auch* Kaufvertrag

Offizialdelikt 317 *siehe auch* Strafrecht

Ökobilanz 50

Ökologie 229, 238

Ökologischer Fussabdruck 229-230
- Biokapazität 230

Ökonomie 229, 238

Oper 134, 135 *siehe auch* Musik

**P**

Parlament 91, 92, 104, 167-169 *siehe auch* Legislative
- Fraktion 92
- Kommission 92, 112, 113
- Nationalrat 91, 102, 108, 110
- Session 92
- Ständerat 91, 101, 102, 108, 110
- Vereinigte Bundesversammlung 92

Partei 92, 106-110

Passives Wahlrecht 101 *siehe auch* Wahlrecht

Passivgeschäft 29 *siehe auch* Geschäftsbank

PayPal 38

Pensionskasse 64, 73, 76 *siehe auch* Altersvorsorge oder Personenversicherung

Personenfreizügigkeit 173-174, 225-227 *siehe auch* bilaterale Verträge

Personenrecht 309, 311-312 *siehe auch* privates Recht
- Handlungsfähigkeit 311-312
- Juristische Person 311
- Natürliche Person 311
- Rechtsfähigkeit 311
- Urteilsfähigkeit 312
- Volljährigkeit 311

Personenversicherung 64, 69-72
- Alters- und Hinterlassenenversicherung (AHV) 34, 64, 73-75, 99
- Arbeitslosenversicherung (ALV) 34, 64, 72, 99
- Erwerbsersatzordnung (EO) 34, 64, 72
- Invalidenversicherung (IV) 34, 64, 74-75
- Krankenversicherung 64, 69-70
- Pensionskasse 64, 76
- Private Vorsorge 76
- Unfallversicherung 64, 71

Persönliche Risiken 59, 61 *siehe auch* Risiko
- Alkohol 61
- Bewegungsmangel 61
- Ernährung 61
- Gewalt 62
- Krankheit 61
- Rauchen 61
- Sexualität 62
- Stress 62
- Unfälle 61

Pflichten der Arbeitgebenden 291-294
- Ferien 14, 293
- Gratifikation 14, 291
- Lohnfortzahlung 14, 292

Pflichten der Arbeitnehmenden 290-291

Pflichten der Mieterinnen und Mieter 254

Pflichten Lernende 13

Pflichten und Rechte der Berufsbildenden 15

Politisches Recht 96, 98

Pop-Art 129 *siehe auch* Malerei

Prämie 65, 66, 69 *siehe auch* Versicherung

Preisbildung 181 *siehe auch* Markt

Preismissbrauch 49

Preisüberwachung 49

Privates Recht 309 *siehe auch* Rechtsordnung
- Erbrecht 309
- Familienrecht 309
- Personenrecht 309
- Sachenrecht 309
- Vertragsrecht 309

Private Vorsorge 64, 76 *siehe auch* Altersvorsorge
- Dritte Säule 76
- Lebensversicherung 76

Privathaftpflichtversicherung 64, 67, 253 *siehe auch* Haftpflichtversicherung

Probezeit 12, 289, 295

Produktionsfaktor 190
- Arbeit 190
- Boden 190
- Kapital 190
- Umwelt 190
- Wissen 190

Proporzwahl 92, 102-103

Prozess
- Strafprozess 95, 308
- Verwaltungsprozess 95
- Zivilprozess 95, 309

Pull-Faktor 223 *siehe auch* Migration

Push-Faktor 223 *siehe auch* Migration

**Q**

Qualifikationsverfahren (QV) 12, 14 *siehe auch* Rechte der Lernenden

Qualifizierte Schriftlichkeit 314 *siehe auch* schriftlicher Vertrag

Qualifiziertes Mehr 101 *siehe auch* Wahlrecht

Quittung 39, 42, 206 *siehe auch* Kaufvertrag

**R**

Rauchen 61

Rechte der Mieterinnen und Mieter 255

Rechte Lernende 14

Rechtsfähigkeit 311 *siehe auch* Personenrecht

Rechtsgleichheit 97, 310

Rechtsgrundsatz 310

Rechtsnorm 307-308, 310

Rechtsordnung 307, 310
- Öffentliches Recht 308
- Privates Recht 309

Rechtsschutzversicherung 64, 68 *siehe auch* Sachversicherung

Rechtsstaat 89

Referendum 104

Referenz 283 *siehe auch* Bewerbung

Reformation 114

Regierung 91

Regierungsform 86
- Demokratie 86-87
- Diktatur 87, 97

Regierungsorganisation 239-241
- North Atlantic Treaty Organization (Nordatlantikpakt, NATO) 88, 104, 240-241
- United Nations Organization (UNO) 88, 239-240
- World Trade Organization (WTO) 240

Regionales Arbeitsvermittlungszentrum (RAV) 72, 280

Regress 65-66 *siehe auch* Haftpflichtversicherung

Relatives Mehr 101 *siehe auch* Wahlrecht

Rendite 31

Rente 73-75

Ressource 50, 190, 229–233
Rezession 197–198
Risiko 59–63
- Gesellschaftliche Risiken 59, 63
- Persönliche Risiken 59, 61
Risikomanagement 59–60
Risikowahrnehmung 60
Roman 141
Römer Verträge 165

**S**

Sachenrecht 309
Sachversicherung 64, 68
- Hausratversicherung 64, 68
- Kaskoversicherung 64, 68
- Rechtsschutzversicherung 64, 68
- Unterversicherung 68
Samenspende 264
Schauspielkunst 134 *siehe auch* darstellende Kunst
- Musiktheater 135
- Sprechtheater 135
Scheidung 267
Schengener Abkommen 174 *siehe auch* bilaterale Verträge
Schriftlicher Vertrag 314 *siehe auch* Vertragsform
- Einfache Schriftlichkeit 314
- Öffentliche Beurkundung 314
- Qualifizierte Schriftlichkeit 314
Schulden 35, 44, 200, 208 *siehe auch* Budget
Schuldenberatung 35
Schuldenbremse 200
Schuman-Plan 165
Schwangerschaft 292, 296
Schweizerische Nationalbank (SNB) 28 *siehe auch* Bank
Schweizerische Volkspartei (SVP) 108
Selbstbehalt 65, 69–70 *siehe auch* Krankenversicherung
Session 92 *siehe auch* Parlament
Sexualität 62
Smartspider 107
Solidarhaftung 253 *siehe auch* Mietvertrag
Solidaritätsprinzip 65
Sorgfaltspflicht 13, 290
Sozialdemokratische Partei der Schweiz (SP) 108
Soziale Marktwirtschaft 195 *siehe auch* Wirtschaftsform
Sozialversicherung 34, 69
- Alters- und Hinterlassenenversicherung (AHV) 34, 64, 73–75, 99
- Arbeitslosenversicherung (ALV) 34, 64, 72, 99
- Erwerbsersatzordnung (EO) 34, 64, 72
- Invalidenversicherung (IV) 34, 64, 74–75
Sperrfrist 258, 296 *siehe auch* Kündigung
Spesen 34, 292
Staatenbund 88 *siehe auch* Staatsform
Staatsbürgerliche Pflichten 99
Staatsbürgerliche Rechte 97–98
Staatsfinanzen 197, 200
Staatsfinanzierung 201–208 *siehe auch* Wirtschaftspolitik
Staatsform 88
- Bundesstaat 88
- Einheitsstaat 88
- Staatenbund 88
Staatsverschuldung 200
Ständemehr 100 *siehe auch* Stimmrecht
Ständerat 91, 101, 102, 108, 110 *siehe auch* Parlament
Stellensuche 280
Steuer 202–204
- Direkte Steuer 202
- Indirekte Steuer 202
- Mehrwertsteuer (MWST) 202, 205–206
- Verrechnungssteuer 202, 205
Steuererklärung 202, 207–208
Steuerprogression 203
Stiftung für Konsumentenschutz (SKS) 49
Stille Wahl 102 *siehe auch* Majorzwahl
Stimmrecht 98, 100
- Doppeltes Mehr 100
- Ständemehr 100
- Volksmehr 100
Strafe 66, 307 *siehe auch* Strafrecht
- Freiheitsstrafe 317
- Geldstrafe 317, 318
- Gemeinnützige Arbeit 317
Strafgericht 95 *siehe auch* Gericht
Strafmass 95, 316 *siehe auch* Strafrecht
Strafprozess 95, 308 *siehe auch* Prozess
Strafrecht 316–319
- Antragsdelikt 317
- Jugendstrafrecht 318–319
- Offizialdelikt 317
- Strafmass 316
Stress 62 *siehe auch* persönliche Risiken
Strukturwandel 191
Surrealismus 129 *siehe auch* Malerei

**T**

Tabak 61 *siehe auch* persönliche Risiken
Taggeld 72, 75
Tanzkunst 134, 137
- Ballett 137
- Breakdance 137
- Jazzdance 137
- Modern Dance 137
Teilkasko 64
Teilkaskoversicherung 68 *siehe auch* Kaskoversicherung
Teuerung 192, 198–199
Tragödie 135
Travel-Prepaid-Karte 37 *siehe auch* Zahlungsverkehr
Treibhauseffekt 234
Trennung 268
Treuepflicht 13, 290 *siehe auch* Pflichten der Arbeitnehmenden
Trinkwasser 232
Twint 38

**U**

Überbetriebliche Kurse (üK) 9–10 *siehe auch* Berufsbildung
Übergabe 253
Überstunden 13–14, 34, 288
Übervorteilung 315 *siehe auch* anfechtbarer Vertrag
Umlageverfahren 74
Umwelt 190, 229 *siehe auch* Produktionsfaktor
Umweltpolitische Instrumente 237
Umzug 252
Unfall 61, 292, 293 *siehe auch* persönliche Risiken
Unfallversicherung 64, 71 *siehe auch* Versicherung
United Nations Organization (UNO) 88, 239–240 *siehe auch* Regierungsorganisation
Unterhaltspflicht 265
Untermiete 255
Unterversicherung 68 *siehe auch* Sachversicherung
Urteilsfähigkeit 312 *siehe auch* Personenrecht

**V**

Variable Kosten 35 *siehe auch* Budget
Vaterschaft 72
Verband 111–112
- Arbeitgeberverband 111
- Arbeitnehmerverband 111
- Mieterverband 112
Vereinigte Bundesversammlung 91, 92 *siehe auch* Parlament
Verjährung 315
Verlobung 262
Verrechnungssteuer 202, 205 *siehe auch* Steuer
Verschuldenshaftung 67
Versicherung 64–72
- Alters- und Hinterlassenenversicherung (AHV) 34, 64, 73–75, 99
- Arbeitslosenversicherung (ALV) 34, 64, 72, 99
- Berufsunfallversicherung 35
- Erwerbsersatzordnung (EO) 34, 64
- Haftpflichtversicherung 64, 65–67
- Hausratversicherung 64
- Invalidenversicherung (IV) 34, 64, 74–75
- Kaskoversicherung 64
- Krankenversicherung 64, 69–70
- Lebensversicherung 76
- Motorfahrzeughaftpflichtversicherung 64, 65
- Nichtberufsunfallversicherung 35
- Personenversicherung 64
- Privathaftpflichtversicherung 64
- Sachversicherung 64
- Sozialversicherung 69
- Unfallversicherung 64
Versicherungspolice 65
Vertragsform 313–314
- Mündlicher Vertrag 314
- Nichtiger Vertrag 314
- Schriftlicher Vertrag 314
Vertragsrecht 309
Vertrag von Lissabon 167
Vertrag von Maastricht 165
Verwahrung 318
Verwaltungsgericht 95 *siehe auch* Gericht
Verwaltungsprozess 95 *siehe auch* Prozess
Verzugszins 42
Vier-Ohren-Modell 19

Volksmehr 100 *siehe auch* Stimmrecht
Volkssouveränität 86
Volkswirtschaft 187, 194, 195
Volljährigkeit 311 *siehe auch* Personenrecht
Vollkasko 64
Vollkaskoversicherung 46, 68 *siehe auch* Kaskoversicherung
Vorstellungsgespräch 281, 285–287 *siehe auch* Bewerbung

## W

Wachstum 193, 197 *siehe auch* Wirtschaftspolitik
Wahl 87, 92, 100–103
Wahlrecht 98, 101, 260
– Absolutes Mehr 101
– Aktives Wahlrecht 101
– Passives Wahlrecht 101
– Relatives Mehr 101
Währungsunion 166
Wandelung 41 *siehe auch* Mängelrüge
Warenhandel 160
Warenkorb 199
Wasserverbrauch 232–233
Weiterbildung 72, 279 *siehe auch* Berufsbildung
Weltsozialforum (WSF) 243 *siehe auch* internationale Konferenz
Wertschrift 32–33, 208
– Aktie 32–33
– Fonds 33
– Obligation 32
Wesentlicher Irrtum 40, 315 *siehe auch* anfechtbarer Vertrag
Wettbewerb 49, 94, 196 *siehe auch* Markt
Wiener Kongress 148
Wirtschaftsentwicklung 220, 238
Wirtschaftsform 195
– Freie Marktwirtschaft 195
– Soziale Marktwirtschaft 195
– Zentrale Planwirtschaft 195
Wirtschaftskreislauf 187–191
– Einfacher Wirtschaftskreislauf 187
– Erweiterter Wirtschaftskreislauf 188
Wirtschaftspolitik 197–200
– Inflation 192, 198–199
– Konjunktur 193, 197–198
– Staatsfinanzen 197
– Wachstum 197
Wirtschaftssektor 191
Wissen 190 *siehe auch* Produktionsfaktor
Wohlfahrt 192
Wohlstand 160, 192–193, 197, 217–220, 228
Wohnen 251–259
Wohnungssuche 252
World Economic Forum (WEF) 243 *siehe auch* internationale Konferenz
World Trade Organization (WTO) 240 *siehe auch* Regierungsorganisation
World Wide Fund for Nature (WWF) 112, 242 *siehe auch* Nichtregierungsorganisation (NGO)

## Z

Zahlung *siehe auch* Kaufvertrag
Zahlungsverkehr 29, 36
– Anfrage 40
– Apple Pay 38
– Banküberweisung 36
– Bestellung 40
– Dauerauftrag 36
– Debitkarte 37
– E-Banking 36
– Kreditkarte 36
– Kundenkarte 37
– Lastschriftverfahren (LSV) 36
– Offerte (Angebot) 40
– PayPal 38
– Travel-Prepaid-Karte 37
– Twint 38
Zahlungsverzug 39, 42
Zauberformel 115 *siehe auch* Bundesrat
Zins 31
Zivildienst 72 *siehe auch* Erwerbsersatzordnung (EO)
Zivilgericht 95 *siehe auch* Gericht
Zivilgesetzbuch (ZGB) 95, 309
Zivilprozess 95, 309 *siehe auch* Prozess
Zusatzversicherung 69–70 *siehe auch* Versicherung

# Bildnachweis

- AdobeStock/Günter Menzl: 160
- AlpTransit Gotthard AG: 174
- ApplePay: 38
- Badrutt Andrea, Chur: 235
- BEKB: 37
- Burkhard Balthasar, Bern: 131
- Coop: 49
- Delinat: 49
- Demeter: 49
- Fidelio: 49
- Globus: 37
- hep Verlag AG/Pia Kramer: 207
- iStockphoto: 7, 9 (beide), 13, 25, 57, 61 (Alkohol, Krankheit, Unfall), 62 (alle), 63 (alle ausser Extremismus), 66, 85, 89, 90, 123 (alle ausser Philosophie), 137, 161, 181, 182, 196, 203, 215, 223 (links), 227, 230, 236 (alle), 249, 254, 257, 266, 277, 284, 286, 289, 296, 305, 307
- Keystone: 30, 43, 83, 115, 136, 157, 163, 218, 243, 258, 260
- Mall of Switzerland: 179
- MaxHavelaar: 49
- Migros: 49
- parlament.ch: 91 (links)
- PayPal: 38
- Pexels: 61 (Bewegungsmangel)
- Photocase: 263
- Pixabay: 123 (Philosophie), 130, 185, 189
- PostFinance: 37
- PxHere: 19, 221 (rechts), 265, 293
- Schwander Philipp, Bern: 253, 317
- Schweizerische Bundeskanzlei: 91 (Mitte), 93
- Schweizerisches Bundesgericht: 91 (rechts), 309
- sp-ps.ch: 105
- Staatssekretariat für Migration: 226
- Steuerverwaltung des Kantons Bern: 208
- Stiftung Brändi/Bruno Rubatscher: 75
- Swiss Bankers: 37
- The Artchives/Alamy Stock Photo: 121
- Timothy Tsiu/flickr: 147
- Twint: 38, 313
- ullstein bild: 28, 125, 145, 146, 164, 268, 290
- Unsplash: 61 (Rauchen, Ernährung), 221 (links)
- Westside Bern: 223 (rechts)
- Wikimedia Commons/http://WWF.ch/der Bearbeitung wiki-vr.mp, CC BY-SA 3.0: 49 (BioSuisse)
- Wikimedia Commons/Kintante, CC BY-SA 3.0: 49 (KAGfreiland)
- Wikimedia Commons/Rufus46 CC BY-SA 3.0: 63 (Extremisms)
- Wikimedia Commons: 126, 127 (beide), 128 (Mitte), 132, 167